Knowledge Discovery in Databases

Springer-Verlag Berlin Heidelberg GmbH

Martin Ester   Jörg Sander

Knowledge Discovery in Databases

Techniken und Anwendungen

Mit 150 Abbildungen

Dr. Martin Ester
Dr. Jörg Sander

Ludwig-Maximilians-Universität
Institut für Informatik
Oettingenstraße 67
80538 München
{ester, sander}@dbs.informatik.uni-muenchen.de
http://www.dbs.informatik.uni-muenchen.de/~ester/

Die Deutsche Bibliothek – CIP-Einheitsaufnahme

Ester, Martin: Knowledge discovery in databases: Techniken und Anwendungen /
Martin Ester; Jörg Sander. – Berlin; Heidelberg; New York; Barcelona; Hongkong;
London; Mailand; Paris; Singapur; Tokio: Springer, 2000

ISBN 978-3-540-67328-6   ISBN 978-3-642-58331-5 (eBook)
DOI 10.1007/978-3-642-58331-5

Umschlaggestaltung: Künkel + Lopka, Heidelberg
Satz: Belichtungsfertige Daten von den Autoren
Gedruckt auf säurefreiem Papier – SPIN: 10765301   33/3142 GF– 5 4 3 2 1 0

Vorwort

Kommerzielle Geräte und wissenschaftliche Instrumente liefern täglich immer größere Mengen von immer komplexeren Daten, die längst nicht mehr manuell analysiert werden können. Ziel des Knowledge Discovery in Databases ist deshalb die (semi-)automatische Extraktion von gültigem, aber bisher unbekanntem und potentiell nützlichem Wissen aus großen Datenbanken.

Dieses Buch richtet sich einerseits an Studenten der Informatik und verwandter Fächer, andererseits an Praktiker mit guten Informatikgrundlagen, die sich in das neue Gebiet des Knowledge Discovery in Databases einarbeiten wollen. Die zentralen Aufgaben des Knowledge Discovery in Databases werden in jeweils eigenen Kapiteln behandelt. Dort werden die wichtigsten Algorithmen mit den zugrundeliegenden Konzepten sowie einige typische Anwendungen vorgestellt. Jedes Kapitel diskutiert Kriterien, die bei der Auswahl eines geeigneten Algorithmus für eine gegebene Anwendung helfen sollen. Damit wird der Leser in die Lage versetzt, Vor- und Nachteile der verschiedenen Methoden einzuschätzen und für eigene Anwendungen Algorithmen auszuwählen, einzusetzen bzw. selbst zu entwickeln.

Das Buch ist aus unserer Vorlesung "Knowledge Discovery in Databases" am Institut für Informatik der Ludwig-Maximilians-Universität entstanden. Markus Breunig hat die Übungen zu dieser Lehrveranstaltung konzipiert und viele wertvolle Kommentare und Verbesserungsvorschläge zum Skript beigetragen. Auch den Hörern unserer Vorlesung verdanken wir zahlreiche Korrekturen und Klarstellungen.

Die andere Quelle dieses Buches sind unsere eigenen Forschungsprojekte an der Lehr- und Forschungseinheit von Professor Hans-Peter Kriegel, dem wir für die ausgesprochen inspirierende Umgebung und seine langjährige persönliche Unterstützung danken möchten. Unsere Kollegen, insbesondere Mihael Ankerst und Markus Breunig, haben im Laufe der Jahre mit vielen intensiven Diskussionen und praktischen Projekten zu unserem Verständnis des Knowledge Discovery in Databases entscheidend beigetragen. Besonders verdient gemacht um dieses Buch haben sich Matthias Groß, der mit großem Engagement Korrektur gelesen und am Stil gefeilt hat, und Susanne Grienberger, die uns vor allem bei der aufwendigen Erstellung der vielen Abbildungen unterstützt hat.

Zum Schluß möchten wir Hermann Engesser und Gabriele Fischer vom Springer-Verlag für die gute Kooperation bei der Planung und Realisierung dieses Buches danken.

Viel Freude und Gewinn beim Lesen!

München, im Juli 2000   Martin Ester und Jörg Sander

Inhaltsverzeichnis

Einleitung 1

1.1 Grundbegriffe des Knowledge Discovery in Databases 1
1.2 Typische KDD-Anwendungen..............................6
1.3 Inhalt und Aufbau dieses Buches............................10
1.4 Literatur............................12

Grundlagen 15

2.1 Datenbanksysteme............................15
2.2 Statistik............................29
2.3 Literatur............................44

Clustering 45

3.1 Einleitung............................45
3.2 Partitionierende Verfahren............................51
3.3 Hierarchische Verfahren............................76
3.4 Datenbanktechniken zur Leistungssteigerung............................85
3.5 Besondere Anforderungen und Verfahren............................97
3.6 Zusammenfassung............................103
3.7 Literatur............................103

Klassifikation 107

4.1 Einleitung............................108
4.2 Bayes-Klassifikatoren............................111
4.3 Nächste-Nachbarn-Klassifikatoren............................119
4.4 Entscheidungsbaum-Klassifikatoren............................126

4.5   Skalierung für große Datenbanken 138
4.6   Zusammenfassung 156
4.7   Literatur 157

Assoziationsregeln   159

5.1   Einleitung 159
5.2   Einfache Assoziationsregeln: Der Apriori-Algorithmus 160
5.3   Hierarchische Assoziationsregeln bezüglich Item-Taxonomien 169
5.4   Quantitative Assoziationsregeln 178
5.5   Zusammenfassung 186
5.6   Literatur 187

Generalisierung   189

6.1   Einleitung 190
6.2   Data Cubes 192
6.3   Effiziente Anfragebearbeitung in Data Cubes 197
6.4   Attributorientierte Induktion 206
6.5   Inkrementelle attributorientierte Induktion 215
6.6   Zusammenfassung 219
6.7   Literatur 220

Besondere Datentypen und Anwendungen   223

7.1   Temporal Data Mining 223
7.2   Spatial Data Mining 234
7.3   Text- und Web-Mining 245
7.4   Literatur 261

Andere Paradigmen   263

8.1   Induktive Logik-Programmierung 263
8.2   Genetische Algorithmen 265
8.3   Neuronale Netze 266
8.4   Selbstorganisierende Karten (Kohonen Maps) 271
8.5   Literatur 273

Index   275

Einleitung

Im ersten Kapitel wird das neue Gebiet des Knowledge Discovery in Databases anhand der grundlegenden Begriffe sowie der wichtigsten Aufgaben eingeführt. Zur Motivation des Knowledge Discovery in Databases werden dann typische Anwendungen u.a. aus der Astronomie, den Erdwissenschaften, dem Marketing und dem Electronic Commerce vorgestellt. Im dritten Abschnitt des Kapitels wird der Inhalt und der Aufbau dieses Buchs erläutert.

1.1 Grundbegriffe des Knowledge Discovery in Databases

Kommerzielle Geräte wie etwa Scannerkassen sowie wissenschaftliche Instrumente wie z.B. Erdbeobachtungssatelliten oder Gensequenzierungsautomaten generieren immer größere Mengen von immer komplexeren Daten. Diese Daten enthalten potentiell wichtiges Wissen, ihre manuelle Analyse übersteigt aber die menschlichen Kapazitäten bei weitem. Das ist die Motivation des neuen Gebiets Knowledge Discovery in Databases.

Knowledge Discovery in Databases (KDD) [Fayyad, Piatetsky-Shapiro & Smyth 1996] ist der Prozeß der (semi-)automatischen Extraktion von Wissen aus Datenbanken, das

- *gültig* (im statistischen Sinne)
- *bisher unbekannt* und
- *potentiell nützlich* (für eine gegebene Anwendung) ist.

Knowledge Discovery in Databases ist ein stark interdisziplinäres Thema an der Schnittstelle von Statistik, Maschinellem Lernen und Datenbanksystemen. Diese Gebiete liefern verschiedene Beiträge zum neuen Gebiet des Knowledge Discovery in Databases:

- *Statistik*: modellbasierte Inferenzen, Schwerpunkt auf numerischen Daten. [Berthold & Hand 1999] gibt eine gute Einführung des KDD aus Sicht der Statistik.

- *Maschinelles Lernen*: Suchverfahren, Schwerpunkt auf symbolischen Daten. [Mitchell 1997] behandelt die wichtigsten Verfahren des maschinellen Lernens, die zum großen Teil auch relevant zum KDD sind.
- *Datenbanksysteme*: Skalierbarkeit für große Datenmengen, neue Datentypen (z.B. Webdaten), Integration mit kommerziellen Datenbanksystemen. Eine gute Einführung in das Gebiet KDD aus Sicht der Datenbanksysteme findet sich in [Chen, Han & Yu 1996].

KDD ist ein iterativer Prozeß, bei dem sich die in Abb. 1-1 dargestellten Schritte identifizieren lassen:

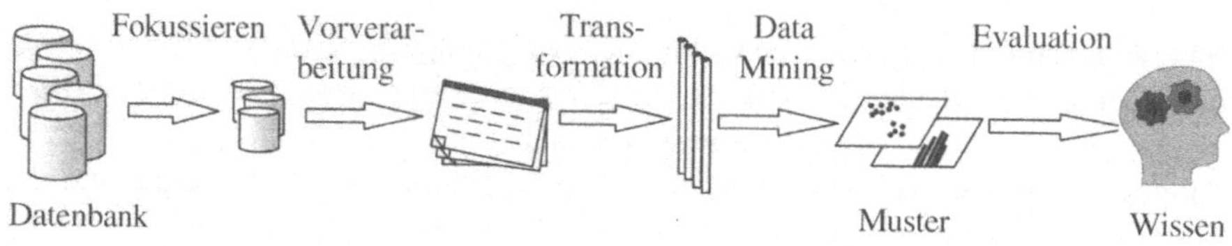

Abb. 1-1 Die Schritte des KDD-Prozesses

Die einzelnen Schritte werden im folgenden kurz erläutert. Für eine genauere Behandlung der meisten KDD-Schritte verweisen wir auf [Witten & Frank 2000]. [Pyle 1999] behandelt sehr detailliert die Schritte der Vorverarbeitung und der Transformation.

Fokussieren

Im ersten Schritt geht es darum, ein Verständnis der Anwendung und des bereits bekannten Anwendungswissens zu gewinnen. Darauf aufbauend wird das Ziel des KDD aus Sicht der gegebenen Anwendung definiert, denn das gewünschte Wissen soll ja bisher unbekannt und nützlich für die Anwendung sein. Es muß ferner festgelegt werden, in welchen Daten das Wissen gesucht werden soll und wie diese Daten zu beschaffen sind. Im einfachsten Fall kann man auf eine vorhandene Datenbank zurückgreifen und einen Teil davon als Grundlage für das Data Mining selektieren. Andernfalls müssen die Daten erst durch Messungen, durch Fragebögen oder ähnliche Methoden erhoben werden.

Eine wichtige Frage bei diesem ersten Schritt des KDD ist auch, wie die Daten verwaltet werden sollen. Aus historischen Gründen und aus Gründen der besseren Performanz werden die Daten häufig in speziell für das Data Mining angelegten Files abgelegt. Da die Daten meist sowieso in einem kommerziellen Datenbanksystem verwaltet werden, entsteht bei diesem Ansatz jedoch Redundanz mit allen Problemen potentieller Inkonsistenzen. Datenbanksysteme bieten zudem eine etablierte Funktionalität an, die für alle Schritte des KDD gewinnbringend eingesetzt werden kann: z.B. können für das Fokussieren oder für die Evaluation Teilmengen der Datenbank einfach und effizient selektiert werden. Es wird deshalb zunehmend eine *Integration* des KDD *mit kommerziellen Datenbanksystemen* gewünscht [Chaudhuri 2000]. Das Problem der effizienten Integration von Data-Mining-Algorithmen mit Datenbanksystemen behandeln wir im Kontext des Clustering (Abschnitt 3.4), der Entscheidungsbaum-Klassifikatoren (Abschnitt 4.4) und des Spatial Data Mining (Abschnitt 7.2).

Vorverarbeitung

Ziel der Vorverarbeitung ist es, die benötigten Daten zu integrieren, konsistent zu machen und zu vervollständigen. Obwohl diese Aufgaben meist keine konzeptionellen Probleme bergen, beträgt der Aufwand für die Vorverarbeitung in vielen KDD-Projekten doch einen großen Teil des Gesamtaufwands. Der Aufwand für die Vorverarbeitung reduziert sich stark, wenn man auf ein *Data Warehouse* (siehe Abschnitt 6.2) zurückgreifen kann, das die Daten bereits in integrierter und konsistenter Form zur Verfügung stellt.

Daten aus unterschiedlichen Quellen müssen *integriert* werden, da sie im allgemeinen nach unterschiedlichen Konventionen gewonnen wurden. Verschiedene Abteilungen einer Firma benutzen z.B. häufig verschiedene Namen für dieselben Attribute eines Objekts oder aggregieren die Daten über unterschiedliche Zeiträume. In einer Abteilung wird etwa der Umsatz tageweise aggregiert, während in einer anderen Abteilung dieselbe Information wochenweise gesammelt und gespeichert wird.

Inkonsistenzen in den Daten wie etwa verschiedene Werte desselben Attributs oder Schreibfehler für Namen treten häufig auf und müssen aufgelöst werden. Durch eine Messung kann sogenanntes Rauschen, d.h. ein zufälliges Muster, das sich den eigentlichen Mustern überlagert, erzeugt werden. Ein solches Rauschen soll ebenfalls in der Vorverarbeitung entfernt werden.

In realen Datenbanken fehlt meist ein signifikanter Teil aller Attributwerte: es kann z.B. ein Meßfehler aufgetreten sein oder gewisse Fragen in einem Fragebogen wurden absichtlich nicht beantwortet. Je nach verwendetem Data-Mining-Algorithmus kann es notwendig werden, *fehlende Attributwerte* genauer zu spezifizieren, da diese Information für das Data Mining wichtig ist. Man kann etwa unterscheiden zwischen „Messung nicht durchgeführt" und „Meßfehler aufgetreten". In einer medizinischen Anwendung kann die Tatsache, daß ein bestimmter Test durchgeführt wurde, z.B. sehr signifikant sein für die Klassifikation eines bestimmten Patienten.

Transformation

In diesem Schritt werden die vorverarbeiteten Daten in eine für das Ziel des KDD geeignete Repräsentation transformiert. Typische Transformationen sind die Attribut-Selektion und die Diskretisierung von Attributen, die im folgenden diskutiert werden.

Im allgemeinen sind nicht alle bekannten Attribute der Daten relevant für die Data-Mining-Aufgabe. Obwohl viele Data-Mining-Algorithmen eine eigene Auswahl der relevantesten Attribute vornehmen, kann eine zu große Anzahl von Attributen die Effizienz des Data Mining und darüberhinaus auch die Qualität des Ergebnisses deutlich verschlechtern. *Attribut-Selektion* ist also häufig in praktischen Anwendungen nötig. Wenn genügend Anwendungswissen über die Bedeutung der Attribute und über die gegebene Data-Mining-Aufgabe bekannt ist, kann dieses Wissen zu einer manuellen Attribut-Selektion genutzt werden. Andernfalls muß eine automatische Attribut-Selektion durchgeführt werden. Ein optimaler Algorithmus, der alle Teilmengen der Menge der Attribute betrachtet, ist zu aufwendig. Stattdessen kommen heuristische Algorithmen zum Einsatz: Man geht entweder von der leeren Menge bzw. von der Gesamtmenge der Attribute aus und fügt jeweils das Attribut hinzu bzw. entfernt das Attribut, das für die resultierende Attributmenge die beste Bewertung in Bezug auf die gegebene Data-Mining-Aufgabe liefert. Das Thema der Attribut-Selektion diskutieren wir im Kontext des Clustering (Abschnitt 3.5), der Bayes-Klassifikatoren (Abschnitt 4.2) und der Nächste-Nachbarn-Klassifikatoren (Abschnitt 4.3).

Manche Data-Mining-Algorithmen können keine numerischen sondern nur kategorische Attribute verarbeiten, so daß eine *Diskretisierung* numerischer Attribute erforderlich wird, d.h. eine Transformation in kategorische Attribute. Einfache Verfahren teilen den Wertebereich eines Attributs in Intervalle gleicher Länge oder in Intervalle mit gleicher Häufigkeit von enthaltenen Attributwerten. Komplexere Verfahren berücksichtigen die unter Umständen bekannte Klassenzugehörigkeit der Daten und bilden Intervalle so, daß gewisse Maße wie z.B. der Informationsgewinn in Bezug auf die Klassenzugehörigkeit maximiert werden. In diesem Fall werden Attributwerte von Objekten derselben Klasse möglichst demselben Intervall zugeordnet. Auch Generalisierungs-Algorithmen wie z.B. attributorientierte Induktion (Abschnitt 6.4) können zur Diskretisierung numerischer Attribute eingesetzt werden.

Data Mining

Data Mining ist die Anwendung effizienter Algorithmen, die die in einer Datenbank enthaltenen gültigen Muster finden [Fayyad, Piatetsky-Shapiro & Smyth 1996]. In diesem Schritt wird zuerst die relevante Data Mining Aufgabe identifiziert. Die wichtigsten Data Mining Aufgaben werden in Abb. 1-2 illustriert und im folgenden kurz erläutert:

- *Clustering* / Entdecken von Ausreißern (Kapitel 3)
  Ziel des Clustering ist die Partitionierung einer Datenbank in Gruppen (Cluster) von Objekten, so daß Objekte eines Clusters möglichst ähnlich, Objekte verschiedener Cluster möglichst unähnlich sind. Ausreißer sind Objekte, die zu keinem der gefundenen Cluster gehören.
- *Klassifikation* (Kapitel 4)
  Gegeben sind hier Trainingsobjekte mit Attributwerten, die bereits einer Klasse zugeordnet sind. Es soll eine Funktion gelernt werden, die zukünftige Objekte aufgrund ihrer Attributwerte einer der Klassen zuweist.

- *Assoziationsregeln* (Kapitel 5)

  Gegeben ist eine Datenbank von Transaktionen. Assoziationsregeln beschreiben häufig auftretende und starke Zusammenhänge innerhalb der Transaktionen wie z.B. WENN A UND B DANN C.

- *Generalisierung* (Kapitel 6)

  Ziel der Generalisierung ist es, eine Menge von Daten möglichst kompakt zu beschreiben, indem die Attributwerte generalisiert und die Zahl der Datensätze reduziert werden.

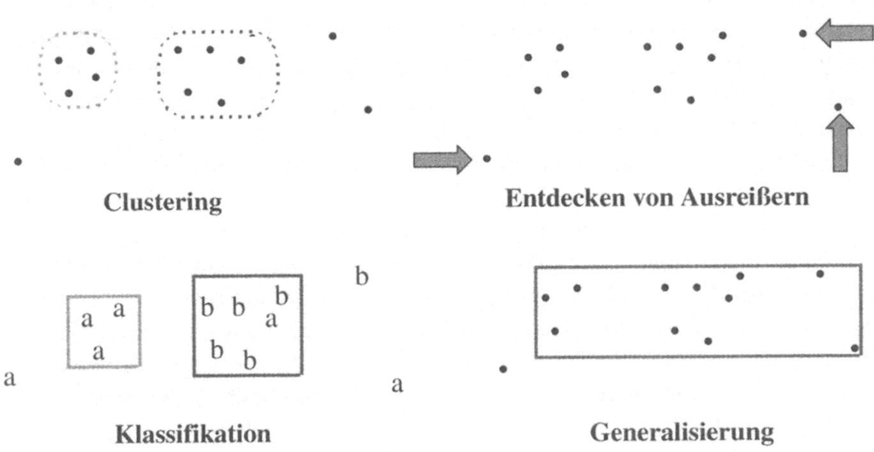

Abb. 1-2 Die wichtigsten Data-Mining-Aufgaben

Aufgrund der Ziele der Anwendung und des Typs der Daten wird dann ein geeigneter Algorithmus ausgewählt, z.B. erfordern Daten mit kategorischen Attributen andere Algorithmen als numerische Daten.

Evaluation

Im letzten Schritt des KDD-Prozesses werden die gefundenen Muster vom System geeignet präsentiert und von einem Experten der Anwendung in Bezug auf die definierten Ziele evaluiert. Falls die Ziele nach Einschätzung des Experten noch nicht erreicht sind, wird er eine weitere Iteration des KDD-Prozesses initiieren. Diese neue Iteration kann bei einem beliebigen Schritt des KDD einsetzen, z.B. beim Data Mining, und lediglich einen weiteren Lauf desselben Algorithmus mit veränderten Parametern bedeuten oder bei der Vorverarbeitung und eine verfeinerte Behandlung unbekannter Attributwerte erfordern. Sobald die Evaluation erfolgreich ist, wird das gefundene Wissen dokumentiert und in das bestehende System integriert, z.B. als Ausgangspunkt für zukünftige KDD-Prozesse, die dann nur noch neues Wissen liefern.

Grundlage der Evaluation ist eine geeignete Präsentation der gefundenen Muster durch das System. Eine solche Darstellung ist in vielen Anwendungen eine Herausforderung für sich, wenn sehr viele Muster gefunden wurden oder wenn die Daten sehr viele Attribute besitzen. Dieser Fall tritt z.B. oft beim Suchen von Assoziationsregeln auf. Häufig ist eine *Visualisierung* der gefundenen Muster für den Benutzer verständlicher als eine textuelle Ausgabe. Gut geeignet zur Visualisierung sind etwa Entscheidungsbäume (Abschnitt 4.4) oder Muster in raumbezogenen Datenbanken (Abschnitt 7.2).

Häufig ist es Ziel des Data Mining, mit Hilfe der in den vorhandenen Daten gefundenen Regeln Vorhersagen für die Zukunft zu treffen. Zentrale Aufgabe der Evaluation ist daher die *Schätzung der Vorhersagekraft*, d.h. man muß schätzen, wie gut die in den vorhandenen „Trainingsdaten" gefundenen Muster sich auf zukünftige Daten verallgemeinern lassen. Die Trainingsdaten stellen eine Stichprobe aus der Grundgesamtheit aller bisherigen und zukünftigen Daten dar. Die Ergebnisse des Data Mining werden um so größere Vorhersagekraft besitzen, je größer die Stichprobe ist und je repräsentativer sie ist. Die Evaluation wird vereinfacht, wenn gewisse Annahmen über die Verteilung der Daten getroffen werden können, die die Anwendung statistischer Tests erlauben. Andernfalls behilft man sich, indem die vorhandenen Daten in „Trainingsdaten" und „Testdaten" aufgeteilt werden und die Muster auf den Testdaten evaluiert werden. Zur Schätzung der Vorhersagekraft behandeln wir im Kontext der Klassifikation die Methoden Cross-Validation und Train-and-Test (Abschnitt 4.1) und für Assoziationsregeln das Konzept der Interessantheit (Abschnitt 5.2).

1.2 Typische KDD-Anwendungen

Zur Motivation des KDD werden in diesem Abschnitt einige typische Anwendungen vorgestellt, die bereits in der Praxis erfolgreich eingesetzt werden. Es handelt sich dabei um Anwendungen sowohl im wissenschaftlichen wie auch im kommerziellen Bereich. Ein besonders erfolgversprechendes Anwendungsgebiet ist das Data Mining im Internet, da dort immens große und vielfältige Datenmengen zur Verfügung gestellt werden. Mit zunehmendem Einsatz entstehen aber auch Gefahren des Mißbrauchs der neuen Techniken, die in diesem Abschnitt ebenfalls diskutiert werden.

Astronomie

In der Astronomie werden mit Hilfe von Teleskopen verschiedener Typen riesige Mengen von Daten gewonnen, die sich unmöglich manuell auswerten lassen. Im Rahmen des Palomar Observatory Sky Survey Projektes wurden z.B. 3 TB Bilddaten gewonnen, die schätzungsweise 2 Milliarden astronomisch relevante Objekte enthalten.

Beispiel
Das *SKICAT*-System [Fayyad, Haussler & Stolorz 1996] führt zuerst eine Bildsegmentierung durch und bestimmt dann für jedes gefundene Objekt 40 verschiedene
Attributwerte. Mit Hilfe eines Entscheidungsbaum-Klassifikators werden die Objekte (Sterne bzw. Galaxien) automatisch klassifiziert, was eine Grundlage für weiterführende (manuelle) astronomische Analysen ist. Das SKICAT-System ist einerseits wesentlich schneller als manuelle Klassifikation, andererseits erlaubt es die
Klassifikation von sehr entfernten Objekten, die manuell nicht mehr klassifizierbar
sind.

Erdwissenschaften

Erdbeobachtungssatelliten sowie Simulationsprogramme liefern sehr große Datenmengen über Landnutzung, Wetter, Klimaänderungen etc. Ein typisches atmosphärisches Simulationsmodell erzeugt z.B. 30 TB Daten für 100 Simulationsjahre.

Beispiel
Das System *CONQUEST* [Stolorz et al. 1995] ist ein verteiltes paralleles System
zum Management und zur Analyse von großen Mengen erdwissenschaftlicher Daten. Eine erfolgreiche Data-Mining-Anwendung auf diesem System dient der Entdeckung und Beschreibung von Zyklonen aus raum-zeitlichen Daten des Luftdrucks
auf Meeresniveau. Als Endresultat werden die typischen Routen von Zyklonen gefunden.

Marketing

Die meisten Anwendungen dieses Bereichs fallen in die Kategorie des Database
Marketing. *Database Marketing* analysiert Kundendatenbanken z.B. mit dem Ziel
der Marktsegmentierung (Identifikation unterschiedlicher Kundengruppen) oder
der Vorhersage zukünftigen Kundenverhaltens (wie etwa Identifikation von abwanderungswilligen Kunden).

Beispiele
Das *Spotlight*-System [Anand & Kahn 1992] analysiert Verkaufsdaten von Supermärkten, findet signifikante Änderungen von Verkaufsmengen eines Produkts und
entdeckt Zusammenhänge zwischen diesen Änderungen und Ursachen wie etwa
Preisänderungen.

Das *Management Discovery Tool* ist ein System von AT&T und NCR, das auf
Manager als Benutzer ausgerichtet ist und Zusammenfassung, Trenderkennung und
ähnliche Methoden über eine einfache Benutzerschnittstelle anbietet.

Investment

Für finanzielle Analysen werden Techniken wie Regressionsanalysen oder neuronale Netzwerke eingesetzt. Typische Anwendungen sind das Definieren eines Portfolios mit gegebenen Eigenschaften oder die Vorhersage der Werte gewisser Indizes wie z.B. des Dow-Jones-Index.

Beispiele

Daiwa Securities hat ein *Portfolio-Management-System* [Piatetsky-Shapiro et al. 1996] entwickelt, das zahlreiche Aktienkurse analysiert und ein Portfolio vorschlägt, das von dem Risiko der einzelnen Aktien und der gewünschten Rendite abhängt.

Carlberg & Associates hat basierend auf einem neuronalen Netzwerk ein System zur *Vorhersage des S&P-500-Index* [Piatetsky-Shapiro et al. 1996] entwickelt. Das System nutzt als Eingabe Indexwerte wie das Zinsniveau, den Dollarkurs, die Dividenden und den Ölpreis. Dieses Modell erklärte zwischen 1986 und 1995 96% aller Änderungen des S&P 500 Index.

Betrugserkennung

Betrugserkennung ist eine wichtige KDD-Anwendung z.B. bei Kreditkartentransaktionen oder bei Telefonaten in Mobilfunknetzen. In den USA kostet z.B. der Cloning-Betrug beim mobilen Telefonieren die Netzanbieter und Kunden mehrere hundert Millionen Dollar pro Jahr. Unzufriedenheit der Kunden, Kündigungen und schlechte Publicity sind die Folge.

Beispiel

NYNEX hat ein System zur *Betrugserkennung beim mobilen Telefonieren* [Fawcett & Provost 1997] entwickelt, das für jeden Benutzer ein Profil seines typischen Telefonierverhaltens entwickelt und bei signifikanten Abweichungen von diesem Verhalten einen Alarm generiert. Das System nutzt Data-Mining-Verfahren wie Regellerner und Neuronale Netzwerke.

Individualisierte Werbeanzeigen

Verschiedene Firmen bieten kostenlosen Internet-Zugang für ihre Kunden an. Kunden dieses Dienstes erhalten einen User Account, über den dann der Internet-Zugriff erfolgt, so daß exakte Benutzerprofile erstellt werden können. In einem Bildschirmfenster werden diesen Kunden Werbeanzeigen präsentiert, die mit Hilfe von Data-Mining-Verfahren auf das persönliche Surfverhalten bzw. auf die persönlichen Daten wie Alter, Geschlecht und Wohnort zugeschnitten sind.

Beispiel

AltaVista FreeAccess [AltaVista 1999] bietet Kunden, die sich unter Angabe verschiedener persönlicher Daten registrieren lassen, einen kostenlosen Internetzugang an. Da jeder Internetzugriff dieser Kunden über ihr AltaVista-Account erfolgt, können die Benutzer identifiziert werden. Mit Hilfe von Data-Mining-Techniken wird dann ihr Verhalten beim Internetzugriff analysiert. Das gefundene Wissen ist einerseits interessant für Firmen, die über AltaVista ihre Produkte anbieten wollen und so ihre potentiellen Kunden kennenlernen können. Andererseits kann dieses Wissen genutzt werden, um dem AltaVista-Kunden nicht alle Werbeanzeigen, sondern nur eine Teilmenge anzuzeigen, die vermutlich den persönlichen Bedürfnissen des Kunden entspricht.

Ein Zitat von AltaVista: „In order to provide you with customized advertisements, AltaVista FreeAccess monitors your web surfing patterns. This is done to make sure you see advertisements that are suited to your tastes and preferences."

Electronic Commerce

Electronic-Commerce-Anwendungen sammeln enorme Mengen von Daten über das Benutzerverhalten und bieten ein riesiges Potential für Data-Mining-Anwendungen. Häufig müssen die Benutzer bei der Anmeldung persönliche Daten angeben. Diese Daten werden einerseits dazu genutzt, dem Benutzer möglichst nur passende Angebote zu machen, andererseits werden mit Hilfe von Data-Mining-Verfahren daraus Benutzergruppen und typische Einkaufsmuster dieser Gruppen gefunden.

Beispiele
Die *New York Times* ist gratis per WWW verfügbar [Himelstein, Hof & Kunii 1999]. Ein Benutzer dieses Dienstes muß sich registrieren lassen und dabei seine email-Adresse, Alter, Geschlecht, Einkommen und Postleitzahl angeben. Mit Hilfe dieser Daten und des beobachteten Webzugriffs werden Vorhersagen generiert („wie wahrscheinlich ist es, daß ein 20-jähriger Mann in New York einen Sportwagen kauft?"), die z.B. zur gezielten Plazierung von Werbeanzeigen eingesetzt werden. Auch Assoziationen zwischen verschiedenen Produkten lassen sich finden wie etwa „Benutzer, die viele Elektrogeräte kaufen, lesen häufig den Reiseteil der New York Times."

Amazon.com nutzt die Bestellungen mit Postleitzahlen und email-Adressen, um sogenannte *Purchase Circles* zu finden [Beck 1999], d.h. Gruppen von Kunden mit ähnlichen Käufen wie z.B. die Stadt Los Angeles, die Harvard University oder die US Army. Für jede solche Gruppe werden die typischen Käufe der letzten Zeit bestimmt. Nachdem sich ein Kunde selbst einem der vorhandenen Purchase Circle zugeordnet hat, werden ihm die typischen Produkte dieser Gruppe zum Kauf vorgeschlagen.

[Himelstein, Hof & Kunii 1999] beschreibt ein System zur *elektronischen Vergabe von Kreditkarten*. Vor der Vergabe einer Kreditkarte an einen neuen Kunden erfolgt bisher meist eine manuelle Analyse der Kreditwürdigkeit, die Zugriffe auf verschiedene Datenbanken erfordert und unter Umständen Wochen dauert. Mit Hilfe eines Data-Mining-Verfahrens wie etwa eines Entscheidungsbaum-Klassifikators kann diese Analyse automatisiert und somit in Sekunden durchgeführt werden. Dieser wesentlich schnellere Service erlaubt es einer Kreditkartenfirma, zahlreiche neue Kunden zu gewinnen.

Die immer größeren Datenmengen, die automatisch gesammelt und gespeichert werden, bieten ein enormes Potential für das Data Mining. Mit zunehmendem Einsatz entstehen aber auch Gefahren des Mißbrauchs der neuen Techniken, insbesondere dann, wenn persönliche Daten ohne Kenntnis der betreffenden Person gesammelt und analysiert werden. Die Frage des Datenschutzes (*privacy*) muß im Kontext des KDD also ganz neu diskutiert werden. Besonders brisant wird das Thema des Datenschutzes durch die zunehmende Verknüpfung verschiedenster Datenbanken sowohl im kommerziellen als auch im staatlichen Bereich.

Dazu ein Zitat aus der Business Week [Himelstein, Hof & Kunii 1999]:

> Although customer data always have been collected, it has never been this easy to connect information within and across networks and to use that data instantly. That's what worries privacy advocates. On June 14, they cried foul when DoubleClick Inc. (DCLK), which runs and tracks ads on 1,500 Web sites, announced that it would buy Abacus Direct Corp. (ABDR), which has purchase information on 88 million households. Their worry: The combined data could reveal so much about buyers that it would violate their privacy. "Privacy will grow as a public-relations and political issue," predicts Martha Rogers, a partner at marketing consultant Peppers and Rogers Group.

Das Problem wird dadurch gemildert, daß beim KDD im allgemeinen nur das Benutzerverhalten von ganzen Gruppen, nicht von einzelnen Benutzern analysiert wird. Aussagen über einzelne Personen oder sehr kleine Gruppen sind nämlich aus kommerziellen Gründen uninteressant. Amazon.com bildet z.B. Purchase Circles nur für Gruppen von mindestens 200 Personen.

1.3 Inhalt und Aufbau dieses Buches

Dieses Buch richtet sich einerseits an Studenten der Informatik und verwandter Fächer, andererseits an Praktiker mit guten Informatik-Grundlagen, die sich in das neue Gebiet des Knowledge Discovery in Databases einarbeiten wollen. Das Buch eignet sich z.B. als Textbuch für eine Hauptstudiums-Veranstaltung, aber ebenso zum Selbststudium. Der Praxisbezug wird insbesondere durch die Diskussion zahlreicher Anwendungen und durch die Behandlung von Kriterien gegeben, welche Verfahren für welche Anwendungen geeignet sind. Die vorausgesetzten Grundlagen aus den Gebieten Datenbanksysteme und Statistik werden im zweiten Kapitel behandelt.

Der Schwerpunkt dieses Buchs liegt auf dem zentralen KDD-Schritt des Data Mining. Das hat seinen Grund darin, daß die meisten Verfahren für die anderen KDD-Schritte ziemlich anwendungsspezifisch bzw. auf ein bestimmtes Data-Mining-Verfahren zugeschnitten sind. Auch die Forschung im Gebiet des KDD hat sich deshalb auf das Data Mining konzentriert. Die anderen Schritte des KDD werden aber, wie in Abschnitt 1.1 bereits angedeutet, beispielhaft für einige Data-Mining-Verfahren und Anwendungen diskutiert. Es werden mittlerweile etliche kommerzielle KDD Tools angeboten. Diese Tools werden in diesem Buch nicht behandelt, da die Hersteller typischerweise kaum Informationen über die verwendeten Verfahren liefern, und da sich die Funktionalität dieser Tools schnell ändert.

Im folgenden wird der Inhalt der einzelnen Kapitel dieses Buchs erläutert. Kapitel 2 behandelt kurz die *Grundlagen des KDD*. Aus dem Gebiet Datenbanksysteme werden die wichtigsten Grundbegriffe und die verschiedenen Abstraktionsebenen eingeführt. Auf konzeptioneller Ebene werden das relationales Datenmodell und die Anfragesprache SQL behandelt, auf der Implementierungsebene werden die physische Speicherung der Daten auf Magnetplatten sowie verschiedene Indexstrukturen wie B-Baum und R-Baum vorgestellt. Aus dem Gebiet der Statistik werden wichtige deskriptive und induktive Methoden diskutiert. Es werden insbesondere univariate und multivariate Deskription, Grundlagen der Wahrscheinlichkeitsrechnung sowie diskrete und stetige Zufallsvariablen behandelt. Verfahren der Parameterschätzung und des Testens von Hypothesen runden die Einführung in die Grundlagen ab.

Die zentralen Aufgaben des Data Mining werden in jeweils einem eigenen Kapitel behandelt. Dort werden die wichtigsten Algorithmen mit den zugrundeliegenden Konzepten sowie einige typische Anwendungen vorgestellt. Jedes dieser Kapitel schließt mit einer Zusammenfassung und einer Liste von Kriterien, die bei der Auswahl eines für eine gegebene Anwendung geeigneten Algorithmus helfen sollen.

Im dritten Kapitel werden Verfahren zum *Clustering* vorgestellt, und zwar sowohl partitionierende Verfahren wie z.B. der K-means-Algorithmus als auch hierarchische Verfahren wie etwa der Single-Link-Algorithmus. Ferner werden Techniken aus dem Gebiet Datenbanksysteme präsentiert, die es erlauben, ein Clustering auch auf sehr großen Datenbanken effizient durchzuführen. Im letzten Abschnitt dieses Kapitels werden neuere Anforderungen und Techniken des Clustering diskutiert, etwa das sogenannte Subspace Clustering und das inkrementelle Clustering.

Kapitel 4 ist der Aufgabe der *Klassifikation* gewidmet. Wir behandeln die Techniken der Bayes-Klassifikatoren, Nächste-Nachbarn-Klassifikatoren sowie Entscheidungsbaum-Klassifikatoren. Alle diese Verfahren haben sich in der Praxis vielfach bewährt, und es werden typische Anwendungen vorgestellt. Während die Trainingsdatenmengen bisher meist relativ klein waren, werden zunehmend größere verfügbar. Wir diskutieren daher einige Techniken, mit deren Hilfe Klassifikatoren auch für große Datenbanken effizient anwendbar werden.

Im fünften Kapitel wird die Suche nach *Assoziationsregeln* behandelt. Wir beginnen mit einfachen Assoziationsregeln und dem Apriori-Algorithmus. Das Konzept der Assoziationsregeln und der entsprechende Algorithmus werden dann schrittweise für die Einbeziehung von Taxonomien (z.B. für die gekauften Artikel) und für numerische Attribute erweitert. Durch zusätzliche Berücksichtigung der zeitlichen Dimension entsteht das Konzept der Sequential Patterns, das ebenfalls präsentiert wird.

Kapitel 6 behandelt die Data-Mining-Aufgabe der *Generalisierung*. Konzepthierarchien bilden die gemeinsame Grundlage sowohl des „manuellen Data Mining" (Online Analytical Processing) basierend auf Data Cubes als auch der automatischen attributorientierten Induktion. Im ersten Teil des Kapitels werden Data Warehouses und insbesondere Data Cubes eingeführt, und es werden Techniken der effizienten Anfragebearbeitung in Data Cubes diskutiert. Im zweiten Teil wird die Methode der attributorientierten Induktion anhand mehrerer Algorithmen vorgestellt, und es wird gezeigt, wie diese Algorithmen auf Datenbanken mit vielen Updates inkrementell angewendet werden können.

Während die klassischen Data-Mining-Verfahren auf einfachen Datentypen arbeiten, die sich in natürlicher Weise in relationalen Datenbanken verwalten lassen, werden zunehmend Daten komplexerer Typen gesammelt. Kapitel 7 stellt einige dieser *besonderen Datentypen und Anwendungen* des Data Mining vor, und zwar zum Temporal Data Mining, Spatial Data Mining und zum Text und Web Mining.

Bei der Behandlung der wichtigsten Data-Mining-Aufgaben haben wir uns jeweils auf die etablierten Techniken konzentriert. Verschiedene *andere Paradigmen* der Informatik lassen sich jedoch ebenfalls effektiv zum Data Mining einsetzen. In Kapitel 8 geben wir deshalb eine kurze Einführung in die induktive Logik-Programmierung, genetische Algorithmen und neuronale Netze.

1.4 Literatur

AltaVista 1999, „*Alta Vista Free Access*", http://microav.com/.

Anand T., Kahn G. 1992, „SPOTLIGHT: A Data Explanation System", Proceedings *8th IEEE Conference on Applied AI*, pp. 2—8.

Beck R. 1999, „Amazon.com Starts Specialty Service", *CBS Market Watch*, http://cbs.marketwatch.com/archive/19990820/news/current/consumer.htx?source=htx/http2_mw&dist=send.

Berthold M., Hand D. J. 1999 (eds.), „*Intelligent Data Analysis: An Introduction*", Springer Verlag, Heidelberg.

Chaudhuri S. 2000 (ed.), „Integration of Data Mining with Database Technology", Special Issue of *Data Mining and Knowledge Discovery*, an International Journal, Kluwer Academic Publishers, Vol. 4, Nos. 2/3.

Chen M.-S., Han J., Yu P. S. 1996, „Data Mining: An Overview from a Database Perspective", *IEEE Transactions on Knowledge and Data Engineering*, Vol. 8, No. 6, pp. 866—883.

Fawcett T., Provost F. 1997, „Adaptive Fraud Detection", *Data Mining and Knowledge Discovery*, An International Journal, Vol. 1, pp. 291—316.

Fayyad U. M., Haussler D., Stolorz P. 1996, „KDD for Science Data Analysis: Issues and Examples", Proceedings *2nd International Conference on Knowledge Discovery and Data Mining*, pp. 50—56.

Fayyad U. M., Piatetsky-Shapiro G., Smyth P. 1996, „Knowledge Discovery and Data Mining: Towards a Unifying Framework", Proceedings *2nd International Conference on Knowledge Discovery and Data Mining*, pp. 82—88.

Himelstein L., Hof R. D., Kunii I. M. 1999, „The Information Gold Mine„, *Business Week,* No. 30, http://www.businessweek.com/1999/99_30/b3639018.htm.

Mitchell T. M. 1997, „*Machine Learning*", McGraw-Hill.

Piatetsky-Shapiro G., Brachman R., Khabaza T., Kloesgen W., Simoudis E. 1996, „An Overview of Issues in Developing Industrial Data Mining and Knowledge Discovery Applications", Proceedings *2nd International Conference on Knowledge Discovery and Data Mining*, pp. 89—95.

Pyle D. 1999, „*Data Preparation for Data Mining*", Morgan Kaufmann Publishers.

Stolorz P., Nakamura H., Mesrobian E., Muntz R. R., Shek E. C., Santos J. R., Yi J., Ng K., Chien S.-Y., Mechoso C. R., Farrara J. D. 1995, „Fast Spatio-Temporal Data Mining of Large Geophysical Datasets", Proceedings *1st International Conference on Knowledge Discovery and Data Mining*, pp. 300—305.

Witten I. H., Frank E. 2000, „*Data Mining: Practical Machine Learning Tools and Techniques with Java Implementations*", Morgan Kaufmann Publishers.

Grundlagen

Knowledge Discovery in Databases ist ein stark interdisziplinäres Thema an der Schnittstelle von Statistik, Maschinellem Lernen und Datenbanksystemen. In diesem Kapitel fassen wir einige Grundlagen des KDD aus dem Gebiet Datenbanksysteme und aus der Statistik zusammen. Die relevanten Techniken des Maschinellen Lernens werden in den jeweiligen Kapiteln selbst eingeführt.

In Abschnitt 2.1 behandeln wir grundlegende Themen aus dem Gebiet *Datenbanksysteme*. Es werden die Grundbegriffe eingeführt und am Beispiel relationaler Datenbanksysteme konkretisiert. Die relationale Anfragesprache SQL wird vorgestellt und das Vorgehen bei der Anfragebearbeitung wird diskutiert. Abschließend behandeln wir die physische Speicherung der Daten sowie verschiedene Indexstrukturen, die eine effiziente Anfragebearbeitung ermöglichen.

Abschnitt 2.2 führt in die relevanten Grundlagen der *Statistik* ein. Wir behandeln die univariate und die multivariate Deskription. Aufbauend auf einem kurzen Abriß der Wahrscheinlichkeitsrechnung werden diskrete und stetige Zufallsvariablen eingeführt und die Approximation von Verteilungen diskutiert. Als Verfahren der induktiven Statistik werden Methoden der Parameterschätzung und das Testen von Hypothesen vorgestellt.

2.1 Datenbanksysteme

Wir geben eine kurze Einführung in das Gebiet Datenbanksysteme aus der Sicht des KDD. Für eine allgemeine Einführung verweisen wir auf [Kemper & Eickler 1999].

2.1.1 Grundbegriffe

Ein *Datenbanksystem* (*DBS*) dient der *Beschreibung*, dauerhaften *Speicherung* und effizienten *Wiedergewinnung* großer Datenmengen, die von verschiedenen Anwendungsprogrammen benutzt werden.

Ein Datenbanksystem besteht aus zwei wesentlichen Komponenten:

- *Datenbank* (*DB*)
  Sammlung aller gespeicherten Daten sowie der zugehörigen Beschreibungen.

- *Datenbank-Managementsystem* (*DBMS*)
  Programmsystem zur Verwaltung der Datenbank (Fortschreibung des Inhalts, Zugriffskontrolle).

Alle Zugriffe von Anwendungsprogrammen auf die Datenbank erfolgen nicht direkt, sondern zentral über das Datenbank-Managementsystem. Abb. 2-1 veranschaulicht die Architektur eines Datenbanksystems.

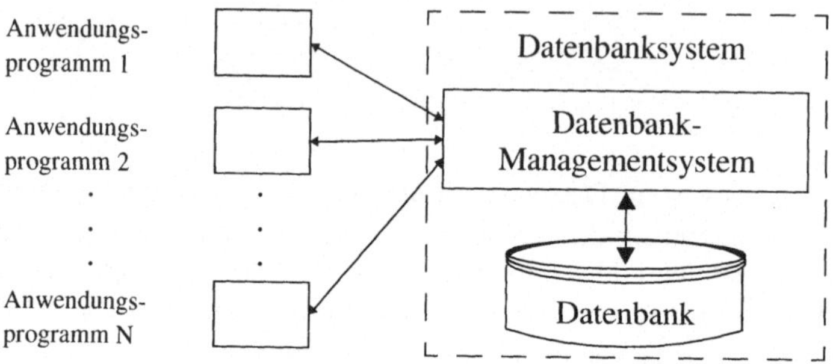

Abb. 2-1 Architektur eines Datenbanksystems

Abstraktionsebenen eines DBS

- *Externe Ebene*
  Diese Ebene erlaubt unterschiedliche Sichten verschiedener Benutzer oder Benutzergruppen auf den Datenbestand. Ein Benutzer soll keine Daten sehen, die er nicht sehen will oder die er nicht sehen darf.
- *Konzeptionelle Ebene*
  Die konzeptionelle Ebene ist die zentrale Ebene. Sie spezifiziert die logische Gesamtsicht (d.h. unabhängig von der tatsächlichen Speicherung) aller Daten, die von irgendeinem Anwendungsprogramm benötigt werden. Es erfolgt eine Beschreibung aller Objekt- und Beziehungstypen sowie deren Wertebereiche.
- *Interne Ebene*
  Die interne Ebene beschreibt die physische Datenorganisation, d.h. sie legt fest wie die im konzeptionellen Schema beschriebenen Objekte und Beziehungen physisch abgespeichert werden und welche Zugriffsmöglichkeiten bestehen. Es werden etwa Zugriffsmöglichkeiten zu den Datensätzen durch Indexstrukturen wie Hashtabellen, invertierte Listen oder B-Bäume spezifiziert.

Datenmodelle sind Formalismen zur Beschreibung aller in der Datenbank enthaltenen Objekte und ihrer Beziehungen untereinander (im *Datenbankschema*), wie sie auf der konzeptionellen und externen Ebene benötigt werden. Sie unterscheiden sich hinsichtlich der Art und Weise, wie Objekte und Beziehungen zwischen Objekten dargestellt werden. Wir stellen im folgenden beispielhaft das relationale Datenmodell vor, das weite Verbreitung gefunden hat.

2.1.2 Relationales Datenmodell

Das relationale Datenmodell basiert auf dem Strukturierungsprinzip „*Mengen*" (Tabellen, Relationen). Ein *Wertebereich* (*Domain*) ist eine (logisch zusammengehörige) Menge von Werten, z.B. INTEGER, STRING, DATUM, $\{1, ..., 10\}$. Ein Wertebereich kann *endliche* oder *unendliche* Kardinalität besitzen.

Eine *Relation R* ist eine Teilmenge des kartesischen Produktes von $k \geq 1$ Wertebereichen $D_1, ..., D_k$. Einzelne Elemente einer Relation heißen *Tupel*. Für $R \subseteq D_1 \times D_2 \times ... \times D_k$ ist k der *Grad* oder die *Stelligkeit* der Relation; alle Tupel in R haben k Komponenten. Relationen kann man als Tabellen verstehen und darstellen. Die Zeilen einer Tabelle entsprechen den Tupeln. Die Spalten heißen *Attribute* und können Namen tragen.

Ein *Relationenschema* ist ein k-Tupel $(D_1, ..., D_k)$ aus Bezeichnungen von Wertebereichen. Die Komponenten eines Relationenschemas heißen Attribute; sie können benannt sein: $(A_1{:}D_1, ..., A_k{:}D_k)$. Eine minimale Teilmenge der Attribute eines Relationenschemas, anhand derer alle Tupel einer (möglichen) Relation unterscheidbar sind, heißt *Schlüssel*. Ein Schema beschreibt alle möglichen Tupel, während eine Relation die tatsächlichen Tupel enthält.

Beispiel

Städte	*Name*	*Einwohner*	*Land*
	München	1.211.617	Bayern
	Bremen	535.058	Bremen
	...	...	...

```
Schema: (Name: STRING, Einwohner: INTEGER, Land: STRING)

Relation:
        {(München, 1.211.617, Bayern), (Bremen, 535.058, Bremen), ...}

Schlüssel: {Name}
```

2.1.3 Relationale Datenbanksprachen

SQL (*Structured Query Language*) wurde 1974 im IBM Almaden Research Laboratory als DDL (*Data Definition Language*) und DML (*Data Manipulation Language*) des DBMS System R entwickelt. SQL ist heute der Industriestandard für relationale Datenbanksprachen [ANSI 1986]. Wir stellen im folgenden die wichtigsten SQL-Konstrukte zur Definition von Relationen und zur Formulierung von Anfragen vor.

Definition einer Relation

```
CREATE TABLE ⟨Name⟩(⟨Spaltendefinition⟩{, ⟨Spaltendefinition⟩})

⟨Spaltendefinition⟩ ::= ⟨Attributname⟩ ⟨Typ⟩ {⟨Option⟩}
⟨Option⟩ ::= DEFAULT ⟨Ausdruck⟩ | NOT NULL | UNIQUE | PRIMARY KEY
```

Beispiel
```
    CREATE TABLE Kunde
    ( KName CHAR (20) NOT NULL,
    KAdresse VARCHAR (50),
    Kto DECIMAL (7))
```

Datenbankanfragen

Die Grundform einer SQL-Anfrage lautet:
```
    SELECT    ⟨Liste von Attributnamen⟩
    FROM      ⟨ein oder mehrere Relationennamen⟩
    [WHERE    ⟨Bedingung⟩]
    [GROUP BY ⟨Liste von Attributnamen⟩]
    [HAVING   ⟨Bedingung⟩]
    [ORDER BY ⟨Liste von Attributnamen⟩]
```

Relationale Basisoperationen

Es seien drei Relationen R, S und T mit den Schemata $R(A, B, C, D)$, $S(E, F, G)$ und $T(A, B, C, D)$ gegeben. Im folgenden werden die wichtigsten Basisoperationen relationaler Datenbankanfragen und ihre Formulierung in SQL aufgeführt:

- *Vereinigung $R \cup T$*
```
        SELECT * FROM R UNION SELECT * FROM T
```
- *Differenz $R - T$*
```
        SELECT * FROM R MINUS SELECT * FROM T
```
- *Kartesisches Produkt $R \times S$*
```
        SELECT * FROM R, S
```
- *Selektion $\sigma_{B = b}(R)$*
```
        SELECT * FROM R WHERE B = 'b'
```
Diese Operation selektiert alle Tupel aus R, die die Bedingung $B = $ 'b' erfüllen.

- *Projektion $\pi_{A, C}(R)$*
```
        SELECT DISTINCT A, C FROM R
```
Die Projektion liefert für alle Tupel aus R die Attribute A und C.

- *Join (Verbund)*
```
        SELECT * FROM R, S WHERE B θ F
```
Der Join liefert alle Paare (r,s) mit $r \in R$, $s \in S$ und $r.B \; \theta \; s.F$. Dabei bezeichnet θ ein Prädikat auf dem Wertebereich der Attribute B und F, z.B. das Prädikat „=" oder das Prädikat „<" auf dem Wertebereich INTEGER.

Die folgenden Beispielanfragen beziehen sich auf das folgende Datenbankschema
(Schlüssel sind unterstrichen):

```
Kunde (KName, KAdr, Kto)
Auftrag (KName, Ware, Menge)
Lieferant (LName, LAdr, Ware, Preis)
```

- Welche Lieferanten liefern Milch oder Mehl?

```
SELECT DISTINCT LName
FROM Lieferant
WHERE Ware = 'Mehl' OR Ware = 'Milch'
```

- Welche Lieferanten liefern irgendetwas, das der Kunde Huber bestellt hat?

```
SELECT DISTINCT LName
FROM Lieferant, Auftrag
WHERE Lieferant.Ware = Auftrag.Ware AND KName = 'Huber'
```

Die *Aggregatfunktionen* COUNT, MIN, MAX, SUM, AVG etc. können auf eine Menge
von Werten, die als Spalte einer Relation gegeben ist, angewandt werden.

- Wieviele Lieferanten gibt es?

```
SELECT COUNT (DISTINCT LName)
FROM Lieferant
```

Gruppieren und Sortieren

Die Klausel GROUP BY faßt Mengen von Tupeln mit gleichen Werten der angegebenen Attribute zu Gruppen zusammen. Die Ergebnisrelation enthält ein Tupel für
jede Gruppe. In der SELECT-Klausel sind dann nur Ausdrücke zugelassen, die einen
Wert pro Gruppe annehmen. Mit Hilfe einer HAVING-Klausel werden Gruppen anhand der spezifizierten Bedingung ausgewählt. In der Bedingung dürfen nur Argu-
mente mit einem Wert pro Gruppe auftreten. Die Operation ORDER BY sortiert die
Ergebnisrelation nach einem oder mehreren Attributen auf- oder absteigend (ASC |
DESC).

- Gib die Namen aller Lieferanten aus, die mehr als fünf Teile liefern.

```
SELECT LName
FROM Lieferant
GROUP BY LName
HAVING COUNT (*) > 5
```

- Erstelle eine alphabetisch sortierte Liste aller Waren, in der für jede Ware der minimale, maximale und der Durchschnittspreis angegeben ist.

```
SELECT Ware, MIN (Preis), MAX (Preis), AVG (Preis)
FROM Lieferant
GROUP BY Ware
ORDER BY Ware
```

2.1.4 Anfragebearbeitung

Zur Beantwortung von SQL-Anfragen benutzt ein relationales DBMS die relationalen Basisoperationen wie Projektion und Selektion sowie zusätzliche Operationen wie z.B. Aggregatfunktionen. Meist gibt es viele verschiedene Möglichkeiten, eine gegebene SQL-Anfrage zu beantworten, die jeweils durch einen *Anfrageplan* beschrieben werden. Ein Anfrageplan läßt sich etwa durch einen sogenannten *Operatorbaum* repräsentieren:

- Die Blätter eines Operatorbaumes enthalten die auftretenden *Relationen*.
- Die inneren Knoten repräsentieren die verwendeten *Operationen*.

Beispiel
```
Städte (SName, SEinw, Land)
Länder (LName, LEinw, Partei)
```

Abb. 2-2 präsentiert zwei mögliche Anfragepläne für die Anfrage „Finde alle Namen von Städten in CDU-regierten Ländern„ auf dem oben angegebenen Schema.

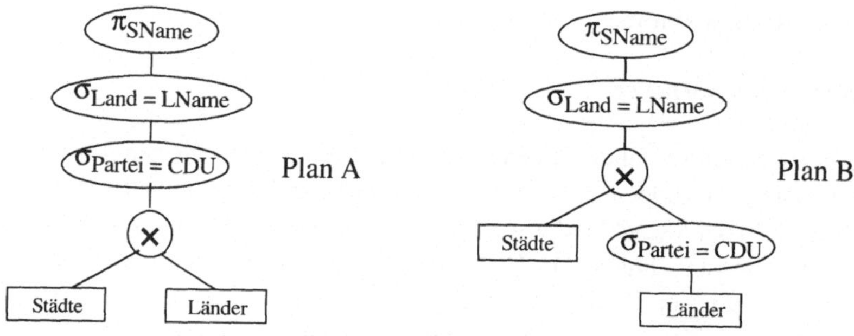

Abb. 2-2 Zwei Anfragepläne für eine gegebene Anfrage

Die Anfragebearbeitung erfolgt in zwei Hauptschritten:

- Generierung von Anfrageplänen
  Mit Hilfe von *heuristischen Regeln* zur Anordnung der Basisoperationen werden verschiedene alternative Anfragepläne erzeugt. Die als Zwischenergebnisse erhaltenen Relationen sollen möglichst klein sein, so daß z.B. Selektionen vor Joins durchgeführt werden.
- Bewertung der Anfragepläne
  Basierend auf einem Kostenmodell und statistischen Angaben über die Ausprägung der Datenbank werden die zu erwartenden Kosten berechnet. Das *Kostenmaß* ist hier die Anzahl der Tupel, die bearbeitet werden müssen. Es wird der Plan mit den minimalen Kosten ausgewählt und durchgeführt.

Zur Anfragebearbeitung benötigt ein relationales DBMS also effiziente Implementierungen der relationalen Basisoperationen, von denen wir hier beispielhaft die Selektion behandeln wollen. Die Implementierung der Selektion erfolgt mit Hilfe von *Basisanfragen* wie z.B. einer *Punktanfrage* $(x_1, ..., x_k)$, die k Attribute exakt spezifiziert oder einer *Bereichsanfrage* $([u_1,o_1], ...,[u_k,o_k])$, die k Bereiche mit $u_i \leq o_i$, $1 \leq i \leq k$ spezifiziert.

2.1.5 Physische Speicherung der Daten

Bei der physischen Speicherung von Daten sind zwei wesentliche Anforderungen zu erfüllen. Erstens ist *Persistenz* zu gewährleisten, d.h. die dauerhafte Speicherung der Daten. Zweitens sind sehr große Datenmengen im Gigabyte-Bereich zu verwalten. Diese Anforderungen lassen sich nur mit Hilfe von *Sekundärspeichern* erfüllen, wobei in der Regel Magnetplatten zum Einsatz kommen.

Aufbau und Arbeitsweise von Magnetplatten

Eine *Magnetplatte* ist aufgeteilt in *Seiten* (Blöcke) als *kleinste Transfereinheit*, die zwischen Haupt- und Sekundärspeicher übertragen wird. Seiten besitzen folgende Eigenschaften:

- *Direkter Zugriff* auf eine Seite mit gegebener Seitennummer.
- *Feste Größe* zwischen 128 Byte und 16 KByte.

Eine Datei verteilt sich je nach Größe auf mehrere Seiten. Jede Datei nutzt eine Seite exklusiv, d.h. auf einer Seite befinden sich nur Datensätze einer Datei. Ein Magnetplattenspeicher besteht aus einer Reihe übereinanderliegender, rotierender Magnetplatten. Der Zugriff auf den Magnetplattenspeicher erfolgt durch einen Kamm mit Schreib-/Leseköpfen, der senkrecht zur Rotationsachse bewegt wird. Es ergibt sich dadurch eine Strukturierung in Zylinder, Spuren und Sektoren. Ein *Sektor* entspricht einer Seite, eine *Spur* besteht aus allen Sektoren einer einzelnen Magnetplatte, die bei gegebener Kammstellung verarbeitet werden können, und ein *Zylinder* faßt die übereinanderliegenden Spuren aller Magnetplatten zusammen. Abb. 2-3 illustriert den physischen Aufbau eines Magnetplattenspeichers.

Der *wahlfreie Zugriff* auf eine Seite mit gegebener Adresse besteht aus folgenden Schritten, für die in eckigen Klammern jeweils der Zeitaufwand bei einer typischen Magnetplatte angegeben ist:

- *Positionierung des Schreib-/Lesekopfes*
  Zeit für die Kammbewegung [6 ms]
- *Warten auf den Sektor / die Seite*
  Im Durchschnitt die halbe Rotationszeit der Platte [4 ms]
- *Übertragung der Seite*
  Zeit für Schreiben bzw. Lesen [0,1 ms / KByte]

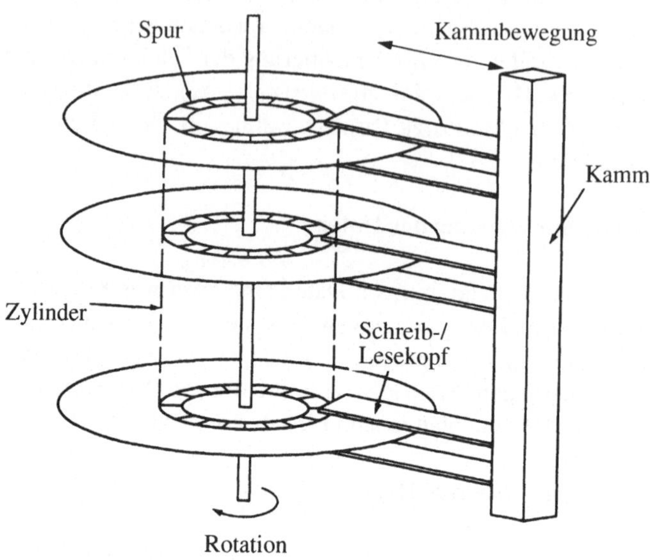

Abb. 2-3 Physischer Aufbau eines Magnetplattenspeichers

Alternativ zum wahlfreien Zugriff ist auch der *sequentielle Zugriff* auf eine Magnetplatte möglich, d.h. der Zugriff auf eine Menge von Seiten mit aufeinanderfolgenden Adressen. Beim sequentiellen Zugriff entfällt ab der zweiten Seite der große Aufwand zur Positionierung des Schreib-/Lesekopfes und für das Warten auf die Seite, da die Seiten in der Reihenfolge gelesen werden, in der sie physisch auf der Magnetplatte stehen. Der sequentielle Zugriff ist deshalb wesentlich effizienter als der wahlfreie Zugriff, kann aber nur in besonderen Fällen zum Einsatz kommen.

Der Optimierer des DBMS benötigt ein geeignetes *Kostenmaß* für die Implementierung einer Basisanfrage. Es wird dabei angenommen, daß der Zugriff auf Seiten unabhängig voneinander erfolgt, d.h. man geht von wahlfreiem Zugriff aus. Der Zeitaufwand für den Zugriff auf eine Seite ist um Größenordnungen höher als die Zeit für eine Operation im Hauptspeicher. Deshalb wird im allgemeinen die Anzahl der Seitenzugriffe als Kostenmaß verwendet.

2.1.6 Standard-Indexstrukturen

Um die Basisanfragen wie z.B. Bereichsanfragen effizient durchführen zu können, setzt die interne Ebene des Datenbanksystems geeignete Datenstrukturen und Speicherungsverfahren (*Indexstrukturen*) ein. Indexstrukturen bestehen aus *Datenseiten*, die die abzuspeichernden Datensätze enthalten, und aus *Directoryseiten*, die zusätzliche Informationen zur Beschleunigung des Zugriffs auf die Daten enthalten. Abb. 2-4 illustriert dieses Prinzip einer Indexstruktur.

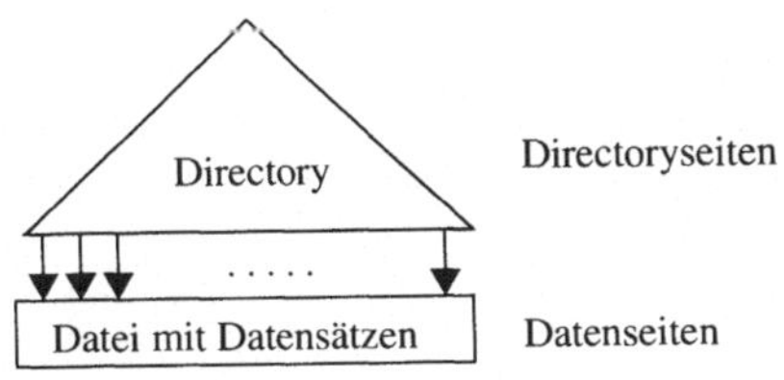

Abb. 2-4 Prinzip einer Indexstruktur

Baumbasierte Indexstrukturen nutzen das Konzept der Suchbäume. Ein *binärer Suchbaum* ist ein binärer Baum, der für jeden Knoten folgende *Suchbaumeigenschaft* erfüllt: alle Schlüssel im linken Teilbaum sind kleiner, alle Schlüssel im rechten Teilbaum sind größer als der Schlüssel k im gegebenen Knoten.

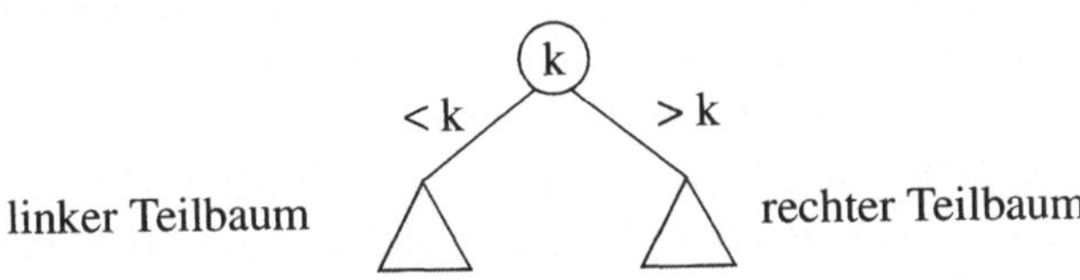

Abb. 2-5 Prinzip eines binären Suchbaums

In diesem Abschnitt behandeln wir sogenannte Standard-Indexstrukturen, d.h. Indexstrukturen für eindimensionale Schlüssel. Der prominenteste Vertreter ist der B-Baum [Bayer & McCreight 1972].

B-Baum

Da Indexstrukturen auf einem seitenorientierten Sekundärspeicher abgelegt werden, müssen die Knoten des Index aus Effizienzgründen so groß gewählt werden, daß sie der Seitengröße entsprechen. Außerdem sollen Indexstrukturen *balanciert* sein, d.h. alle Blätter des Baumes sollen denselben Level besitzen. Diese Eigenschaft ist notwendig, damit man auch im schlechtesten Fall einen effizienten Zugriff garantieren kann.

Ein *B-Baum der Ordnung m* ist ein Suchbaum mit folgenden Eigenschaften:

- Jeder Knoten enthält höchstens $2m$ Schlüssel.
- Jeder Knoten außer der Wurzel enthält mindestens m Schlüssel, die Wurzel mindestens einen Schlüssel.
- Ein Knoten mit k Schlüsseln hat genau $k+1$ Söhne.
- Alle Blätter befinden sich auf demselben Level.

Abb. 2-6 zeigt als Beispiel einen B-Baum der Ordnung $m = 2$.

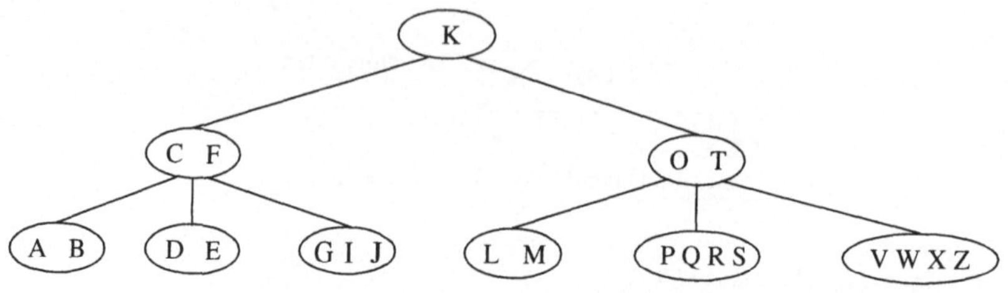

Abb. 2-6 B-Baum der Ordnung m = 2

B⁺-Baum

Der B⁺-Baum ist ein B-Baum, der in zwei Komponenten aufgeteilt ist: *Directory* und *Datei*. Während beim B-Baum sowohl innere Knoten als auch Blattknoten Schlüssel speichern, werden beim B⁺-Baum nur in den Blättern Schlüssel gespeichert. Anders als der B-Baum besitzt er außerdem eine *sequentielle Verkettung* der Daten in der Datei, die den sequentiellen Durchlauf der Datei effizient unterstützt.

Die Blätter des B⁺-Baumes (Abb. 2-7 zeigt ein Beispiel) heißen *Datenknoten* oder *Datenseiten*. Die Datenknoten enthalten *alle* Datensätze. Alle Datenknoten sind entsprechend der auf den Schlüsseln gegebenen Ordnung *verkettet*. Die inneren Knoten des B⁺-Baumes heißen *Directoryknoten* oder *Directoryseiten*. Directoryknoten enthalten nur noch *Separatoren* s. Für jeden Separator s(u) eines Knotens u gelten folgende *Separatoreigenschaften*:

- s(u) > s(v) für alle Directoryknoten v im linken Teilbaum von s(u).
- s(u) < s(w) für alle Directoryknoten w im rechten Teilbaum von s(u).
- s(u) > k(v') für alle Schlüssel k(v') und alle Datenknoten v' im linken Teilbaum von s(u).
- s(u) ≤ k(w') für alle Schlüssel k(w') und alle Datenknoten w' im rechten Teilbaum von s(u).

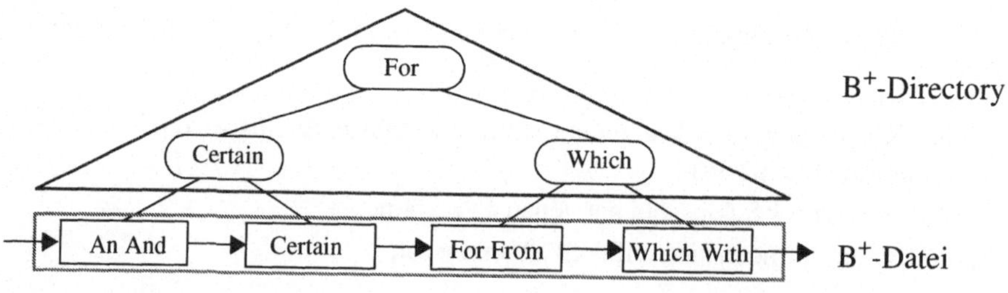

Abb. 2-7 B⁺-Baum der Ordnung m = 1

Algorithmus Punktanfrage

```
PunktAnfrage (Seite s, Integer k);
   i:=1;
   while i < Anzahl der Einträge in s do
      if k ≤ i-ter Schlüssel in s then
         if s ist Datenseite then
            return i-ter Datensatz in s;
         else PunktAnfrage (i-ter Sohn von s, k);
      else i:= i + 1;
   if i = Anzahl der Einträge in s then
      PunktAnfrage (i-ter Sohn von s, k);
```

Wir rufen obigen Algorithmus mit der Wurzelseite des B^+-Baumes und dem Anfragepunkt k als aktuellen Parametern auf.

Für die *maximale Höhe h* eines B^+-Baumes der Ordnung *m* mit *n* Schlüsseln gilt:

$$h \leq \left\lfloor \log_{m+1}\left(\frac{n+1}{2}\right) \right\rfloor + 1$$

Da die Bearbeitung einer Punktanfrage auf einen Pfad des B^+-Baumes beschränkt ist, ist die Laufzeitkomplexität einer Punktanfrage auf einer Datenbank mit *n* Datensätzen O(log *n*) bei Nutzung eines B^+-Baumes im Vergleich zu O(*n*) für einen sequentiellen Scan der gesamten Datenbank.

2.1.7 Räumliche Indexstrukturen

Während Standard-Indexstrukturen wie der B-Baum nur eindimensionale Schlüssel verwalten können, unterstützen sogenannte *räumliche Indexstrukturen* (auch als *multidimensionale Indexstrukturen* bezeichnet) Schlüssel mit mehreren Komponenten (multidimensionale Schlüssel).

R-Baum

Der R-Baum [Guttman 1984] verallgemeinert den B^+-Baum für mehrdimensionale Schlüssel. Während die Directory-Einträge beim B^+-Baum eindimensionale Intervalle repräsentieren, sind es beim R-Baum mehrdimensionale Rechtecke bzw. Hyperrechtecke. Jeder Eintrag in einer *Directoryseite* besteht aus einem *minimal umgebenden Rechteck* (*MUR*) und einem Verweis auf die Wurzel des zugehörigen Teilbaums. Die Suchbaumeigenschaft wird folgendermaßen verallgemeinert: Jedes Rechteck in einer Directoryseite umfaßt als MUR alle Rechtecke in allen Directory- oder Datenseiten, die im zugehörigen Teilbaum liegen. Zwei MURs im Directory eines R-Baums können einander überlappen und die Menge aller Directory-MURs muß nicht den gesamten Datenraum überdecken.

Die *Datenseiten* enthalten ebenfalls Rechtecke. Punkte werden als „degenerierte" Rechtecke repräsentiert, für räumlich ausgedehnte Objekte wie z.B. Polygone werden in der Datenseite das MUR des Polygons und eine Referenz auf die exakte Beschreibung des Objekts gespeichert.

Ein *R-Baum* mit Parametern m und M, $2 \leq m \leq M$, ist ein Suchbaum mit folgenden Eigenschaften (siehe Abb. 2-8 für ein Beispiel):

- Jeder Knoten außer der Wurzel besitzt zwischen m und M Einträge.
- Die Wurzel hat mindestens zwei Einträge, außer sie ist ein Blatt.
- Ein innerer Knoten mit k Einträgen hat genau k Söhne.
- Alle Blätter befinden sich auf demselben Level.

Ist n die Anzahl der gespeicherten Datensätze, so gilt für die *maximale Höhe h* des R-Baumes:

$$h \leq \lfloor \log_m n \rfloor + 1.$$

Beispiel

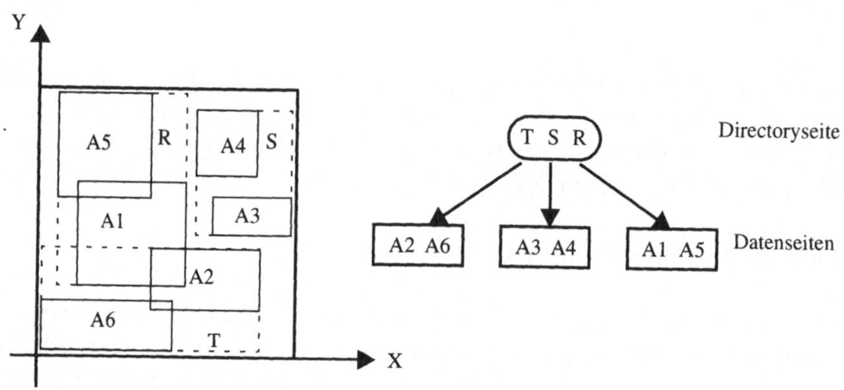

Abb. 2-8 R-Baum mit den Parametern m = 2 und M = 3

Algorithmus Punktanfrage bzw. Bereichsanfrage

Eine *Punktanfrage* liefert alle Datensätze, deren mehrdimensionaler Schlüssel (MUR) den Anfragepunkt p enthält. Eine *Bereichsanfrage* findet die Daten, deren MUR das gegebene Rechteck b schneidet. Der folgende Algorithmus wird mit der Wurzel des R-Baumes als aktuellem Parameter s aufgerufen:

```
BereichsAnfrage (Seite s, Rechteck b)
  for each Eintrag e in s do
    if b schneidet das MUR von e then
      if s ist Datenseite then
        return Datensatz von e;
      else BereichsAnfrage (von e referenzierte Seite, b);
```

Gibt es eine Überlappung der Directory-Rechtecke im Bereich der Anfrage, ver-
zweigt die Suche in mehrere Pfade. Dies gilt sowohl für die Punktanfrage als auch
für die Fensteranfrage. Die Bearbeitung dieser Anfragen ist also (anders als beim
B^+-Baum!) nicht auf einen Pfad des R-Baumes beschränkt. Eine Laufzeitkomplexität von $O(\log n)$ bei Nutzung eines R-Baumes kann also nicht garantiert werden, sie
wird aber trotzdem im Durchschnitt erreicht.

k-nächste-Nachbarn-Anfragen

Eine *k-nächste-Nachbarn Anfrage* liefert diejenigen k Datensätze, deren Schlüssel
eine geringere Distanz zum Anfragepunkt p besitzen als alle anderen Datensätze.
   Wir behandeln im folgenden einen Algorithmus für den Spezialfall $k = 1$, der sich
aber einfach für die Suche der $k > 1$ nächsten Nachbarn verallgemeinern läßt. Dieser
Algorithmus ist optimal in Bezug auf die Anzahl der Seitenzugriffe. Der Algorithmus nutzt folgende lokale Variablen:

*   `PartitionList`
    Eine Liste von MURs, deren referenzierte Teilbäume noch bearbeitet werden
    müssen. `PartitionList` wird nach MinDist zu p aufsteigend sortiert.

*   NN
    der nächste Nachbar von p in den bisher gelesenen Datenseiten.

Die Funktion `MinDist(MUR,p)` ist von zentraler Bedeutung für den Algorithmus.
Sie bestimmt die minimale Distanz des Rechtecks MUR (und damit auch aller in MUR
eingeschlossenen Objekte) zum Punkt p und wird von Abb. 2-9 veranschaulicht:

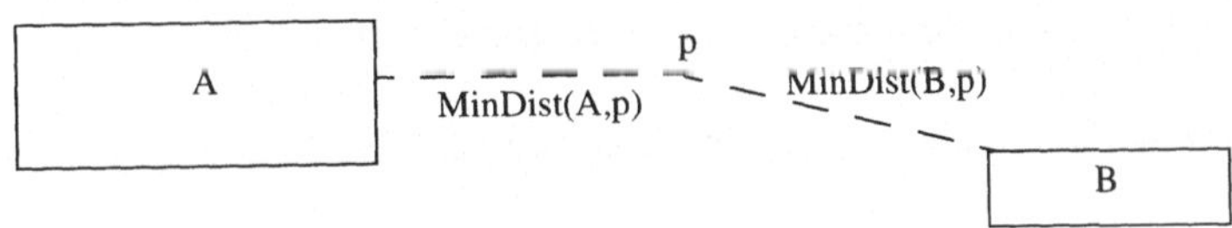

Abb. 2-9 Definition von MinDist(MUR,p)

Die grundlegende Idee des Algorithmus besteht darin, daß alle MURs aus der PartitionList entfernt werden können, die eine größere Distanz zum Anfragepunkt p besitzen als der bisher gefundene nächste Nachbar NN von p. Die durch diese MURs
approximierten Teilbäume können offensichtlich nicht den nächsten Nachbarn enthalten. Die PartitionList wird ferner aufsteigend nach MinDist zu p sortiert, und es
wird jeweils das erste Element dieser Liste zur Bearbeitung ausgewählt.
   Im folgenden wird der Algorithmus zur Bearbeitung einer Nächste-Nachbarn-
Anfrage ($k = 1$) mit einem Index i und einem Anfragepunkt p als Parametern präsentiert:

```
NächsteNachbarnAnfrage (Index i, Punkt p)
   initialisiere die PartitionList mit den MURs aller
     Einträge in der Wurzel des Index i;
   sortiere die Elemente part der PartitionList aufsteigend
     nach MinDist(part,p);
   NNdist := MAXREAL;
   while PartitionList ≠ {} do
      entferne das erste Element TopPart von PartitionList;
      if TopPart stammt aus einem Blatt des Index i then
         // lese die zu TopPart gehörige Seite von der Platte;
         wähle als NNC ein beliebiges Element der Menge
           {n ∈ TopPart | ∀ t∈TopPart: dist(p,n) ≤ dist(p,t)};
         if dist(p,NNC) < NNdist then
           NN := NNC;
           NNdist := dist(p,NNC);
           entferne alle Elemente part von PartitionList mit
             MinDist(part,p) > NNdist;
      else if TopPart ist aus einem inneren Knoten von i then
         füge die MURs aus dem von TopPart referenzierten Knoten
           so in PartitionList ein, dass die Sortierung von
           PartitionList nach MinDist erhalten bleibt;
   return NN;
```

M-Baum

Der M-Baum [Ciaccia, Patella & Zezula 1997] ist eine Indexstruktur für *metrische Daten*, d.h. Daten mit Schlüsseln, für die man nur eine (metrische) Distanzfunktion kennt. Für eine metrische Distanzfunktion gilt die Dreiecksungleichung, die bei der Anfragebearbeitung ausgenutzt wird. Die Datenknoten speichern die eigentlichen Datensätze. Die Directoryknoten enthalten sogenannte *Routingobjekte*, d.h. ausgewählte Datenbankobjekte zur Steuerung der Anfragebearbeitung.

Ein *M-Baum* ist ein Suchbaum, dessen Directory-Einträge folgende Komponenten besitzen:

- ein *Routingobjekt* O_r,
- den *Überdeckungsradius* $r(O_r) > 0$,
- die Distanz $d(O_r, O_p)$ zum *Vaterobjekt* O_p (das Objekt im Vaterknoten, das auf den Knoten von O_r verweist),
- eine Referenz auf die Wurzel eines Teilbaums $T(O_r)$.

Es gilt folgende Suchbaumeigenschaft: Für alle Objekte O im Teilbaum $T(O_r)$ gilt:

$$d(O, O_r) \leq r(O_r).$$

Algorithmus Bereichsanfrage

Für eine Bereichsanfrage ruft man folgenden Algorithmus mit der Wurzel s des M-Baumes sowie dem Anfragepunkt p und dem Anfrageradius r(p) auf:

```
BereichsAnfrage (Seite s, Punkt p, Float r(p))
    for each Eintrag e in s do
        r := RoutingObjekt von e;
        if d(r,p) ≤ r(p) + r(r) then
            if s ist Datenseite then
                return Datensatz von e;
            else BereichsAnfrage (T(e), p, r(p));
```

Dieser Algorithmus schließt aufgrund der folgenden Überlegung einen möglichst großen Teil des M-Baumes von der Suche aus. Der Teilbaum des Routingobjekts r kann von der weiteren Suche ausgeschlossen werden, wenn gilt:

$$d(r, p) > r(p) + r(r) \,,$$

denn dann folgt aufgrund der Dreiecksungleichung für alle Objekte o aus dem Teilbaum von r:

$$d(o, p) \geq d(r, p) - r(r) > r(p).$$

Abb. 2-10 illustriert das Prinzip der Anfragebearbeitung des M-Baumes.

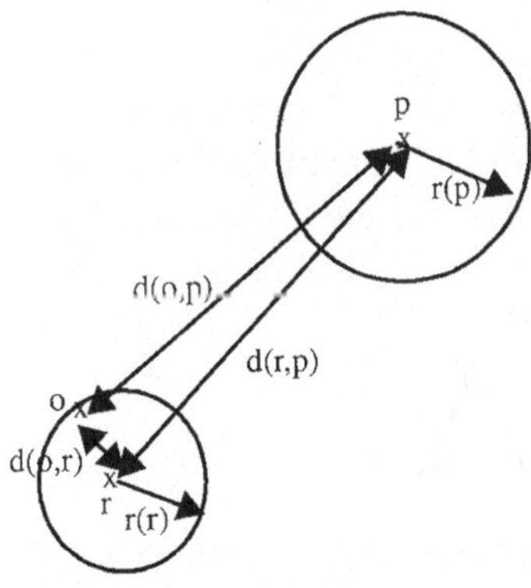

Abb. 2-10 Prinzip der Anfragebearbeitung mit Hilfe eines M-Baumes

2.2 Statistik

Dieser Abschnitt präsentiert eine kurze Einführung in statistische Grundlagen, die für das Knowledge Discovery in Databases relevant sind. Wir lehnen uns dabei an [Fahrmeier, Künstler, Pigeot & Tutz 1999] an, das auch für ein weiterführendes Studium empfohlen sei.

Bei der Datenanalyse lassen sich drei Grundaufgaben der Statistik unterscheiden:

- Die *deskriptive Statistik* dient zunächst zur beschreibenden und graphischen Aufbereitung von Daten. Sie umfaßt graphische Darstellungen wie Diagramme und Verlaufskurven sowie Kenngrößen wie Mittelwert und Streuung. Ferner kann eine deskriptive Aufbereitung zur Validierung der Daten eingesetzt werden, denn inkonsistente Daten lassen sich mit ihrer Hilfe relativ leicht entdecken.

- Die *explorative Statistik* sucht nach Strukturen und Besonderheiten in den Daten und kann oft zu neuen Fragestellungen oder Hypothesen in den jeweiligen Anwendungen führen. Solche Methoden werden meist eingesetzt, wenn die Wahl eines geeigneten statistischen Modells unklar ist. Ebenso wie die deskriptive verwendet die explorative Statistik keine Wahrscheinlichkeitsrechnung, und beide Gebiete werden daher häufig miteinander behandelt.

- Die *induktive Statistik* versucht mit Hilfe stochastischer Modelle aus den beobachteten Daten Schlüsse auf umfassendere Grundgesamtheiten zu ziehen. Eine typische Fragestellung lautet z.B.: Wie gut kann man mit der durchschnittlichen Nettomiete aus einer Stichprobe die Durchschnittsmiete aller mietspiegelrelevanten Wohnungen vorhersagen? Eine statistisch fundierte Beantwortung solcher Fragen erfordert eine sorgfältige Planung der Datenerhebung, vorbereitende deskriptive und explorative Analysen und ein klar definiertes stochastisches Modell.

2.2.1 Univariate Deskription

In einer Stichprobenerhebung seien bei n Untersuchungseinheiten Werte $x_1,...,x_n$ eines Merkmals X beobachtet worden. Für jeden Wert a von X bezeichne $h(a)$ die *absolute Häufigkeit* und $f(a) = h(a)/n$ die *relative Häufigkeit* des Attributwerts a in der Stichprobe.

Als Lagemaße definieren wir:

- *arithmetisches Mittel* $\bar{x} = \dfrac{1}{n} \cdot \sum\limits_{i=1}^{n} x_i$,

- *Median* x_{med} (seien dazu die x_i aufsteigend sortiert): $x_{med} = x_{\frac{n+1}{2}}$, falls n ungerade bzw. $x_{med} = \left(x_{\frac{n}{2}} + x_{\frac{n}{2}+1} \right) / 2$, falls n gerade.

Folgende Streuungsmaße sind gebräuchlich:

- *Varianz* $\bar{s}^2 = \dfrac{1}{n} \cdot \sum_{i=1}^{n} (x_i - \bar{x})^2$,

- *Standardabweichung* $\bar{s} = \sqrt{\dfrac{1}{n} \cdot \sum_{i=1}^{n} (x_i - \bar{x})^2}$.

2.2.2 Multivariate Deskription

In einer Stichprobenerhebung seien bei n Untersuchungseinheiten die jeweiligen Werte x_i, y_i, z_i mehrerer Merkmale X, Y, Z beobachtet worden. Es sollen Abhängigkeiten der verschiedenen Merkmale beschrieben werden. Bei diskreten Merkmalen führt man dazu sogenannte Kontingenztabellen ein, bei kontinuierlichen Merkmalen verschiedene Korrelationskoeffizienten.

Seien X und Y zwei Merkmale mit diskreten Werten x_i, $1 \leq i \leq k$, und y_j, $1 \leq j \leq m$. $h_{ij} = h(x_i, y_j)$ bezeichne die *absolute Häufigkeit* der Kombination (x_i, y_j) in der Stichprobe. Die *Randhäufigkeiten* der Merkmale X bzw. Y sind folgendermaßen definiert:

$$\text{Randhäufigkeit von } X\text{: } h_{\cdot j} = \sum_{i=1}^{k} h_{ij}, \quad \text{Randhäufigkeit von } Y\text{: } h_{i \cdot} = \sum_{j=1}^{m} h_{ij}.$$

Die *Kontingenztabelle* für X und Y repräsentiert die absolute Häufigkeit jeder Kombination (x_i, y_j) und alle Randhäufigkeiten von X und Y:

	y_1	$\cdots$	y_m	
x_1	h_{11}	$\cdots$	h_{1m}	$h_{1 \cdot}$
x_2	h_{21}	$\cdots$	h_{2m}	$h_{2 \cdot}$
$\cdots$	$\cdots$		$\cdots$	$\cdots$
x_k	h_{k1}	$\cdots$	h_{km}	$h_{k \cdot}$
	$h_{\cdot 1}$		$h_{\cdot m}$	n

Wie sollten die Häufigkeiten verteilt sein, wenn die beiden Merkmale keinerlei Abhängigkeit besitzen? Für die relativen Häufigkeiten sollte gelten

$$\frac{h_{ij}}{n} = \frac{h_{i \cdot}}{n} \cdot \frac{h_{\cdot j}}{n}, \text{ d.h. } h_{ij} = \frac{h_{i \cdot} \cdot h_{\cdot j}}{n}.$$

Die Differenz zwischen diesem bei Unabhängigkeit erwarteten und dem tatsächlich beobachteten Wert von h_{ij} liefert ein Maß für die Stärke der Abhängigkeit von X und Y.

Der χ^2-*Koeffizient* ist definiert als:

$$\chi^2 = \sum_{i=1}^{k} \sum_{j=1}^{m} \frac{\left(h_{ij} - \dfrac{h_{i \cdot} \cdot h_{\cdot j}}{n} \right)}{\dfrac{h_{i \cdot} \cdot h_{\cdot j}}{n}}, \chi^2 \in [0, \infty).$$

Die Werte des χ^2-Koeffizienten hängen von den Parametern k und m ab, so daß sie nur schwer interpretierbar sind. Deshalb wird meist eine normierte Variante verwendet, der *Kontingenzkoeffizient K*:

$$K = \sqrt{\frac{\chi^2}{n + \chi^2}},\ M = min\{k, m\},\ K \in \left[0, \sqrt{\frac{M-1}{M}}\right].$$

Beispiel

	Mittelfristige Arbeitslosigkeit	*Langfristige Arbeitslosigkeit*	
Keine Ausbildung	*19*	*18*	*37*
Lehre	*43*	*20*	*63*
	62	*38*	*100*

Vergleichen wir z.B. in obiger Kontingenztabelle die erwarteten und die tatsächlichen Werte für h_{11} und h_{12}, so erhalten wir:

$$19 = h_{11} \neq \frac{h_{1.} \cdot h_{.1}}{n} = \frac{37 \cdot 62}{100} = 22{,}94,$$

$$18 = h_{12} \neq \frac{h_{1.} \cdot h_{.2}}{n} = \frac{37 \cdot 38}{100} = 14{,}06.$$

Wir erhalten folgende Werte für die oben eingeführten Koeffizienten:
$\chi^2 = 2{,}826$ bzw. $K = 0{,}165$.

Seien X und Y zwei Merkmale mit kontinuierlichen Wertebereichen und Werten x_i bzw. y_j. Seien $\bar{x}$ und $\bar{y}$ die jeweiligen arithmetischen Mittel. *Der (empirische) Korrelationskoeffizient* r_{XY} ist wie folgt definiert:

$$r_{XY} = \frac{\sum_{i=1}^{n} (x_i - \bar{x}) \cdot (y_i - \bar{y})}{\sqrt{\sum_{i=1}^{n} (x_i - \bar{x})^2 \cdot \sum_{i=1}^{n} (y_i - \bar{y})^2}},\ r_{XY} \in [-1, 1].$$

Die folgende Faustregel erlaubt eine Bewertung der Stärke einer Korrelation:

$|r_{XY}| < 0{,}5$	schwache Korrelation,
$0{,}5 \leq |r_{XY}| < 0{,}8$	mittlere Korrelation,
$0{,}8 \leq |r_{XY}|$	starke Korrelation.

Abb. 2-11 zeigt einige Beispiele für die Verteilung zweier Merkmale X und Y mit den jeweiligen Korrelationskoeffizienten. Man beachte, daß der Korrelationskoeffizient die Stärke des *linearen* Zusammenhangs zwischen X und Y mißt. Bei anderen Abhängigkeiten heben sich die positiven und negativen Summanden weitgehend auf, so daß ein r_{XY} nahe bei Null resultiert.

Beispiel

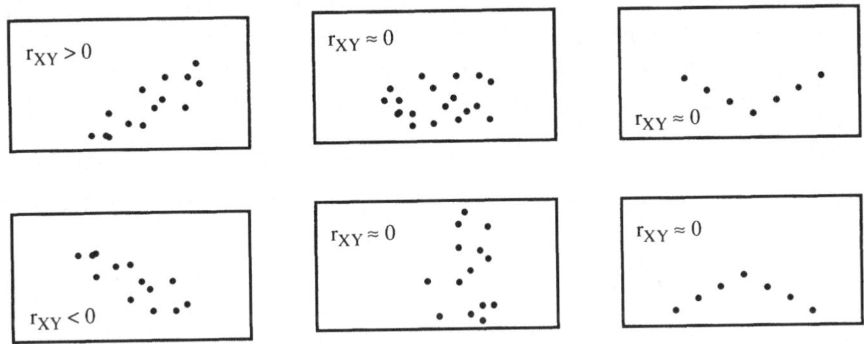

Abb. 2-11 Verschiedene Verteilungen der Merkmale X und Y mit Korrelationskoeffizienten

Korrelation und Kausalität

Eine starke Korrelation zwischen zwei Merkmalen impliziert nicht unbedingt einen Kausalzusammenhang. Es kann eine *Scheinkorrelation* vorliegen (eine inhaltlich nicht gerechtfertigte Korrelation zweier Merkmale), die z.B. dadurch entstehen kann, daß ein drittes mit beiden anderen Merkmalen stark korreliertes Merkmal übersehen wurde.

Beispiel
Bezeichne X den Wortschatz von Kindern, Y die Körpergröße von Kindern in cm:

x_i: 37   30   20   28   35
y_i: 130   112   108   114   136

$r_{XY} = 0{,}863$, d.h. es liegt eine starke Korrelation von X und Y vor.
Bezeichne Z das Alter der Kinder:

z_i: 12   7   6   7   13

$r_{XZ} = 0{,}868$, $r_{YZ} = 0{,}996$, d.h. Z ist noch stärker sowohl mit X als auch mit Y korreliert! X und Y sind scheinkorreliert, die Korrelationen von Z mit X und Y entsprechen dem Kausalzusammenhang.

2.2.3 Wahrscheinlichkeitsrechnung

Ein Zufallsvorgang führt zu einem von mehreren sich gegenseitig ausschließenden Ergebnissen. Vor der Durchführung eines konkreten Experiments ist sein tatsächliches Ergebnis unbekannt. Bezeichne $\Omega = \{\omega_1, \ldots, \omega_v\}$ den *Ergebnisraum*, d.h. die Menge aller möglichen Ergebnisse eines Zufallsvorgangs. Teilmengen von Ω heißen *Ereignisse*.

Ein *Wahrscheinlichkeitsmaß* für die Ereignisse ist eine Abbildung P: $2^\Omega \to [0,1]$, die die folgenden Axiome erfüllt:

(A1) $P(A) \geq 0$ für alle $A \subseteq \Omega$,

(A2) $P(\Omega) = 1$,

(A3) $P(A \cup B) = P(A) + P(B)$ für alle $A, B \subseteq \Omega$ mit $A \cap B = \emptyset$.

Seien $A, B \subseteq \Omega$. Die *bedingte Wahrscheinlichkeit* von A unter B, $P(A|B)$, ist definiert als

$$P(A|B) \;=\; \begin{cases} 0 & \text{falls } P(B) = 0, \\[2mm] \dfrac{P(A \cap B)}{P(B)} & \text{sonst.} \end{cases}$$

A und B heißen *unabhängig*, wenn gilt $P(A|B) = P(A)$ und $P(B|A) = P(B)$, d.h. wenn gilt $P(A \cap B) = P(A) \cdot P(B)$.

Satz von Bayes

Sei $A_1, \ldots, A_k$ eine disjunkte Zerlegung von Ω, so daß für mindestens ein i, $1 \leq i \leq k$, gilt: $P(A_i) > 0$ und $P(B|A_i) > 0$. Dann gilt für alle $1 \leq j \leq k$:

$$P(A_j|B) \;=\; \frac{P(B|A_j) \cdot P(A_j)}{P(B)} \; .$$

In diesem Zusammenhang wird $P(A_i)$ auch als die *a-priori*-Wahrscheinlichkeit und $P(A_i|B)$ als die *a-posteriori*-Wahrscheinlichkeit von A_i bezeichnet.

2.2.4 Diskrete Zufallsvariablen

Eine *Zufallsvariable* ist ein Merkmal, dessen Werte die Ergebnisse eines Zufallsvorgangs sind. Eine Zufallsvariable X heißt *diskret*, wenn sie nur endlich oder abzählbar unendlich viele verschiedene Werte $x_1, x_2, \ldots, x_k, \ldots$ annehmen kann. Die *Wahrscheinlichkeitsverteilung* von X ist durch die folgenden Wahrscheinlichkeiten gegeben: $P(X = x_i) = p_i$ für alle $i = 1, 2, \ldots, k, \ldots$

Die *Wahrscheinlichkeitsfunktion* $f(x)$ einer diskreten (reellwertigen) Zufallsvariablen X ist für $x \in \mathbb{R}$ definiert durch

$$f(x) \;=\; \begin{cases} P(X = x_i) & \text{für } x_i \in \{x_1, x_2, \ldots, x_k, \ldots\}, \\[2mm] 0 & \text{sonst.} \end{cases}$$

Die *Verteilungsfunktion* $F(x)$ einer diskreten Zufallsvariablen X ist für $x \in \mathbb{R}$ definiert durch

$$F(x) = P(X \leq x) = \sum_{x_i \leq x} f(x_i).$$

Der *Erwartungswert* $E(X)$ einer diskreten Zufallsvariablen X ist definiert als

$$E(X) = \sum_{i \geq 1} x_i \cdot f(x_i).$$

Die *Varianz Var(X)* einer diskreten Zufallsvariablen X ist definiert als

$$Var(X) = \sum_{i \geq 1} (x_i - E(X))^2 \cdot f(x_i).$$

Ein *Bernoulli-Experiment* ist ein Experiment mit nur zwei Ergebnissen, Treffer oder Nichttreffer, wobei p die Wahrscheinlichkeit des Treffers sei. Eine *Binomialverteilung* ergibt sich, wenn man n unabhängige Wiederholungen desselben Bernoulli-Experiments durchführt und die Gesamtanzahl der Treffer beobachtet.

Eine Zufallsvariable heißt *binomialverteilt* mit den Parametern n und p, wenn sie folgende Wahrscheinlichkeitsfunktion besitzt:

$$f(x) = \begin{cases} \binom{n}{x} \cdot p^x \cdot (1-p)^{n-x} & \text{für } x \in \{0, 1, \ldots, n\}, \\ 0 & \text{sonst.} \end{cases}$$

Der Erwartungswert $E(X)$ der Zufallsvariablen beträgt dann $E(X) = n \cdot p$, die Varianz $Var(X) = n \cdot p \cdot (1-p)$.

2.2.5 Stetige Zufallsvariablen

Eine Zufallsvariable X heißt *stetig*, wenn es eine Funktion $f(x) \geq 0$ gibt, so daß für jedes Intervall [a,b] gilt:

$$P(a \leq X \leq b) = \int_a^b f(x)dx.$$

Die Funktion $f(x)$ heißt *(Wahrscheinlichkeits-)Dichte* von X. Die *Verteilungsfunktion* $F(x)$ einer stetigen Zufallsvariable X ist für $x \in \mathbb{R}$ definiert durch

$$F(x) = P(X \leq x) = \int_{-\infty}^x f(t)dt.$$

Für $0 < p < 1$ ist das *p-Quantil* x_p der x-Wert, für den $F(x_p) = p$ gilt. Der *Erwartungswert* $E(X)$ einer stetigen Zufallsvariablen X ist definiert als

$$E(X) = \int_{-\infty}^{+\infty} x \cdot f(x)dx.$$

Die *Normalverteilung* (oft auch als *Gaußverteilung* bezeichnet) ist die wichtigste stetige Verteilung, da

- bei vielen natürlichen oder sozialen Prozessen die beobachtete Verteilung der Daten der Normalverteilung entspricht,
- sie beim Zusammenwirken mehrerer zufälliger Prozesse entsteht und
- viele andere Verteilungen sich durch eine Normalverteilung gut approximieren lassen, z.B. die Binomialverteilung.

Eine Zufallsvariable X heißt *normalverteilt* (bzw. *gaußverteilt*) mit den Parametern $\mu \in \mathbb{R}$ und $\sigma^2 > 0$, wenn sie folgende Dichte besitzt:

$$f(x) = \frac{1}{\sqrt{2\pi} \cdot \sigma} \cdot e^{-\frac{(x-\mu)^2}{2\sigma^2}} \, , x \in \mathbb{R} \, .$$

Der Erwartungswert $E(X)$ ist dann gleich μ.

Ist X eine normalverteilte Zufallsvariable, dann ist die *standardisierte Zufallsvariable Z,*

$$Z = \frac{X - \mu}{\sigma} \, ,$$

standardnormalverteilt, d.h. Z besitzt die Parameter $\mu = 0$ und $\sigma^2 = 1$. Abb. 2-12 stellt die Dichte und die Verteilungsfunktion der Standardnormalverteilung dar.

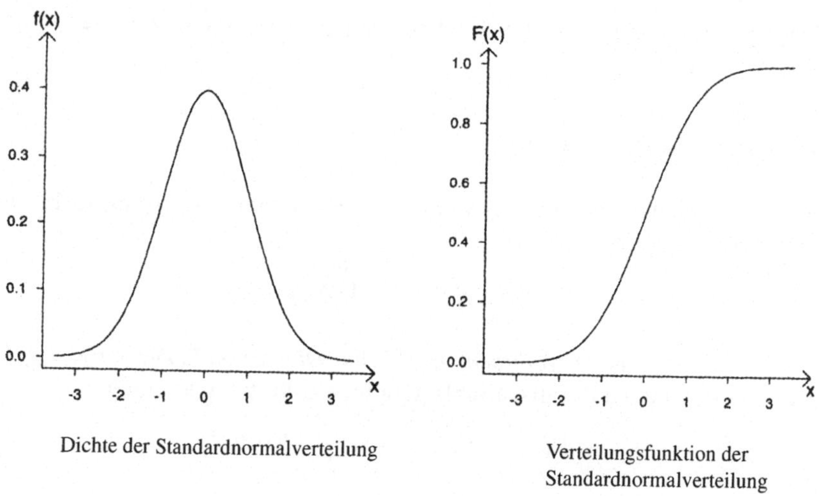

Dichte der Standardnormalverteilung

Verteilungsfunktion der Standardnormalverteilung

Abb. 2-12 Dichte und Verteilungsfunktion der Standardnormalverteilung

Sei X eine normalverteilte Zufallsvariable mit den Parametern μ und σ^2, und bezeichne z_p das p-Quantil der zugehörigen Standardnormalverteilung Z. Dann gilt für das p-Quantil x_p von X:

$$z_p = \frac{x_p - \mu}{\sigma} \qquad \text{bzw.} \qquad x_p = z_p \cdot \sigma + \mu \, .$$

Abb. 2-13 illustriert diesen Zusammenhang beispielhaft.

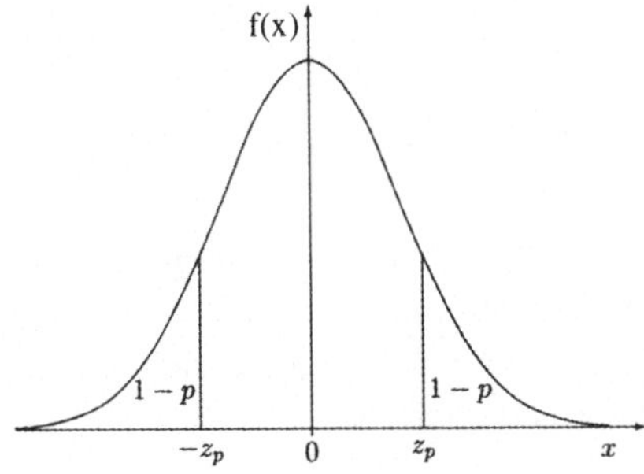

Abb. 2-13 Quantile der Standardnormalverteilung

Mit Hilfe der Quantile lassen sich die Wahrscheinlichkeiten dafür berechnen, daß der Wert von X in einem sogenannten *Schwankungsintervall* $\mu - c \leq X \leq \mu + c$ liegt:

$$P(\mu - \sigma \cdot z_{1-\alpha/2} \leq X \leq \mu + \sigma \cdot z_{1-\alpha/2}) = 1 - \alpha.$$

Für ganzzahlige Werte von $z_{1-\alpha/2}$ erhält man z.B.:

$$P(\mu - \sigma \leq X \leq \mu + \sigma) = 0{,}6827,$$
$$P(\mu - 2\sigma \leq X \leq \mu + 2\sigma) = 0{,}9545,$$
$$P(\mu - 3\sigma \leq X \leq \mu + 3\sigma) = 0{,}9973.$$

2.2.6 Approximation von Verteilungen

Der zu einer Zufallsvariablen X gehörende Zufallsvorgang werde n mal unabhängig wiederholt, und die Zufallsvariablen $X_1, X_2, \ldots, X_n$ geben an, welchen Wert man in der jeweiligen Wiederholung erhalten hat. Die Zufallsvariablen $X_1, X_2, \ldots, X_n$ sind also unabhängig und besitzen dieselbe Verteilungsfunktion F und insbesondere denselben Erwartungswert μ. Die Zufallsvariable $\overline{X}_n = \dfrac{1}{n} \cdot (X_1 + \ldots + X_n)$ liefert das arithmetische Mittel der erhaltenen Werte von X.

Mit zunehmender Anzahl n der Wiederholungen nähert sich der beobachtete Mittelwert $\overline{X}_n$ dem Erwartungswert μ von X an. Das ist die Aussage des sogenannten Gesetzes der großen Zahlen.

Gesetz der großen Zahlen

Für beliebig kleines $c > 0$ gilt

$$P(|\bar{X}_n - \mu| \leq c) \to 1 \qquad \text{für} \qquad n \to \infty \, ,$$

d.h. $\bar{X}_n$ „konvergiert nach Wahrscheinlichkeit" gegen μ.

Mit Hilfe dieses Satzes läßt sich der sogenannte Zentrale Grenzwertsatz herleiten. Dieser Satz besagt, daß die Summe der n Zufallsvariablen $X_1, X_2, \ldots, X_n$ für „genügend große" Werte von n normalverteilt ist, auch wenn die zugrundeliegende Zufallsvariable X nicht normalverteilt ist.

Zentraler Grenzwertsatz

Die Verteilungsfunktion $F_n(z) = P(Z_n \leq z)$ der standardisierten Summe

$$Z_n = \frac{1}{\sqrt{n}} \cdot \sum_{i=1}^{n} \frac{X_i - \mu}{\sigma}$$

konvergiert für $n \to \infty$ für jedes $z \in \mathbb{R}$ gegen die Verteilungsfunktion der Standardnormalverteilung.

Es stellt sich die Frage: Wann ist n genügend groß, um den Zentralen Grenzwertsatz anwenden zu können? Die Antwort auf diese Frage hängt von der Verteilung von X ab. Als *Daumenregel* wird allgemein angenommen: der Zentrale Grenzwertsatz ist für $n > 30$ anwendbar.

Der Zentrale Grenzwertsatz erklärt, warum viele Zufallsvariablen hinreichend gut durch Normalverteilungen approximiert werden können. Das gilt insbesondere für Zufallsvariablen, die durch die Überlagerung vieler kleiner zufälliger Effekte entstehen, z.B. Meßfehler bei wissenschaftlichen Geräten wie Teleskopen oder Röntgenkristallographen.

2.2.7 Mehrdimensionale Zufallsvariablen

Seien X und Y zwei diskrete Zufallsvariablen mit den Werten $x_1, x_2, \ldots$ bzw. $y_1, y_2, \ldots$ Die *Wahrscheinlichkeitsfunktion* $f(x,y)$ der bivariaten diskreten Zufallsvariablen (X,Y) ist definiert durch

$$f(x, y) = \begin{cases} P(X = x, Y = y) & \text{für} \qquad (x, y) \in \{(x_1, y_1), (x_1, y_2), \ldots\}, \\ 0 & \text{sonst.} \end{cases}$$

Die *Kontingenztafel* der bivariaten diskreten Zufallsvariablen (X,Y) entspricht der Kontingenztafel, die wir zur multivariaten Deskription eingeführt haben, wenn man jeweils die beobachteten Häufigkeiten durch die tatsächlichen Wahrscheinlichkeiten ersetzt.

Die Zufallsvariablen X und Y sind *gemeinsam stetig verteilt,* wenn es eine *zweidimensionale Dichtefunktion* $f(x,y)$ gibt, so daß für jedes zweidimensionale Intervall $a \le x \le b, c \le y \le d$ gilt:

$$P(a \le X \le b, c \le Y \le d) = \int_a^b \int_c^d f(x, y)\,dy\,dx.$$

Die *Kovarianz Cov(X,Y)* und der *Korrelationskoeffizient* $\rho(X,Y)$ von X und Y sind definiert als:

$$Cov(X, Y) = E([X - E(X)] \cdot [Y - E(Y)]),$$

$$\rho(X, Y) = \frac{Cov(X, Y)}{\sigma_X \cdot \sigma_Y}, \quad -1 \le \rho(X, Y) \le 1.$$

Die Zufallsvariablen X und Y heißen *gemeinsam normalverteilt* (*bzw. gaußverteilt*), wenn die gemeinsame Dichte gegeben ist durch $f(x,y)$ mit

$$f(x, y) = \frac{1}{2\pi \cdot \sigma_X \cdot \sigma_Y \cdot \sqrt{1 - \rho^2}} \cdot e^{-\left(\frac{1}{2 \cdot (1 - \rho^2)} \cdot \left[\left(\frac{X - \mu_X}{\sigma_X}\right)^2 - 2\rho \cdot \left(\frac{X - \mu_X}{\sigma_X}\right) \cdot \left(\frac{Y - \mu_Y}{\sigma_Y}\right) + \left(\frac{Y - \mu_Y}{\sigma_Y}\right)^2\right]\right)}.$$

Die oben eingeführten Begriffe wie z.B. die mehrdimensionale Normalverteilung lassen sich analog für $d > 2$ Zufallsvariablen verallgemeinern.

2.2.8 Parameterschätzung

Das Ziel von Schätzverfahren ist es, aus einer Zufallsstichprobe auf die Grundgesamtheit zurückzuschließen. Eine *Punktschätzung* zielt darauf ab, einen möglichst genauen Näherungswert für einen unbekannten Parameter (z.B. den Erwartungswert) einer Grundgesamtheit anzugeben.

Eine *Schätzfunktion* oder *Schätzstatistik* für den Grundgesamtheitsparameter θ ist eine Funktion

$$T = g(X_1, \dots, X_n)$$

der Stichprobenvariablen $X_1, \dots, X_n$. Das durch Einsetzen der beobachteten Werte resultierende Ergebnis $g(x_1, \dots, x_n)$ ist der resultierende *Schätzwert*.

Eine Schätzstatistik $T = g(X_1, \dots, X_n)$ heißt *erwartungstreu für* θ, wenn gilt

$$E_\theta(T) = \theta.$$

Von zwei erwartungstreuen Schätzstatistiken T_1 und T_2 heißt T_1 *wirksamer als* T_2, wenn für alle zugelassenen Verteilungen gilt:

$$Var(T_1) \le Var(T_2).$$

Seien $X_1, \ldots, X_n$ Zufallsvariablen mit der gemeinsamen Wahrscheinlichkeits- bzw. Dichtefunktion $f(x_1, \ldots, x_n; \theta)$ mit unbekanntem Parameter θ. $f(x_1, \ldots, x_n; \theta)$ wird als *Likelihoodfunktion* bezeichnet, wenn man für $x_1, \ldots, x_n$ die in der Stichprobe beobachteten Werte einsetzt und nur die Abhängigkeit von θ betrachtet.

Der *Maximum-Likelihood-Schätzer* liefert den Wert θ, für den gilt:

$$f(x_1, \ldots, x_n; \theta) \geq f(x_1, \ldots, x_n; \theta') \qquad \text{für alle } \theta'.$$

Beispiel

Seien $X_1, \ldots, X_n$ unabhängige Wiederholungen eines mit μ und σ^2 normalverteilten Zufallsvorgangs. Die Likelihoodfunktion $L(\mu, \sigma)$ für die beobachteten Werte $x_1, \ldots, x_n$ besitzt die Form:

$$L(\mu, \sigma) = \frac{1}{\sqrt{2\pi} \cdot \sigma} \cdot e^{-\frac{(x_1 - \mu)^2}{2\sigma^2}} \cdot \ldots \cdot \frac{1}{\sqrt{2\pi} \cdot \sigma} \cdot e^{-\frac{(x_n - \mu)^2}{2\sigma^2}}$$

bzw.

$$\ln L(\mu, \sigma) = \sum_{i=1}^{n} \left[-\ln \sqrt{2\pi} - \ln \sigma - \frac{(x_i - \mu)^2}{2\sigma^2} \right].$$

Das Maximum der Likelihoodfunktion erhalten wir durch partielles Differenzieren und Nullsetzen:

$$\frac{\partial}{\partial \mu} \ln L(\mu, \sigma) = \sum_{i=1}^{n} \left[\frac{x_i - \mu}{\sigma^2} \right] = 0.$$

Der Maximum-Likelihood Schätzer für den Parameter μ der Normalverteilung ist also

$$\mu = \sum_{i=1}^{n} x_i = \bar{x}.$$

Die *Intervallschätzung* berücksichtigt die Unsicherheit der Schätzung dadurch, daß ein Intervall konstruiert wird, das mit vorgegebener Wahrscheinlichkeit den tatsächlichen Parameterwert enthält.

Zu gegebener *Irrtumswahrscheinlichkeit* α und Stichprobenvariablen $X_1, \ldots, X_n$ liefern die Schätzstatistiken G_u und G_o,

$$G_u = g_u(X_1, \ldots, X_n),$$

$$G_o = g_o(X_1, \ldots, X_n),$$

ein $(1-\alpha)$-*Konfidenzintervall* für den Grundgesamtheitsparameter θ, wenn gilt

$$P(G_u \leq G_o) = 1 \qquad \text{und} \qquad P(G_u \leq \theta \leq G_o) = 1 - \alpha.$$

Beispiel

Seien $X_1, \ldots, X_n$ unabhängige Wiederholungen eines mit μ und σ^2 normalverteilten Zufallsvorgangs. σ^2 sei bekannt, gesucht ist eine Konfidenzintervall-Schätzung für das unbekannte μ. Als Ausgangspunkt nehmen wir den Maximum-Likelihood-Schätzer $\overline{X}$ für den Parameter μ. $\overline{X}$ ist nach dem Zentralen Grenzwertsatz normalverteilt mit den Parametern μ und σ^2/n.

Die normierte Zufallsvariable $\dfrac{\overline{X}-\mu}{\sigma/\sqrt{n}}$ ist standardnormalverteilt. Es gilt daher:

$$P\left(-z_{1-\alpha/2} \leq \frac{\overline{X}-\mu}{\sigma/\sqrt{n}} \leq z_{1-\alpha/2}\right) = 1-\alpha .$$

Man erhält

$$P\left(\overline{X} - z_{1-\alpha/2} \cdot \frac{\sigma}{\sqrt{n}} \leq \mu \leq \overline{X} + z_{1-\alpha/2} \cdot \frac{\sigma}{\sqrt{n}}\right) = 1-\alpha$$

und damit das $(1-\alpha)$-Konfidenzintervall

$$\left[\overline{X} - z_{1-\alpha/2} \cdot \frac{\sigma}{\sqrt{n}},\ \overline{X} + z_{1-\alpha/2} \cdot \frac{\sigma}{\sqrt{n}}\right].$$

Die Breite des Konfidenzintervalls schrumpft mit zunehmendem Stichprobenumfang n und sie wächst mit sinkender Irrtumswahrscheinlichkeit α. Wenn z.B. bei gegebener Irrtumswahrscheinlichkeit die Breite des Konfidenzintervalls einen bestimmten Wert b nicht überschreiten soll, muß man die Stichprobengröße n so wählen, daß gilt:

$$2 \cdot z_{1-\alpha/2} \cdot \frac{\sigma}{\sqrt{n}} \leq b \qquad \text{bzw.} \qquad n \geq \frac{(2 \cdot z_{1-\alpha/2} \cdot \sigma)^2}{b} .$$

2.2.9 Testen von Hypothesen

Ein *statistisches Testproblem* ist definiert durch eine *Nullhypothese H_0* und eine *Alternative H_1*, die sich gegenseitig ausschließen. Ferner gehören zur Definition des Testproblems Annahmen über die Verteilung oder bestimmte Parameter des interessierenden Merkmals in der Grundgesamtheit.

Ein *Fehler 1. Art* tritt auf, wenn H_0 verworfen wird, obwohl H_0 wahr ist. Ein *Fehler 2. Art* tritt auf, wenn H_0 akzeptiert wird, obwohl H_1 wahr ist. Ein statistischer Test heißt *Test zum Signifikanzniveau* α, $0 < \alpha < 1$, falls die Wahrscheinlichkeit eines Fehlers 1. Art höchstens α beträgt.

Tests für eine Stichprobe

Werte für das zu untersuchende Merkmal werden in einer Stichprobe erhoben. Es sollen verschiedene Hypothesen über bestimmte Eigenschaften dieses Merkmals in der Grundgesamtheit untersucht werden, z.B.

H_0: „Die zu erwartende Nettomiete in Stadtviertel A beträgt 15 DM/qm." oder

H_0: „Die Nettomiete in Stadtviertel A ist normalverteilt.".

Tests für zwei unabhängige Stichproben

Ein zu untersuchendes Merkmal wird in zwei unabhängigen Stichproben erhoben. Es sollen bestimmte Eigenschaften dieses Merkmals in den beiden Grundgesamtheiten verglichen werden, z.B.

H_0: „Die zu erwartende Nettomiete in den Stadtvierteln A und B ist identisch." oder

H_0: „Das Einkommen weiblicher Arbeitnehmer besitzt dieselbe Verteilung
wie das Einkommen männlicher Arbeitnehmer.".

Test für einen Erwartungswert (Gauß-Test)

Gegeben seien unabhängig identisch verteilte Zufallsvariablen $X_1,...,X_n$, für die gilt:

- X_i normalverteilt mit den Parametern μ und σ^2, wobei σ^2 bekannt ist, oder

- X_i beliebig verteilt mit $E(X_i) = \mu$, mit bekanntem $Var(X_i) = \sigma^2$ und n „groß genug" (Faustregel: $n > 30$).

Wir betrachten folgende Testprobleme:

(a) H_0: „$\mu = \mu_0$" gegen H_1: „$\mu \neq \mu_0$",

(b) H_0: „$\mu = \mu_0$" gegen H_1: „$\mu < \mu_0$",

(c) H_0: „$\mu = \mu_0$" gegen H_1: „$\mu > \mu_0$".

Falls H_0 wahr ist, ist

$$Z = \frac{\bar{X} - \mu_0}{\sigma} \cdot \sqrt{n}$$

standardnormalverteilt. Basierend auf dem beobachteten Wert z der Prüfgröße Z wird H_0 abgelehnt und die Alternative H_1 akzeptiert, falls:

(a) $|z| > z_{1-\alpha/2}$,   (b) $z < -z_{1-\alpha}$,   (c) $z > z_{1-\alpha}$.

Andernfalls wird die Nullhypothese H_0 beibehalten.

Beispiel

Bei der Produktion gewisser Werkstücke sei die Länge normalverteilt mit bekannter Varianz $\sigma^2 = 2{,}25$. Die Angabe der Varianz stamme vom Hersteller der zur Produktion verwendeten Maschinen („Maschinengenauigkeit"). Eine Stichprobe von $n = 5$ Werkstücken aus der laufenden Produktion liefert die folgenden Längen:

19,2 cm, 17,4 cm, 18,5 cm, 16,5 cm, 18,9 cm.

Wir testen die Hypothesen H_0: „$\mu = 17$" und H_1: „$\mu \neq 17$". Die Prüfgröße des Gauß-Tests beträgt

$$z = \frac{\bar{x} - \mu_0}{\sigma} \cdot \sqrt{n} = \frac{18{,}1 - 17}{1{,}5} \cdot \sqrt{n} = 1{,}64$$

und die Entscheidungsregel des Gauß-Tests lautet zum Signifikanzniveau $\alpha = 0.01$.

$$|z| > z_{1-\alpha/2} = z_{0{,}995} = 2{,}5758\,.$$

Falls diese Bedingung erfüllt ist, kann die Nullhypothese verworfen werden. Da die Bedingung in unserem Beispiel nicht erfüllt ist, entscheiden wir uns für die Nullhypothese, d.h. wir gehen davon aus, daß die Länge der Werkstücke normalverteilt mit $\mu = 17$ ist.

Vergleich zweier Erwartungswerte

Seien $X_1, \ldots, X_n$ bzw. $Y_1, \ldots, Y_m$ unabhängige Wiederholungen der Zufallsvorgänge X bzw. Y. Die Varianzen σ^2_X bzw. σ^2_Y seien bekannt. Weiter seien n und m „groß genug" (Faustregel: $n, m > 30$). Wir betrachten folgende Testprobleme:

(a) H_0: „$\mu_X = \mu_Y$" gegen H_1: „$\mu_X \neq \mu_Y$",

(b) H_0: „$\mu_X \geq \mu_Y$" gegen H_1: „$\mu_X < \mu_Y$",

(c) H_0: „$\mu_X \leq \mu_Y$" gegen H_1: „$\mu_X > \mu_Y$".

Es gilt

$$VAR(\bar{X} - \bar{Y}) = VAR(\bar{X}) + VAR(\bar{Y}) = \frac{\sigma^2_X}{n} + \frac{\sigma^2_Y}{m},$$

so daß die Prüfgröße

$$Z = \frac{\bar{X} - \bar{Y}}{\sqrt{\dfrac{\sigma^2_X}{n} + \dfrac{\sigma^2_Y}{m}}}$$

wegen $n \geq 30$ und $m \geq 30$ approximativ standardnormalverteilt ist.

Basierend auf dem beobachteten Wert z der Prüfgröße Z wird H_0 abgelehnt und die Alternative H_1 akzeptiert, falls:

$$\text{(a) } |z| > z_{1-\alpha/2}, \qquad \text{(b) } z < -z_{1-\alpha}, \qquad \text{(c) } z > z_{1-\alpha}\,.$$

Andernfalls wird die Nullhypothese H_0 beibehalten.

2.3 Literatur

ANSI 1986, American National Standards Institute, „*The Database Language SQL*", Document ANSI X3.135.

Bayer R., McCreight E. M. 1972, „Organization and Maintenance of Large Ordered Indexes", *Acta Informatica*, Vol. 1, No. 3, pp. 173—189.

Ciaccia P., Patella M., Zezula P. 1997, „M-tree: An Efficient Access Method for Similarity Search in Metric Spaces", Proceedings 23rd *Int. Conf. on Very Large Data Bases*, Athens, Greece, pp. 426— 435.

Fahrmeir L., Künstler R., Pigeot I., Tutz G. 1999, „*Statistik - Der Weg zur Datenanalyse*", Springer-Verlag, Berlin.

Guttman, A. 1984, „R-trees: A dynamic index structure for spatial searching", Proceedings *ACM SIGMOD Conf.*, Boston, MA, pp. 47—57.

Kemper A., Eickler A. 1999, „*Datenbanksysteme – Eine Einführung*", Oldenbourg Verlag, München.

Clustering

In diesem Kapitel wird ein Überblick über grundlegende Methoden und Techniken zur Clusteranalyse gegeben. Es werden verschiedene Algorithmen für unterschiedliche Anwendungsbereiche vorgestellt. Besonderer Wert wird auch auf die Diskussion der Probleme der einzelnen Verfahren und die Darstellung von neueren Techniken zu ihrer Leistungssteigerung gelegt.

Im ersten, einführenden Abschnitt werden neben einigen Grundbegriffen zwei typische Anwendungen für Clusteringverfahren vorgestellt. In Abschnitt 2 und 3 werden dann sogenannte „Partitionierende Clusteringverfahren" bzw. „Hierarchische Clusteringverfahren" dargestellt. Abschnitt 4 gibt einen Überblick über Datenbank-Techniken zur Leistungssteigerung von Clusteringverfahren, insbesondere durch die Verwendung räumlicher Indexstrukturen. Besondere Anforderungen und Verfahren, z.B. kategorische Attribute und ein inkrementelles Clusteringverfahren, werden kurz in Abschnitt 5 skizziert. Abschnitt 6 faßt schließlich das Kapitel zusammen und gibt eine vergleichende Bewertung der dargestellten Verfahren.

3.1 Einleitung

3.1.1 Ziel von Clusteringverfahren

Ziel von Clusteringverfahren: Daten (semi-)automatisch so in Kategorien, Klassen oder Gruppen (*Cluster*) einzuteilen, daß Objekte im gleichen Cluster möglichst ähnlich und Objekte aus verschiedenen Clustern möglichst unähnlich zueinander sind.

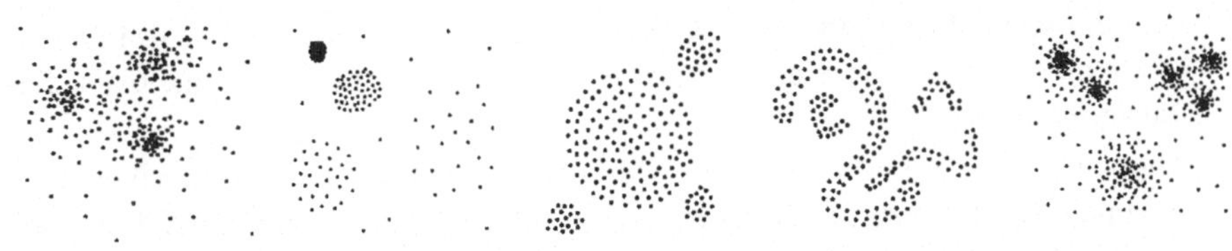

Abb. 3-1 Beispiele für 2-dimensionale Clusterstrukturen mit verschiedenen Charakteristika

Für die sinnvolle Anwendung eines Clusteringverfahrens ist daher zunächst eine geeignete Modellierung der Ähnlichkeit zwischen Datenobjekten erforderlich. Außerdem sollte bei der Auswahl und Anwendung eines Clusteringalgorithmus berücksichtigt werden, daß Cluster in den Daten sowohl unterschiedliche Größe, Form und Dichte haben können, als auch hierarchisch ineinander verschachtelt sein können. Abb. 3-1 zeigt verschiedene 2-dimensionale Beispiele für Clusterstrukturen mit solchen Eigenschaften. Die Ähnlichkeit zwischen den Datenobjekten ist in diesen Beispielen durch den Abstand zwischen den Punkten repräsentiert.

3.1.2 Ähnlichkeit zwischen Datenobjekten

Die Ähnlichkeit zwischen Objekten wird meist durch eine *Distanzfunktion dist* modelliert, die für Paare von Objekten definiert ist. Zur Definition der Distanz zwischen zwei Objekten werden direkte oder abgeleitete Eigenschaften der Objekte verwendet. Die Abstände zwischen je zwei Objekten werden dabei folgendermaßen interpretiert:

- kleine Distanzen $\approx$ ähnliche Objekte,
- große Distanzen $\approx$ unähnliche Objekte.

Die Wahl einer konkreten Definition der Distanzfunktion *dist* hängt von den Objekten und der Anwendung ab. Unabhängig von der jeweiligen Form der Funktion *dist* müssen aber mindestens die folgenden Bedingungen für alle Objekte o_1, o_2 aus der Menge der betrachteten Objekte O gelten:

1. $dist(o_1, o_2) = d \in \mathbb{R}^{\geq 0}$,

2. $dist(o_1, o_2) = 0$ genau dann wenn $o_1 = o_2$,

3. $dist(o_1, o_2) = dist(o_2, o_1)$ (Symmetrie).

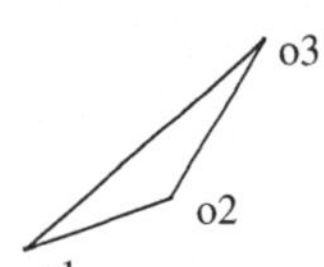

Die Funktion *dist* ist eine *Metrik*, wenn zusätzlich die Dreiecksungleichung gilt, d.h. wenn für alle o_1, o_2, $o_3 \in O$ gilt:

4. $dist(o_1, o_3) \leq dist(o_1, o_2) + dist(o_2, o_3)$.

Bemerkungen:

- Weil die Ähnlichkeit zwischen Objekten durch ein Abstandsmaß zwischen Objekten modelliert ist, bezeichnet man die Clusteranalyse manchmal auch als „Distanzgruppierung".

- Alternativ zu einer Distanzfunktion wird in der Literatur manchmal auch eine sogenannte *Ähnlichkeitsfunktion* verwendet (im Englischen: „similarity function" im Gegensatz zu einer „dissimilarity distance function"). Für eine Distanzfunktion *dist* gilt: je ähnlicher zwei Objekte o_1, o_2 sind, desto *kleiner* ist der Wert

$dist(o_1, o_2)$. Für eine Ähnlichkeitsfunktion *sim* ist die Interpretation umgekehrt: je ähnlicher die Objekte, desto *größer* der Wert $sim(o_1, o_2)$.

Verwendet man ein Ähnlichkeitsfunktion anstelle einer Distanzfunktion, dann ändert sich die Darstellung der Clusteringalgorithmen nur geringfügig: Im wesentlichen werden Vergleichsoperatoren umgedreht und vorhandene Minimumsbildungen durch Maximumsbildungen ersetzt (und umgekehrt).

- Die Güte einer Clusteranalyse hängt stark von der Adäquatheit der Distanzfunktion *dist* ab. Die Definition einer Distanzfunktion, die den intuitiven Ähnlichkeitsbegriff geeignet wiederspiegelt, kann jedoch sehr schwierig sein.

3.1.3 Beispiele für Distanzfunktionen

Die konkrete Definition einer Distanzfunktion zur Repräsentation der (Un-)Ähnlichkeit zwischen Datenobjekten hängt vom Datentyp der Objekte und der intendierten Anwendung ab. Im folgenden sind einige typische Beispiele für Distanzfunktionen aufgeführt, die für die gegebenen Datentypen häufig angewendet werden.

1. Für Datensätze $x = (x_1, ..., x_d)$ mit *numerischen Attributwerten* x_i:

   Euklidische Distanz: $dist(x, y) = \sqrt{(x_1 - y_1)^2 + ... + (x_n - y_n)^2}$,

   Manhattan-Distanz: $dist(x, y) = |x_1 - y_1| + ... + |x_n - y_n|$,

   Maximums-Metrik: $dist(x, y) = max(|x_1 - y_1|, ..., |x_n - y_n|)$,

   Allgemeine L_p-Metrik: $dist(x, y) = \sqrt[p]{\sum_{i=1}^{d} (x_i - y_i)^p}$.

2. Für Datensätze $x = (x_1, ..., x_d)$ mit *kategorischen Attributwerten* x_i:

   Anzahl der verschiedenen Komponenten in x und y: $dist(x, y) = \sum_{i=1}^{d} \delta(x_i, y_i)$,

   wobei $\delta(x_i, y_i) = \begin{cases} 0 \text{ wenn } (x_i = y_i), \\ 1 \text{ wenn } (x_i \neq y_i). \end{cases}$

3. Für *endliche Mengen* $x = \{x_1, ..., x_d\}$:

   Anteil der verschiedenen Elemente in x und y: $dist(x, y) = \dfrac{|x \cup y| - |x \cap y|}{|x \cup y|}$.

4. Für *Textdokumente*:

   Gegeben sei ein Vokabular T aus Termen t_i. Ein Dokument D wird dann repräsentiert durch $r(D) = \{f(t_i, D) | t_i \in T\}$, wobei $f(t_i, D)$ die Häufigkeit des Terms t_i im Dokument D ist. Ferner sei g eine monotone Dämpfungsfunktion wie die

Quadratwurzel oder der Logarithmus, die komponentenweise angewendet wird. Die Distanz zwischen Dokumenten wird dann mit Hilfe der Vektoren $g(r(D)) = \{g(f(t_i, D))\}_{t_i \in T}$ definiert durch den Cosinus des Winkels zwischen den Dokumentvektoren: $dist(D_1, D_2) = 1 - \dfrac{\langle g(c(D_1)), g(c(D_2)) \rangle}{\|g(c(D_1))\| \cdot \|g(c(D_2))\|}$.

Dabei ist $\langle \, \cdot \, , \, \cdot \, \rangle$ ein Skalarprodukt und $\| \cdot \|$ die damit definierte Länge von Vektoren.

Bemerkung: Distanzfunktionen müssen nicht unbedingt durch Funktionsgleichungen gegeben sein. Im allgemeinen genügt für Clusteringverfahren eine sogenannte *Distanzmatrix*, in der die paarweisen Distanzen zwischen Objekten direkt abgespeichert sind - wie auch immer diese Werte festgelegt worden sein mögen (z.B. auch manuell).

3.1.4 Anwendungsbeispiele

Die folgenden Beispiele zeigen exemplarische Anwendungen von Clusteringverfahren. Weitere Beispiele für den Einsatz von Clusteringverfahren finden sich auch im Kapitel 7, *Besondere Datentypen und Anwendungen* des Data Mining.

Erstellung von thematischen Karten aus Satellitenbildern

Bei der Verarbeitung von digitalen Satellitenaufnahmen zur Erstellung von thematischen Karten für Geo-Informationssysteme können Clusteringverfahren eingesetzt werden. Dabei werden zunächst verschiedene Aufnahmen des gleichen Gebiets in verschiedenen elektromagnetischen Spektralbändern zusammengeführt. Man erhält auf diese Weise für jede Koordinate des aufgenommenen Gebiets einen sogenannten „Featurevektor", der die Intensitäten der einzelnen Spektralbänder an dieser Stelle der Erdoberfläche zusammenfaßt, z.B.:

Oberflächen-punkt	Intensitäten				
	Spektral-band 1	Spektral-band 2	Spektral-band 3	Spektral-band 4	Spektral-band 5
p_1	222	217	222	155	222
p_2	243	240	58	110	20
...	...	...	...	...	...

Diese Featurevektoren werden dann geclustert. Anschließend wird eine thematische Karte des aufgenommenen Gebiets erstellt, indem jedem der gefundenen Cluster eine bestimmte Farbe zugeordnet wird und die Oberflächenpunkte entsprechend der Clusterzugehörigkeit der korrespondierenden Featurevektoren eingefärbt werden.

Abb. 3-2 veranschaulicht dieses Verfahren für einen 2-dimensionalen Feature-Raum.

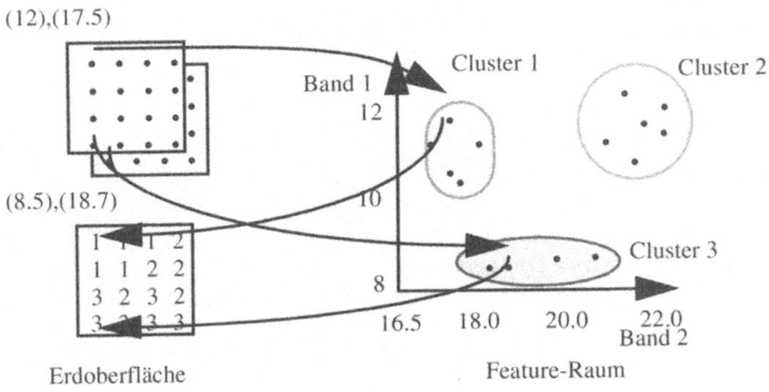

Abb. 3-2   Erstellung thematischer Karten mit Hilfe von Clusteringverfahren

Die diesem Verfahren zugrundeliegende Annahme ist, daß verschiedene Oberflächenbeschaffenheiten der Erde wie Wasser, Wald oder Felsen jeweils ein charakteristisches Reflexions- und Emissionsverhalten in der Kombination der elektromagnetischen Wellenlängen besitzen. Diese typischen Ausprägungen der Intensitäten in den verschiedenen Spektralbändern sind für verschiedene Untergrundbeschaffenheiten unterschiedlich und für ähnliche Untergrundbeschaffenheiten ähnlich, so daß die Feature-Vektoren der Oberflächenpunkte im Featureraum Gruppen bilden.

Abb. 3-3 zeigt eine Ergebniskarte, die unter Verwendung des Clusteringverfahrens DBSCAN (siehe Abschnitt 3.2.6) erstellt wurde. Die verwendeten Satellitenaufnahmen stammen aus dem SEQUOIA 2000 Storage Benchmark [Stonebraker et. al. 1993] und zeigen Kalifornien in fünf verschiedenen Spektralbändern (1 sichtbares Licht, 2 reflektiertes Infrarot, 2 emittiertes Infrarot). In der Abbildung sind die den gefundenen Clustern entsprechenden Farben durch Graustufen wiedergegeben.

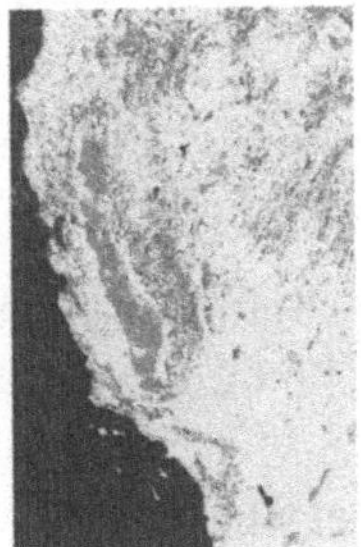

Abb. 3-3   Ergebnis des Clusteringverfahrens DBSCAN

Clustering von „Web-Sessions" zur Bestimmung von Benutzergruppen

Clusteringverfahren können auch bei der Analyse des Verhaltens von Benutzern einer Web-Site angewendet werden. Dazu wird die Log-Datei des Web-Servers entsprechend aufbereitet. Abb. 3-4 zeigt einen Ausschnitt aus einer solchen Log-Datei eines Web-Servers.

```
romblon.informatik.uni-muenchen.de lopa - [04/Mar/1997:01:44:50 +0100] "GET /~lopa/ HTTP/1.0" 200 1364
romblon.informatik.uni-muenchen.de lopa - [04/Mar/1997:01:45:11 +0100] "GET /~lopa/x/ HTTP/1.0" 200 712
fixer.sega.co.jp unknown - [04/Mar/1997:01:58:49 +0100] "GET /dbs/porada.html HTTP/1.0" 200 1229
scooter.pa-x.dec.com unknown - [04/Mar/1997:02:08:23 +0100] "GET /dbs/kriegel_e.html HTTP/1.0" 200 1241
```

Abb. 3-4 Ausschnitt aus einer Web-Log-Datei

Die Einträge einer Web-Log-Datei haben das folgende Format:

$$\text{Eintrag} ::= \text{<IP-Adresse, Benutzer-Id, Datum/Zeit, Methode/URL, ...>}$$

Für ein Clustering müssen zunächst die Einträge der Web-Log-Datei zu sogenannten „Sitzungen" oder „Sessions" aggregiert werden, die für jeden Benutzer die Liste der Web-Seiten enthält, welche der Benutzer in einer einzigen Sitzung nacheinander besucht hat. Dazu wird ein „Zeitfenster" t_{max} vorgegeben, welches die Zeitspanne ausdrückt, die maximal zwischen zwei Web-Zugriffen vergehen darf, damit die beiden Zugriffe noch als zur selben Session gehörig betrachtet werden können. Dann werden die Einträge der Log-Datei nach IP-Adresse, Benutzer-Id und Zugriffszeit sortiert und anschließend aufeinanderfolgende Einträge der gleichen Kombination aus IP-Adresse und Benutzer-Id zu einer Session zusammengefaßt, solange sie innerhalb des Zeitfensters t_{max} liegen. Die Struktur einer Session ist dadurch folgendermaßen gegeben:

$$\text{Session} ::= \text{<IP-Adresse, Benutzer-Id, } [URL_1, \ldots, URL_k]\text{>}.$$

Cluster aus solchen Sessions findet man anschließend durch Clustering der zugehörigen URL-Listen. Für das Clusteringverfahren kann dazu im einfachsten Fall eine Distanzfunktion für endliche Mengen eingesetzt werden (wie etwa die Distanzfunktion 3 auf Seite 47).

Die gefundenen Cluster von Sessions können beispielsweise folgendermaßen interpretiert und verwendet werden:

- Cluster entsprechen Benutzergruppen/Benutzerprofilen. Die Kenntnis solcher Profile kann für die Entwicklung von kundenspezifischen Marketingstrategien nützlich sein.

- Die Web-Seiten, die zu einem Cluster gehören, können als „durch Interessen verbunden" angesehen werden, da sie von einer Benutzergruppe oft gemeinsam in einer Sitzung angefragt werden. Daraus ergeben sich Möglichkeiten für die Optimierung der Web-Site gemäß der Zugriffsgewohnheiten der Benutzer.

3.2 Partitionierende Verfahren

Partitionierende Verfahren zerlegen eine Datenmenge in k Cluster, wobei gilt:

- jeder Cluster enthält mindestens ein Objekt,
- jedes Objekt gehört genau zu einem Cluster.

3.2.1 Konstruktion zentraler Punkte [Forgy 1965]

Voraussetzung

Die Objekte sind Punkte $p=(x^p{}_1, \dots, x^p{}_d)$ in einem d-dimensionalen euklidischen Vektorraum. Für die Ähnlichkeit wird die euklidische Distanz verwendet.

Centroide

Jeder Cluster C wird durch einen sogennannten Centroid μ_C repräsentiert, welcher anschaulich den Mittelwert aller Punkte im Cluster C darstellt:

$$\mu_C = (\bar{x}_1(C), \bar{x}_2(C), \dots, \bar{x}_d(C)), \text{ wobei } \bar{x}_j(C) = \frac{1}{n_C} \cdot \sum_{p \in C} x^p{}_j \text{ der Mittel-}$$

wert der j-ten Dimension aller Punkte in C ist; n_C ist die Anzahl der Objekte in C.

Maß für die Kompaktheit eines Clusters

Summe der quadrierten euklidischen Distanzen zum Centroid:

$$TD^2(C) = \sum_{p \in C} dist(p, \mu_C)^2.$$

Je kleiner der Wert $TD^2(C)$ für einen Cluster C ist, desto näher liegen die Punkte der Menge C beieinander, d.h. um so kompakter ist der Cluster C.

Maß für die Kompaktheit eines Clustering

Summe der quadrierten Distanzen jedes Punktes zum Centroid seines Clusters:

$$TD^2 = \sum_{i=1}^{k} TD^2(C_i).$$

Je kleiner der Wert TD^2 für ein Clustering (eine Menge von k Clustern) ist, desto kompakter sind durchschnittlich die einzelnen Cluster des Clustering.

Zerlegung einer gegebenen Punktmenge in k Klassen, so daß TD^2 minimal ist. Anschaulich bedeutet dies, daß die k Klassen so gebildet werden sollen, daß die Varianz bezüglich der gegebenen Mittelwerte minimal wird. Verfahren, die den Wert TD^2 minimieren, heißen deshalb auch „varianzminimierende Techniken". Daß mit TD^2 tatsächlich auch die Varianz minimiert wird, sieht man durch die folgende Umformung des Ausdrucks für $TD^2(C)$:

$$TD^2(C) = \sum_{p \in C} \sum_{j=1}^{d} (x^p_j - \bar{x}_j(C))^2 \quad \text{(vgl. Abschnitt 2.2.1)}.$$

Abb. 3-5 zeigt zwei Beispiele für die Zerlegung einer Punktmenge und die Repräsentation der Cluster durch Centroide. Zur Veranschaulichung der quadrierten Distanzen zwischen Punkten und ihren Centroiden sind aus Darstellungsgründen nur die euklidischen Distanzen als Strecken eingezeichnet. Der Wert TD^2 entspricht damit anschaulich der Summe der dargestellten Streckenlängen.

Auch bei dieser vereinfachten Darstellung des Wertes TD^2 läßt sich leicht erkennen, daß die obere Zerlegung bezüglich der definierten Kompaktheit ein schlechteres Clustering darstellt als die untere Zerlegung. Die untere Zerlegung ist optimal bezüglich des Wertes TD^2 und entspricht anschaulich auch der intuitiv richtigen Zerlegung der dargestellten Punktmenge in 3 Cluster.

Ziel des Algorithmus zum Finden eines Clustering durch Varianzminimierung ist nun, unter allen möglichen Zerlegungen eine solche optimale Zerlegung automatisch zu konstruieren.

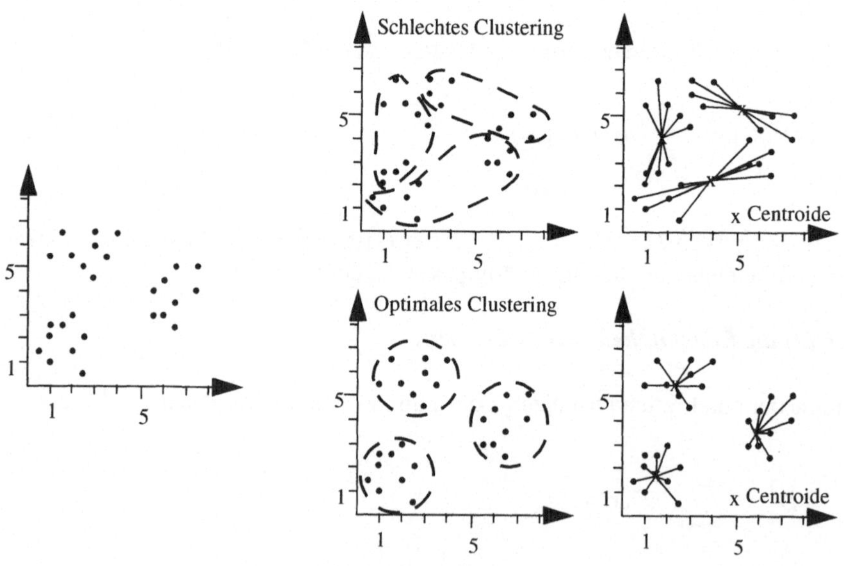

Abb. 3-5 Repräsentation von Clustern durch Centroide (k=3)

Algorithmus

```
ClusteringDurchVarianzMinimierung(Punktmenge D, Integer k)
   Erzeuge eine „initiale" Zerlegung der Punktmenge D in k
   Klassen;
   Berechne die Menge C'={C₁, ..., Cₖ} der Centroide für die k
   Klassen;
   C = {};
   repeat until C = C'
      C = C';
      Bilde k Klassen, durch Zuordnung jedes Punktes zum
         nächstliegenden Centroid aus C; // Schritt 1
      Berechne die Menge C'={C'₁, ..., C'ₖ} der Centroide für
         die neu bestimmten Klassen; // Schritt 2
   return C;
```

Der Algorithmus beginnt mit einer „initialen" Zerlegung der Datenmenge, üblicherweise mit einer zufälligen Einteilung der Daten in k Klassen. Dann werden die Centroide dieser Klassen berechnet. Diese Einteilung ist im allgemeinen nicht optimal in dem Sinn, daß für einige Punkte der Abstand zum Centroid ihres Clusters größer ist als der Abstand zum Centroid eines anderen Clusters. Daher werden nun in einem ersten Schritt neue Klassen gebildet, indem jeder Punkt dem nächstliegenden Centroid zugeordnet wird. In einem zweiten Schritt werden dann die Centroide wiederum neu berechnet. Auch diese Einteilung muß noch nicht „optimal" sein. Die beiden genannten Schritte werden daher solange wiederholt, bis sich die Cluster nicht mehr verändern. Abb. 3-6 zeigt dieses Verfahren anhand eines Beispiels.

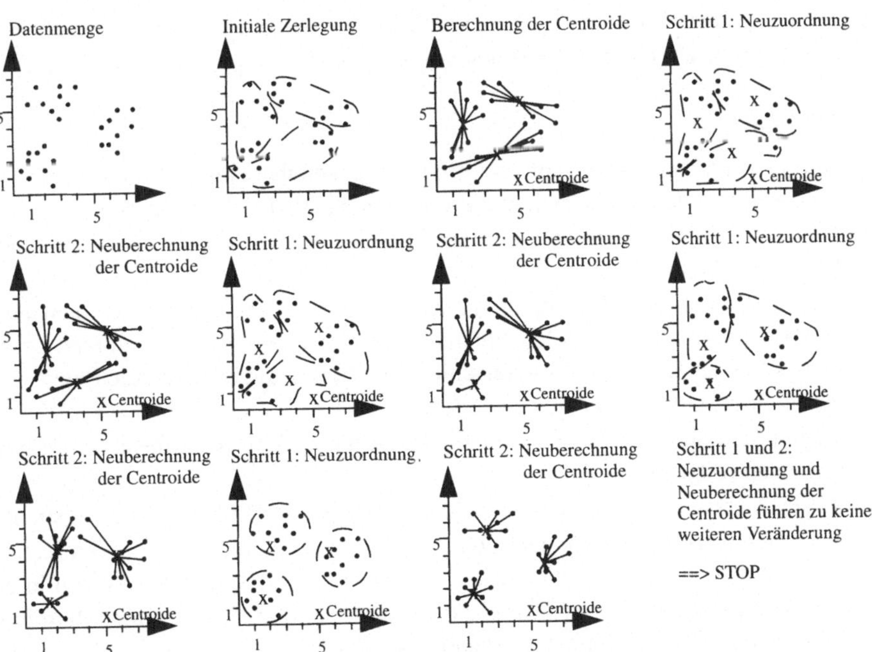

Abb. 3-6 Beispiel für den Algorithmus „ClusteringDurchVarianzMinimierung" mit k = 3

3.2. Partitionierende Verfahren ▪ 53

Eigenschaften des Algorithmus:

- Konvergiert gegen ein (möglicherweise nur *lokales*) Minimum.
- Aufwand: $O(n)$ für eine Iteration.
- Anzahl der Iterationen ist im allgemeinen klein ($\sim$ 5 - 10).
- Ergebnis und Laufzeit hängen stark von der initialen Zerlegung ab.

Variante: die k-means Methode [MacQueen 67]

Der wesentliche Unterschied der k-means Methode zur obigen Methode ist, daß in der Iteration des Algorithmus bei der Neuzuordnung der Punkte zu den Centroiden diese Centroide direkt aktualisiert werden, wenn ein Punkt seine Clusterzugehörigkeit ändert. Damit erübrigt sich der zweite Schritt, d.h. die separate, anschließende Neuberechnung der Centroide.

Wenn ein Punkt p vom Cluster C_1 zum Cluster C_2 wechselt, werden die Koordinaten der zugehörigen Centroide folgendermaßen inkrementell angepaßt:

$$\bar{x}_j(C_1') = \frac{1}{n_{C_1} - 1} \cdot (n_{C_1} \cdot \bar{x}_j(C_1) - x^p_j) \text{ und}$$

$$\bar{x}_j(C_2') = \frac{1}{n_{C_2} + 1} \cdot (n_{C_2} \cdot \bar{x}_j(C_2) + x^p_j).$$

Dabei bezeichnen C_1' und C_2' die aktualisierten Mengen C_1 bzw. C_2 nach dem Wechsel von p, d.h. $C_1' = C_1 \setminus \{p\}$ und $C_2' = C_2 \cup \{p\}$.

Bemerkungen:

- Optimierung von TD^2 ist sehr „empfindlich" gegenüber Ausreißern, da große Distanzen durch das Quadrieren überproportional berücksichtigt werden.
- K-means ist die bekannteste und am häufigsten angewendete partitionierende Clustering-Methode.
- K-means hat im wesentlichen die gleichen Eigenschaften wie die oben genannte Methode, ist aber reihenfolgeabhängig. Das heißt, bei gleicher initialer Zerlegung kann das Ergebnis, für unterschiedliche Reihenfolgen in der die Punkte abgespeichert sind, verschieden ausfallen.
- Es gibt Methoden und Heuristiken, um die Initialisierung von k-means zu verbessern (siehe Abschnitt 3.2.4).
- Es gibt Methoden, die auf k-means aufsetzen (z.B. ISODATA) und die versuchen das Ergebnis zu verbessern. Dazu wird k-means mit Operationen wie Elimination sehr kleiner Cluster, Verschmelzung von Clustern und Split von Clustern in einem komplexen iterativen Prozeß kombiniert, bei dem der Benutzer allerdings sehr viele zusätzliche Parameter angeben muß.

3.2.2 Auswahl repräsentativer Punkte

[Kaufman & Rousseeuw 1990], [Ng & Han 1994]

Voraussetzung

Gegeben seien beliebige Objekte und eine beliebige Distanzfunktion zur Modellierung der Ähnlichkeit. Im einfachsten Fall genügt eine Distanzmatrix.

Medoide

Jeder Cluster C wird durch einen Medoid $m_C \in C$ repräsentiert, welcher anschaulich das zentralste Objekt des Clusters darstellt. Ein Medoid ist, anders als ein Centroid, immer ein Objekt, welches auch in der Datenmenge vorkommt. Durch eine Menge von Medoiden M ist genau ein Clustering einer Datenmenge D dadurch gegeben, daß jedes Objekt demjenigen Medoid zugeordnet wird, zu dem es den geringsten Abstand hat.

Die Clustering-Verfahren, die auf der Auswahl repräsentativer Punkte zur Bestimmung eines Clustering beruhen, heißen auch „k-medoid-Verfahren".

Die Maße für die Kompaktheit von einzelnen Clustern und für die Kompaktheit eines gesamten Clustering sind ähnlich wie für das Clustering durch Varianzminimierung definiert. Üblicherweise wird jedoch bei k-medoid-Verfahren nicht die quadrierte Distanz zugrundegelegt, sondern nur die einfache Distanz zwischen Objekten und dem Repräsentanten ihres Clusters.

Maß für die Kompaktheit eines Clusters

Summe der Distanzen zum Medoid:

$$TD(C) = \sum_{p \in C} dist(p, m_C) .$$

Je kleiner der Wert $TD(C)$ für einen Cluster C ist, desto näher liegen die Punkte in C anschaulich beieinander, d.h. um so kompakter ist damit der Cluster C.

Maß für die Kompaktheit eines Clustering

Summe der Distanzen jedes Punktes zum Medoid seines Clusters:

$$TD = \sum_{i=1}^{k} TD(C_i) .$$

Je kleiner der Wert TD für ein Clustering (eine Menge von k Clustern) ist, desto kompakter sind durchschnittlich die einzelnen Cluster des Clustering.

Ziel

Bestimmung von k Medoiden so, daß *TD* minimal ist. Anschaulich heißt dies, daß die durchschnittliche Distanz der Objekte zu ihren Repräsentanten minimiert wird.

Abb. 3-7 veranschaulicht für die dargestellte Punktmenge eine schlechte und die optimale Auswahl von 3 Medoiden. Die Abstände zwischen den Punkten und dem Repräsentanten ihres Clusters sind als Strecken eingezeichnet. Damit wird der Wert *TD* für beide Clusterings anschaulich direkt durch die Summe der eingezeichneten Streckenlängen repräsentiert.

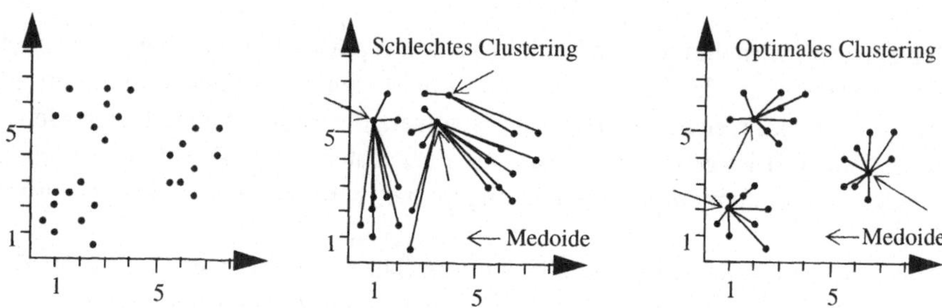

Abb. 3-7 Repräsentation von Clustern durch Medoide (k=3)

Anders als beim k-means Clustering können Repräsentanten der Cluster nicht berechnet werden, sonden müssen geeignet aus der Datenmenge ausgewählt werden. Die k-medoid-Verfahren implementieren deshalb mehr oder weniger vollständige Suchverfahren, bei denen eine initiale Menge von Medoiden iterativ, durch Austauschen von Medoiden verbessert wird. Eine sehr umfangreiche Suche wird durch den von Kaufman & Rousseeuw 1990 vorgeschlagenen Algorithmus PAM („Partitioning Around Medoids") realisiert.

Algorithmus PAM

```
PAM(Objektmenge D, Integer k, Float dist)
   Wähle das Objekt, für das TD(D) minimal ist, als ersten
      Medoid;
   for i=2 to k do
      wähle als i-ten Mediod das Objekt, welches den Wert für TD
         minimiert;
   TD_Änderung := -∞;
   while TD_Änderung < 0 do
      Berechne für jedes Paar (Medoid M, Nicht-Medoid N) den
         Wert TD_N↔M, d.h. den Wert TD unter der Annahme, daß der
         Medoid M durch den Nicht-Medoid N ersetzt wird;
      Wähle das Paar (M, N), für das TD_Änderung := TD_N↔M - TD
         minimal ist;
      if TD_Änderung < 0 then
         ersetze den Medoid M durch den Nicht-Medoid N;
         Speichere die aktuellen Medoide als die bisher beste
            Partitionierung;
   return Medoide;
```

Zu Beginn wählt der Algorithmus eine initiale Menge von Medoiden aus. Dazu wird als erster Medoid das zentralste Objekt in der gesamten Datenmenge D bestimmt, d.h. das Objekt, welches den Wert $TD(D)$ minimiert. Nun werden nacheinander noch $k-1$ Medoide bestimmt. Dazu wird als nächster Medoid immer dasjenige Objekt o ausgewählt, bei dem der Wert für TD, bezüglich o und den schon vorher ausgewählten Medoiden, minimal ist.

Nach der Initialisierung wird nun der TD-Wert für jede mögliche Vertauschung eines Medoids mit einem anderen Objekt der Datenmenge (bis auf die gerade ausgewählten Medoide) berechnet. Wenn der kleinste der so entstehenden TD-Werte besser ist als der TD-Wert des aktuellen Clustering, dann wird die durch die entsprechende Vertauschung entstehende Menge von Medoiden zum aktuellen Clustering. Diese Schritte werden nun solange iteriert, bis sich der TD-Wert des aktuellen Clustering nicht mehr verbessern läßt.

Eigenschaften des Algorithmus

- Konvergiert gegen ein (möglicherweise nur *lokales*) Minimum.
- Aufwand: $O(n^3 + k(n-k)^2 * \textit{\#Iterationen})$.
- Das Ergebnis und die Laufzeit sind unabhängig von der Reihenfolge, in der die Objekte gespeichert sind.

Der Algorithmus PAM hat eine sehr hohe Laufzeit und ist daher nur für sehr kleine Datenmengen geeignet. Ng & Han schlagen deshalb den Algorithmus CLARANS („Clustering Large Applications based on RANdomized Search") vor, der wesentlich effizienter ist, dafür aber eine weniger gründliche Suche durchführt.

Algorithmus CLARANS

```
CLARANS(Objektmenge D, Integer k, Real dist,
        Integer numlocal, Integer maxneighbor)
   TD_best := ∞;
   for r from 1 to numlocal do
       wähle zufällig k Objekte als Medoide und berechne TD;
       i := 0;
       while i < maxneighbor do
           Wähle zufällig ein Paar (Medoid M, Nicht-Medoid N);
           Berechne TD_Änderung := TD_N↔M − TD, wobei TD_N↔M der TD-
               Wert ist, der sich ergibt, wenn der Medoid M durch den
               Nicht-Medoid N ersetzt wird;
           if TD_Änderung < 0 then
               ersetze den Medoid M durch den Nicht-Medoid N;
               TD := TD_N↔M;
               i := 0;
           else
               i:= i + 1;
       if TD < TD_best then
           TD_best := TD;
           Speichere die aktuellen Medoide als die bisher beste
               Partitionierung;
   return Medoide;
```

Der Algorithmus CLARANS hat gegenüber PAM zwei weitere Parameter: *numlocal* und *maxneighbor*, deren Werte vom Benutzer vorgegeben werden. Zum Ausgleich für eine weniger breite Suche wiederholt CLARANS die Suche nach „optimalen" Medoiden, ausgehend von verschiedenen Anfangskonfigurationen, *numlocal* mal und behält die jeweils beste Lösung. Diese Anfangskonfigurationen, d.h. die initialen Mengen von Medoiden werden, anders als bei PAM, *zufällig* bestimmt.

In der inneren while-Schleife wird dann versucht das aktuelle Clustering durch Vertauschen eines Medoids mit einem Nicht-Medoid zu verbessern. Im Gegensatz zu PAM wird dabei nicht nach dem Paar (Medoid, Nicht-Medoid) gesucht, das die größte Reduzierung von *TD* bewirkt. Stattdessen werden für ein aktuelles Clustering höchstens *maxneighbor* viele von zufällig ausgewählten Paaren (Medoid, Nicht-Medoid) betrachtet, und die erste Ersetzung, die überhaupt eine Reduzierung des *TD*-Wertes bewirkt, wird auch durchgeführt.

Mit der resultierenden, nun „aktuellen" Menge von Medoiden wird dann iterativ genauso verfahren, bis keine weitere Verbesserung des *TD*-Wertes mehr erzielt werden kann.

Eigenschaften des Algorithmus

- Konvergiert gegen ein in der Regel nur *lokales* Minimum.
- Aufwand: O(*numlocal* * *maxneighbor* * #Ersetzungen * *n*).

Leistungsuntersuchung

Abb. 3-8 zeigt einen Leistungsvergleich zwischen CLARANS und PAM aus [Ng & Han 1994]. Für den gezeigten qualitativen Vergleich sind 2-dimensionale, synthetisch erzeugte Datenmengen mit 2000 bzw. 3000 Objekten verwendet worden, welche jeweils 20 zufällig erzeugte, rechteckige Cluster enthalten (für weitere Experimente siehe [Ng & Han 1994]).

Auf der linken Seite der Abbildung ist der relative Unterschied der resultierenden *TD*-Werte von CLARANS und PAM dargestellt, abhängig von der Zahl der von CLARANS maximal betrachteten möglichen Vertauschungen *maxneighbor* (aufgetragen in Prozent der insgesamt möglichen Vertauschungen). Je größer diese Zahl, desto mehr nähert sich die Qualität des Ergebnisses von CLARANS dem von PAM an. Dies ist zu erwarten, da *maxneighbor* die „Breite" der Suche steuert. Bemerkenswert ist allerdings, daß selbst bei Betrachtung von nur einem Prozent aller möglichen Vertauschungen im Algorithmus CLARANS die Abweichung der Qualität (gemessen in TD) gegenüber PAM nur drei bis fünf Prozent beträgt. Bei Betrachtung von zwei Prozent aller möglichen Vertauschungen liegt die Abweichung der TD-Werte dann schon nur noch bei etwa einem Prozent.

Die rechte Seite der Abbildung zeigt die Laufzeit von PAM und CLARANS in Abhängigkeit von der Anzahl der Objekte in der Datenmenge. Das Experiment läßt vermuten, daß die Laufzeit von CLARANS etwa eine Zehnerpotenz besser ist als die Laufzeit von PAM.

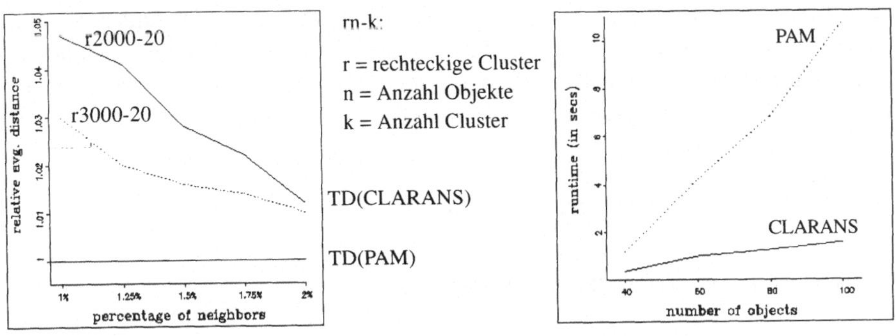

Abb. 3-8 Vergleich von CLARANS mit PAM; links: Qualität; rechts: Laufzeit

Zusammenfassend läßt sich sagen, daß CLARANS gegenüber PAM zu einer drastische Reduktion der Laufzeit bei einem vergleichsweise geringen Verlust an Qualität führt. Allerdings ist die Laufzeit von CLARANS in der Praxis immer noch nahezu quadratisch in der Anzahl der Objekte, wie das Experiment in Abb. 3-9 zeigt.

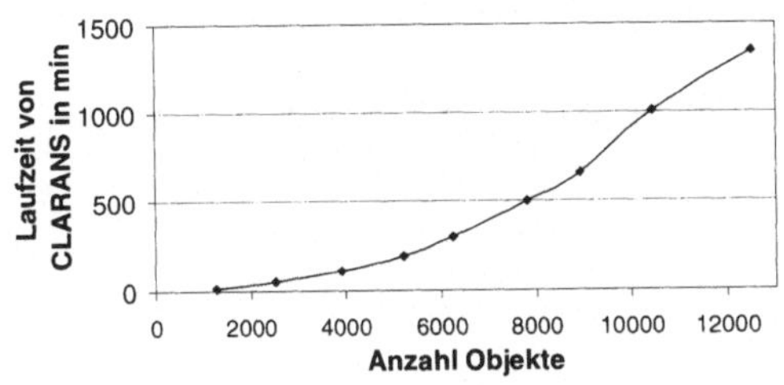

Experiment mit
2-dimensionalen Realdaten.
Laufzeit ist angegeben bzgl.
des „besten" Parameterwerts
für die Anzahl k der Cluster.

Abb. 3-9 Absolute Laufzeit von CLARANS

3.2.3 Erwartungsmaximierung (EM-Algorithmus)

[Dempster, Laird & Rubin 1977]

Voraussetzung

Die zu clusternden Objekte sind Punkte $p=(x^p_1, ..., x^p_d)$ in einem d-dimensionalen euklidischen Vektorraum. Anders als bei den oben beschriebenen Verfahren wird beim Clustering durch Erwartungsmaximierung ein Cluster nicht durch einen repräsentativen Punkt beschrieben, sondern durch eine Wahrscheinlichkeitsverteilung. Typischerweise wird dafür die Gaußverteilung (auch als Normalverteilung bezeichnet) verwendet, da man aus der statistischen Schätztheorie weiß, daß sich jede Verteilung effektiv durch eine Mischung von Gaußverteilungen approximieren läßt (vgl. Abschnitt 2.2.6). Ein Menge von k Clustern wird also durch eine Mischung von

Gaußverteilungen $M = (C_1, ..., C_k)$ aus k Komponenten beschrieben. Anders gesagt, man nimmt an, die Daten seien durch Mischung von k Gaußverteilungen entstanden.

Die d-dimensionalen Gaußverteilungen der einzelnen Cluster C sind dabei jeweils durch folgende Parameter gegeben:

- Mittelwert aller Punkte des Clusters: μ_C

- $d \times d$ Kovarianzmatrix für die Punkte im Cluster C: Σ_C.

Wahrscheinlichkeitsdichte für einen Cluster C

Die Wahrscheinlichkeit, mit der bei einer einzigen gegebenen Gaußverteilung (Normalverteilung) C ein Punkt x in der Datenmenge vorkommt, ist folgendermaßen gegeben (vgl. Abschnitt 2.2.7):

$$P(x|C) = \frac{1}{\sqrt{(2\pi)^d |\Sigma_C|}} e^{\frac{1}{2}(x-\mu_C)^T (\Sigma_C)^{-1}(x-\mu_C)}.$$

Wahrscheinlichkeitsdichte unter Annahme mehrerer Cluster $C_1, ..., C_k$

Der kombinierte Effekt von k Gaußverteilungen $C_1, ..., C_k$ kann dann durch den folgenden Ausdruck berechnet werden:

$$P(x) = \sum_{i=1}^{k} W_i P(x|C_i).$$

Dabei ist W_i der Anteil der Datenmenge, der zum Cluster C_i gehört, und jede der Gaußverteilungen C_i ist durch entsprechende Parameter μ_{C_i} und Σ_{C_i} gegeben.

Intuitiv handelt es sich bei $P(x)$ um die Wahrscheinlichkeit, mit der bei einer gegebenen Mischung von Gaußclusterverteilungen $C_1, ..., C_k$ ein Punkt x in der Datenmenge vorkommt.

Wahrscheinlichkeit für die Clusterzugehörigkeit der Daten

Anders als beim k-means- oder beim k-medoid-Clustering können beim Clustering durch Erwartungsmaximierung Objekte zu mehreren Clustern mit unterschiedlicher Wahrscheinlichkeit gehören. Die Wahrscheinlichkeit, daß ein Objekt zu einem bestimmten Cluster C_i gehört, kann folgendermaßen berechnet werden:

$$P(C_i|x) = W_i \frac{P(x|C_i)}{P(x)}.$$

Maß für die Güte einer Mischung von Gaußverteilungen $M = \{C_1, ..., C_k\}$

$$E(M) = \sum_{x \in D} \log(P(x)) \,.$$

Je größer der Wert E ist, desto wahrscheinlicher sind die gegebenen Daten D, unter der Annahme, daß sie durch Mischung von k Gaußverteilungen entstanden sind.

Beim Clustering durch Erwartungsmaximierung wird daher versucht, die Parameter für k Gaußverteilungen $C_1, ..., C_k$ so zu bestimmen, daß der Wert E maximal wird, d.h. man sucht dasjenige Modell $\{C_1, ..., C_k\}$, mit dem die gegebenen Daten am besten vereinbar sind.

Algorithmus

```
ClusteringDurchErwartungsmaximierung(Punktmenge D, Integer k)
    Erzeuge ein „initiales" Modell M' = (C₁', ..., Cₖ') von
      Gaußverteilungen für D;
    repeat
        // Schritt 1 „Neuzuordnung"
        Berechne die oben definierten Wahrscheinlichkeiten
          P(x|Cᵢ), P(x) und P(Cᵢ|x) für jedes Objekt aus D und jede
          Gaußverteilung/jeden Cluster Cᵢ;
        // Schritt 2 „Neuberechnung der Clusterrepräsentation"
        Berechne ein neues Modell M={C₁, ..., Cₖ} von
          Gaußverteilungen durch Neuberechnung der Parameter Wᵢ,
        μ_Cᵢ, Σ_Cᵢ für jedes i = 1, ..., k;
        M' := M;
    until |E(M) - E(M')| < ε
    return M;
```

Die Parameter W_i, μ_{C_i} und Σ_{C_i} werden dabei folgendermaßen neuberechnet:

$$W_i = \frac{1}{n} \sum_{x \in D} P(C_i|x) \,,$$

$$\mu_i = \frac{\sum_{x \in D} x \cdot P(C_i|x)}{\sum_{x \in D} P(C_i|x)} \,,$$

$$\Sigma_i = \frac{\sum_{x \in D} P(C_i|x)(x - \mu_i)(x - \mu_i)^{\mathrm{T}}}{\sum_{x \in D} P(C_i|x)} \,.$$

Der Algorithmus beginnt mit einem „initialen" Modell $M' = \{C_1', \ldots, C_k'\}$ von k Gaußverteilungen, deren Parameter in der Regel durch eine entsprechende „initiale" Zerlegung der Datenmenge gewonnen werden.

Dann werden auf der Basis dieses Modells in einem ersten Schritt die oben beschriebenen Wahrscheinlichkeiten $P(x \mid C_i)$, $P(x)$ und $P(C_i \mid x)$ für jedes Objekt und jede Verteilung C_i berechnet. In einem zweiten Schritt werden nun mit Hilfe dieser Wahrscheinlichkeiten die Parameter der einzelnen Verteilungen C_i neu berechnet, wodurch man ein verbessertes Modell $M = \{C_1, \ldots, C_k\}$ erhält. Die beiden genannten Schritte werden solange wiederholt, bis sich die Güte der beiden Modelle M' und M nicht mehr stark unterscheidet (höchstens um einen benutzerspezifizierten Wert ε).

Eigenschaften des Algorithmus:

- Konvergiert gegen ein (möglicherweise nur *lokales*) Minimum.
- Anzahl der benötigten Iterationen ist im allgemeinen sehr hoch.
- Aufwand: $O(n * |M| * \#Iterationen)$.
- Ergebnis und Laufzeit hängen stark von der initialen Zuordnung ab.

Bemerkungen:

- Die Tatsache, daß Objekte zu mehreren Clustern gehören können, widerspricht eigentlich der Behauptung, daß partitionierende Clusteringverfahren eine disjunkte Zerlegung der Datenmenge erzeugen. Wegen der großen Ähnlichkeit des algorithmischen Schemas mit dem des Clustering durch Varianzminimierung haben wird dieses Verfahren jedoch in diesem Abschnitt dargestellt.
- Eine *strikte Einteilung* der Daten in k disjunkte Cluster kann man auch für dieses Verfahren leicht am Ende erzeugen, indem man jedes Objekt nur demjenigen Cluster zuordnet, zu dem es am wahrscheinlichsten gehört.
- Die Qualität des Ergebnisses hängt, wie schon beim k-means und k-medoid Clustering, stark von der Initialisierung und der richtigen Wahl des Parameters k ab.

3.2.4 Initialisierung und Wahl des Parameters k für iterativ optimierende Clusteringalgorithmen

Die bisher vorgestellten Algorithmen folgen einem gemeinsamen, sehr allgemeinen Schema:

1. Generiere „irgendwie" (z.B. zufällig) eine initiale Menge von k Clustern (repräsentiert durch Centroide, Medoide bzw. Verteilungen).
2. Solange, bis keine Verbesserung mehr möglich ist: modifiziere iterativ das aktuelle Clustering (durch Zuordnung der Punkte und Neuberechnung der Centroide, durch Austausch von Medoiden durch Nicht-Medoide bzw. durch Neuberechnung der Verteilungsparameter).

Da die vorgestellten Verfahren in den einzelnen Iterationen nur lokal optimieren, sind sie sehr abhängig vom erstem Schritt, d.h. vom initialen Clustering. Es ist daher sinnvoll, sich mit Initialisierung von iterativ optimierenden Clusteringalgorithmen zu beschäftigen.

Ferner ist das Ergebnis aller bisher vorgestellten Verfahren natürlich auch abhängig von der Anzahl der zu findenden Cluster k. Dieser Wert ist ein Eingabeparameter der Verfahren, die für jeden möglichen Wert von k auch ein Ergebnis produzieren. Damit stellt sich dann die Frage, welches k für eine gegebene Datenmenge am besten ist.

Initialisierung von iterativ optimierenden Clusteringalgorithmen

Ein gutes initiales Clustering, das heißt ein Clustering, das die „wahre" Clusterstruktur schon gut approximiert hat, verbessert das Leistungsverhalten eines iterativ optimierenden Clusteringalgorithmus in zweifacher Weise. Im allgemeinen gilt:

- Je besser das initiale Clustering, desto besser ist die Qualität des Endergebnisses des Algorithmus.
- Je besser das initiale Clustering, desto weniger Iterationen benötigt der Algorithmus bis zur Terminierung.

Im folgenden wird eine Heuristik zur Bestimmung eines guten initialen Clustering vorgestellt, die in [Fayyad, Reina & Bradley 1998] am Beispiel des EM-Algorithmus eingeführt wurde. Die Heuristik ist allgemein auf jeden der oben dargestellten iterativ optimierenden Clusteringalgorithmen anwendbar.

Die Heuristik basiert darauf, daß bei wiederholtem Ziehen von Stichproben aus der Datenmenge die Punkte der Stichproben auf natürliche Weise zu den Clusterzentren tendieren. Abb. 3-10 zeigt eine Datenmenge mit drei Gaußclustern im 2-dimensionalen Raum. Auf der linken Seite ist die gesamte Datenmenge dargestellt, auf der rechten Seite eine kleine Stichprobe, die insgesamt das erwartete Verhalten zeigt.

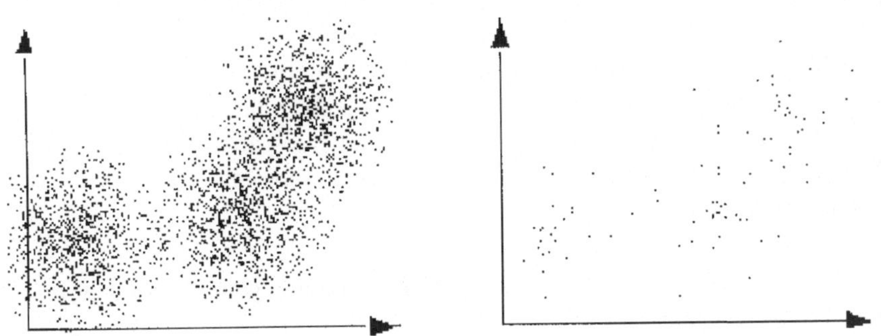

Abb. 3-10 Drei Gaußcluster im 2-dimensionalen Raum: Gesamtmenge und Stichprobe

Diese Beobachtung legt nahe, daß man durch Clustering einer kleinen Stichprobe schon gute initiale Cluster für die Anwendung des Clusteringalgorithmus auf die Gesamtmenge bekommt. Dies wird auf die meisten Stichproben, die man zieht, zutreffen. Allerdings kann es auch einzelne Stichproben geben, die weniger gut sind.

Um dieses Problem einzelner Stichproben zu vermeiden, werden unabhängig voneinander m verschiedene Stichproben gezogen und standardmäßig (ausgehend von einer zufälligen Startkonfiguration) geclustert. Damit erhält man zunächst m verschiedene Schätzungen für k Clusterzentren, von denen die meisten schon recht gute Approximationen der wahren Clusterzentren darstellen.

Ein initiales Clustering für den Algorithmus auf der Gesamtmenge erhält man nun, indem man die $k * m$ Ergebnisse für die Stichproben zusammennimmt und mit jedem Ergebnis einer Stichprobe als Startkonfiguration clustert. Von den entstehenden m Ergebnissen wählt man nun dasjenige als initiale Konfiguration für die Anwendung auf die Gesamtmenge, das den besten Wert bezüglich des zugehörigen Maßes für die Güte eines Clustering hat. Abb. 3-11 veranschaulicht diesen Prozeß.

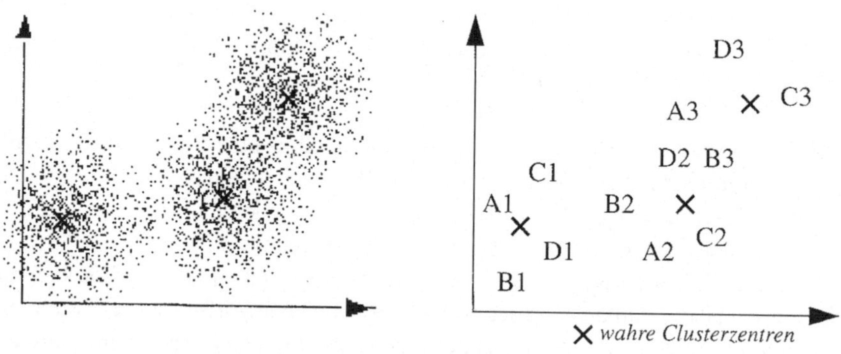

Abb. 3-11 Clusteringergebnisse von 4 verschiedenen Stichproben A, B, C und D für k=3

Wahl des Parameters k für die Anzahl von Clustern

Bei den bisher vorgestellten Verfahren ist der Wert k für die Anzahl der Cluster vom Benutzer vorgegeben. In vielen Anwendungen ist jedoch die „richtige" Anzahl der Cluster unbekannt. Um ein gutes Clustering zu erhalten, ist also eine Methode erforderlich, mit der auch k richtig bestimmt werden kann. Eine oft angewendete Vorgehensweise ist die folgende:

1. Bestimme für $k = 2, \ldots, n\text{-}1$ jeweils eine Partitionierung gemäß dem angewendeten Clusteringverfahren.
2. Wähle danach aus der Menge der Ergebnisse das „beste" Clustering aus.

Dazu benötigen wir allerdings ein Maß für die Güte eines Clusterings, das unabhängig von der Anzahl k der Cluster ist.

Bestimmung des besten k für k-means- und k-medoid-Algorithmen:

Der Wert für die Kompaktheit eines Clusterings, d.h. TD^2 bzw. TD beim k-means respektive beim k-medoid-Clustering, ist zum Vergleich von Clusterergebnissen bezüglich verschiedener Werte von k ungeeignet. Die Werte TD^2 und TD werden zwangsläufig kleiner, je größer der Wert von k ist. Das liegt daran, daß die Abstände von Objekten zu ihren Clusterrepräsentanten um so kleiner werden, je mehr Repräsentanten bestimmt werden.

Ein geeignetes Maß für die k-means- und k-medoid-Verfahren ist der sogenannte *Silhouetten-Koeffizient* eines Clustering [Kaufman & Rousseeuw 1990]. Dazu werden verallgemeinerte Abstände folgendermaßen definiert:

Sei $C_M=\{C_1, ..., C_k\}$ die Menge aller Cluster in einer Menge von Objekten O, $C \in C_M$ und $o \in C$. Dann ist der durchschnittliche Abstand des Objekts o zu einem beliebigen Cluster $C_i \in C_M$ gegeben durch $dist(o, C_i) = \left(\sum_{p \in C_i} dist(o, p) \right) / |C_i|$.

Dann bezeichnet $a(o) = dist(o, C)$ den durchschnittlichen Abstand des Objekts o zu „seinem" Cluster C, und $b(o) = \min_{C_i \in C_M, C_i \neq C} dist(o, C_i)$ bezeichnet den durchschnittlichen Abstand des Objekts o zum „Nachbar-Cluster", das heißt zu dem Cluster, dem o zugeordnet würde, wenn es den Repräsentanten seines Clusters nicht gäbe. Mit diesen beiden Abständen kann die *Silhouette* $s(o)$ eines Objekts $o \in C$ wie folgt definiert werden:

$$s(o) = \begin{cases} 0 & \text{wenn } |C| = 1, \text{ d.h. } a(o) = 0, \\ \dfrac{b(o) - a(o)}{\max\{a(o), b(o)\}} & \text{sonst.} \end{cases}$$

Für die Silhouette eines Objekts o gilt: $-1 \leq s(o) \leq 1$. Sie ist ein Maß dafür, wie gut die Zuordnung des Objekts o zu seinem Cluster C ist. Die Werte $s(o)$ haben dabei folgende Interpretation:

- $s(o) \approx 0$, d.h. $a(o) \approx b(o)$:
  o liegt ungefähr zwischen seinem eigenen und dem Nachbarcluster.

- $s(o) \approx 1$, d.h. $a(o)$ ist wesentlich kleiner als $b(o)$:
  o ist gut klassifiziert.

- $s(o) \approx -1$, d.h. $b(o)$ ist wesentlich kleiner als $a(o)$:
  o ist schlecht klassifiziert.

Je größer der Wert $s(o)$, desto besser ist also die Zuordnung von o zu seinem Cluster.

Der durchschnittliche Wert der Silhouetten $s(o)$ aller Objekte o eines Clusters C kann damit als Maß für die Güte des Clusters aufgefaßt werden. Dieser Durchschnitt

$$s(C) = \left(\sum_{o \in C} s(o) \right) / |C| \text{ für einen Cluster } C \text{ heißt auch } \textit{Silhouettenweite} \text{ von } C.$$

Der *Silhouetten-Koeffizient* eines Clustering C_M ist sozusagen die Silhouettenweite der Gesamtmenge O. Er ist definiert als

$$s(C_M) = \frac{\displaystyle\sum_{C \in C_M} \sum_{p \in C} s(p)}{|O|}.$$

Der Silhouetten-Koeffizient ist ein Maß für die Güte eines Clustering, das unabhängig von der Anzahl k der Cluster ist. Je größer also der Wert $s(C_M)$, desto besser ist das Clustering. Kaufman & Rousseeuw schlagen folgende Interpretation des Silhouetten-Koeffizienten vor:

- $0{,}70 < s(C_M) \leq 1{,}00$: starke Struktur,

- $0{,}50 < s(C_M) \leq 0{,}70$: brauchbare Struktur,

- $0{,}25 < s(C_M) \leq 0{,}50$: schwache Struktur,

- $s(C_M) \leq 0{,}25$: keine Struktur.

Bestimmung des besten k für den EM-Algorithmus:

Bei dem im EM-Algorithmus verwendeten Maß E für die Güte eines Clustering tritt ein ähnlicher Effekt wie für TD^2 und TD auf: Auch der Wert E steigt automatisch mit ansteigendem Wert von k, bis er schließlich sogar bei nicht-invertierbaren Kovarianzmatrizen degeneriert und unendlich groß wird.

Ein einfaches Maß zur Bewertung von Ergebnissen des EM-Algorithmus für verschiedene Werte von k ist das Akaike-Informations-Kriterium [Bozdogan 1983]: $AIC = (E - \text{Anzahl der Parameter})$. Dieses Maß ist für Gaußverteilungen einfach zu berechnen, da nur die Anzahl der verwendeten Verteilungsparameter von dem Wert E eines Clusteringergebnisses abgezogen wird. Um das beste k zu bestimmen, wird auch hier der EM-Algorithmus zunächst mit verschiedenen Werten von k angewendet und anschließend dasjenige Clustering mit maximalem AIC-Wert ausgewählt.

Das Akaike-Informations-Kriterium ist jedoch nur angemessen, wenn die Datenmenge nicht zu klein ist. Es bestraft sozusagen die Verwendung von zuvielen Parameter im Modell.

Bei den Methoden zur Bestimmung des besten k handelt es sich um Heuristiken, die, wie wir im nächsten Abschnitt sehen werden, in verschiedenen Anwendungen mehr oder weniger gut funktionieren.

3.2.5 Probleme mit iterativ optimierenden Verfahren

Die iterativ optimierenden Methoden k-means, k-medoid und EM funktionieren unter Umständen nicht gut, wenn eine oder mehrere der folgenden Gegebenheiten in den Daten vorhanden sind:

1. Cluster sind nicht kugelförmig, sondern haben stark unterschiedliche Ausdehnungen in verschieden Richtungen des Raumes (sie folgen beispielsweise natürlichen Strukturen wie Flußläufen etc.).
2. Cluster haben stark unterschiedliche Größe.
3. Cluster haben stark unterschiedliche Punktdichte.

Mit den Methoden k-means und k-medoid kann auch kein Rauschen erkannt werden, da implizit der gesamte Datenraum durch die repräsentativen Punkte aufgeteilt wird. Beim EM-Algorithmus ist es möglich, Rauschen dadurch zu modellieren, daß man zu dem Modell der Gaußverteilungen etwa noch einen einzelnen Poisson Prozeß hinzunimmt.

Wir beschränken uns hier bei der beispielhaften Darstellung von problematischen Fällen auf die Darstellung von Ergebnissen des k-medoid-Verfahrens CLARANS. Die beobachteten Effekte treten jedoch in gleicher Weise bei Verfahren wie k-means, die Centroide als Clusterrepräsentanten berechnen, auf. Der EM-Algorithmus ist etwas robuster bezüglich unterschiedlicher Punktdichte und Größe der Cluster. Bei stark verzerrten und ausgedehnten Clusterformen kommt es aber auch hier zu Zerlegungen, die einer starken Nachbearbeitung bedürfen, da solche Cluster im allgemeinen mit dem besten k in viele kleine Teile zerlegt werden.

Abb. 3-12 zeigt drei Beispiele von Clusterstrukturen, welche die oben genannten Charakteristika aufweisen. Alle drei Datenmengen enthalten vier Cluster, die jedoch stark in Größe, Form und relativer Lage zueinander variieren. Eingezeichnet ist auch die Partitionierung, die CLARANS mit einem Wert von 4 für den Parameter k generiert. Wie man leicht, erkennt ist nur die Aufteilung im rechten Beispiel einigermaßen akzeptabel.

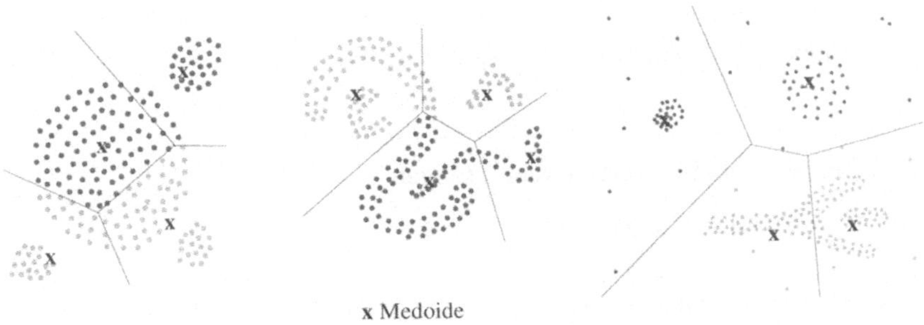

Abb. 3-12 Ergebnisse von CLARANS für k = 4

Bei vergleichsweise sehr großen oder stark ausgedehnten Clustern wird im allgemeinen auch die Heuristik zur Bestimmung des besten Wertes von k durch den Silhouetten-Koeffizienten in die Irre geführt. Große Cluster werden oft in mehrere Teile zerlegt und sehr kleine Cluster zu einem einzigen zusammengefaßt.

Die Abb. 3-13 illustriert diese Effekte an drei weiteren Beispielen. In der oberen Zeile der Abbildung sind die Ergebnisse von CLARANS für einen Wert von k dargestellt, welcher der anschaulichen Anzahl der Cluster entspricht. In der unteren Zeile sind die Ergebnisse bezüglich des k mit dem besten Silhouetten-Koeffizienten abgebildet, für k zwischen 2 und 20. Bei allen Ergebnissen sind auch der Wert TD und der entsprechende Silhouetten-Koeffizient (SC) angegeben. Auffällig ist auch, daß nur bei dem Beispiel in der rechten Spalte die untere Aufteilung als „starke Struktur" im Sinne des Silhouetten-Koeffizienten zu interpretieren ist.

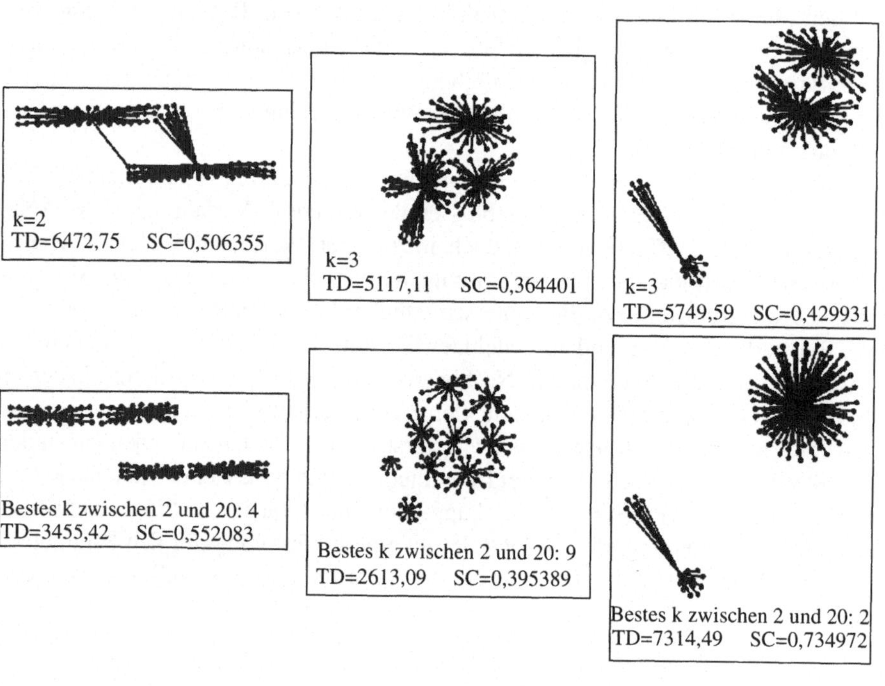

Abb. 3-13 Ergebnisse von CLARANS für verschiedene Werte von k

3.2.6 Cluster als dichte-verbundene Mengen

[Ester, Kriegel, Sander & Xu 1996]

Cluster können auch als Gebiete im d-dimensionalen Raum angesehen werden, in denen die Objekte dicht beieinander liegen, getrennt durch Gebiete, in denen die Objekte weniger dicht liegen. Dichtebasierte Clusteringverfahren versuchen solche dichten Gebiete im Raum zu identifizieren.

Grundidee für einen dichtebasierten Cluster ist, daß die lokale Punktdichte bei jedem Objekt innerhalb des Clusters einen gegebenen Grenzwert überschreitet. Die lokale Punktdichte eines Objekts o ist dabei gegeben durch die Anzahl der Objekte in einer festgelegten Umgebung um das Objekt o. Ferner ist die Menge von Punkten, die den Cluster ausmacht, auch räumlich zusammenhängend.

Diese Grundidee für dichtebasierte Cluster kann formal präzisiert werden. Dazu werden zunächst die Begriffe *Kernpunkt*, *Dichte-Erreichbarkeit* und *Dichte-Verbundenheit* definiert.

Sei im folgenden O wieder eine Menge von Objekten.

Kernobjekte

Ein Objekt $o \in O$ heißt *Kernobjekt*, wenn gilt:

$$|N_\varepsilon(o)| \geq MinPts, \text{ wobei } N_\varepsilon(o) = \{o' \in O \mid dist(o, o') \leq \varepsilon\}.$$

Ein Objekt o ist also Kernobjekt, wenn in seiner ε-Umgebung mindestens *MinPts* viele Objekte liegen. Die Werte ε und *MinPts* sind dabei Parameter, die einen minimalen Dichtegrenzwert spezifizieren.

Wir werden sehen, daß Objekte, die keine Kernobjekte sind, zu einem Cluster gehören können oder auch nicht. Im ersten Fall heißen sie *Randobjekte*, im zweiten Fall gehören sie zum sogenannten *Rauschen*.

Direkte Dichte-Erreichbarkeit

Ein Objekt $p \in O$ ist *direkt dichte-erreichbar* von $q \in O$ bzgl. ε und *MinPts* in O, wenn gilt:

1. $p \in N_\varepsilon(q)$,
2. q ist ein Kernobjekt in O.

Alle Objekte, die in der ε-Umgebung eines Kernobjekts p liegen, sind *direkt* dichte-erreichbar von p. Abb. 3-14 illustriert die Begriffe *Kernobjekt* und *direkte Dichte-Erreichbarkeit* am Beispiel zweidimensionaler Punkte.

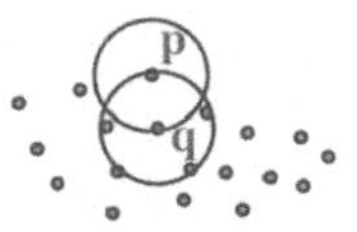

Abb. 3-14 Kernobjekte, Randobjekte und direkte Dichte-Erreichbarkeit

Dichte-Erreichbarkeit

Ein Objekt p ist *dichte-erreichbar* von einem Objekt q bzgl. ε und *MinPts* in der Menge von Objekten O, wenn es eine Folge von Objekten $p_1, ..., p_n$ in O gibt, so daß $p_1 = q$, $p_n = p$ ist, und es gilt: p_{i+1} ist direkt dichte-erreichbar von p_i bzgl. ε und *MinPts* in O für $1 \leq i \leq n$.

Die Relation der Dichte-Erreichbarkeit ist, wie man leicht sieht, die transitive Hülle der *direkten* Dichte-Erreichbarkeit. Ein Objekt p ist dichte-erreichbar von q, wenn es anschaulich gesprochen eine Kette von direkt erreichbaren Objekten zwischen q und p gibt. Alle Objekte in dieser Kette außer eventuell p sind dabei notwendigerweise Kernobjekte. Die linke Seite der Abb. 3-15 veranschaulicht den Begriff der Dichte-Erreichbarkeit.

Ketten von dichte-erreichbaren Objekten sind anschaulich Teile von Clustern, einschließlich der Randpunkte. Um die Zusammengehörigkeit verschiedener solcher Ketten formal zu fassen, benötigt man den Begriff der *Dichte-Verbundenheit*.

Dichte-Verbundenheit

Ein Objekt p ist *dichte-verbunden* mit einem Objekt q bzgl. ε und *MinPts* in einer Menge von Objekten O, wenn es ein $o \in O$ gibt, so daß sowohl p als auch q dichte-erreichbar bzgl. ε und *MinPts* von o sind.

Grob gesagt sind zwei Objekte p und q also dichte-verbunden, wenn sie beide von einem dritten Objekt o aus dichte-erreichbar sind (bezüglich der gleichen Dichteparameter). Man kann auch sagen, daß p und q dann über o dichte-verbunden sind.

Das verbindende Objekt o muß natürlich nicht in jedem Fall verschieden von p oder q sein. Wie man leicht einsieht, gilt beispielsweise auch, daß zwei *direkt* dichte-erreichbare Objekte p und q miteinander dichte-verbunden sind (etwa über q).

Die Dichte-Verbundenheit ist auf der rechten Seite der Abb. 3-15 für zwei Randpunkte eines Clusters dargestellt.

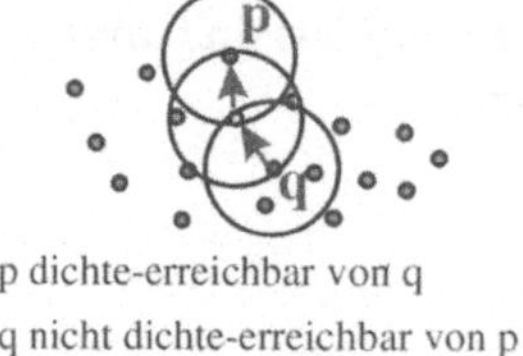

p dichte-erreichbar von q
q nicht dichte-erreichbar von p

p und q dichte-verbunden durch o

Abb. 3-15 Dichte-Erreichbarkeit und Dichte-Verbundenheit

Mit Hilfe der Begriffe *Dichte-Erreichbarkeit* und *Dichte-Verbundenheit* lassen sich einzelne Cluster, ein komplettes Clustering und das Rauschen in den Daten formal definieren.

Dichte-basierte Cluster

Ein *Cluster C* bzgl. ε und *MinPts* in *O* ist eine nicht-leere Teilmenge von *O*, für die die folgenden Bedingungen erfüllt sind:

1. *Maximalität*: $\forall p,q \in O$: wenn $p \in C$ und q dichte-erreichbar von p bzgl. ε und *MinPts* ist, dann ist auch $q \in C$.
2. *Verbundenheit*: $\forall p,q \in C$: p ist dichte-verbunden mit q bzgl. ε und *MinPts in O*.

Vereinfacht gesagt ist ein Cluster *C* eine Menge von Objekten, die alle miteinander *dichte-verbunden* sind, und alle Objekte, die überhaupt von irgendeinem Kernpunkt des Clusters aus *dichte-erreichbar* sind, gehören auch schon zum Cluster.

Für dichte-basierte Cluster gilt eine wichtige Eigenschaft, die einen einfachen Algorithmus zur Bestimmung aller dichte-basierten Cluster in der Menge von Objekten *O* rechtfertigt:

Lemma 1: Sei *C* ein dichte-basierter Cluster bzgl. ε und *MinPts* in *O* und sei $p \in C$ ein Kernobjekt. Dann gilt:

$$C = \{o \in O \mid o \text{ dichte-erreichbar von } p \text{ bzgl. } \varepsilon \text{ und } MinPts\}.$$

Lemma 1 besagt, daß man einen Cluster *C* dadurch finden kann, daß man ausgehend von einem beliebigen Kernobjekt aus *C* alle dichte-erreichbaren Objekte aufsammelt. Die Menge dieser Objekte ist schon gleich dem gesamten Cluster *C*.

Dichte-basiertes Clustering und Rauschen

1. Ein *dichte-basiertes Clustering CL* der Menge *O* bzgl. ε und *MinPts* ist eine Menge von dichte-basierten Clustern bzgl. ε und *MinPts* in *O*, $CL = \{C_1,. . ., C_k\}$, so daß für alle *C* gilt: wenn *C* ein dichte-basierter Cluster bzgl. ε und *MinPts* in *O* ist, dann ist schon $C \in CL$.
2. Sei $CL=\{C_1,. . .,C_k\}$ ein dichte-basiertes Clustering der Menge *O* bzgl. ε und *MinPts*. Dann ist die Menge $Noise_{CL}$ („Rauschen") definiert als die Menge aller Objekte aus *O*, die nicht zu einem der dichte-basierten Cluster C_i gehören, d.h. $Noise_{CL} = O \setminus (C_1 \cup \ldots \cup C_k)$.

Ein dichte-basiertes Clustering *CL* ist die Menge *aller* Cluster bezüglich gegebener Parameter ε und *MinPts* in einer Datenmenge *O*. Die Menge der Objekte aus *O*, die dann zu keinem der Cluster gehören, heißt *Noise* oder *Rauschen* bezüglich *CL*. Dabei handelt es sich um Nicht-Kernpunkte, die auch nicht dichte-erreichbar von irgendeinem anderen Kernpunkt aus sind.

Dichtebasierte Cluster können sich höchstens in Nicht-Kernpunkten überlappen, d.h. Randpunkte können bei größeren *MinPts*-Werten zu mehreren Clustern gehören. Wenn *MinPts* aber kleiner als 4 ist, dann ist ein dichtebasiertes Clustering vollständig überlappungsfrei. Dies ist im folgenden Lemma formalisiert.

Lemma 2: Sei *CL* ein Clustering von *O* bzgl. ε und *MinPts*. Für alle $A, B \in CL$ gilt:

1) Wenn $A \neq B$, dann gilt für alle $p \in A \cap B$, daß $|N_\varepsilon(p)| < MinPts$, d.h. *p* ist kein Kernobjekt.

2) Wenn $MinPts \leq 3$ und $A \neq B$, dann gilt $A \cap B = \varnothing$, d.h. *CL* ist überlappungsfrei.

Algorithmus DBSCAN („Density-Based Clustering of Applications with Noise")

```
DBSCAN(Objektmenge D, Real ε, Integer MinPts)
   // Zu Beginn sind alle Objekte unklassifiziert, d.h.
   // o.ClId = UNKLASSIFIZIERT für alle o ∈ Objektmenge
   ClusterId := nextId(NOISE);
   for i from 1 to |D| do
      Objekt := D.get(i);
      if Objekt.ClId = UNKLASSIFIZIERT then
         if ExpandiereCluster(D, Objekt, ClusterId, ε, MinPts)
            then ClusterId:=nextId(ClusterId);


ExpandiereCluster(Objektmenge D, Objekt StartObjekt,
         Integer ClusterId, Real ε, Integer MinPts): Boolean;
   seeds := Nε(StartObjekt);
   if |seeds| < MinPts then // StartObjekt ist kein Kernobjekt
      StartObjekt.ClId := NOISE;
      return false;
   // sonst: StartObjekt ist ein Kernobjekt
   for each o ∈ seeds do o.ClId := ClusterId;
   entferne StartObjekt aus seeds;
   while seeds ≠ ∅ do
      wähle ein Objekt o aus der Menge seeds;
      Nachbarschaft := Nε(o);
      if |Nachbarschaft| ≥ MinPts then // o ist ein Kernobjekt
         for i from 1 to |Nachbarschaft| do
            p := Nachbarschaft.get(i);
            if p.ClId in {UNKLASSIFIZIERT, NOISE} then
               if p.ClId = UNKLASSIFIZIERT then
                  füge p zur Menge seeds hinzu;
               p.ClId := ClusterId;
      entferne o aus der Menge seeds;
   return true;
```

Der Algorithmus basiert auf dem Lemma 1. Zu Beginn sind alle Objekte unklassifiziert. In der Prozedur DBSCAN wird einfach die Datenmenge linear durchgegangen und ausgehend von jedem noch unklassifizierten Objekts wird dann versucht einen kompletten Cluster zu finden. Dies geschieht durch Aufruf der Funktion *ExpandiereCluster.*

Diese Funktion prüft zunächst, ob das aktuelle Objekt ein Kernobjekt ist. Falls nicht, dann wird dieses Objekt (vorläufig) dem Rauschen zugeordnet und der Wert *false* zurückgegeben.

Im anderen Fall, d.h. wenn das aktuelle Objekt ein Kernobjekt ist, dann kann gemäß Lemma 1 ein neuer Cluster gefunden werden, indem alle von ihm aus dichte-erreichbaren Objekte in der Datenbank gesucht werden.

Alle Objekte in der ε-Umgebung des aktuellen Objekts gehören auf jeden Fall zum Cluster, da sie direkt dichte-erreichbar sind. Die von diesen Objekten wiederum direkt dichte-erreichbaren Objekte gehören auch zum Cluster, da sie transitiv dichte-erreichbar sind.

In der Funktion *ExpandiereCluster* wird also durch iterierte Berechnung der direkten Dichte-Erreichbarkeit der gesamte Cluster zum aktuellen Kernpunkt gefunden. Alle diese Objekte werden mit der gleichen Cluster-Id markiert.

Eigenschaften des Algorithmus

- Berechnet ein dichte-basiertes Clustering *CL* und die Menge *Noise*$_{CL}$ gemäß den Definitionen, bis auf mehrfache Zuordnung von Randpunkten, falls diese zu mehreren Clustern gehören. In diesem Fall wird der Randpunkt dem ersten gefundenen Cluster, zu dem er gehört, zugeordnet.
- Bis auf die Zuordnung von Randpunkten, die zu mehreren Clustern gehören, ist das Ergebnis unabhängig von der Reihenfolge der Daten.
- Aufwand: O(n * Aufwand zur Bestimmung einer ε-Nachbarschaft).

Parameterbestimmung für ε und MinPts

Das Verfahren DBSCAN findet Cluster, deren Dichte größer ist als die durch ε und *MinPts* spezifizierte „Grenzdichte". Werte, die den am wenigsten dichten Cluster in der Datenmenge charakterisieren, sind daher gute Kandidaten für die Parameter ε und *MinPts*. Diese Werte sind jedoch in vielen Anwendungen nicht vorher bekannt und können nur heuristisch bestimmt werden.

Eine solche Heuristik basiert auf dem Diagramm der sortierten *knn*-Distanzen. Dazu wird für ein gegebenes $k \geq 1$ eine Funktion *k-Distanz* definiert, die jedem Objekt die Distanz zu seinem k-nächsten Nachbarn zuordnet. Diese Distanzen werden absteigend sortiert und graphisch angezeigt.

Der entstehende Graph der sortierten k-Distanzen gibt einige Hinweise auf die Dichteverteilung in der Datenmenge. Der Grund dafür ist, daß Objekte in dichten Gebieten kleinere k-Distanzen haben als Objekte in weniger dichten Gebieten, wie die Abb. 3-16 beispielhaft zeigt.

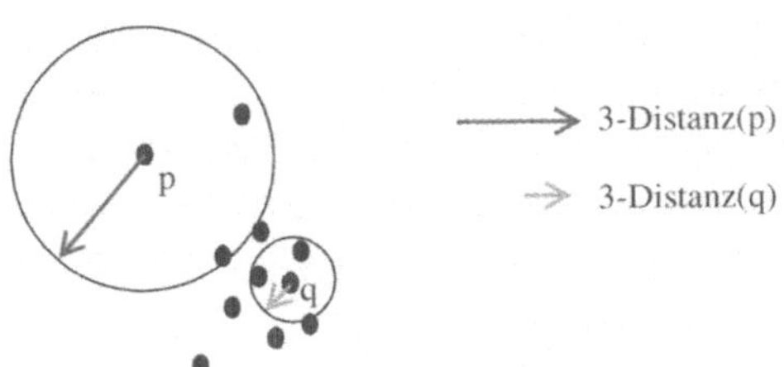

Abb. 3-16 Verschiedene 3-Distanzen für unterschiedlich dichte Gebiete

Die Abb. 3-17 zeigt ein Beispiel eines k-Distanz Diagramms mit $k = 3$ für die abgebildete 2-dimensionale Datenmenge.

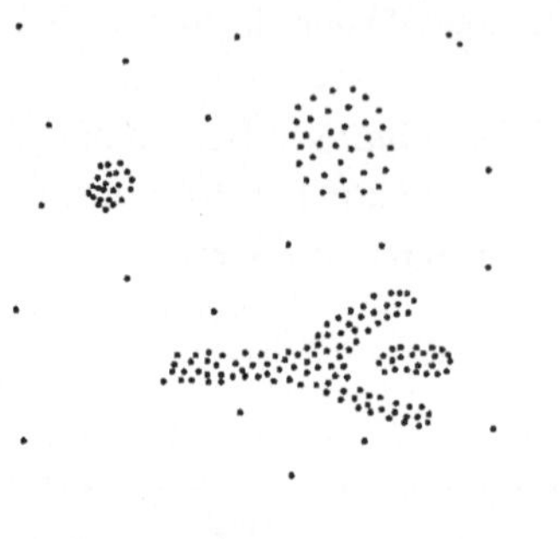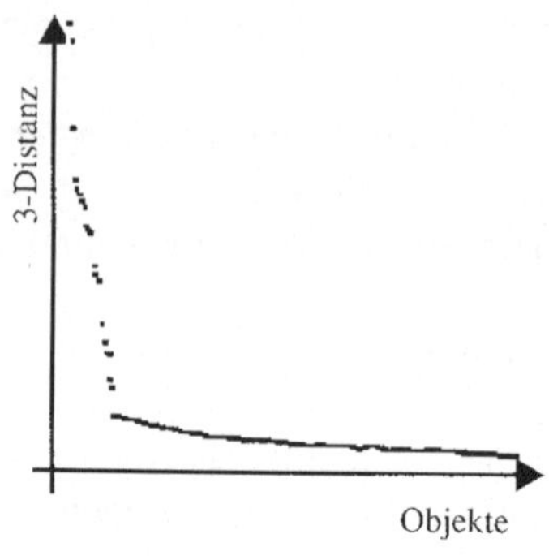

Abb. 3-17 k-Distanz-Diagramm (k = 3) für die dargestellte Punktmenge

Es gilt folgender Zusammenhang zwischen den k-Distanzen und den dichtebasierten Clustern: wenn man ein beliebiges Objekt p aus der Datenmenge auswählt, den Parameter ε gleich k-Distanz(p) und den Parameter *MinPts* gleich $k+1$ setzt, dann werden alle Objekte mit gleicher oder kleinerer k-Distanz zu Kernobjekten.

Wenn man also ein „Grenzobjekt" o mit maximaler k-Distanz im „dünnsten" Cluster finden könnte, so hätte man mit k-Distanz(o) einen geeigneten Wert für den Parameter ε. Die Heuristik muß also die beiden Fragen beantworten:
1. Welchen Wert wählen wir für k?
2. Wie kann man danach ein „Grenzobjekt" im k-Distanz- Diagramm finden?

Diese Fragen sind unabhängig voneinander. Größere Werte für k liefern zwar größere k-Distanzen, allerdings unterscheiden sich die resultierenden k-Distanzen und Diagramme nicht sehr stark im Bereich der sinnvollen Werte von k.

Der Parameters MinPts:

MinPts=1 oder *MinPts*=2 können zum sogenannten „Single-Link-Effekt" führen: Cluster, die durch eine Linie von Punkten verbunden sind, deren Abstand kleiner oder gleich dem Nächsten-Nachbarn-Abstand innerhalb der Cluster ist, werden verschmolzen. Größere Werte für *MinPts* schwächen diesen Effekt ab. Eine Heuristik, die sich experimentell in vielen Anwendungen bewährt hat, ist, den Wert für *MinPts* gleich $(2*d)$ zu setzen, wobei d die Dimension des Datenraums ist.

In Abb. 3-18 sind zwei Clusteringergebnisse für die gleiche Datenmenge dargestellt, um diesen Effekt zu veranschaulichen. Der Parameter ε ist in beiden Fällen der gleiche, aber der Wert für *MinPts* ist links gleich 1 und rechts gleich 4 gesetzt. Man erkennt im Fall *MinPts* = 1 deutlich den Single-Link-Effekt.

Der Parameter ε:

Für ein gegebenes k wäre ein guter Wert für ε die k-Distanz eines Objekts im „dünnsten" Cluster mit einer für diesen Cluster hohen k-Distanz. Dies entspricht anschaulich der geringsten Dichte, bei der man noch einen Cluster annimmt und nicht schon Rauschen.

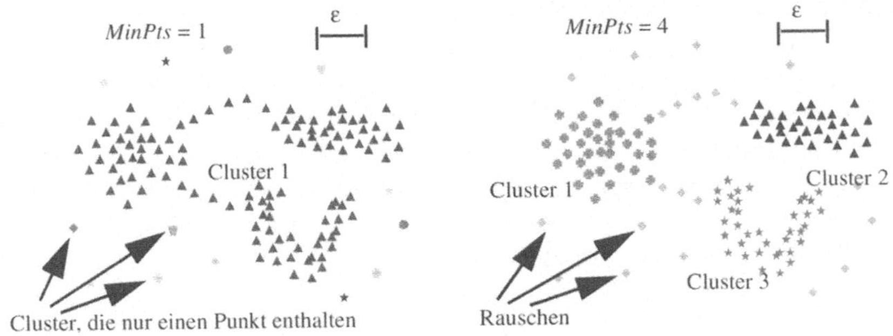

Abb. 3-18 Der Effekt des Parameters MinPts auf das Clusteringergebnis

Eine Heuristik, die besonders geeignet ist, wenn Rauschen und Cluster gut unterscheidbar sind, ist, einen Punkt in der Nähe des ersten „Tals" im Graph der sortierten *knn*-Distanzen auszuwählen. Das erste Tal im *k*-Distanz Diagramm kann allerdings nur schwer automatisch bestimmt werden. Daher muß im allgemeinen ein Grenzobjekt vom Benutzer interaktiv bestimmt werden.

Gewöhnlich genügt es, das *k*-Distanz Diagramm nur für eine kleine Stichprobe der Daten zu erstellen, da dieses meist schon die gleiche Form hat wie das Diagramm für die gesamte Datenmenge. Ferner läßt die Auswahl eines Grenzobjekts einen gewissen Spielraum zu, da es im allgemeinen einen ganzen Bereich von Werten in der Nähe des ersten „Tals" gibt, die zum gleichen Clustering führen.

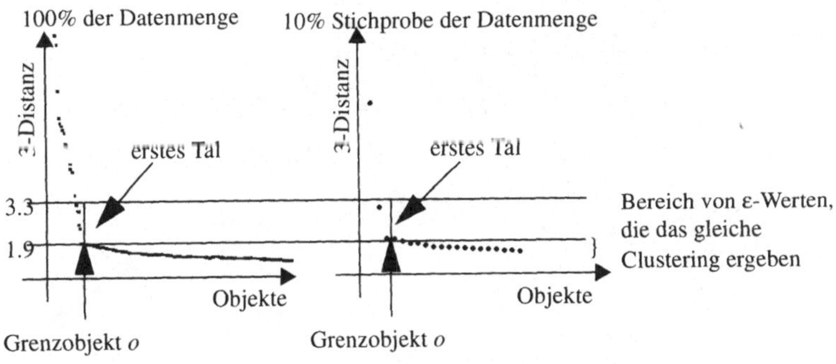

Abb. 3-19 Bestimmung des Parameters ε im k-Distanz Diagramm

Heuristik zur Bestimmung der Parameter:

1. Der Benutzer gibt einen Wert für k vor (Default ist $k = 2*d - 1$), *MinPts* := $k+1$.

2. Das System berechnet das k-Distanz-Diagramm für eine kleine Stichprobe der Datenmenge und zeigt das Diagramm an.

3. Der Benutzer wählt ein Objekt o im k-Distanz-Diagramm als Grenzobjekt aus, ε := k-Distanz(o). (Wenn der Benutzer den Anteil an Rauschen in den Daten schätzen kann, ist es möglich, einen geeigneten ε-Wert automatisch abzuleiten).

Dichte-basiertes Clustering kann zwar — im Gegensatz zu den bisher dargestellten partitionierenden Verfahren — Cluster beliebiger Form finden, und das, ohne die Anzahl der Cluster im Voraus zu kennen. Jedoch gibt es auch hier viele mögliche Charakteristika in den Daten, bei denen ein sinnvolles dichte-basiertes Clustering schwierig oder sogar unmöglich ist. Problematisch sind insbesondere die folgenden Fälle, die auch gemeinsam auftreten können:

- hierarchische Cluster,
- stark unterschiedliche Dichte in verschiedenen Bereichen des Raumes,
- Cluster und Rauschen sind nicht gut getrennt.

Abb. 3-20 zeigt ein Beispiel einer Datenmenge mit all diesen Charakteristika. In einem Fall wie diesem ist es nicht nur „schwierig", die Parameter zu bestimmen, sondern die „richtigen" Parameter existieren gar nicht. Wie der 3-Distanz-Graph zeigt, gibt es auch so etwas wie „das erste Tal" im Graphen gar nicht. Wegen der hierarchischen Struktur der Daten gibt es aber auch keine globalen Dichteparameter, bei denen alle vorhandenen Cluster gefunden werden können. Abhängig davon, welchen Wert man für ε wählt, erhält man unterschiedliche Teilmengen der Cluster als Ergebnis. Verschiedene Werte und die resultierenden Ergebnisse sind in der Graphik durch unterschiedlich beschriftete Pfeile dargestellt. .

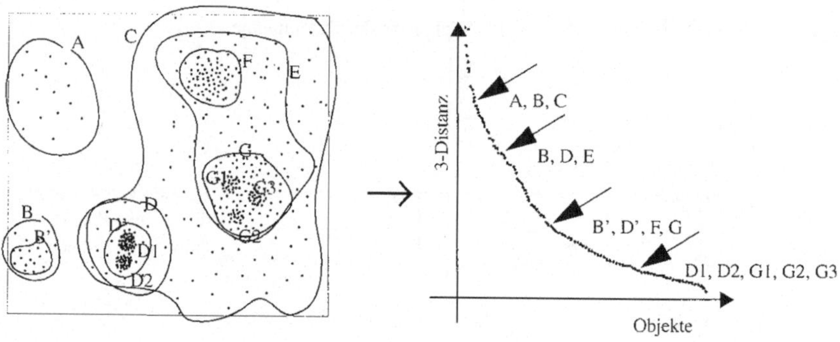

Abb. 3-20 Beispiel für eine „problematische" Datenmenge

3.3 Hierarchische Verfahren

Im Gegensatz zu partitionierenden Verfahren erzeugen hierarchische Clusteringverfahren keine einfache Zerlegung der Datenmenge, sondern eine hierarchische Repräsentation der Daten, aus der man eine Clusterstruktur ableiten kann.

3.3.1 Single-Link und Varianten

[z.B. Jain & Dubes 1988]

Das wohl bekannteste und auch sehr einfache hierarchische Clusteringverfahren ist die sogenannte „Single-Link Methode". Diese Methode benötigt keine Eingabeparameter für die Anzahl der zu findenden Cluster oder für eine Grenzdichte. Allerdings erfordert sie zusätzlich zu den paarweisen Distanzen zwischen Objekten auch eine Distanzfunktion für den Abstand zwischen Mengen von Objekten. Verschiedene Varianten der Single-Link Methode ergeben sich durch unterschiedliche Definition dieser Distanzfunktion auf Mengen von Objekten.

Beispiele von Distanzfunktionen für Mengen von Objekten

Um die Distanz zwischen zwei Mengen von Objekten X und Y zu definieren, betrachtet man üblicherweise die Distanzen zwischen den Objekten aus X und aus Y. Die folgenden drei Alternativen ergeben sich jeweils durch Verwendung der kleinsten vorkommenden Distanz, der größten vorkommenden Distanz und der durchschnittlichen Distanz zwischen Objekten aus X und aus Y.

$$\textit{Single-Link: } \textit{dist-sl}(X, Y) = \min_{x \in X, y \in Y} \textit{dist}(x, y).$$

$$\textit{Complete-Link: } \textit{dist-cl}(X, Y) = \max_{x \in X, y \in Y} \textit{dist}(x, y).$$

$$\textit{Average-Link: } \textit{dist-al}(X, Y) = \frac{1}{|X| \cdot |Y|} \cdot \sum_{x \in X, y \in Y} \textit{dist}(x, y).$$

Repräsentation der Daten durch ein Dendrogramm

Die hierarchische Clusterstruktur der Daten wird durch ein sogenanntes *Dendrogramm* repräsentiert. Das ist ein Baum, der die hierarchische Zerlegung der Datenmenge O in immer kleinere Teilmengen darstellt. Die Wurzel repräsentiert einen einzigen Cluster, der die gesamte Menge O enthält. Die Blätter des Baumes repräsentieren Cluster, in denen sich je ein einzelnes Objekt der Datenmenge befindet. Ein innerer Knoten repräsentiert die Vereinigung all seiner Sohnknoten. Jede Kante zwischen einem Knoten und einem seiner Sohnknoten hat als Attribut noch die Distanz zwischen den beiden repräsentierten Mengen von Objekten.

Üblicherweise wird das Dendrogramm graphisch repräsentiert, wobei die Knoten durch Punkte dargestellt werden, die durch Kanten verbunden sind. Die Länge der Kanten wird dabei proportional zur Distanz zwischen den verbundenen Knoten gewählt. Abb. 3-21 zeigt ein Beispiel für ein Single-Link-Dendrogramm der links davon abgebildeten Punktmenge.

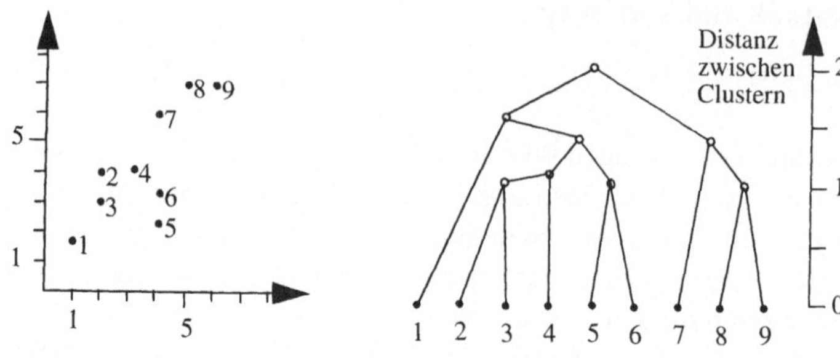

Abb. 3-21 Single-Link-Dendrogramm für die dargestellte Datenmenge

In einer solchen hierarchischen Repräsentation der Datenmenge steht jeder Knoten im Baum für einen möglichen Cluster in O. Für eine konkrete Zerlegung der Datenmenge in einzelne Cluster müssen dann entsprechend Knoten aus dem Dendrogramm ausgewählt werden. Dies geschieht im allgemeinen manuell durch Betrachtung und Analyse des Dendrogramms. Knoten können dabei aus verschiedenen Leveln des Baumes ausgewählt werden. Allerdings kann ein Dendrogramm für sehr große Datenmengen leicht unübersichtlich und schwer zu interpretieren sein.

Eine andere Möglichkeit zur Bestimmung einer konkreten Zerlegung der Datenmenge ist, einfach einen horizontalen Schnitt durch das Dendrogramm festzulegen, etwa dort, wo eine bestimmte Anzahl von Clustern erreicht ist. Ein solcher Schnitt durch ein Single-Link-Dendrogramm bei einem Wert ε entspricht dann genau einem dichte-basierten Clustering bezüglich dieses ε und *MinPts* = 1. Dabei korrespondiert jede geschnittene Kante mit einem dichte-basierten Cluster, der durch den „unteren" Knoten der Kante gegeben ist.

Algorithmus

Es gibt sehr viele verschiedene Algorithmen zur Berechnung eines Dendrogramms. Man unterscheidet Algorithmen, die das Dendrogramm „top down", d.h. von oben nach unten, „bottom up", d.h. unten nach oben, oder aus einem minimalen Spannbaum berechnen.

Informell läßt sich ein Algorithmus, der das Dendrogramm von unten nach oben aufbaut, folgendermaßen angeben:

1. Bestimme die Distanzen zwischen allen Paaren von Objekten.
2. Bilde einen neuen Cluster aus den zwei Objekten oder Clustern, welche die geringste Distanz zueinander haben.
3. Bestimme die Distanz zwischen dem neuen Cluster und allen anderen Objekten und Clustern (alle anderen Distanzen bleiben unverändert).
4. Wiederhole ab Schritt 2, bis sich alle Objekte in einem einzigen Cluster befinden.

Eigenschaften des Algorithmus

- Berechnet das Dendrogramm „bottom-up".

- Aufwand: $O(n^2)$.

- Es kann zum Single-Link-Effekt kommen, d.h. daß zwei Cluster nicht im Dendrogramm erkannt und unterschieden werden können, wenn diese Cluster durch eine „Linie" von Objekten verbunden sind, deren Inter-Objekt-Distanzen ähnlich zu den Distanzen innerhalb der Cluster sind.

3.3.2 Dichte-basiertes hierarchisches Clustering

[Ankerst, Breunig, Kriegel & Sander 1999]

Dichte-basiertes hierarchisches Clustering verbindet die Vorteile einer dichtebasierten Zerlegung mit denen einer hierarchischen Repräsentation der Daten. Grundidee ist, in einem DBSCAN-ähnlichen Durchlauf gleichzeitig das Clustering für verschiedene Dichte-Parameter zu bestimmen. Für die Präsentation des Ergebnisses wird auch kein Dendrogramm, sondern eine auch noch bei sehr großen Datenmengen übersichtliche Darstellung verwendet.

Die Möglichkeit zur Anpassung des DBSCAN-Algorithmus zur Berechnung einer dichtebasierten hierarchischen Clusterstruktur ergibt sich aus der folgenden Tatsache: für einen konstanten *MinPts*-Wert sind dichte-basierte Cluster bzgl. einer höheren Dichte (d.h. mit kleinerem ε-Wert) vollständig in dichte-basierten Clustern bzgl. einer niedrigeren Dichte (d.h. mit größerem ε-Wert) enthalten. Abb. 3-22 illustriert diesen Zusammenhang.

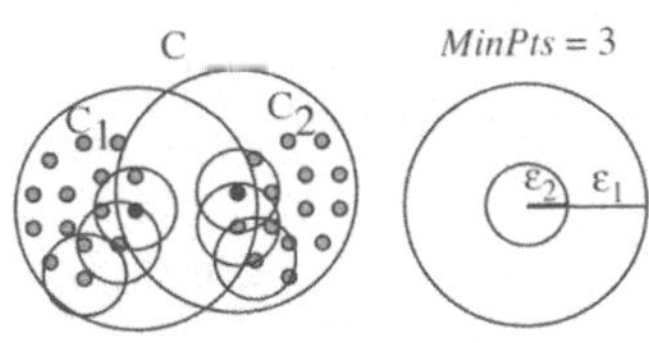

Abb. 3-22 Beziehung zwischen ineinander enthaltenen, unterschiedlich dichten Clustern

Wegen dieser Beziehung der Dichteparameter können dichtere Cluster, die in einem weniger dichten Cluster enthalten sind, in *einem einzigen* DBSCAN-ähnlichen Durchlauf gleichzeitig mit den weniger dichten Clustern gefunden werden, wenn während des Durchlaufs eine bestimmte Reihenfolge eingehalten wird: es muß immer dasjenige Objekt als nächstes aus der „seed"-Menge (in der Funktion *ExpandiereCluster*) gewählt werden, welches bzgl. des kleinsten ε-Wertes dichte-erreichbar ist von einem vorherigen Objekt.

Um den Algorithmus zu formulieren, benötigt man als Grundbegriffe die Kerndistanz eines Objekts und die Dichte-Erreichbarkeitsdistanz (kurz: Erreichbarkeitsdistanz) eines Objekts von einem anderen Objekt aus. Diese Begriffe werden relativ zu einer Distanz ε und einer Mindestanzahl von Objekten *MinPts* definiert. Die Distanz ε steht dabei für die größte Distanz, bis zu der man Umgebungen von Objekten betrachtet, und *MinPts* ist wie beim dichtebasierten Clustering die minimale Anzahl von Objekten, die in der Umgebung eines Objekts liegen müssen, damit dieses Objekt als Kernpunkt angesehen wird.

Sei O im folgenden wieder eine Menge von Objekten, und sei $p, q \in O$.

Kerndistanz eines Objekts

Die *Kerndistanz* eines Objekts p bzgl. ε und *MinPts* ist definiert als:

$$Kerndistanz_{\varepsilon,\, MinPts}(o) = \begin{cases} \text{UNDEFINIERT} & \text{wenn } N_\varepsilon(o) < MinPts, \\ MinPts\text{-Distanz}(o) & \text{sonst.} \end{cases}$$

Anschaulich ist die Kerndistanz eines Objekts p die kleinste Distanz, bei der das Objekt o ein Kernobjekt ist. Das bedeutet, mindestens *MinPts* Punkte liegen in der Umgebung mit Radius $Kerndistanz_{\varepsilon, MinPts}(o)$ um o, und in jedem kleineren Radius liegen noch nicht *MinPts* viele Punkte. Wenn o selbst bei der Distanz ε kein Kernobjekt ist, dann ist die Kerndistanz undefiniert.

Erreichbarkeitsdistanz eines Objekts relativ zu einem anderen Objekt

Die *Erreichbarkeitsdistanz* eines Objekts p bzgl. ε und *MinPts* relativ zu einem Objekt o ist definiert als:

$$Erreichbarkeitsdistanz_{\varepsilon,\, MinPts}(p, o) =$$

$$\begin{cases} \text{UNDEFINIERT} & \text{wenn } N_\varepsilon(o) < MinPts, \\ \max(Kerndistanz(o),\, dist(o, p)) & \text{sonst.} \end{cases}$$

Die *Erreichbarkeitsdistanz* eines Objekts p relativ zu einem Objekt o ist die kleinste Distanz bei der p von o aus *direkt* dichte-erreichbar ist, sofern diese kleiner als ε ist. Damit p von o aus direkt dichte-erreichbar sein kann, muß p in einer Umgebung von o liegen, bei der o ein Kernobjekt ist. Das bedeutet, die Erreichbarkeitsdistanz ist mindestens so groß wie die Kerndistanz von o. Wenn die Distanz zwischen p und o größer als die Kerndistanz von o ist, dann ist die Erreichbarkeitsdistanz von p relativ zu o genau der Radius, der p schon enthält. Auch hier gilt, daß die Erreichbarkeitsdistanz von Objekten relativ zu o undefiniert ist, wenn o selbst bei der Distanz ε kein Kernobjekt ist.

Abb. 3-23 illustriert die Kerndistanz eines Objekts o und zeigt verschiedene Erreichbarkeitsdistanzen von Objekten p und q relativ zu diesem Objekt o.

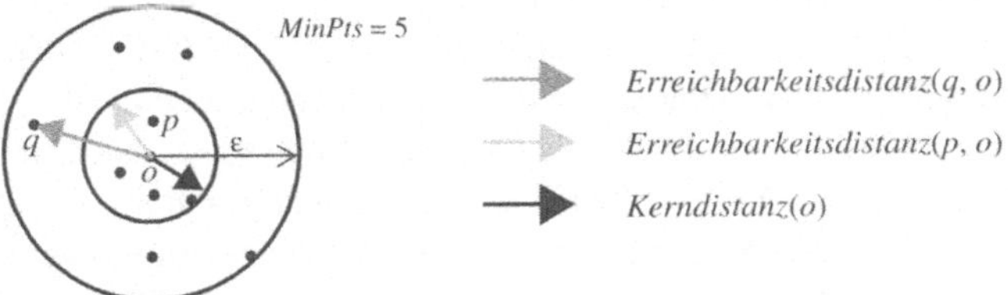

Abb. 3-23 Kern- und Erreichbarkeitsdistanzen

Algorithmus OPTICS

```
OPTICS(Objektmenge D, Real ε, Integer MinPts,
       OutputFile OrderedFile)
  OrderedFile.open();
  for i from 1 to D.size() do
     Object := D.get(i);
     if not Object.Bearbeitet then
        ExpandClusterOrder(D, Objekt, ε, MinPts, OrderedFile);
  OrderedFile.close();

ExpandClusterOrder(Objektmenge D, Objekt O, Real ε,
                   Integer MinPts, OutputFile OrderedFile);
  Nachbarn := D.bestimmeNachbarschaft(O, ε);
  O.Erreichbarkeitsdistanz := UNDEFINIERT;
  O.setzeKerndistanz(Nachbarn, ε, MinPts);
  O.Bearbeitet := TRUE;
  OrderedFile.write(O);
  if O.Kerndistanz ≠ UNDEFINIERT then
     OrderSeeds.update(Nachbarn, O);
     while OrderSeeds ≠ ∅ do
        aktObjekt:= OrderSeeds.next();
        Nachbarn := D.bestimmeNachbarschaft(aktObjekt, ε);
        aktObjekt.setzeKerndistanz(Nachbarn, ε, MinPts);
        aktObjekt.Bearbeitet := TRUE;
        OrderedFile.write(aktObjekt);
        if aktObjekt.Kerndistanz ≠UNDEFINED then
           OrderSeeds.update(Nachbarn, aktObjekt);

OrderSeeds::update(Nachbarn, ZentrumsObjekt);
  c_dist := ZentrumsObjekt.Kerndistanz;
  for each Objekt from Nachbarn do
     if not Objekt.Bearbeitet then
        new_r_dist := max(c_dist,ZentrumsObjekt.dist(Objekt));
        if Objekt.Erreichbarkeitsdistanz = UNDEFINIERT then
           Objekt.Erreichbarkeitsdistanz := new_r_dist;
           insert(Objekt, new_r_dist);
        else // Objekt ist schon in OrderSeeds enthalten
           if new_r_dist < Objekt.Erreichbarkeitsdistanz then
              Objekt.Erreichbarkeitsdistanz := new_r_dist;
              decrease(Objekt, new_r_dist);
```

Die Hauptschleife von *OPTICS* funktioniert ähnlich wie im Algorithmus *DBSCAN*. Die Objekte der Datenmenge werden der Reihe nach durchgegangen und, wenn sie noch nicht bearbeitet wurden, an die Funktion *ExpandClusterOrder* übergeben.

Die Funktion *ExpandClusterOrder* setzt die Erreichbarkeitsdistanz jedes Objekts O, das von der Hauptschleife übergeben wird, auf UNDEFINIERT und bestimmt seine Kerndistanz. Das Objekt O wird anschließend einfach in die Ausgabedatei geschrieben. Beim ersten Objekt, das überhaupt betrachtet wird, ist die Erreichbarkeitsdistanz gleich UNDEFINIERT, weil es noch kein anderes Objekt in der Reihenfolge gibt, relativ zu dem die Erreichbarkeitsdistanz bestimmt werden könnte. Wenn ein weiteres Objekt aus der Hauptschleife übergeben wird, dann bedeutet dies, daß dieses Objekt nicht innerhalb von *ExpandClusterOrder* mit iterativen ε-Nachbarschaftsanfragen erreicht werden konnte und damit auch nicht (von den betrachteten Objekten aus) direkt dichte-erreichbar beim Radius ε ist. Anschaulich heißt das, daß man von den bisher betrachteten Objekten aus zum Objekt O einen „Sprung" machen muß, der größer als ε ist.

Nachdem in der Funktion *ExpandClusterOrder* ein solches „Startobjekt" O in die Ausgabedatei geschrieben wurde, wird geprüft, ob O ein Kernobjekt bezüglich eines Radius kleiner gleich ε ist (Kerndistanz $\neq$ UNDEFINIERT). Falls ja, dann werden die Nachbarn von O im ε-Radius um O bestimmt und in die Liste *OrderSeeds*, sortiert nach der Erreichbarkeitsdistanz relativ zu O, eingefügt.

In der while-Schleife wird nun iterativ immer das erste Objekt *aktObjet* aus der Liste *OrderSeeds* herausgenommen. Dann wird seine Nachbarschaft und seine Kerndistanz bestimmt. Zum Abschluß wird das Objekt als bearbeitet markiert und mit der aktuellen Erreichbarkeitsdistanz sowie seiner Kerndistanz in die Ausgabedatei geschrieben. Wenn auch *aktObjekt* ein Kernobjekt bezüglich einer Distanz kleiner oder gleich ε ist, dann werden auch seine Nachbarn in die Liste *OrderSeeds* einsortiert. Wenn sie noch nicht in *OrderSeeds* enthalten sind, werden sie mit der Erreichbarkeitsdistanz relativ zu *aktObjekt* an die richtige Stelle eingefügt. Wenn sie schon mit einer Erreichbarkeitsdistanz relativ zu einem anderen Objekt enthalten sind, und die neue Erreichbarkeitsdistanz relativ zu *aktObjekt* kleiner als diese ist, dann werden sie in der Liste entsprechend weiter nach vorne geschoben.

Dieses Einsortieren wird von der Methode *OrderSeeds.update*() durchgeführt. Dadurch sind die Objekte in der Liste *OrderSeeds* zu jedem Zeitpunkt sortiert nach der kleinsten Erreichbarkeitsdistanz, die diese Objekte relativ zu einem Objekt haben, das vorher im Algorithmus schon betrachtet wurde. Der Algorithmus wählt somit immer dasjenige Objekt als nächstes aus, das augenblicklich mit der kleinsten Distanz direkt dichte-erreichbar von einem vorher betrachteten Objekt aus ist.

Eigenschaften des Algorithmus

- Ergebnis des Algorithmus ist eine *Reihenfolge* der Daten, genannt eine *Cluster-Ordnung*, mit den folgenden zusätzlichen Informationen zu jedem Objekt o:
  - $c\_dist :=$ Kerndistanz(o),
  - $r\_dist :=$ die kleinste Erreichbarkeitsdistanz(o, p) von o relativ zu einem Objekt p, das vor o in der Cluster-Ordnung vorkommt.
- Es gilt folgendes Theorem: Wenn ε und *MinPts* die Parameterwerte für OPTICS sind, dann ist jeder dichte-basierte Cluster bzgl. Werten ε' und *MinPts* mit $\varepsilon' \leq \varepsilon$

eine zusammenhängende Teilfolge in der Cluster-Ordnung (bis auf eventuell wenige Randpunkte, für *MinPts* ≥ 4).

- Aufwand: O(n * Aufwand zur Bestimmung einer ε-Nachbarschaft).

Abb. 3-24 illustriert die vom Algorithmus OPTICS erstellte Clusterordnung anhand eines 2-dimensionalen Beispiels. Dazu sind für die einzelnen Objekte in der Reihenfolge der Clusterordnung die Kerndistanz (als dunkler Balken) und die Erreichbarkeitsdistanz (als heller Balken) in einem Diagramm nebeneinander eingezeichnet.

Dichtere Gebiete sind leicht durch kürzere Balken, das heißt durch kleinere Werte für die Kern- und Erreichbarkeitsdistanzen zu erkennen. Größere Sprünge in der Clusterordnung von einem Cluster zum nächsten, erkennt man daran, daß der erste Punkt des zweiten Clusters, da er schon zu einem dichteren Gebiet gehört, eine kleine Kerndistanz, aber, da er von einem entfernt liegenden Punkt in der Clusterordnung erreicht wurde, eine hohe Erreichbarkeitsdistanz (Beispiele in der Abbildung sind hierfür etwa der Punkt 3 oder auch der Punkt 18). Diese Beziehung ist wichtig, wenn man dichtebasierte Zerlegungen der Datenmenge bzgl. Werten ε' und *MinPts* mit ε' $\leq$ ε aus der Clusterordnung extrahierten möchte. Für eine direkte visuelle Analyse der Clusterstruktur genügt es, sich das Diagramm der Erreichbarkeitsdistanzen zu betrachten.

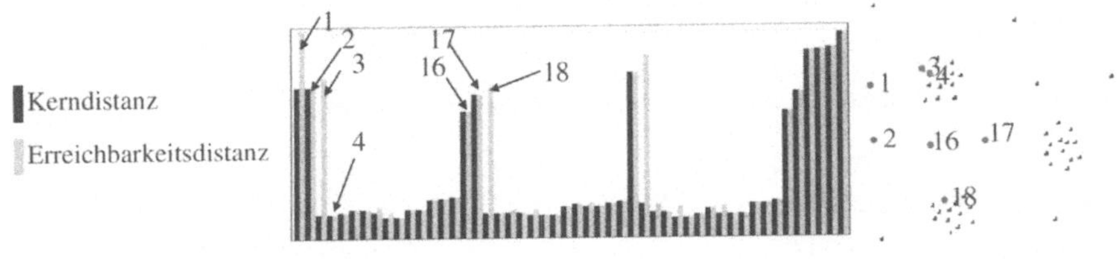

Abb. 3-24 Kern- und Erreichbarkeitsdistanzen im sortierten Ergebnis des OPTICS-Algorithmus

Das Erreichbarkeits-Diagramm

Ein *Erreichbarkeitsdiagramm* zeigt die abgespeicherten *r_dist*-Werte der Objekte als senkrechte, nebeneinanderliegende Balken an. Die Reihenfolge, in der die Werte eingetragen sind, entspricht der Cluster-Ordnung der Objekte. Daraus ergibt sich eine Darstellung des Clustering-Ergebnisses, in dem Cluster, d.h. dichtere Gebiete, als „Vertiefungen" im Diagramm erkennbar sind.

Abb. 3-25 zeigt drei Beispiele von Erreichbarkeitsdiagrammen für zwei synthetische 2-dimensionale Datenmengen und einen Ausschnitt für eine reale Datenmenge, bei der 100.000 256-dimensionale Feature-Vektoren (Farbhistogramme von Fernsehbildern) geclustert wurden. Die erste synthetische Datenmenge besteht aus drei etwa gleich großen Gauß-Clustern, die zweite synthetische Datenmenge zeigt eine komplexere hierarchische Clusterstruktur, wie sie bei realen Daten häufig vorkommt. Eine solche hierarchische Struktur zeigt auch das dargestellte Ergebnis für die Farbhistogramme. Die letzten beiden Strukturen können daher mit einem partitionierenden Verfahren auch nicht in dieser Form entdeckt werden.

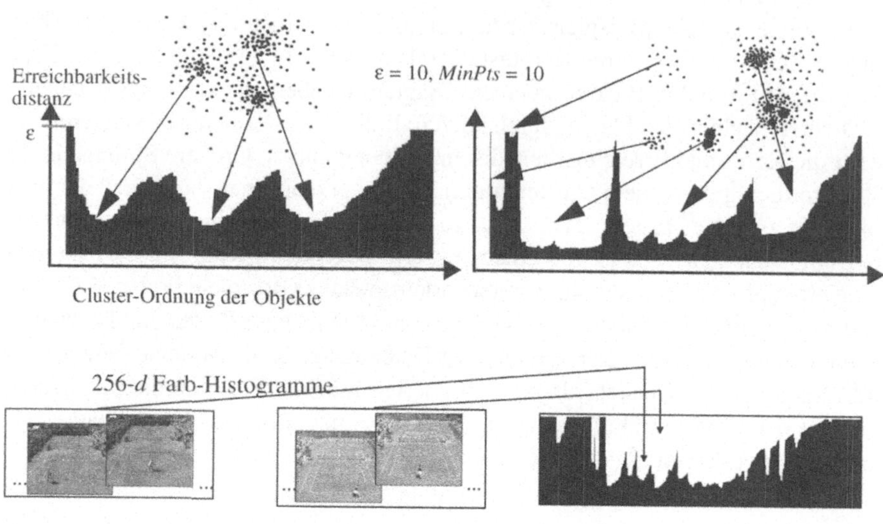

Abb. 3-25 Erreichbarkeitsdiagramme für verschiedene Datenmengen

Bedeutung der Parameter ε und MinPts

Anders als das dichtebasierte Verfahren DBSCAN ist OPTICS sehr unempfindlich gegenüber den Parametereinstellungen. Gute Ergebnisse erzielt man, wenn die Werte nur „groß genug" sind, was durch einfache Heuristiken erreicht werden kann:

- Zu kleine Werte für ε führen dazu, daß zu viele Erreichbarkeitsdistanzen den Wert UNDEFINIERT haben. In der Darstellung sieht das dann so aus, als ob das Diagramm oben „abgeschnitten" wurde. Ein guter Wert für den Parameter ε kann auf folgende Weisen bestimmt werden:
  - entweder durch Bestimmung der größten *MinPts*-Distanz einer Stichprobe der Datenmenge
  - oder durch Berechnung der durchschnittlichen *MinPts*-Nächsten-Nachbarn-Distanz unter der Annahme einer Gleichverteilung der Daten.
- Zu niedrige Werte für *MinPts* lassen das Erreichbarkeitsdiagramm sehr „zerfranst" aussehen, was die Bestimmung von Clustern erschweren kann. Außerdem werden durch größere Werte für *MinPts* „Single-Link"- bis „*MinPts*-Link"-Effekte vermieden. Gute Ergebnisse erzielt man bei vielen Anwendungen mit Werten für *MinPts* zwischen 10 und 50.

Eine Vereinfachung gegenüber der Parameterbestimmung für dichte-basierte Partitionierungen ist, daß man an der Darstellung des Ergebnisses erkennt, ob die Parameterwerte schlecht gewählt wurden. Dann genügt in der Regel ein weiterer Durchlauf mit größeren Werten, um ein besseres Ergebnis zu erzielen.

Abb. 3-26 zeigt diesen Einfluß der Parameter auf das Erreichbarkeitsdiagramm anhand eines Beispiels. Das linke Diagramm zeigt das Ergebnis des Algorithmus für eine günstige Wahl der Parameter ε und *MinPts*. Beim mittleren Diagramm ist der Wert ε ein wenig zu klein, da man nicht mehr erkennt, ob in den abgeschnitten Bereichen noch Cluster zu finden sind. Das rechte Diagramm zeigt das Ergebnis für *MinPts* = 2, dem kleinsten überhaupt sinnvollen Wert. Die Clusterstruktur der Daten ist für die dargestellte Punktmenge auch hier noch gut zu erkennen, aber insgesamt wirkt das Diagramm weniger „glatt".

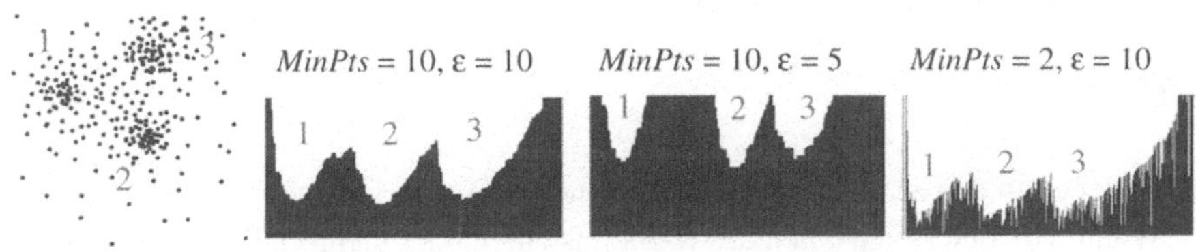

Abb. 3-26 Einfluß der Parameter MinPts und ε auf das Erreichbarkeitsdiagramm

3.4 Datenbanktechniken zur Leistungssteigerung

Einen umfassenderen Überblick findet man in [Ester, Kriegel, Sander & Xu 1998].

Ziel: Skalierbarkeit von Clustering-Anwendungen

Das Ziel der in diesem Abschnitt vorgestellten Techniken ist hauptsächlich die Beschleunigung von Clustering-Verfahren und damit die Verbesserung der *Skalierbarkeit* von Clustering-Anwendungen: Die Clusteringverfahren sollen mit Hilfe der KDD-Techniken auf sehr viel größere Datenmengen anwendbar werden, als dies ohne diese Techniken möglich ist.

Idee: Verwendung von räumlichen Indexstrukturen oder verwandten Techniken

Das Grundprinzip zur Beschleunigung eines Clusteringverfahrens ist die Verwendung von räumlichen Indexstrukturen oder speziell entwickelten Datenstrukturen, die räumlichen Indexstrukturen sehr ähnlich sind. Dem liegen die folgenden Eigenschaften von räumlichen Indexstrukturen (vgl. Abschnitt 2.1.7) zugrunde, die man zur Beschleunigung von Clustering-Verfahren ausnutzen kann:

- Indexstrukturen können als sehr einfache Clustering-Verfahren aufgefaßt werden, da sie versuchen die Objekte der Datenbank so auf Datenseiten zu verteilen, daß ähnliche, d.h. räumlich benachbarte Objekte möglichst auf der gleichen Seite abgespeichert werden.

- Indexstrukturen liefern ein grobes Vor-Clustering sehr schnell, da sie in der Regel nur einfache Heuristiken zum Clustering verwenden, um die Aufbauzeit für den Index möglichst klein zu halten.

- Das grobe Vor-Clustering der Daten in räumlichen Indexstrukturen ermöglicht schnelle Zugriffsmethoden für verschiedene Ähnlichkeitsanfragen wie Bereichsanfragen und k-Nächste-Nachbarn-Anfragen (vgl. Abschnitt 2.1.7).

3.4.1 Indexbasiertes Sampling

[Ester, Kriegel & Xu 1995a, 1995b]

Verfahren

1. Erstelle mit den zu clusternden Daten einen R-Baum, falls noch nicht vorhanden.
2. Wähle von den Datenseiten des R-Baums einen oder mehrere Repräsentanten.
3. Wende das Clustering-Verfahren nur auf diese Repräsentantenmenge an.

Abb. 3-27 Datenseitenstruktur eines R-Baums*

Abb. 3-27 zeigt die Datenseitenstruktur eines R*-Baums (das ist eine bestimmte Variante eines R-Baums) für die dargestellte Punktmenge. Alle Datenseiten eines R-Baum können die gleiche Anzahl von Punkten aufnehmen. Das hat zur Folge, daß in weniger dichten Gebieten des Datenraums die Datenseiten größer sind als in dichteren Gebieten. Dadurch ergeben die repräsentativen Objekte von den Datenseiten eines R-Baums im allgemeinen eine sehr gut verteilte Stichprobe der Daten. Wenn man ein Clusteringverfahren nur auf eine kleine Stichprobe der Daten anwendet, dann müssen die folgenden zwei Fragen in Abhängigkeit vom Typ des Clusteringverfahrens beantwortet werden:

1. Wie erhält man aus dem Clustering einer Stichprobe ein Clustering der Gesamtmenge?
2. Wieviele Objekte sollen von jeder Datenseite ausgewählt werden?

Bei k-means- und k-medoid-Verfahren können die Repräsentanten der Cluster (Centroide, Medoide) für die gesamte Datenmenge übernommen werden. Bei dichtebasierten Verfahren muß zuerst eine Repräsentation der Cluster gebildet werden (z.B. minimal-umgebende Hyperrechtecke oder repräsentative Punkte). Danach werden die Objekte dem „besten" der gefundenen Cluster zugewiesen (z.B. dem nächstliegenden). Bei hierarchischen Verfahren ist die Generierung einer hierarchischen Repräsentation (Dendrogramm oder Erreichbarkeit-Diagramm) für die gesamte Datenmenge problematisch.

Im allgemeinen hängt die Anzahl der Objekte, die von einer Datenseite ausgewählt werden sollen, vom verwendeten Clusteringverfahren ab. Experimente zeigen, daß beispielsweise für das k-medoid-Verfahren CLARANS ein Objekt pro Datenseite einen guten Kompromiß zwischen der Qualität des Clustering und der Laufzeit darstellt (siehe Abb. 3-28). Die Heuristik für die Bestimmung dieses einen Repräsentanten ist, das „zentralste" Objekt auf der Datenseite zu wählen.

Leistungsuntersuchung in Kombination mit CLARANS

Abb. 3-28 zeigt den Zusammenhang zwischen der Anzahl der Repräsentanten und der Performanz von CLARANS in einer experimentellen Untersuchung. In der linken Graphik ist die Qualität in Abhängigkeit von der Anzahl der gewählten Repräsentanten eingetragen, in der rechten Graphik die zugehörige Laufzeit.

Man erkennt deutlich, daß die Laufzeit von CLARANS ungefähr quadratisch mit der Anzahl der gewählten Objekte ansteigt, aber die Qualität (der Wert TD) des Ergebnisses nur beim Übergang von 513 zu 1024 Repräsentanten eine merkliche Veränderung zeigt. Bei einer Anzahl von Repräsentanten, die kleiner als 1024 ist, werden noch weniger als ein Objekt pro Datenseite des R-Baums ausgewählt, bei 1024 ist es genau ein Objekt pro Datenseite, und wenn diese Anzahl verdoppelt oder sogar vervierfacht wird, verbessert dies kaum noch die Qualität des Ergebnisses.

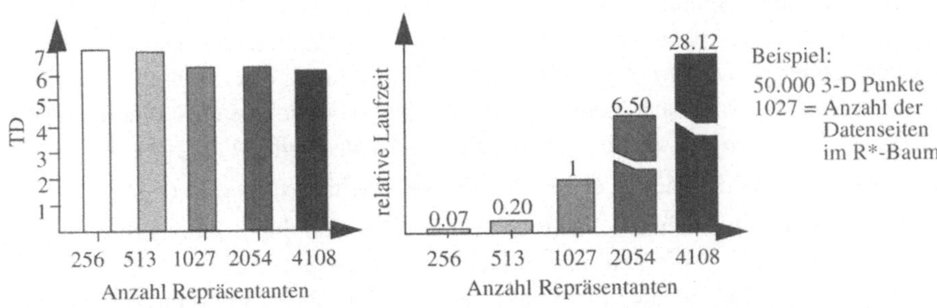

Abb. 3-28 Qualität und Laufzeit bei Clustering von Repräsentanten mit CLARANS

Abb. 3-29 zeigt den experimentellen Vergleich des Ergebnisses von CLARANS für eine R-Baum-Stichprobe (mit anschließender Übernahme der Medoide auf die Gesamtmenge) mit dem Ergebnis auf der Gesamtmenge. Die Laufzeiten in der rechten Graphik sind normiert auf die Laufzeit von CLARANS mit der Stichprobe der Daten. Je nach Einstellung des Parameters *maxneighbor* von CLARANS, ist die Verwendung einer Stichprobe zwischen 48- und 158mal schneller als das Clustering der Gesamtdatenmenge. Gleichzeitig hat man aber nur einen sehr kleinen Verlust an Qualität des Clustering (1,5% - 3,2%), verglichen mit dem Clustering auf der Gesamtmenge der Daten.

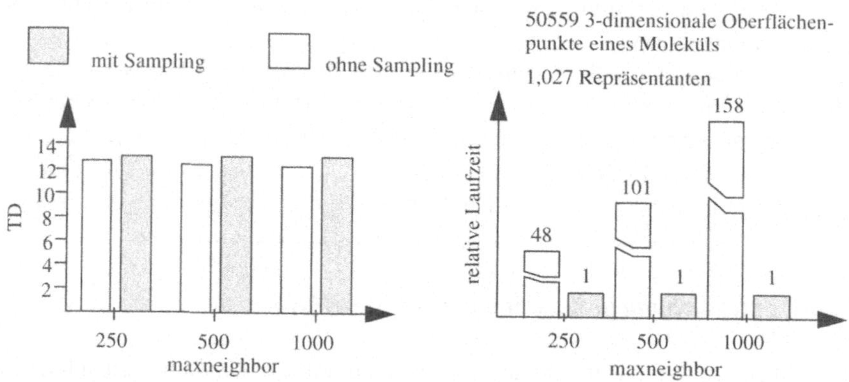

Abb. 3-29 Anwendung der Stichprobentechnik auf CLARANS

3.4.2 Indexunterstützte, raumbezogene Anfragen in Clusteringalgorithmen

Nächste-Nachbarn-Anfragen für Single Link Clustering

Der in Kapitel 3.3.1 auf Seite 77 angegebene Single-Link-Algorithmus verschmilzt in jedem Schritt jeweils die beiden Cluster, die zueinander den geringsten Abstand haben. Es gibt jedoch auch andere Algorithmen, die die Single-Link-Hierarchie aus einem minimalen Spannbaum der Datenmenge erzeugen (siehe z.B. [Rohlf 1973]). Ein minimaler Spannbaum kann wiederum aus sogenannten „Nächsten-Nachbarn-Ketten" generiert werden (siehe [Murtagh 1983] für einen Überblick).

Eine Nächste-Nachbarn-Kette in einer Menge von Objekten O ist eine Folge von Objekten $NNL = (o_1, ..., o_m)$ bei der für alle $1 \le i \le m-1$ gilt: (1) o_{i+1} ist der nächste Nachbar von o_i in der Menge O, (2) der nächste Nachbar von o_m in O ist o_{m-1}.

Das Finden von Nächsten-Nachbarn-Ketten läßt sich durch Indexstrukturen, die Nächste-Nachbarn Anfragen unterstützen, stark beschleunigen. Mit Hilfe von baumbasierten räumlichen Indexstrukturen wie dem R-Baum kann, zumindest in niedrig-dimensionalen Räumen, eine Nächste-Nachbarn-Anfrage in logarithmischer Laufzeit beantwortet werden.

Sowohl für den Algorithmus DBSCAN als auch für den Algorithmus OPTICS wird die ε-Nachbarschaft jedes Objekts o in der Datenmenge berechnet. Wir haben bisher nicht näher spezifiziert, wie diese ε-Nachbarschaft bestimmt wird. Einfachste Möglichkeit ist, für jedes Objekt p einzeln die Bedingung $dist(p, o) \leq \varepsilon$ zu prüfen. Bereichsanfragen mit einem Zentrum o und einem Radius ε werden allerdings auch durch räumliche Indexstrukturen wie den R*-Baum unterstützt. Zumindest in niedrig-dimensionalen Räumen kann auch eine solche Bereichsanfrage in logarithmischer Laufzeit beantwortet werden (vgl. Abschnitt 2.1.7). Hat man direkten Zugriff auf die ε-Nachbarschaft der Objekte, wie etwa beim Gridfile, so ist der Zugriff auf die Nachbarschaft sogar in konstanter Zeit möglich. Insgesamt ergeben sich dadurch die folgenden Laufzeitkomplexitäten für die Algorithmen DBSCAN und OPTICS:

Laufzeitkomplexität	- einer einzelnen Bereichsanfrage	- DBSCAN- / OPTICS- Algorithmus
ohne Index	$O(n)$	$O(n^2)$
mit räumlichem Index	$O(\log n)$	$O(n * \log n)$
mit direktem Zugriff	$O(1)$	$O(n)$

Abb. 3-30 zeigt die Laufzeit von DBSCAN mit Anfrageunterstützung durch einen R*-Baum für verschieden große, 2-dimensionale Datenmengen. Zum Vergleich sind auch die Laufzeiten von CLARANS, soweit möglich, angegeben.

	Laufzeit in sec.	
Anzahl Punkte	DBSCAN	CLARANS
1252	3	758
2503	7	3026
3910	11	6845
5213	16	11745
6256	18	18029
7820	25	29826
8937	28	39265
10426	33	60540
12512	42	80638
62584	233	nicht mehr gemessen

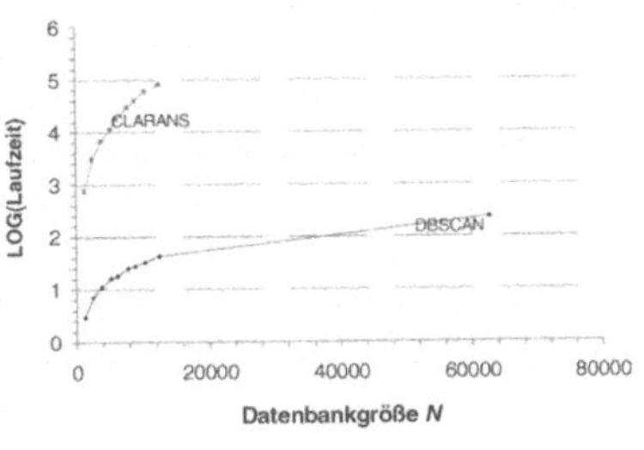

Abb. 3-30 Laufzeit von DBSCAN mit Anfrageunterstützung durch einen R-Baum*

3.4. Datenbanktechniken zur Leistungssteigerung ▪

Bereichsanfragen für k-medoid Clustering (CLARANS)

[Ester, Kriegel & Xu 1995a]

In k-medoid-Verfahren wird typischerweise versucht, das Clustering durch Austausch eines Medoids x_{alt} gegen einen Nicht-Medoid x_{neu} zu verbessern. Diese Operation wird zum einem sehr oft ausgeführt und ist zum anderen sehr zeitaufwendig.

Üblicherweise wird die Änderung des TD-Wertes dadurch berechnet, daß die Zuordnung aller Objekte zu „ihrem" Medoid neu betrachtet wird und die Distanzen aufsummiert werden. Allerdings trägt nicht jedes Objekt zu einer Änderung des TD-Wertes bei. Abb. 3-31 zeigt die verschiedenen Fälle, die für ein Objekt o unterschieden werden können, wenn ein Medoid x_{alt} gegen einen Nicht-Medoid x_{neu} ausgetauscht wird. Für ein beliebiges Objekt o kann man die folgenden Fälle unterscheiden, wenn ein Medoid x_{alt} gegen einen Nicht-Medoid x_{neu} ausgetauscht wird:

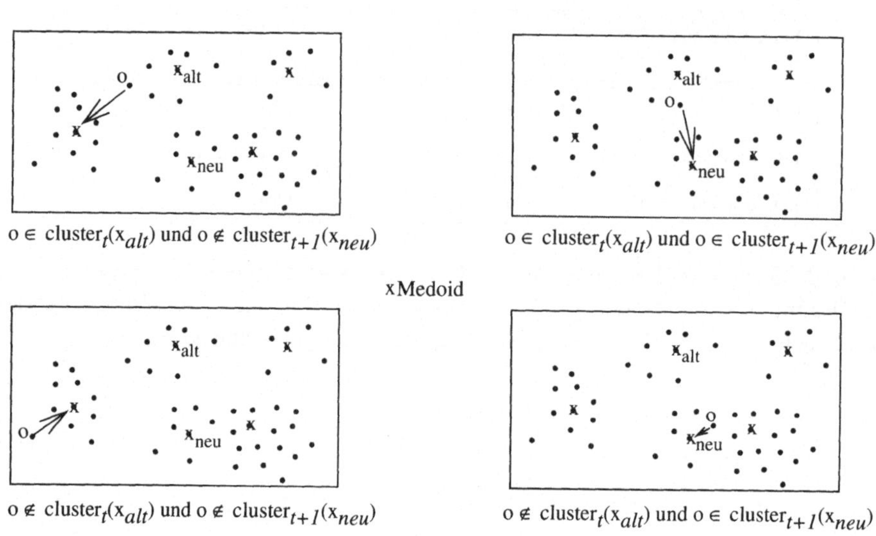

Abb. 3-31 Verschiedene Fälle für ein Objekt o beim Austausch eines Medoids

Wie man leicht erkennt, können nur die folgenden Objekte o zu einer tatsächlichen Änderung des TD-Wertes beitragen:

1. Objekte $o \in cluster_t(x_{alt})$, d.h. Objekte, die vor dem Vertauschen zum Cluster des Medoids x_{alt} gehören.
2. Objekte $o \in cluster_{t+1}(x_{neu})$, d.h. Objekte, die nach dem Vertauschen zum Cluster des Medoids x_{neu} gehören.

Die Objekte in $cluster_t(x_{alt})$ und in $cluster_{t+1}(x_{neu})$ befinden sich jeweils in einem zusammenhängenden Gebiet im Raum, in einer sogenannten „Voronoi-Zelle" der Partitionierung (siehe Abb. 3-32 für ein Beispiel).

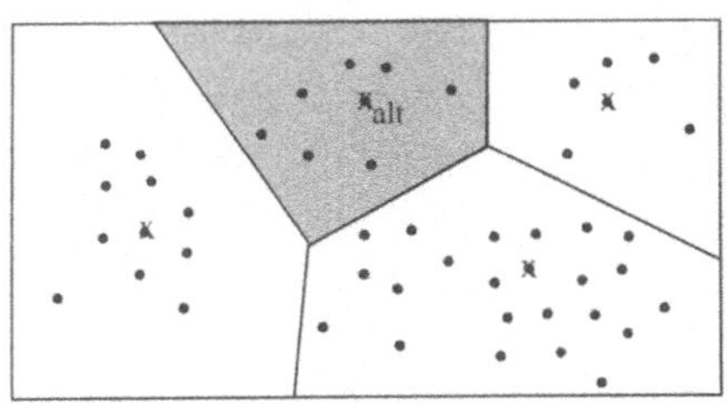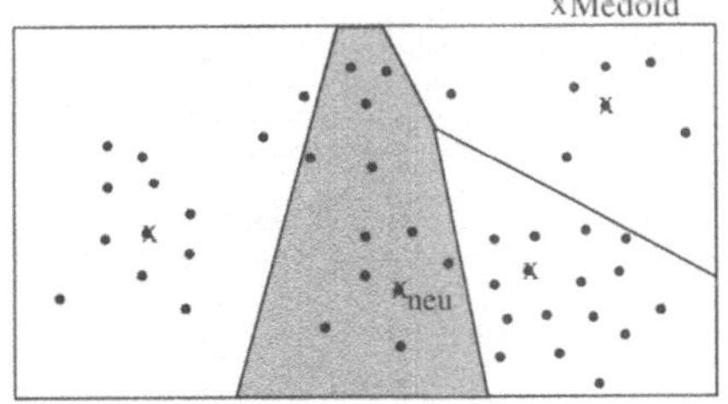

Abb. 3-32 Raumpartitionierung vor und nach dem Austausch eines Medoids

Voronoi-Zellen sind mit Bereichsanfragen extrahierbar, die durch räumliche Index-strukturen unterstützt werden können — entweder direkt oder approximativ durch minimal umgebende Anfragerechtecke.

Um die Voronoi-Zellen zu bestimmen, sind nur die Medoide und das minimal umgebende Hyperrechteck des Datenraums erforderlich. Aus diesen Informationen können mit Algorithmen der Computergeometrie die Voronoi-Zellen und ihr Durch-schnitt mit dem Datenraum berechnet werden.

Unter der Annahme, daß alle Cluster etwa gleich groß sind, ist der Laufzeitge-winn bei der Berechnung der *TD*-Änderung in etwa $k/2$.

3.4.3 Weiterverarbeitung einer Indexstruktur (GRID-Clustering)

[Schikuta 1996]

Idee

Die Grundidee dieses Verfahren ist, die Daten gemäß ihrem Vorkommen auf den Datenseiten einer räumlichen Indexstruktur zu clustern. Wie schon oben erwähnt, paßt sich die Datenseitenstruktur eines räumlichen Index an die Datenverteilung an. Somit kann die Zusammenfassung von Objekten auf Datenseiten durch den Index als eine Art effizientes „Grob-Clustering" angesehen werden.

Ein solches Grob-Clustering wird dann im wesentlichen durch geeignetes Ver-schmelzen von Seitenregionen nur noch nachbearbeitet. Seitenregionen mit hoher Punktdichte werden als Clusterzentren angesehen und rekursiv mit benachbarten, weniger dichten Seitenregionen verschmolzen. Damit handelt es sich beim Grid-Clustering-Verfahren um eine Art dichte-basiertes Clusteringverfahren.

Das von Schikuta vorgeschlagene Grid-Clustering-Verfahren stützt sich auf das *Gridfile* als Indexstruktur. Die Struktur eines Gridfiles und die Aufteilung einer Bei-spieldatenmenge durch die Datenseiten dieser Struktur ist in Abb. 3-33 dargestellt (für Details zum Gridfile siehe z.B. [Nievergelt et al. 1984]). Wie für die Datensei-ten eines R-Baums (siehe Abb. 3-27) gilt auch für die Datenseiten des Gridfile, daß das Volumen des durch die Seite repräsentierten Datenraums um so kleiner ist, je dichter die Punkte in diesem Gebiet des Raums liegen. Das Prinzip des Grid-Clus-tering-Verfahrens läßt sich analog auf die Datenseiten aller Indexstrukturen übertra-gen, für die diese Eigenschaft gilt.

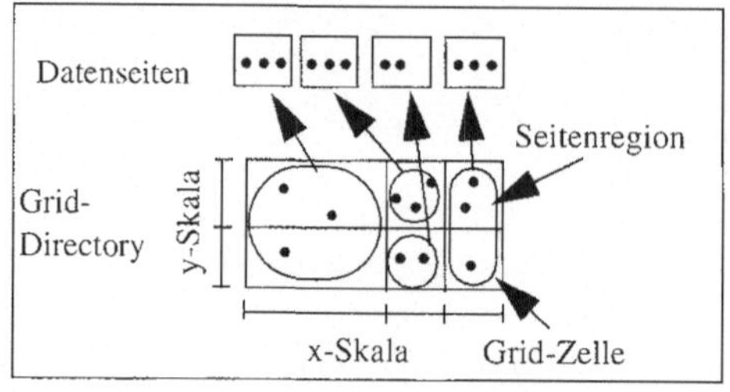

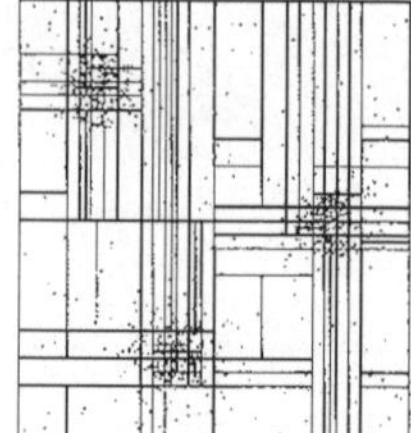

Abb. 3-33 Struktur eines Gridfiles

Algorithmus (vereinfacht)

```
GridClustering(Datenmenge D)
   Baue ein Gridfile für D auf;
   Sortiere die Seitenregionen R des Gridfiles nach
```

absteigender Punktdichte $D_R = \dfrac{|R|}{Vol(R)}$

```
   Ergebnis: Sequenz (R₁, ..., Rᵣ);
   for i from 1 to r do
      if Rᵢ ist noch nicht zugeordnet then
         Beginne einen neuen Cluster C;
         füge Rᵢ in C ein;
         markiere Rᵢ als zugeordnet;
         VerschmelzeNachbarRegionen(C, Rᵢ);
```

```
VerschmelzeNachbarRegionen(Cluster C, Seitenregion R)
   Bestimme die noch nicht zugeordneten Nachbar-Seitenregionen
```
$(S_1, \ldots, S_s)$ von R, deren Punktdichte kleiner oder gleich
der Punktdichte von R ist, d.h. für die gilt: $D_{S_i} \le D_R$;
```
   for i from 1 to s do
      füge Sᵢ in C ein;
      markiere Sᵢ als zugeordnet;
      VerschmelzeNachbarRegionen(C, Sᵢ);
```

Der Algorithmus beginnt mit der Datenseite S, die die höchste Punktdichte hat. Mit dieser Seite, sozusagen als Zentrum, wird ein Cluster begonnen. Die Seite S wird dann mit allen Nachbarseiten R verschmolzen, deren Punktdichte kleiner oder gleich der Punktdichte von S ist. Ausgehend von den Nachbarn R von S, wird dieser Schritt rekursiv wiederholt, solange es Nachbarseiten gibt, mit denen noch verschmolzen werden kann. Wenn es nur noch Nachbarseiten mit höherer Punktdichte gibt, dann wird der nächste Cluster mit der Seite begonnen, die nun die höchste Punktdichte unter den noch nicht betrachteten Datenseiten hat.

Die obige Darstellung des Algorithmus ist insofern vereinfacht, als keine Informationen über die Reihenfolge der Verschmelzungen abgespeichert werden. Mit der zusätzlichen Information über die Verschmelzungsreihenfolge läßt sich das Ergebnis des Algorithmus als Dendrogramm darstellen. Objekte, die sich in einer gemeinsamen Seitenregion befinden, werden dabei als (implizit) in einem ersten Schritt miteinander verschmolzen angesehen.

Abb. 3-34 zeigt ein Beispiel eines Dendrogramms, das mit Hilfe des Grid-Clustering-Verfahrens für die dort auch abgebildete Datenmenge erstellt wurde.

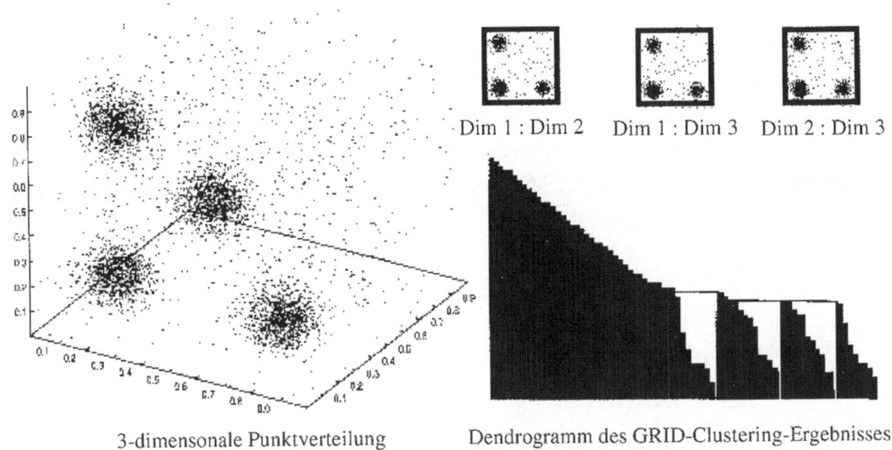

Abb. 3-34 Beispiel für ein Grid-Clustering [Schikuta 1996]

3.4.4 BIRCH: Datenkompression unter Berücksichtigung der Clusterstruktur

[Zhang, Ramakrishnan & Linvy 1996]

Idee

Bei diesem Verfahren werden zunächst kompakte Beschreibungen von Teil-Clustern (Mengen von Punkten) durch sogenannte „Clustering Features (CF)"gebildet. Diese Clustering Features erlauben die Berechnung allgemeiner Informationen wie Centroid, Radius und Durchmesser der repräsentierten Teilmenge von Punkten.

Die Clustering Features werden zudem hierarchisch in einem höhenbalancierten Baum organisiert, in dem ein innerer Knoten einen (Sub-)Cluster repräsentiert, der wiederum aus den Sub-Clustern zusammengesetzt ist, die durch seine Einträge (Teilbäume) repräsentiert sind.

Der Baum der Clustering Features stellt eine komprimierte, hierarchische Repräsentation der Daten dar, die die Clusterstruktur der Daten berücksichtigt. Nach Erstellung des Baums kann anschließend ein Clusteringverfahren wie CLARANS oder das k-medoid-Verfahren auf die Blätter des Baums angewendet werden.

Clustering-Feature-Vektor

Ein *Clustering-Feature-Vektor CF* einer Menge *C* von Punkten ist ein Tripel $CF = (N, LS, QS)$, wobei:

- $N = |C|$ „Anzahl der Punkte in C",

- $LS = \sum\limits_{i=1}^{N} \vec{X_i}$ „lineare Summe der N Datenpunkte",

- $QS = \sum\limits_{i=1}^{N} \vec{X_i}^2$ „Quadratsumme der N Datenpunkte".

Mit den Werten N, LS und QS können wichtige Informationen wie Centroid, Kompaktheits- und Distanzmaße für Mengen von Punkten (von Clustern) berechnet werden wie beispielsweise die folgenden:

- Centroid $\overline{X_C} = \dfrac{\sum\limits_{i=1}^{N} \vec{X_i}}{N}$,

- Radius $R_C = \sqrt{\dfrac{\sum\limits_{i=1}^{N} (\vec{X_i} - \overline{X_C})^2}{N}}$,

- Durchmesser $D_C = \sqrt{\dfrac{\sum\limits_{i=1}^{N} \sum\limits_{j=1}^{N} (\vec{X_i} - \vec{X_j})^2}{N(N-1)}}$,

- euklidische Distanz zwischen den Centroiden zweier Cluster

$$dist_0(C_1, C_2) = \sqrt{(\overline{X_{C_1}} - \overline{X_{C_2}})^2},$$

- durchschnittlicher Abstand zwischen zwei Clustern

$$dist_1(C_1, C_2) = \sqrt{\dfrac{\sum\limits_{i=1}^{N_1} \sum\limits_{j=N_1+1}^{N_1+N_2} (\vec{X_i} - \vec{X_j})^2}{N_1 N_2}}.$$

Additivitätstheorem für CF-Vektoren

Wenn $CF_1 = (N_1, LS_1, QS_1)$ und $CF_2 = (N_2, LS_2, QS_2)$ die Cluster-Feature-Vektoren von zwei disjunkten Clustern C_1 und C_2 $(C_1 \cap C_2 = \emptyset)$ sind, dann ist der Cluster-Feature-Vektor der Vereinigung der beiden Cluster $C_1 \cup C_2$ gleich $CF_1 + CF_2 = (N_1 + N_2, LS_1 + LS_2, QS_1 + QS_2)$.

Der CF-Baum

Der CF-Baum ist ein höhenbalancierter Baum bezüglich eines Schwellwerts T, eines maximalen Verzweigungsgrades B und eines maximalen Füllgrades für Blätter L, mit folgenden Eigenschaften (siehe Abb. 3-35 zur Veranschaulichung):

- Jeder innere Knoten K enthält höchstens B Einträge der Form $[CF_i, child_i]$, wobei gilt: $1 \leq i \leq B$, $child_i$ ist ein Zeiger auf den i-ten Sohnknoten von K, CF_i ist der CF-Vektor des Subclusters, der durch den i-ten Sohnknoten repräsentiert wird.
- Ein Blattknoten enthält höchstens L Einträge der Form $[CF_i]$, d.h. $1 \leq i \leq L$. Jeder Eintrag repräsentiert einen Subcluster aus Punkten der Datenmenge
- Jeder Blattknoten besitzt zwei Zeiger *prev* und *next,* mit denen die Blattknoten zum Zweck der sequentiellen Verarbeitung verkettet sind.
- Der Durchmesser (oder alternativ der Radius) aller Einträge in einem Blattknoten ist kleiner als T.

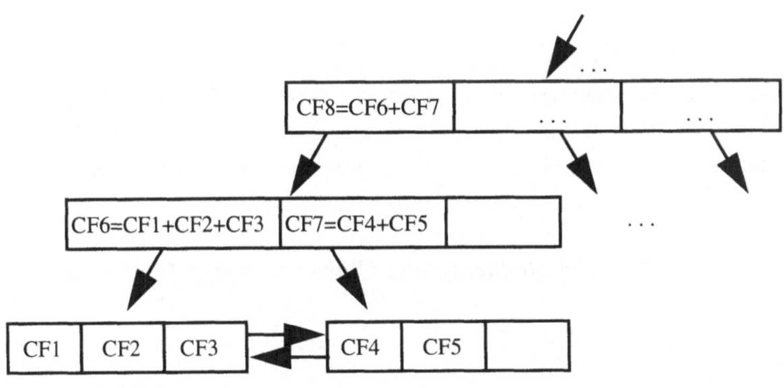

Abb. 3-35 Struktur eines CF-Baums

Konstruktion eines CF-Baums:

Ein CF-Baum wird durch sukzessives „Einfügen" von Datensätzen p aufgebaut. Zunächst wird p in einen CF-Vektor $CF_p=(1, p, p^2)$ transformiert. Das Einfügen von CF_p geschieht analog dem Einfügen in einen B^+-Baum:

1. Suche des geeigneten Blattes: Beginnend bei der Wurzel wird rekursiv derjenige Sohnknoten ausgewählt, der gemäß der verwendeten Distanzmetrik CF_p am nächsten liegt, bis ein Blatt erreicht ist.
2. Einfügen in das Blatt: Innerhalb des Blattes wird der am nächsten liegende Eintrag E bestimmt und geprüft, ob E den Punkt p „absorbieren" kann, ohne die Schwellwertbedingung zu verletzen. Falls ja, wird E modifiziert zu $E := E + CF_p$. Falls nein, wird CF_p als neuer Eintrag in den Blattknoten eingefügt. Im zweiten Fall kann ein Überlauf entstehen und der Blattknoten muß gesplittet werden.

Ein Knoten K wird gesplittet, indem das am weitesten voneinander entfernt liegende Paar von Einträgen als Ausgangspunkt für zwei neue Knoten bestimmt wird. Die restlichen Einträge werden dann jeweils dem Knoten zugewiesen, der gemäß der verwendeten Distanzmetrik am nächsten liegt.

3. Update des Pfades vom Blatt bis zur Wurzel: Nach dem Einfügen müssen die CF-Werte auf dem gesamten Pfad vom Blatt bis zur Wurzel aktualisiert werden. Ohne Split wird einfach CF_p zu den entsprechenden Einträgen im Pfad addiert. Beim Split eines Blattes wird zunächst der alte Eintrag im Vaterknoten durch zwei neue Einträge ersetzt, welche die beiden neuen Blattknoten beschreiben. Wenn so kein neuer Überlauf entsteht, können die darüberliegenden Einträge auf dem Pfad zur Wurzel durch Addition von CF_p aktualisiert werden. Ein Überlauf im Vaterknoten wird analog zum Split eines Blattes behandelt und kann sich bis zur Wurzel fortsetzen. In diesem Fall wächst die Höhe des Baums um eins.

4. Nach einem Split kann versucht werden, Knoten zu verschmelzen, um die Speicherplatzausnutzung zu verbessern.

Ein CF-Baum kann in $O(n \log n)$ Zeit aufgebaut werden. Der Parameter T bestimmt im wesentlichen die Größe des Baums. Größere Werte für T ergeben im allgemeinen kleinere CF-Bäume. Man kann einen CF-Baum B_1 bzgl. eines Parameters T_1 weiter komprimieren, indem man einen neuen CF-Baum B_2 bzgl. eines größeren Parameters T_2 durch Einfügen der Blatteinträge von B_1 erzeugt.

BIRCH (Balanced Iterative Reducing and Clustering using Hierarchies)

Das Clusteringverfahren BIRCH setzt sich aus drei Phasen zusammen (siehe auch Abb. 3-36). In Phase 1 wird zunächst aus den Daten ein CF-Baum erzeugt, der die Daten komprimiert. Falls der Baum noch zu groß ist, wird in der optionalen Phase 2 der Baum weiter bis zur gewünschten Größe komprimiert. Zum Schluß wird in Phase 3 ein an Clustering Features angepaßter Clusteringalgorithmus (z.B. CLARANS) auf die Blatteinträge des CF-Baums angewendet.

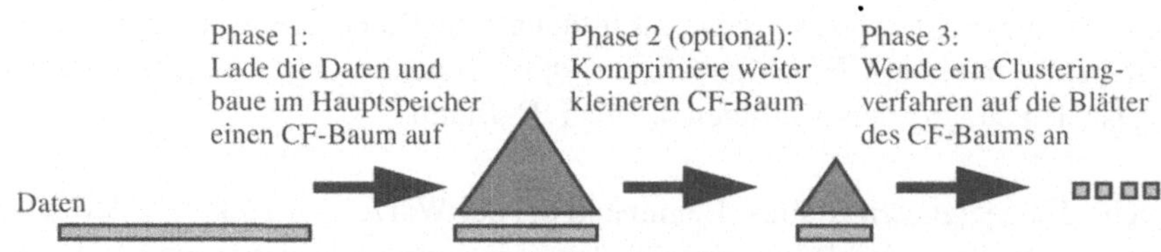

Abb. 3-36 Veranschaulichung des Clustering mit BIRCH

Die Laufzeit und die Qualität der Ergebnisse von BIRCH sind vergleichbar mit der Kombination von einem Clusteringalgorithmus und dem indexbasierten Sampling.

3.5 Besondere Anforderungen und Verfahren

3.5.1 K-modes: Effizientes Clustering mit kategorischen Attributen

[Huang 1997]

Motivation

Bei der Zerlegung einer Menge von Objekten in k Cluster ist ein k-medoid-Algorithmus wegen seiner „ungerichteten" Suchstrategie wesentlich langsamer als das k-means-Verfahren. Das k-means-Verfahren läßt sich aber nicht ohne weiteres auf Daten mit kategorischen Attributen anwenden. Um einen Algorithmus mit etwa der gleichen Effizienz wie k-means anwenden zu können, muß ein Analogon zum Centroid eines Clusters bestimmt werden können.

Definition des Modes einer Menge von Objekten

Für eine Menge C von Punkten in einem euklidischen Vektorraum ist der Centroid $\bar{x}$ derjenige Punkt im Raum, für den die Summe $TD(C, x) = \sum_{p \in C} dist(p, x)$ minimal ist. Analog kann man den *Mode* einer Menge C von Objekten mit kategorischen Attributen definieren als einen Vektor $m = (m_1, ..., m_d)$, für den die Summe

$$TD(C, m) = \sum_{p \in C} dist(p, m)$$

minimal ist. Dabei ist *dist* eine Distanzfunktion für Datensätze mit kategorischen Attributen (siehe z.B. Seite 47) und m_i ist ein Attributwert (eine „Kategorie") aus dem Wertebereich des i-ten Attributs.

Bestimmung des Modes einer Menge von Objekten

Der Mode einer Menge von Objekten mit kategorischen Attributen kann gemäß dem folgenden Theorem konstruiert werden:

Die Funktion $TD(C, m) = \sum_{p \in C} dist(p, m)$ wird minimiert genau dann, wenn für alle Attribute A_i, $i = 1,..., d$, und alle Attributwerte c_k aus dem Domain des jeweiligen Attributs gilt: $f(A_i = m_i | C) \geq f(A_i = c_k | C)$. Dabei ist $f(A_i = c_k | C) = \dfrac{n_{c_k}}{n}$ die relative Häufigkeit des Attributwerts c_k für das i-te Attribut in der Menge C.

Der Mode einer Menge von Objekten ist nach diesem Theorem nicht eindeutig bestimmt. Beispielsweise kann als Mode der Menge {(a, b), (a,c), (c, b), (b,c)} der Vektor (a, b) oder auch (a, c) verwendet werden.

Algorithmus

Der k-modes-Algorithmus gleicht dem k-means-Algorithmus bis auf die folgenden Unterschiede:

1. Anstelle einer zufälligen Partitionierung zur Initialisierung werden k Objekte aus der Datenmenge als initiale *Modes* ausgewählt.
2. Anstelle des Centroids wird der *Mode* eines Clusters berechnet.
3. Anstelle der quadrierten euklidischen Distanz wird eine Distanzfunktion für Datensätze mit kategorischen Attributen verwendet.

3.5.2 Verallgemeinertes DBSCAN: Clustering ausgedehnter Objekte

[Sander, Ester, Kriegel & Xu 1998]

Motivation

Traditionelle Clusteringalgorithmen sind für „punktartige" Objekte konzipiert: Koordinaten in einem d-dimensionalen Vektorraum oder Objekte aus einem metrischen Raum, in dem die Objekte zwar keine explizite Position haben, jedoch die paarweisen Distanzen zwischen den Objekten bekannt sind.

Bei ausgedehnten Objekten wie Polygonen wird man typischerweise zunächst die Polygone durch ihre Schwerpunkte repräsentieren und dann diese Schwerpunkte clustern. Dies führt jedoch in der Regel nicht zu einem guten Ergebnis, da die Ausdehnung und die Fläche der Polygone beim Clustering nicht mehr berücksichtigt werden und die Distanzen zwischen den Schwerpunkten nicht die natürliche Gruppenbildung widerspiegeln (siehe Abb. 3-37 für ein Beispiel).

Das Ziel des verallgemeinerten dichte-basierten Clustering ist nun, auch auf solche Objektmengen die Idee des Clustering so anzuwenden, daß die Ausdehnung der Objekte und ihre topologischen Beziehungen berücksichtigt werden.

Abb. 3-37 Standardmethode zum Clustering von Polygonen

Prinzip der Verallgemeinerung

Abb. 3-38 zeigt das Prinzip der Verallgemeinerung des dichte-basierten Clustering. Dabei werden in der Definition eines dichte-basierten Clusters der Begriff der ε-Nachbarschaft und die Kernobjekt-Bedingung modifiziert.

Die ε-Nachbarschaft wird ersetzt durch einen allgemeinen Nachbarschaftsbegriff bezüglich eines reflexiven und symmetrischen Nachbarschaftsprädikats *NPred*. Die Nachbarschaft eines Objekts *o* wird damit definiert als die Menge der Objekte *p*, die zusammen mit *o* das Prädikat *NPred* erfüllen (z.B. „*intersects(o, p)*" für Polygone).

Die Kernobjekt-Bedingung bezüglich der Mindestanzahl von Objekten in einer ε-Nachbarschaft wird ersetzt durch ein allgemeines Prädikat *MinWeight* für Mengen von Objekten. Ein Objekt *o* ist dann ein Kernobjekt, wenn die *NPred*-Nachbarschaft von *o* das Prädikat *MinWeight* erfüllt (z.B. „Summe der Flächen größer als ein Schwellenwert" für Polygone).

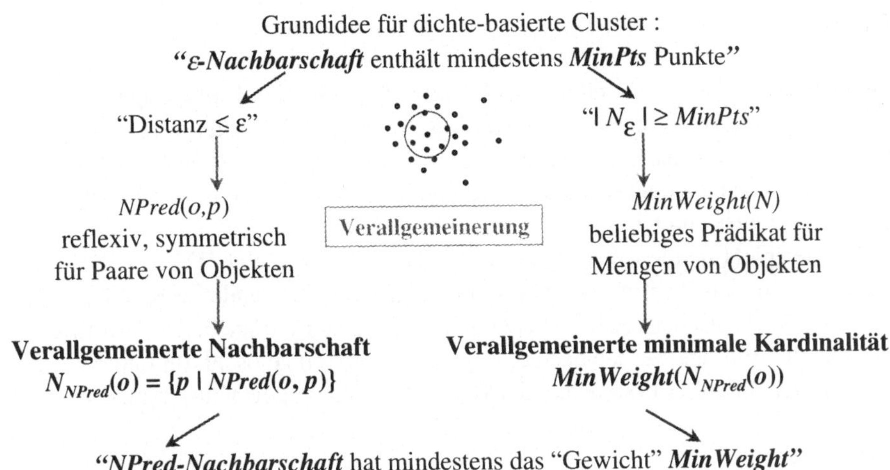

Abb. 3-38 Verallgemeinerung des dichte-basierten Clustering

Das verallgemeinerte dichte-basierte Clustering läßt sich nicht nur für Polygone anwenden, sondern auf beliebige Datentypen, sofern man geeignete *NPred*- und *MinWeight*- Prädikate definieren kann. Abb. 3-39 zeigt einige Beispiele dafür.

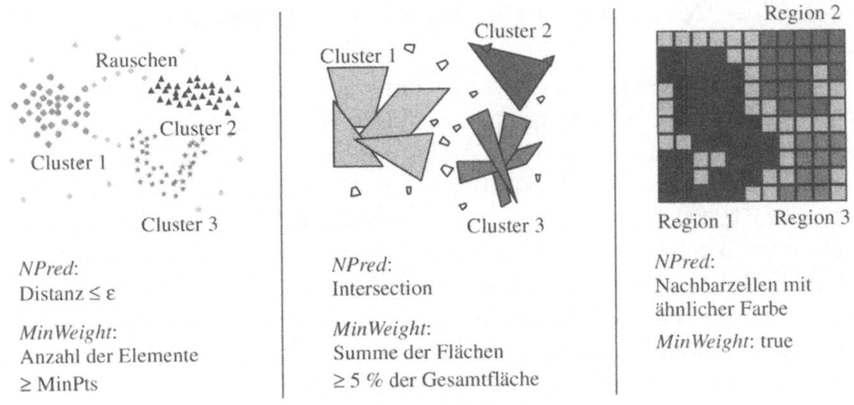

Abb. 3-39 Beispiele für verallgemeinertes dichte-basiertes Clustering

Algorithmus

Verallgemeinerte dichte-basierte Cluster können einfach mit dem algorithmischen Schema von DBSCAN (siehe Seite 72) gefunden werden: Dabei wird anstelle einer N_ε-Anfrage eine N_{NPred}-Anfrage gestellt und anstelle der Bedingung $|N_\varepsilon| \geq MinPts$ wird das *MinWeight*-Prädikat ausgewertet.

3.5.3 Inkrementelles dichte-basiertes Clustering
[Ester, Kriegel, Sander, Wimmer & Xu 1998]

Motivation

Wenn es kontinuierliche Updates der Datenmenge gibt, d.h. Einfügungen oder Löschungen, dann ist es im allgemeinen nötig, auch das Clustering immer wieder zu aktualisieren. Es ist dabei wünschenswert, daß diese Aktualisierungen inkrementell erfolgen können, da ein erneutes Clustering der gesamten Datenmenge nach jedem Update sehr aufwendig ist.

Ein Beispiel für eine solche dynamische Datenmenge ist eine Web-Log Datei, deren Clustering zur Bestimmung von Benutzergruppen verwendet werden kann (siehe Seite 50). Typischerweise entstehen jeden Tag neue Einträge in der Web-Log Datei, und alte Einträge werden nach einer bestimmten Zeit gelöscht. Im Laufe der Zeit können sich die „Zugriffsmuster" der Benutzer und damit die Cluster ändern.

Voraussetzung

Die inkrementelle Aktualisierung eines Clustering ist für das verallgemeinerte dichte-basierte Clustering möglich, wenn das *MinWeight* Prädikat inkrementell ausgewertet werden kann, in dem Sinn, daß sich das Gesamtgewicht einer Menge von Objekten als Summe der einzelnen Gewichte für jedes Objekt bestimmen läßt, formal:

wenn es eine Funktion *weight*: $2^{(Objekte)} \rightarrow \mathbb{R}$ und $T \in \mathbb{R}$ gibt, so daß

$$weight(N) = \sum_{o \in N} weight(\{o\}) \text{ und } MinWeight(N) \text{ definiert ist als } weight(N) \geq T.$$

Die Möglichkeit, ein dichte-basiertes Clustering effizient zu aktualisieren, ergibt sich aus folgender Beobachtung: Die wichtigen Änderungen im Clustering nach dem Einfügen oder Löschen eines Objekts p in der Datenmenge können in einer kleinen Nachbarschaft des Objekts p erkannt und von dort aus behandelt werden.

Nur für Objekte in der direkten *NPred*-Nachbarschaft eines eingefügten oder gelöschten Objekts p kann sich die Kernobjekt-Eigenschaft ändern. Objekte, die ihrerseits in der *NPred*-Nachbarschaft von solchen Objekten aus $N_{NPred}(o)$ liegen, können zum Rauschen werden, wenn sie vor dem Löschen Randobjekt eines Clusters waren, oder umgekehrt bei einer Einfügung vom Rauschen zu einem Randobjekt werden. Alle anderen Punkte behalten ihren Status als Kernobjekt, Randobjekt bzw. Rauschen. Abb. 3-40 illustriert dies für zweidimensionale Punktobjekte mit einer ε-Nachbarschaft und dem *MinWeight*-Prädikat „$N_\varepsilon(o) \geq 4$".

Ausgehend von den neuen bzw. zerstörten Kernobjekten der Datenmenge nach
einer Einfügung resp. Löschung können alle neuen Dichte-Verbindungen bzw. die
zerstörten Dichte-Verbindungen gefunden werden.

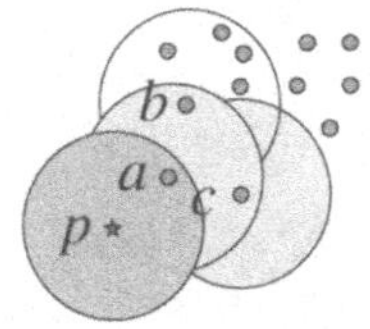

Abb. 3-40 Punkte mit veränderter Kernobjekt-Eigenschaft beim Einfügen oder Löschen

Algorithmus

Einfügen von *p*:

```
Für alle „neuen" Kernobjekte o:
    Verbinde die Objekte in N_NPred(o) mit dem Cluster, dem o
        zugehört;
    wenn Kernobjekte verschiedener Cluster nun miteinander
        verbunden sind, verschmelze die entsprechenden Cluster;
```

Löschen von *p*:

```
Für alle „zerstörten" Kernobjekte o:
    Setze die Cluster-Id aller Nicht-Kernobjekte aus N_NPred(o)
        auf Noise;
    Füge alle Kernobjekte aus N_NPred(o) in eine Menge UpdSeed
        ein;
Wende eine Variante von DBSCAN an, die jedoch eine Cluster-
    expansion nur mit Objekten aus der Menge UpdSeed beginnt;
```

Es ist im allgemeinen wesentlich effizienter, ein Clustering inkrementell anzupas-
sen, als jedesmal nach einer Menge von Updates die gesamte Datenmenge neu zu
clustern. Wie groß jedoch der Effizienzgewinn ist, hängt von der Anzahl der auf einmal eingefügten bzw. gelöschten Objekte, relativ zur Datenbankgröße, ab.

3.5.4 Subspace Clustering

[Agrawal, Gehrke, Gunopulos & Raghavan 1998]

Motivation

Beim Clustering von hochdimensionalen Daten können besondere Probleme auftreten, da die erwartete durchschnittliche Dichte im gesamten Datenraum sehr gering
ist. Ferner können die Koordinaten der Objekte in einzelnen Dimensionen oder
Kombinationen von Dimensionen unter Umständen sehr viel Rauschen enthalten.
Unter solchen Umständen sind Distanzfunktionen, die alle Dimensionen berücksichtigen, für das Clustering sehr ineffektiv. Das heißt, daß im Gesamtdatenraum
möglicherweise keine sinnvollen Cluster gefunden werden können, auch wenn die
Daten in Unterräumen Cluster bilden können.

Ziel des Subspace-Clustering ist daher, auch alle Cluster zu identifizieren, die in den Unterräumen des Datenraums existieren. Abb. 3-41 zeigt dazu ein zweidimensionales Beispiel, in dem verschiedene dichtebasierte Cluster nur in der Projektion der Daten auf die y-Achse existieren.

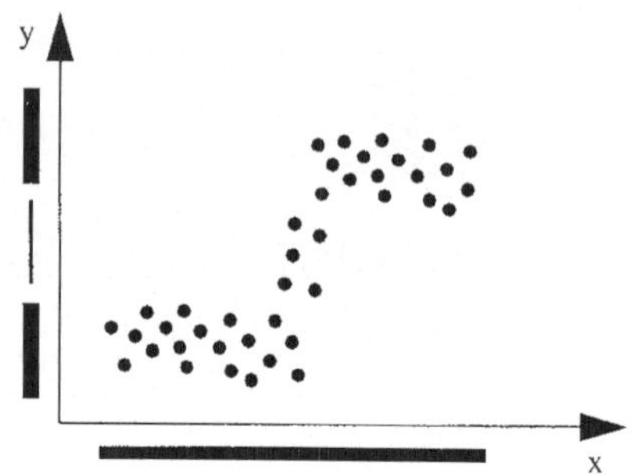

Abb. 3-41 Cluster in einem Unterraum des Gesamtraums

CLIQUE (CLustering In QUEst)

CLIQUE ist ein dichte-basiertes Clustering-Verfahren. Zunächst wird jede der d Dimensionen des Datenraums in ξ Intervalle eingeteilt, d.h. es wird ein regelmäßiges Gitter über den Datenraum gelegt. Cluster werden dann als zusammenhängende Bereiche von k-dimensionalen Zellen ($k \leq d$) im Datenraum definiert, deren Zellen einen Grenzwert τ für die Punktdichte überschreiten.

CLIQUE sucht alle Cluster, die in irgendeinem k-dimensionalen Unterraum des Datenraums existieren. Der Algorithmus basiert dabei auf folgender *Monotonie-Eigenschaft* für dichte-basierte Cluster in verschieden-dimensionalen Unterräumen des Gesamtraums:

Wenn eine Menge C von Punkten einen dichte-basierten Cluster bzgl. ξ und τ in einem k-dimensionalen Raum bildet, dann ist C auch ein Teil eines dichte-basierten Clusters bzgl. ξ und τ in jedem $(k-1)$-dimensionalen Unterraum des Raumes.

„Bottom-Up" Algorithmus

```
D₁ := alle 1-dimensionalen dichten Bereiche;
k := 2;
while k ≤ d und Dₖ₋₁ ≠ ∅:
    Cₖ := Verknüpfung aller Zellen aus Dₖ₋₁, die k-2 gleiche
      Dimensionen besitzen;
    // wegen der Monotonie-Eigenschaft:
    Cₖ := Cₖ - {Kanditaten, die eine (k-1)-dimensionale
      Projektion haben, die nicht dicht ist};
    Dₖ := Kanditaten aus Cₖ, die tatsächlich dicht sind (Prüfung
      anhand der Daten);
    k := k+1;
```

3.6 Zusammenfassung

In diesem Kapitel sind verschiedene Clusteringalgorithmen dargestellt und diskutiert worden, denen jeweils ein bestimmter Clusterbegriff zugrunde liegt. Zudem sind auch einige Methoden, die die Skalierbarkeit von Clusteringverfahren verbessern sollen, sowie Verfahren für besondere Anwendungen beschrieben worden.

Die varianzminimierenden Verfahren wie k-means sowie das EM-Verfahren sind besonders gut geeignet, konvexe Cluster in einem Vektorraum zu finden. Die gleiche Art von Clustern finden auch k-medoid-Verfahren, die jedoch auch in dem allgemeinen Fall anwendbar sind, in dem die Objekte keine Vektoren sind, sondern nur paarweise Distanzen zwischen Objekten bekannt sind. Diese partitionierenden Verfahren benötigen, im Gegensatz zu dichte-basierten partitionierenden Verfahren, die Anzahl k der zu findenden Cluster als Eingabeparameter. Die letzteren Verfahren erfordern dagegen, daß man einen Schwellwert für die Punktdichte in Clustern spezifiziert. Damit wird dann die Anzahl der vorhandenen Cluster automatisch bestimmt, und es gibt auch keine bevorzugte Clusterform.

Hierarchische Clusteringverfahren sind besonders zur Entdeckung von komplexen Strukturen in den Daten geeignet: wenn etwa Clustergrößen und die Dichte der Cluster stark variieren oder ineinander geschachtelte Cluster existieren. Der Nachteil dieser Verfahren ist jedoch, daß sie keine direkte Einteilung der Daten in Cluster liefern, sonder nur eine Repräsentation der gesamten Clusterstruktur. Eine Zuordnung der Daten zu bestimmten Clustern muß anhand dieser Repräsentation anschließend manuell vorgenommen werden.

Für alle dargestellten Verfahren existieren Methoden zur Unterstützung der Parameterbestimmung, und auch die Effizienz der Verfahren kann durch unterschiedliche Techniken wie Benutzung von Stichproben oder raumbezogene Indexstrukturen stark verbessert werden.

Darüberhinaus existiert eine Reihe weiterer Clusteringverfahren für spezielle Anwendungsbereiche und Anforderungen wie beispielsweise für ausgedehnte Objekte oder Objekte mit kategorischen Attributen.

Wir haben uns bei der Darstellung der Clusteringalgorithmen in diesem Kapitel auf die wichtigsten Grundtypen von Verfahren beschränkt. Clusteranalyse ist nach wie vor ein aktiver Forschungsbereich, in dem in den letzten Jahren eine Vielzahl von neuen Clusteringverfahren und Varianten bekannter Verfahren entwickelt wurden, besonders im Hinblick auf die Verwendbarkeit für *sehr große* Datenmengen.

3.7 Literatur

Agrawal R., Gehrke J., Gunopulos D., Raghavan P. 1998, „Automatic Subspace Clustering of High Dimensional Data for Data Mining Applications", *Proc. ACM SIGMOD Int. Conf. on Management of Data (SIGMOD'98)*. ACM Press, New York, NY, pp. 94—105.

Ankerst M., Breunig M., Kriegel H.-P., Sander J. 1999, „OPTICS: Ordering Points To Identify the Clustering Structure", *Proc. ACM SIGMOD Int. Conf. on Management of Data (SIGMOD'99)*. ACM Press, New York, NY, pp. 49—60.

Bozdogan H. 1983, „Determining the Number of Component Clusters in the standard multivariate normal mixture model using model-selection criteria", *Technical Report UIC/DQM/A83-1*. Quantitative Methods Dept., University of Illinois, Chicago.

Dempster A. P., Laird N. M., Rubin D. B. 1977, „Maximum Likelyhood from Incomplete Data via the EM algorithm", *Journal of the Royal Statistical Society, Series B*, 39(1), pp. 1—31.

Ester M., Kriegel H.-P., Sander J., Xu X. 1996, „A Density-Based Algorithm for Discovering Clusters in Large Spatial Databases with Noise", *Proc. 2nd Int. Conf. on Knowledge Discovery and Data Mining (KDD'96)*. AAAI Press, Menlo Park, CA, pp. 226—231.

Ester M., Kriegel H.-P., Sander J., Xu X. 1998, „Clustering for Mining in Large Spatial Databases", *KI Künstliche Intelligenz* (Themenheft Data Mining) 1 (1998). ScienTec Publishing, Bad Ems, pp. 18—24.

Ester M., Kriegel H.-P., Sander J., Wimmer M. Xu X. 1998, „Incremental Clustering for Mining in a Data Warehousing Environment", *Proc. 24th Int. Conf. on Very Large Databases (VLDB'98)*, Morgan Kaufmann Publishers, San Francisco, California, pp. 323—333.

Ester M., Kriegel H.-P., Xu X. 1995a, „Knowledge Discovery in Large Spatial Databases: Focusing Techniques for Efficient Class Identification, *Lecture Notes in Computer Science* (Proc. 4th Int. Symposium on Large Spatial Databases (SSD'95)), Vol. 591, Springer, 1995, pp. 67—82.

Ester M., Kriegel H.-P., Xu X. 1995b, „A Database Interface for Clustering in Large Spatial Databases", *Proc. 1st Int. Conf. on Knowledge Discovery and Data Mining (KDD'95)*, AAAI Press, Menlo Park, CA, pp. 94—99.

Fayyad U., Reina C., Bradley P. S. 1998, „Initialization of Iterative Refinement Clustering Algorithms", *Proc. 4th Int. Conf. on Knowledge Discovery and Data Mining (KDD'98)*, AAAI Press, Menlo Park, CA, pp. 194—198.

Forgy E. W. 1965, „Cluster analysis of multivariate data: Efficiency vs. interpretability of classification (abstract)", *Biometrics*, Vol. 21, pp. 768—769.

Huang Z. 1997, „A Fast Algorithm to Cluster Very Large Categorical Data Sets in Data Mining", *Proc. SIGMOD Workshop on Research Issues in Data Mining and Knowledge Discovery*, Technical Report 97-07, University of British Columbia, Vancouver, Canada.

Jain A. K., Dubes R. C., 1988, *Algorithms for Clustering Data*, Prentice-Hall.

Kaufman L., Rousseeuw P. J. 1990, *Finding Groups in Data: An Introduction to Cluster Analysis*, John Wiley & Sons.

MacQueen, J. 1967, „Some Methods for Classification and Analysis of Multivariate Observations", *5th Berkeley Symp. Math. Statist. Prob.*, Volume 1, pp. 281—297.

Murtagh F. 1983, „A Survey of Recent Advances in Hierarchical Clustering Algorithms", *The Computer Journal*, Vol 26. No. 4, pp. 354—359.

Ng R. T., Han J., 1994, „Efficient and Effective Clustering Methods for Spatial Data Mining", *Proc. 20th Int. Conf. on Very Large Data Bases (VLDB'94)*, Morgan Kaufmann Publishers, San Francisco, California, pp. 144—155.

Nievergelt J., Hinterberger H., Sevcik K. C. 1984, „The Grid file: An Adaptable, Symmetric Multikey File Structure", *ACM Trans. Database Systems* Vol. 9, No. 1, pp. 38—71.

Rohlf F. J. 1973, „Hierarchical clustering using the minimum spanning tree", *The Computer Journal, Vol* 16, No. 1, pp. 93—95.

Schikuta E. 1996, „Grid clustering: An efficient hierarchical clustering method for very large data sets", *Proc. 13th Int. Conf. on Pattern Recognition*, Vol. 2, IEEE Computer Society Press, Los Alamitos, California, pp. 101—105.

Sander J., Ester M., Kriegel H.-P., Xu X. 1998, „Density-Based Clustering in Spatial Databases: The Algorithm GDBSCAN and its Applications", *Data Mining and Knowledge Discovery, An International Journal*, Kluwer Academic Publishers, Norwell, MA, Vol. 2, No. 2., 1998, pp. 169—194.

Stonebraker M., Frew J., Gardels K., and Meredith J. 1993, „The SEQUOIA 2000 Storage Benchmark", *Proc. ACM SIGMOD Int. Conf. on Management of Data (SIGMOD'93)*. ACM Press, New York, pp. 2—11.

Zhang T., Ramakrishnan R., Linvy M. 1996, „BIRCH: An Efficient Data Clustering Method for Very Large Databases", *Proc. ACM SIGMOD Int. Conf. on Management of Data (SIGMOD'96)*, ACM Press, New York, pp. 103—114.

Klassifikation

Während beim Clustering die Klassen (Cluster) a priori unbekannt sind, sind bei der Klassifikation die in der Datenbank auftretenden Klassen schon bekannt. Aufgabe der *Klassifikation* ist es, Objekte aufgrund ihrer Attributwerte einer der vorgegebenen Klassen zuzuordnen. Gegeben ist dazu eine Menge von *Trainingsobjekten* mit Attributwerten, die bereits einer Klasse zugeordnet sind. Mit Hilfe der Trainingsdaten soll eine Funktion gelernt werden, die andere Objekte mit unbekannter Klassenzugehörigkeit aufgrund ihrer Attributwerte einer der Klassen zuweist.

Die Aufgabe der Klassifikation läßt sich in zwei Teilaufgaben zerlegen:

- Zuordnung von Objekten zu einer Klasse
  Hier geht es um die Fähigkeit, Objekte aufgrund ihrer Attributwerte *irgendwie* einer der Klassen zuzuordnen. Diese Teilaufgabe kann auch mit Hilfe von implizitem Wissen gelöst werden, d.h. mit den unverarbeiteten Trainingsdaten.
- Generierung von Klassifikationswissen
  Im Unterschied zur ersten Teilaufgabe geht es hier um die Gewinnung von Erkenntnis, d.h. um die Generierung von explizitem Wissen über die Klassen. Streng genommen kann man eigentlich nur bei Erfüllung dieser zweiten Teilaufgabe von *Knowledge* Discovery reden.

Nach einer Einführung in das Thema behandeln wir in diesem Kapitel drei wichtige Ansätze zur Klassifikation. Bayes-Klassifikatoren (Abschnitt 4.2) beruhen auf der Bestimmung bedingter Wahrscheinlichkeiten der Attributwerte für die verschiedenen Klassen. Nächste-Nachbarn-Klassifikatoren (Abschnitt 4.3) verzichten auf das Finden expliziten Wissens und arbeiten stattdessen direkt auf den Trainingsdaten. Entscheidungsbaum-Klassifikatoren (Abschnitt 4.4) liefern explizites Wissen zur Klassifikation in Form von Entscheidungsbäumen. Die vorgestellten Verfahren werden bisher meist auf kleinen Trainingsmengen angewendet, die hauptspeicherresident gehalten werden können. In Abschnitt 4.5 diskutieren wir Techniken, um solche Verfahren für zunehmend große Datenmengen skalierbar zu machen, die durch ein Datenbanksystem auf dem Sekundärspeicher verwaltet werden.

4.1 Einleitung

Für die Klassifikation sei eine Menge O von Objekten $o = (o_1, ..., o_d)$ gegeben, von denen wir sowohl die Werte von d für die Klassifikation relevanten *Attributen* (*Features*) A_i, $1 \le i \le d$, kennen als auch die Klasse c_i, $c_i \in C = \{c_1, ..., c_k\}$. Typischerweise ist die Anzahl k der Klassen relativ klein. Bei den Attributen unterscheiden wir *kategorische Attribute* (ohne Ordnung des Wertebereichs, im allgemeinen wenige verschiedene Werte) und *numerische Attribute* (mit totaler Ordnung des Wertebereichs, im allgemeinen viele verschiedene Werte). Die Klassenzugehörigkeit der Objekte wird häufig durch ein ausgezeichnetes Attribut, das sogenannte *Klassenattribut*, definiert. Abb. 4-1 zeigt als Beispiel einige Trainingsdaten zur Einordnung von Versicherungskunden in die Risikoklassen „Hoch" bzw. „Niedrig".

	Numerisches Attribut	Kategorisches Attribut	Klassenattribut
ID	Alter	Autotyp	Risikoklasse
1	23	Familie	Hoch
2	17	Sport	Hoch
3	43	Sport	Hoch
4	68	Familie	Niedrig
5	32	LKW	Niedrig

Abb. 4-1 Trainingsdaten zur Risikoabschätzung für eine KFZ-Versicherung

Sei $D \supset O$ die Grundgesamtheit aller zu klassifizierenden Objekte, für die jeweils die Werte der Attribute A_i, $1 \le i \le d$, bekannt sind. Die Klassenzugehörigkeit ist nur in O, nicht jedoch in $D \setminus O$ bekannt. Ein *Klassifikator* ist eine Funktion K mit $K{:}D \to C$. Ein einfacher Klassifikator für die Trainingsdaten aus Abb. 4-1 ist z.B. durch die folgenden Regeln gegeben:

```
if Alter > 50 then Risikoklasse = Niedrig;
if Alter ≤ 50 and Autotyp = LKW then Risikoklasse = Niedrig;
if Alter ≤ 50 and Autotyp ≠ LKW then Risikoklasse = Hoch.
```

Bewertung von Klassifikatoren

Aus einer gegebenen Trainingsmenge können offensichtlich, je nach verwendetem Verfahren bzw. nach Wahl der Parameter, viele verschiedene Klassifikatoren gelernt werden. Wir müssen also in der Lage sein, Klassifikatoren zu bewerten, um ihre Leistungsfähigkeit miteinander vergleichen zu können. Als ein wichtiges Leistungsmaß bietet sich der Klassifikationsfehler an, d.h. der Anteil der Objekte die falsch klassifiziert werden. Es stellt sich dabei die Frage, welche Daten verwendet werden sollen, um den Klassifikationsfehler eines Verfahrens zu schätzen. Wenn man dazu

die Trainingsdaten selbst verwendet, erhält man im allgemeinen viel zu kleine Werte
für den Klassifikationsfehler. Der gelernte Klassifikator ist nämlich für die Stichprobe der Trainingsdaten optimiert, liefert aber häufig auf der Grundgesamtheit aller
Daten wesentlich schlechtere Ergebnisse. Dieser Effekt wird als *Overfitting* bezeichnet.

Stattdessen kann man die Menge O aller verfügbaren Objekte, für die man die tatsächliche Klasse kennt, in zwei Teilmengen aufteilen:

- *Trainingsmenge*
  Die Trainingsmenge wird zum Lernen des Klassifikators eingesetzt.
- *Testmenge*
  Die Testmenge wird nur zum Schätzen des Klassifikationsfehlers benutzt.

Diese Methode der Bewertung wird als *Train and Test* bezeichnet. Diese Methode
ist jedoch nicht anwendbar, wenn die Anzahl aller Objekte mit bekannter Klasse
klein ist. Dann benutzt man lieber alle Objekte sowohl zum Training als auch zum
Test. Die m-fache *Überkreuz-Validierung* (*Cross-Validation*) teilt die Menge O in m
gleich große Teilmengen, von denen man jeweils $m-1$ Teilmengen zum Training
und die verbleibende Teilmenge zum Test verwendet und die erhaltenen m Klassifikationsfehler kombiniert.

Algorithmus

```
CrossValidation (Datenbank O, Integer m, Prozedur lerner)
    teile O in m Teile O₁,..., Oₘ von möglichst gleicher Größe;
    fehler := 0;
    for i from 1 to m do
        sei klassifikatorᵢ := lerner(O₁ ∪..∪ Oᵢ₋₁ ∪ Oᵢ₊₁ ∪..∪ Oₘ);
        sei fehlerᵢ der Klassifikationsfehler von klassifikatorᵢ
          auf Oᵢ;
        fehler := fehler + fehlerᵢ;
    return fehler/m;
```

Maße für die Klassifikationsgenauigkeit

Sei K ein Klassifikator und $TR \subseteq O$ die Trainingsmenge sowie $TE \subseteq O$ die Testmenge, $O = TR \cup TE$. Bezeichne $C(o)$ die tatsächliche Klasse eines Objekts o.
Dann ist die *Klassifikationsgenauigkeit* (classification accuracy) von K auf TE, bezeichnet als $G_{TE}(K)$, definiert als

$$G_{TE}(K) = \frac{|\{o \in TE \mid K(o) = C(o)\}|}{|TE|}.$$

Verschiedene Versionen des Klassifikationsfehlers werden folgendermaßen definiert. Der *tatsächliche Klassifikationsfehler* (classification error, true error), bezeichnet als $F_{TE}(K)$, ist gegeben durch

$$F_{TE}(K) \;=\; \frac{|\{\,o \in TE \,|\, K(o) \neq C(o)\,\}|}{|TE|} \;,$$

und der *beobachtete Klassifikationsfehler* (apparent error), bezeichnet als $F_{TR}(K)$, ist definiert als

$$F_{TR}(K) \;=\; \frac{|\{\,o \in TR \,|\, K(o) \neq C(o)\,\}|}{|TR|} \;.$$

Schätzen des Klassifikationsfehlers

Der Begriff *tatsächlicher* Klassifikationsfehler ist eigentlich etwas irreführend, denn die Testmenge *TE* ist ja nur eine Stichprobe der Grundgesamtheit aller Objekte, die potentiell zu klassifizieren sind. Mit Hilfe des tatsächlichen Klassifikationsfehlers *f* läßt sich jedoch für jede Wahrscheinlichkeit *w* ein Intervall angeben, in dem der Klassifikationsfehler auf der Grundgesamtheit mit Wahrscheinlichkeit *w* liegt.

Das Schätzen des Klassifikationsfehlers auf der Grundgesamtheit ist nämlich äquivalent zum Schätzen des Parameters *p* (vgl. Abschnitt 2.2.8, Parameterschätzung) einer binomialverteilten Zufallsvariablen *X*. Das Bernoulli-Experiment (vgl. Abschnitt 2.2.4) ist hier das zufällige Ziehen eines Objekts der Grundgesamtheit und der Test, ob dieses Objekt von dem Klassifikator falsch klassifiziert wird (eine falsche Klassifikation stellt einen „Treffer" dar). Dieses Experiment wird $n = |TE|$ mal unabhängig wiederholt. Die Zufallsvariable *X* mißt die Anzahl der Fehlklassifikationen in der Stichprobe *TE*. Der Erwartungswert $E(X)$ der binomialverteilten Zufallsvariablen *X* ist $E(X) = n \cdot p$, ihre Varianz $Var(X) = n \cdot p \cdot (1-p)$ und ihre Standardabweichung $\sigma = \sqrt{n \cdot p \cdot (1-p)}$. Der tatsächliche Klassifikationsfehler $F_{TE}(K)$, im folgenden als *f* abgekürzt, wird als Anteil der *n* Objekte aus der Stichprobe bestimmt, die falsch klassifiziert werden, d.h. $f = \dfrac{X}{n}$. Der tatsächliche Klassifikationsfehler, d.h. die modifizierte Zufallsvariable $\dfrac{X}{n}$, ist ebenfalls binomialverteilt mit dem Erwartungswert $E\!\left(\dfrac{X}{n}\right) = p$ und der Standardabweichung

$$\sigma_{X/n} \;=\; \frac{\sqrt{n \cdot p \cdot (1-p)}}{n} \;=\; \frac{\sqrt{p \cdot (1-p)}}{\sqrt{n}} \;.$$

Eine Binomialverteilung mit den Parametern μ und σ^2 kann für genügend große Werte von *n* gut durch eine Normalverteilung mit den Parametern μ und σ^2 approximiert werden. Für die Wahrscheinlichkeit, daß der Wert einer normalverteilten Zufallsvariablen *X* in einem *Schwankungsintervall* $\mu - c \leq X \leq \mu + c$ liegt, gilt:

$$P(\mu - \sigma \cdot z_{1-\alpha/2} \leq X \leq \mu + \sigma \cdot z_{1-\alpha/2}) \;=\; 1 - \alpha \;.$$

Durch Einsetzen von $f = \dfrac{X}{n}$ für X, p für μ und $\dfrac{\sqrt{f \cdot (1-f)}}{\sqrt{n}}$ für σ erhalten wir

$$P\left(p - \frac{\sqrt{p \cdot (1-p)}}{\sqrt{n}} \cdot z_{1-\alpha/2} \leq f \leq p + \frac{\sqrt{p \cdot (1-p)}}{\sqrt{n}} \cdot z_{1-\alpha/2}\right) = 1 - \alpha$$

und somit folgendes Intervall mit Mittelpunkt f, in das p mit Wahrscheinlichkeit $1-\alpha$ fällt:

$$P\left(f - \frac{\sqrt{f \cdot (1-f)}}{\sqrt{n}} \cdot z_{1-\alpha/2} \leq p \leq f + \frac{\sqrt{f \cdot (1-f)}}{\sqrt{n}} \cdot z_{1-\alpha/2}\right) = 1 - \alpha.$$

Dieses Konfidenzintervall schrumpft also bei wachsendem n mit dem Faktor $\sqrt{n}$. Es gilt z.B. mit Wahrscheinlichkeit $0{,}95$

$$f - \sqrt{\frac{f \cdot (1-f)}{n}} \cdot 1{,}96 \leq p \leq f + \sqrt{\frac{f \cdot (1-f)}{n}} \cdot 1{,}96.$$

4.2 Bayes-Klassifikatoren

Bayes-Klassifikatoren [Mitchell 1997], [Michie, Spiegelhalter & Taylor 1994] beruhen auf der Bestimmung bedingter Wahrscheinlichkeiten der Attributwerte für die verschiedenen Klassen. Wir führen den optimalen Bayes-Klassifikator (Abschnitt 4.2.1) und den vereinfachten naiven Bayes-Klassifikator (Abschnitt 4.2.2) ein. Solche Klassifikatoren wurden in vielen Anwendungsgebieten erfolgreich eingesetzt. In Abschnitt 4.2.3 stellen wir zwei typische Anwendungen zur Klassifikation von Texten und zur Interpretation von Rasterbildern vor.

4.2.1 Optimaler Bayes-Klassifikator

Zur Motivation der Bayes-Klassifikatoren betrachten wir folgendes Beispiel.

Seien drei unabhängige Hypothesen h_1, h_2, h_3 mit ihren A-posteriori-Wahrscheinlichkeiten (d.h. bei gegeben Trainingsdaten) gegeben:

$h_1, P_{post}(h_1) = 0{,}4$, klassifiziert Objekt als *positiv*,
$h_2, P_{post}(h_2) = 0{,}3$, klassifiziert Objekt als *negativ*,
$h_3, P_{post}(h_3) = 0{,}3$, klassifiziert Objekt als *negativ*.

Wenn man alle Hypothesen und ihre Wahrscheinlichkeiten berücksichtigt, ist das Objekt mit Wahrscheinlichkeit $0{,}4$ positiv und mit Wahrscheinlichkeit $0{,}6$ negativ.

Allgemein erhält man die wahrscheinlichste Klasse eines Objekts, indem man die Vorhersagen aller Hypothesen mit den A-posteriori-Wahrscheinlichkeiten der jeweiligen Hypothesen multipliziert und miteinander kombiniert.

Entscheidungsregel des optimalen Bayes-Klassifikators

Sei $H = \{h_1, ..., h_l\}$ eine Menge von Hypothyesen. Der *optimale Bayes-Klassifikator* ordnet einem Objekt o folgende Klasse zu:

$$(4.1) \qquad \underset{c_j \in C}{\mathrm{argmax}} \sum_{h_i \in H} P(c_j|h_i) \cdot P(h_i|o).$$

Dieser Klassifikator ist optimal in dem Sinne, daß kein anderer Klassifikator mit demselben A-priori-Wissen im Durchschnitt eine bessere Klassifikationsgüte erreichen kann. Das Verfahren optimiert für die gegebenen Hypothesen, A-priori-Wahrscheinlichkeiten und Daten die Wahrscheinlichkeit der korrekten Klassifikation.

Beispiel

$C = \{+, -\}, H = \{h_1, h_2, h_3\}$

$P(h_1|o) = 0{,}4, P(-|h_1) = 0, P(+|h_1) = 1$

$P(h_2|o) = 0{,}3, P(-|h_2) = 1, P(+|h_2) = 0$

$P(h_3|o) = 0{,}3, P(-|h_3) = 1, P(+|h_3) = 0$

Es gilt

$$\sum_{h_i \in H} P(\text{positiv}|h_i) \cdot P(h_i|o) = 0{,}4,$$

$$\sum_{h_i \in H} P(\text{negativ}|h_i) \cdot P(h_i|o) = 0{,}6,$$

und somit erhalten wir in unserem Beispiel

$$\underset{c_j \in C}{\mathrm{argmax}} \sum_{h_i \in H} P(c_j|h_i) \cdot P(h_i|o) = \text{negativ}.$$

Einen wichtigen Spezialfall des optimalen Bayes-Klassifikators erhalten wir, falls immer genau eine der Hypothesen h_i gültig ist, denn dann vereinfacht sich die Entscheidungsregel zu

$$\underset{c_j \in C}{\mathrm{argmax}} \; P(c_j|o).$$

Mit Hilfe des Satzes von Bayes (vgl. Abschnitt 2.2.3) läßt sich diese vereinfachte Entscheidungsregel umformen in

$$\underset{c_j \in C}{\mathrm{argmax}} \; \frac{P(o|c_j) \cdot P(c_j)}{P(o)}$$

und wegen der Unabhängigkeit der Wahrscheinlichkeit $P(o)$ von den c_j weiter vereinfachen zu der

Entscheidungsregel des Maximum-Likelihood-Klassifikators

$$(4.2) \qquad \underset{c_j \in C}{\mathrm{argmax}} \; P(o|c_j) \cdot P(c_j) \, .$$

Bemerkungen

- Die Entscheidungsregel (4.2) wird als *Maximum-Likelihood-Klassifikator* bezeichnet, da sie sich für die Klasse entscheidet, die die Likelihood für das Auftreten des Objekts o maximiert (zum Maximum-Likelihood-Schätzer siehe Abschnitt 2.2.8).
- Häufig lassen sich die Objekte o als Vektoren in einem d-dimensionalen Vektorraum repräsentieren, d.h. $o = (o_1, \ldots, o_d)$. Dann lautet die Entscheidungsregel des optimalen Bayes-Klassifikators bzw. des Maximum-Likelihood-Klassifikators:

$$(4.3) \qquad \underset{c_j \in C}{\mathrm{argmax}} \; P(o_1, \ldots, o_d|c_j) \cdot P(c_j) \, .$$

4.2.2 Naiver Bayes-Klassifikator

Der naive Bayes-Klassifikator ist eine vereinfachte, aber in vielen Anwendungen sehr effektive Variante des optimalen Bayes-Klassifikators. Er ist anwendbar, falls die Objekte o Vektoren in einem d-dimensionalen Vektorraum sind und basiert auf Formel (4.3). Der zweite Faktor in (4.3) läßt sich mit Hilfe der Trainingsdaten als beobachtete Häufigkeit der einzelnen Klassen schätzen. Das Schätzen des ersten Faktors ist jedoch im allgemeinen nicht möglich, da die Zahl aller möglichen Trainingsobjekte sehr groß ist und man für jede Klasse mehrere Ausprägungen jedes möglichen Objekts beobachten müßte. Der naive Bayes-Klassifikator trifft daher die vereinfachende Annahme, daß die Attribute eines Objekts für eine gegebene Klasse *bedingt unabhängig* sind (vgl. Abschnitt 2.2.3), d.h.:

$$P(o_1, \ldots, o_d|c_j) = \prod_{i=1}^{d} P(o_i|c_j) \, .$$

Entscheidungsregel des naiven Bayes-Klassifikators

$$(4.4) \qquad \underset{c_j \in C}{\mathrm{argmax}} \; P(c_j) \cdot \prod_{i=1}^{d} P(o_i|c_j) \, .$$

Die Schätzung dieser beiden Faktoren mit Hilfe der Trainingsdaten ist möglich, da jetzt nur pro Attributwert und Klasse mehrere Ausprägungen beobachten werden müssen. Als Schätzer verwendet man die beobachteten relativen Häufigkeiten.

4.2.3 Anwendungen

In diesem Abschnitt stellen wir je eine typische Anwendung des naiven und des optimalen Bayes-Klassifikators vor.

Klassifikation von Texten

In vielen Anwendungen sollen Texte klassifiziert werden. Zur Bearbeitung von emails an die Adresse info@xxx.com möchte eine Firma xxx z.B. alle eingehenden emails klassifizieren, um sie automatisch an den passendsten Sachbearbeiter weiterleiten zu können. Eine andere zunehmend wichtige Anwendung ist die Klassifikation von Webseiten für Zwecke der automatischen Indizierung.

Bayes-Klassifikatoren werden häufig erfolgreich zur Klassifikation von Texten eingesetzt, siehe z.B. [Craven et al. 1999] und [Chakrabarti, Dom & Indyk 1998]. Gegeben sei eine Trainingsmenge textueller Dokumente als Sequenzen von Wörtern. Ein Dokument o wird repräsentiert durch Features o_i, $1 \leq i \leq d$, die von den Häufigkeiten der relevanten *Terme* aus einem Vokabular $T = \{t_1, \ldots, t_d\}$ in o abhängen. Die t_i können aus einzelnen oder aus mehreren Wörtern bestehen. Ein Dokument o wird also als d-dimensionaler Vektor $o = (o_1, \ldots, o_d)$ repräsentiert. Die Attribute eines Dokuments entsprechen also den Termen, die gezählt werden. Von der Trainingsmenge soll ein Klassifikator gelernt werden, mit Hilfe dessen zukünftige Dokumente automatisch klassifiziert werden sollen.

Die Entwicklung eines Bayes-Klassifikators für Texte erfolgt in folgenden Schritten, die unten erläutert werden:

- Auswahl der Attribute
- Berechnung der Attributwerte
- Klassifikation neuer Dokumente

Bei der *Auswahl der Attribute* müssen wir uns zuerst entscheiden, ob wir nur Einwort-Terme oder auch Terme betrachten, die aus mehreren Wörtern zusammengesetzt sind. Aus der Menge aller Terme, die in mindestens einem der Dokumente auftreten, werden dann diejenigen entfernt, die sehr häufig auftreten, insbesondere sogenannte *Stoppwörter* wie „es", „ist" oder „wird". Bei typischen Textdokumenten bleiben immer noch bis zu 100 000 verschiedene Terme übrig. Aus Effizienzgründen möchte man davon eine kleine Teilmenge von Termen auswählen, die für die Klassifikation besonders signifikant sind. Da die optimale Teilmenge sich nicht effizient bestimmen läßt, verfolgt man einen Greedy-Ansatz. Für jeden Term wird seine Fähigkeit bewertet, die Dokumente in Klassen zu separieren. Die Terme werden nach dieser Maßzahl absteigend sortiert, und es werden die ersten d als Attribute ausgewählt.

Zur *Berechnung der Attributwerte* wird die Menge aller Trainingsdokumente einmal durchlaufen, und es werden für alle Attribute t_i die Häufigkeiten für jedes Dokument sowie pro Klasse c_j gezählt.

Die *Klassifikation neuer Dokumente* geschieht mit Hilfe des naiven Bayes-Klassifikators (Entscheidungsregel (4.4)). Die Annahme der bedingten Unabhängigkeit der Attribute entspricht der Annahme, daß die Häufigkeiten der verschiedenen Terme im selben Dokument nicht miteinander korreliert sind. Diese Annahme ist zwar im allgemeinen nicht erfüllt, aber der naive Bayes-Klassifikator liefert trotzdem erstaunlich gute Ergebnisse und wird deshalb typischerweise für diese Anwendung eingesetzt.

Die Attribute o_i bezeichnen die absolute Häufigkeit des Terms t_i im Dokument o. Wir nehmen wir an, daß ein Dokument o durch folgenden Zufallsvorgang generiert wird. Zuerst wird die Klasse c_j von o gewählt und die Zahl n der Terme in o zufällig bestimmt. Dann wird folgendes Bernoulli-Experiment durchgeführt: Es wird n-mal hintereinander eine Münze geworfen, die für jeden Term t_i des Vokabulars T eine Seite besitzt, die mit Wahrscheinlichkeit $P(t_i|c_j)$ nach oben kommt. Dokument o wird jeweils um den Term erweitert, der auf der Münze zu sehen ist. $P(t_i|c_j)$ wird geschätzt durch $f(t_i, c)$, die relative Häufigkeit von t_i in der Menge aller Dokumente der Klasse c. Wir erhalten somit für die bedingte Wahrscheinlichkeit des Dokuments o unter c_j

$$\prod_{i=1}^{d} P(o_i|c_j) = \prod_{i=1}^{d} f(t_i, c_j)^{o_i}.$$

Die relativen Häufigkeiten $f(t_i, c)$ werden jedoch im allgemeinen nicht direkt verwendet, sondern vorher geglättet. Mit einer Glättung soll insbesondere $P(o_i|c_j) = 0$ für Terme t_i vermieden werden, die in keinem Trainingsdokument der Klasse c_j auftreten. Da der naive Bayes-Klassifikator die $P(o_i|c_j)$ für alle i, $1 \leq i \leq d$, multipliziert, würde sonst ein Dokument mit einem solchen neuen Term automatisch die bedingte Wahrscheinlichkeit Null erhalten, auch wenn es andere Terme enthält, die starke Indikatoren für eine bestimmte Klasse sind. Die *geglätteten relativen Häufigkeiten* werden z.B. folgendermaßen bestimmt, wobei U_c bzw. U die Anzahl aller unterschiedlichen Terme in der Klasse c bzw. in allen Klassen und $h(t_i, c)$ die absolute Häufigkeit von t_i in der Menge aller Dokumente der Klasse c bezeichnen:

$$P(o_i|c) = \begin{cases} \dfrac{h(t_i, c)}{U_c + \sum\limits_{j=1}^{d} h(t_j, c)} & \text{falls} \quad h(t_i, c) \neq 0, \\[2em] \dfrac{U}{U_c + \sum\limits_{j=1}^{d} h(t_j, c)} \cdot \dfrac{1}{U - U_c} & \text{falls} \quad h(t_i, c) = 0. \end{cases}$$

In [Craven et al. 1999] wurde ein solcher Bayes-Klassifikator für Texte entwickelt und experimentell untersucht.

Als Trainingsmenge wurden 4127 Webseiten von Informatik-Instituten an vier amerikanischen Universitäten gewählt. Die Seiten wurden einer der folgenden Klassen zugeordnet: department, faculty, staff, student, research project, course bzw. other. Zur Schätzung der Klassifikationsgüte wurde eine 4-fache Überkreuz-Validierung durchgeführt, indem jeweils die Seiten von drei der Universitäten zum Training und die Seiten der vierten Universität zum Test des Klassifikators verwendet wurden.

Tab. 4-1 zeigt in den Zeilen, für wieviele Seiten mit der in der Spalte angegebenen tatsächlichen Klasse der Klassifikator die jeweilige Klasse vorhergesagt hat. Ferner wird die Klassifikationsgenauigkeit getrennt für die einzelnen Klassen angegeben.

tatsächliche Klasse

vorhergesagte Klasse	course	student	faculty	staff	research project	department	other
course	**202**	17	0	0	1	0	552
student	0	**421**	14	17	2	0	519
faculty	5	56	**118**	16	3	0	264
staff	0	15	1	**4**	0	0	45
research project	8	9	10	5	**62**	0	384
department	10	8	3	1	5	**4**	209
other	19	32	7	3	12	0	**1064**
Klassifikations genauigkeit (in %)	82,8	75,4	77,1	8,7	72,9	100,0	35,0

Tab. 4-1 Klassifikationsgenauigkeit pro Klasse

Bemerkungen

- Für die meisten Klassen ist die Klassifikationsgenauigkeit ziemlich hoch (70% bis 80%).

- Die Klasse *staff* besitzt eine sehr niedrige Klassifikationsgenauigkeit. Allerdings werden 80% aller *staff* Dokumente korrekt der Oberklasse *person* (*person = student $\cup$ faculty $\cup$ staff*) zugeordnet.

- Die Klasse *other* wird ebenfalls sehr ungenau klassifiziert. Das liegt an der großen Varianz der Dokumente dieser Klasse.

Interpretation von Rasterbildern

Erdbeobachtungssatelliten liefern große Mengen von Rasterbildern, die die von der Erdoberfläche in verschiedenen Spektralbändern emittierte Strahlung repräsentieren. Diese Bilder sind im allgemeinen für den Menschen nicht direkt interpretierbar. Man möchte deshalb die einzelnen Pixel anhand der Rasterbilder einer der vorgegebenen Klassen zuordnen. Die Klassen können etwa die Bodennutzung repräsentieren, z.B. *Wasser, Stadt* oder *Ackerland.* Die Generierung von sogenannten *thematischen Karten* [Richards 1993] aus Rasterbildern ist eine wichtige Klassifikationsanwendung.

Gegeben seien d Rasterbilder eines Gebiets, die durch ein Fernerkundungssystem geliefert wurden. Für jedes Pixel (x, y) hat man also einen d-dimensionalen Grauwertvektor $o(x, y) = (o_1, ..., o_d)$. Die Grauwerte stellen gemessene Amplituden in bestimmten Spektralbereichen dar und sind für einen Benutzer nicht direkt zu interpretieren. Für eine kleine Teilmenge aller Pixel, die Trainingsmenge, wird manuell die korrekte Klasse bestimmt. Gesucht ist eine Zuordnung aller Pixel (x,y) anhand der $o(x, y)$ zu je einer der gegebenen Klassen c_i, $1 \leq i \leq k$.

Zu dieser Interpretation von Rasterbildern läßt sich der optimale Bayes-Klassifikator (bzw. Maximum Likelihood Klassifikator) mit der Entscheidungsregel (4.2) folgendermaßen anwenden. Die bedingten Wahrscheinlichkeiten $P(o_1, ..., o_d | c_j)$ werden ohne Annahme der bedingten Unabhängigkeit der Attribute o_i, $1 \leq i \leq d$, geschätzt. Stattdessen wird eine d-dimensionale Normalverteilung für die Attribute o_i einer Klasse angenommen (vgl. Abschnitt 2.2.7, mehrdimensionale Zufallsvariablen):

$$P(o_1, ..., o_d | c_i) = \frac{1}{\sqrt{(2\pi)^d}\sqrt{|\Sigma i|}} \cdot e^{-\frac{1}{2} \cdot [((o_1, ..., o_d) - \mu_i)^T \cdot \Sigma i^{-1} \cdot ((o_1, ..., o_d) - \mu_i)]}$$

Hier bezeichne μ_i den d-dimensionalen Mittelwertvektor aller Feature-Vektoren der Klasse c_i und Σ_i die $d \times d$ Kovarianzmatrix der Klasse c_i. Die *Kovarianzmatrix* Σ_i für die Klasse c_i beschreibt die Korrelation zwischen den verschiedenen Spektralbereichen (d.h. den verschiedenen Dimensionen der Feature-Vektoren) für Pixel dieser Klasse, ihre Elemente sind definiert als:

$$\Sigma^{jk}{}_i = E[(o_j - \mu_{ij}) \cdot (o_k - \mu_{ik})].$$

Der Mittelwertvektor μ_i wird geschätzt durch

$$\mu_{ij} = \frac{1}{card(c_i)} \cdot \sum_{o \in C_i} o_j.$$

und die Kovarianzmatrix Σ_i wird geschätzt durch

$$\Sigma^{jk}{}_i = \frac{1}{card(c_i) - 1} \cdot \sum_{o \in c_i} [(o_j - \mu_{ij}) \cdot (o_k - \mu_{ik})].$$

Abb. 4-2 zeigt ein Beispiel einer zwei-dimensionalen Normalverteilung der Feature-Vektoren für drei Klassen Wasser, Erdboden und Vegetation.

Beispiel

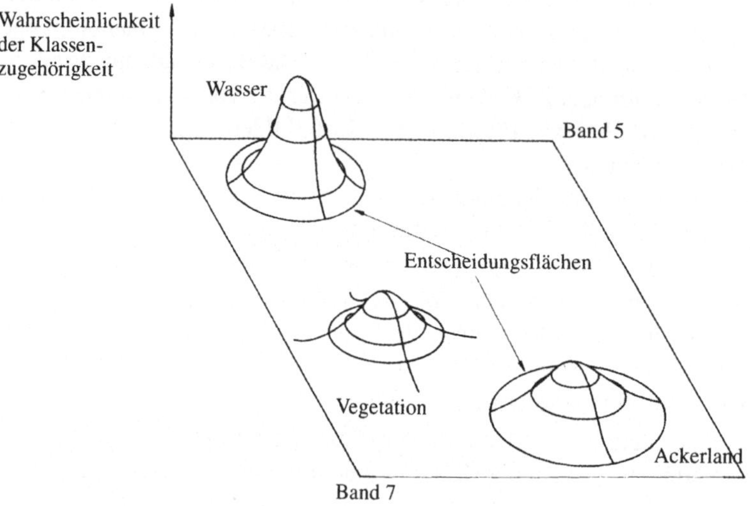

Abb. 4-2 Zwei-dimensionale Normalverteilung für drei Klassen

Abb. 4-3 zeigt zur Illustration ein Landsat-Rasterbild von 256 x 276 Pixeln und eine daraus erzeugte thematische Karte [Richards 1993]. Die vier relevanten Klassen seien *Wasser*, *Waldbrandgebiet*, *Vegetation* und *Stadt*. Für jede Klasse ist ein Trainingsfeld (d.h. eine Menge räumlich benachbarter Trainingspixel) gegeben.

Abb. 4-3 Ein Landsat-Rasterbild und eine daraus erzeugte thematische Karte

Verfeinerungen

Es werden mindestens $d + 1$ Trainingspixel pro Klasse c_i benötigt, damit die zugehörige Kovarianzmatrix nicht singulär wird. Experimentelle Untersuchungen zeigen jedoch, daß in praktischen Anwendungen mindestens $10\,d$ und für gute Ergebnisse etwa $100\,d$ Trainingspixel pro Klasse nötig sind.

Nach der obigen Entscheidungsregel wird jedes Pixel einer Klasse zugeordnet, auch wenn die Wahrscheinlichkeit für die gewählte Klasse sehr klein ist. Dieser Fall kann z.B. auftreten, wenn für eine Klasse nicht genügend Trainingsdaten vorhanden sind. Er führt leicht zu Fehlern in der Klassifikation, siehe Abb. 4-4 (a).

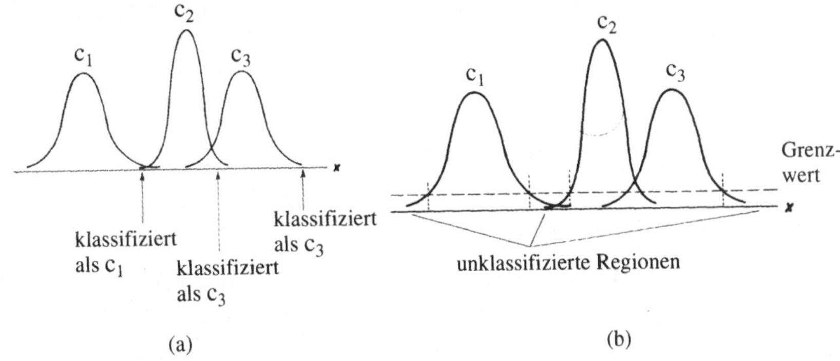

Abb. 4-4 Probleme der Maximum-Likelihood-Klassifikation

Deshalb wird oft ein *Grenzwert* p_{min} gesetzt. Pixel, für die gilt:

$$\operatorname*{argmax}_{c_j \in C}\ P(o_1, \ldots, o_d | c_j) \cdot P(c_j) \le p_{min} ,$$

werden keiner Klasse zugeordnet (siehe Abb. 4-4 b).

4.3 Nächste-Nachbarn-Klassifikatoren

Bei der Anwendung des Maximum-Likelihood-Klassifikators zur Interpretation von Rasterbildern hatten wir angenommen, daß die Attributvektoren der Objekte einer Klasse normalverteilt mit μ_i und Σ_i sind. Dabei sind μ_i der d-dimensionale Mittelwertvektor und Σ_i die $d \times d$–Kovarianzmatrix der Attribute der Klasse c_i. Aufgrund der geringeren Anzahl der Parameter benötigen wir wesentlich weniger Trainingsdaten, um μ_i zu schätzen, als um Σ_i zu schätzen. Man hätte deshalb gerne einen Klassifikator, der lediglich die Mittelwertvektoren für jede Klasse benötigt. Das ist die Idee der sogenannten Nächste-Nachbarn-Klassifikatoren.

Abb. 4-5 illustriert einen einfachen Nächste-Nachbarn-Klassifikator für Tiere mit drei Klassen (Wolf, Hund und Katze) und zwei Features - jedes Tier ist durch einen zwei-dimensionalen Punkt repräsentiert. Das zu klassifizierende Objekt q wird durch diesen Klassifikator der Klasse mit dem nächstgelegenen Mittelwertvektor, d.h. der Klasse *Hund*, zugewiesen.

Beispiel

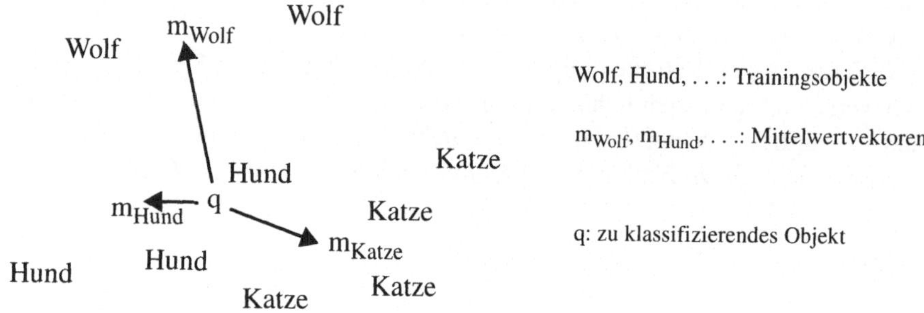

Abb. 4-5 Ein einfacher Nächste-Nachbarn-Klassifikator für Tiere

Nächste-Nachbarn-Klassifikatoren [Mitchell 1997] verzichten auf das Finden expliziten Wissens und arbeiten stattdessen direkt auf den Trainingsdaten. Trotz ihrer Einfachheit werden sie in vielen Anwendungen erfolgreich eingesetzt. Im folgenden führen wir die benötigten Konzepte formaler ein.

Grundbegriffe

Trainingsobjekte o werden durch Attributvektoren $o = (o_1, ..., o_d)$ repräsentiert und für jede Klasse c_i wird der Mittelwertvektor der zugehörigen Attributvektoren bestimmt. Der *Nächste-Nachbarn-Klassifikator* ordnet zu klassifizierende Objekte der Klasse c_i des nächstgelegenen Mittelwertvektors μ_i zu.

Dieser einfachste Nächste-Nachbarn-Klassifikator läßt sich auf verschiedene Weisen verallgemeinern:

- Benutze mehr als ein Trainingsobjekt pro Klasse, d.h. nicht nur den Mittelwertvektor, sondern z.B. die Attributvektoren aller Trainingsobjekte einer Klasse.
- Betrachte nicht nur den *einen* nächsten Nachbarn, sondern die $k > 1$ nächsten Nachbarn, die sogenannte *Entscheidungsmenge*.
- Behandle die Klassen der k nächsten Nachbarn nicht gleich, sondern gewichte sie, z.B. nach Distanz der Nachbarn vom zu klassifizierenden Objekt.

Abb. 4-6 veranschaulicht diese Verallgemeinerungen anhand eines Beispiels mit zwei Klassen „+" und „–" von Objekten, die durch zwei-dimensionale Feature-Vektoren repräsentiert sind.

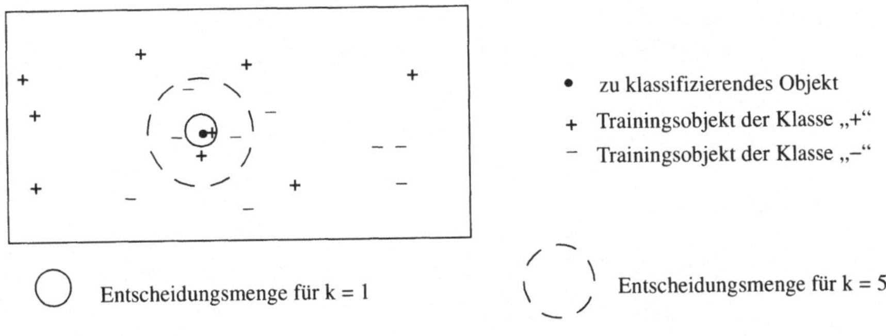

Abb. 4-6 Verschiedene Nächste-Nachbarn-Klassifikatoren für die Klassen „+" und „–"

Mit Gleichgewichtung der Entscheidungsmenge erhalten wir im Beispiel aus Abb. 4-6 folgende Ergebnisse: bei $k = 1$ wird das Objekt als „+", bei $k = 5$ als „–" klassifiziert. Bei einer Gewichtung der Entscheidungsmenge nach inversem Quadrat der Distanz wird das Objekt sowohl bei $k = 1$ als auch bei $k = 5$ als „+" klassifiziert.

Der k-nächste-Nachbarn-Klassifikator erzeugt kein explizites Wissen über die Klassen. Er liefert jedoch eine implizite Beschreibung der Klasse c_i durch den Teil des Datenraums, der mit c_i klassifiziert würde. Die *Entscheidungsflächen*, die die Teilräume zweier Klassen voneinander trennen, setzen sich aus den Begrenzungen konvexer Polyeder zusammen. Für $k = 1$ liefert das Voronoi-Diagramm aller Trainingsobjekte diese Entscheidungsflächen. Abb. 4-7 zeigt die Entscheidungsflächen des Nächste-Nachbarn-Klassifikators anhand eines Beispiels mit zwei Klassen „+" und „–" von Objekten, die durch zwei-dimensionale Feature-Vektoren repräsentiert werden.

Beispiel

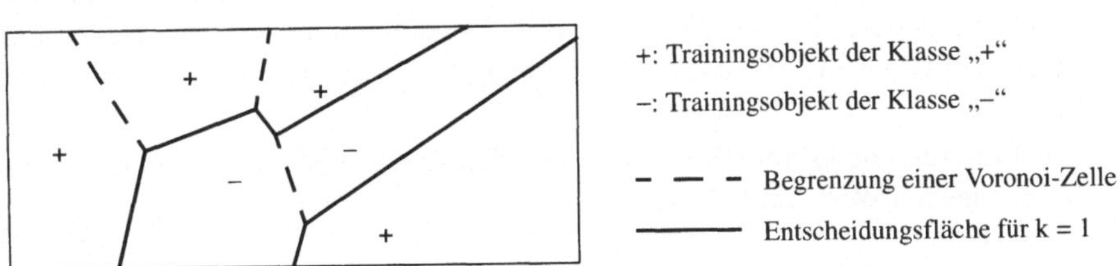

Abb. 4-7 Entscheidungsflächen des Nächste-Nachbarn-Klassifikators

Algorithmus

```
k-NächsteNachbarnKlassifikator (Trainingsobjekte O,
  Objekt q, Integer k)
  Besorge als Entscheidungsmenge E die k-nächsten Nachbarn
  von q in O;
```

$$\text{Klasse} := \underset{c_j \in C}{\operatorname{argmax}} \sum_{o \in E} w(dist(o, q)) \cdot \delta(c_j, Class(o)) \; ;$$

```
  return Klasse;
```

Hier bezeichne *Class*(o) die Klasse des Trainingsobjekts o und δ die Funktion mit

$$\delta(x, y) = \begin{cases} 1 & \text{falls} \quad x = y, \\ 0 & \text{falls} \quad x \neq y. \end{cases}$$
$dist(x, y)$ ist die zugrundeliegende Distanz-

funktion, z.B. die euklidische Distanz. Als Gewichtsfunktion w verwendet man

etwa $w(x) = \dfrac{1}{x^2}$.

Um einen k-nächste-Nachbarn-Klassifikator auf großen Trainingsmengen effizient anwenden zu können, werden räumliche Indexstrukturen eingesetzt, z.B. der R*-Baum für niedrige Dimensionen bzw. der X-Baum für höhere Dimensionen, siehe Abschnitt 2.1.7. Dort wurde auch gezeigt, wie sich die k-nächste-Nachbarn-Anfrage effizient durch solche Indexstrukturen unterstützen läßt.

Wahl des Parameters *k*

Einen wichtigen Einfluß auf die Qualität des k-nächste-Nachbarn-Klassifikators besitzt die Wahl des Wertes für den Parameter k:

- Ein „zu kleines" k führt zu einer hohen Sensitivität gegenüber Ausreißern.
- Ein „zu großes" k dagegen bewirkt, daß k die Größe des relevanten Clusters übersteigt, d.h. es kommen viele Objekte aus anderen Clustern (Klassen) in die Entscheidungsmenge. Ferner wird die Anfragebearbeitung für größere Werte von k immer aufwendiger, d.h. auch aus Effizienzgründen möchte man k nicht zu groß machen.
- Ein mittleres k liefert im allgemeinen die höchste Klassifikationsgüte. Häufig gilt für den besten Wert von k: $1 << k < 10$.

Abb. 4-8 illustriert den Einfluß des Parameters k auf die Qualität des k-nächste-Nachbarn-Klassifikators an einem Beispiel zwei-dimensionaler Punkte. Mit $k = 1$ wird das Objekt x falsch klassifiziert, weil ein Ausreißer der falschen Klasse der nächste Nachbar ist. Die korrekte Klasse wird für den mittleren Wert von $k = 7$ geliefert. Für $k = 17$ erhalten wir wieder eine Fehlklassifikation, da ein großer Cluster der falschen Klasse in die Entscheidungsmenge kommt.

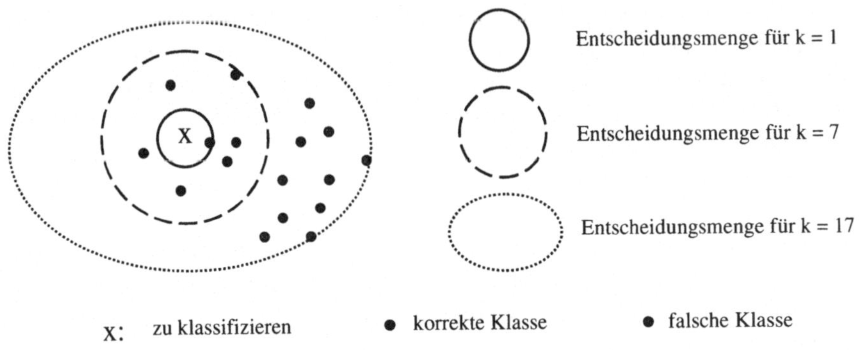

Abb. 4-8 Einfluß des Parameters k auf die Klassifikationsgüte

Anwendung: Klassifikation von Sternen

In der Astronomie werden immer größere Datenmengen durch Radioteleskope und andere Geräte gesammelt. Diese Daten enthalten viel Rauschen sowie einen großen Anteil von bereits bekannter Information, d.h. von bereits beobachteten Himmelsobjekten. Interessant sind für die Astronomen im allgemeinen nur die noch nicht beobachteten Objekte oder Objekte mit einem Ausnahmeverhalten. Data-Mining-Techniken werden in der Astronomie erfolgreich eingesetzt, um die Experten bei der Analyse der riesigen Datenmengen von Routinetätigkeiten zu entlasten, damit sie sich auf die interessanten Beobachtungen konzentrieren können.

Abb. 4-9 zeigt einen typischen Ablauf der Analyse astronomischer Daten, die mit Hilfe eines Teleskops gewonnen wurden.

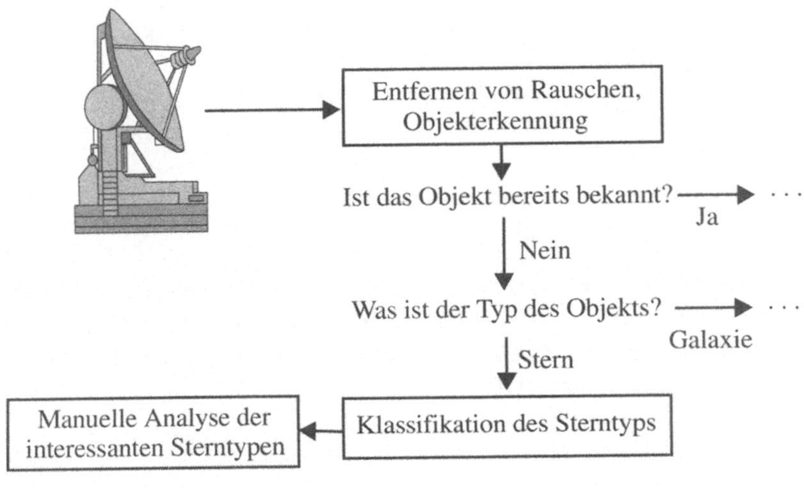

Abb. 4-9 Prozeß der Analyse astronomischer Daten

Das Teleskop liefert Rasterbilder einer gegebenen Auflösung. Aus diesen Bildern wird im ersten Schritt mit Hilfe verschiedener Filter Rauschen entfernt. Dann werden aus den Rasterbildern Objekte wie z.B. Sterne extrahiert, wozu Verfahren der Bildverarbeitung wie etwa Segmentierungsalgorithmen eingesetzt werden. Mit Hilfe sogenannter Sternkataloge, die alle bekannten Objekte eines bestimmten Bereichs des Himmels enthalten, wird festgestellt, ob das gefundene Objekt bereits bekannt ist. Falls es sich um ein bisher unbekanntes Objekt handelt, wird zwischen Sternen und Galaxien unterschieden, die prinzipiell unterschiedlich analysiert werden. Sterne werden dann im nächsten Schritt in eine der vorgegebenen Klassen eingeordnet. Nur bisher unbekannte Sterne der besonders interessanten Klassen werden im letzten Schritt von einem Astronomen manuell analysiert.

Im folgenden konzentrieren wir uns auf einen dieser Schritte und diskutieren eine Anwendung des Nächste-Nachbarn-Klassifikators zur Klassifikation des Sterntyps [Poschenrieder 1998]. Als Trainingsdaten verwenden wir einen Sternkatalog, den *Hipparcos-Katalog* [ESA 1998]. Dieser enthält ca. 118.000 Sterne, die durch je 78 numerische Attribute wie z.B. Helligkeit, Entfernung und Farbe beschrieben werden. Attribut H76 spezifiziert den Spektraltyp, der die Einteilung in die Klassen liefert. Abb. 4-10 zeigt einige mögliche Werte des Klassenattributs H76 und einen Ausschnitt aus der Konzepthierarchie, die für dieses Attribut definiert ist.

Beispiel

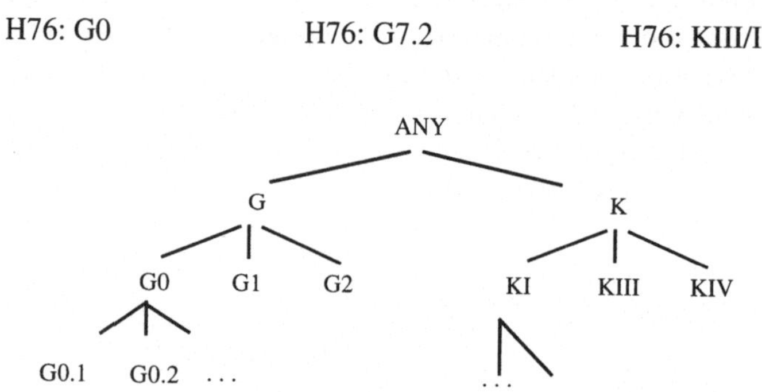

Abb. 4-10 Beispielhafte Werte und Konzepthierarchie des Klassenattributs H76

Die Werte des Klassenattributs H76 sind vage und stammen von verschiedenen Ebenen der Konzepthierarchie des Spektraltyps. Es werden deshalb zur Klassifikation nur die Werte der obersten Ebene der Konzepthierarchie genutzt, d.h. die ersten Buchstaben des Attributwerts H76.

Im folgenden präsentieren wir einige Ergebnisse der experimentellen Untersuchung aus [Poschenrieder 1998]. Die Parameter wurden folgendermaßen gewählt:

- Distanzfunktion: Es wurde immer die euklidische Distanz verwendet, jedoch wurden verschiedene Mengen von Features (Attribute, die zur Bestimmung der Distanz verwendet werden) getestet. Insbesondere wurden Distanzfunktionen mit und ohne Berücksichtigung des Attributs „Entfernung" evaluiert. Die beste Klassifikationsgüte lieferte eine Distanzfunktion mit 6 Attributen (Farben, Helligkeit, . . ., Entfernung) unter Einbeziehung der Entfernung.
- Größe k der Entscheidungsmenge: k wurde innerhalb eines Intervalls von [1..100] variiert, die beste Klassifikationsgüte wurde für $k = 15$ erzielt.
- Gewichtung der Entscheidungsmenge: Es wurden verschiedene Gewichtungen getestet. Insbesondere wurde eine Gewichtung nach umgekehrter Häufigkeit der Klassen untersucht, d.h. das Auftreten seltener Klassen in der Entscheidungsmenge wurde stärker berücksichtigt als das Auftreten häufiger Klassen. Die Berücksichtigung der Klassenhäufigkeit bewährte sich jedoch nicht. Die beste Klassifikationsgüte wurde bei Gewichtung mit der inversen Distanz erreicht.

Tab. 4-2 zeigt die Klassifikationsgenauigkeit pro Klasse sowie den Anteil der jeweiligen Klasse im Hipparcos-Katalog.

Klasse	# der falschen Klassifikationen	# der korrekten Klassifikationen	Klassifikations genauigkeit(%)	Anteil dieser Klasse in %
K	408	2338	85,1	27,0
F	350	2110	85,8	21,7
G	784	1405	64,2	19,3
A	312	975	75,8	15,8
B	308	241	43,9	8,8
M	88	349	79,9	4,1
C	4	5	55,6	0,14
R	5	0	0	0,07
W	4	0	0	0,06
O	9	0	0	0,22
N	4	1	20	0,05
D	3	0	0	0,02
S	1	0	0	0,02
Alle	2461	7529	75,3	100

Tab. 4-2 Klassifikationsgenauigkeit pro Klasse

Die Schätzung der Klassifikationsgüte erfolgte auf einer Testmenge von 9990 Objekten aus dem Hipparcos-Katalog. Der Anteil der Klassen in der Testmenge differiert leicht vom Anteil derselben Klassen im gesamten Katalog. Die durchschnittliche Klassifikationsgenauigkeit (über alle Klassen) beträgt 75,3%, sie variiert jedoch stark für die einzelnen Klassen. Zur Erklärung dieses Phänomens betrachten wir den Anteil der verschiedenen Klassen am Hipparcos-Katalog: es gibt einige sehr häufig auftretende Klassen und eine größere Anzahl von seltenen Klassen. Die häufigen Klassen werden relativ gut, die seltenen schlecht klassifiziert. Der Grund dafür liegt darin, daß die meisten seltenen Klassen nicht einmal $k/2 = 8$ Elemente haben, d.h. daß sie gar nicht die Mehrheit in einer Entscheidungsmenge besitzen können.

4.4 Entscheidungsbaum-Klassifikatoren

Nächste-Nachbarn-Klassifikatoren sind in vielen Anwendungen sehr effektiv und noch dazu effizient, liefern aber kein explizites Wissen über die Klassen. Entscheidungsbaum-Klassifikatoren [Quinlan 1986], [Quinlan 1993] dagegen finden solches explizites Wissen in der Form von Entscheidungsbäumen.

4.4.1 Grundbegriffe

Ein *Entscheidungsbaum* ist ein Baum mit folgenden Eigenschaften:
- ein innerer Knoten repräsentiert ein Attribut,
- ein Blatt repräsentiert eine der Klassen,
- eine Kante repräsentiert einen Test auf dem Attribut des Vaterknotens.

Von den Tests, die sich auf ein gegebenes Attribut beziehen, ist immer genau einer erfolgreich. Der Entscheidungsbaum wird anhand der Trainingsmenge konstruiert. Für zukünftige Objekte durchläuft man den Entscheidungsbaum von der Wurzel zu einem der Blätter entsprechend dem Ergebnis der den Kanten zugeordneten Tests und ordnet das Objekt der Klasse des erreichten Blatts zu.

Beispiel

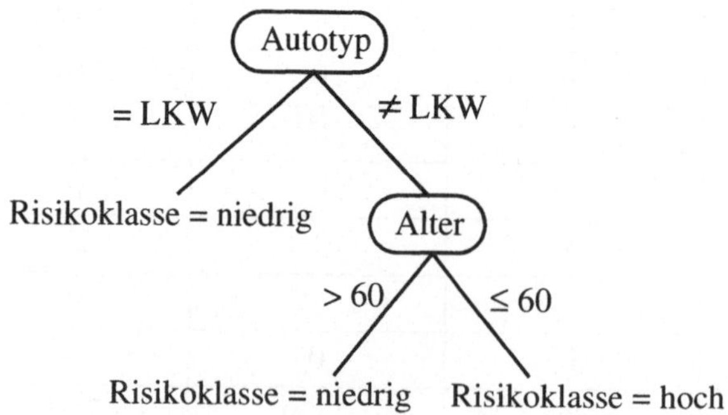

Abb. 4-11 Ein Entscheidungsbaum für die Trainingsdaten aus Abb. 4-1

Aus obigem Entscheidungsbaum lassen sich die folgenden drei Klassifikationsregeln ableiten:

```
if Autotyp = LKW then Risikoklasse = niedrig,
if Autotyp ≠ LKW and Alter > 60 then Risikoklasse = niedrig,
if Autotyp ≠ LKW and Alter ≤ 60 then Risikoklasse = hoch.
```

Algorithmus

```
EntscheidungsbaumKonstruktion (Trainingsmenge T,
                               Float min-conf)
  if mindestens min-conf der Objekte aus T in Klasse c then
    return;
  else
    for each Attribut A do
        for each möglicher Split von A do
            bewerte die Qualität der Partitionierung, die durch
              den Split entstehen würde;
      führe den besten aller dieser Splits durch;
      seien T₁, T₂ , . . ., Tₘ die durch diesen Split entstehenden
        Partitionen von T;
      Entscheidungsbaum-Konstruktion (T₁, min-conf);
      . . .
      Entscheidungsbaum-Konstruktion (Tₘ, min-conf);
```

Bemerkungen

- Die meisten Entscheidungsbaum-Klassifikatoren führen binäre Splits durch ($m = 2$), manche bilden aber auch mehr Partitionen ($m > 2$).
- Ein Algorithmus zum Finden des „optimalen" Entscheidungsbaums ist exponentiell in der Zahl der Attribute. Deshalb wird ein *Greedy-Algorithmus* benutzt: Es wird jeweils nur das nächste Splitattribut ausgewählt, und es wird kein Backtracking durchgeführt.
- Nach dem Aufbau (*Growth Phase*) wird ein Entscheidungsbaum im allgemeinen noch beschnitten (*Pruning Phase*), da kleinere Entscheidungsbäume auf neuen Objekten meist eine bessere Klassifikationsgüte besitzen.

4.4.2 Splitstrategien

Die Splitstrategie ist der Kern eines Entscheidungsbaum-Klassifikators. Einerseits muß der Typ der möglichen Splits definiert werden, andererseits muß ein Kriterium für die Qualität eines tatsächlichen Splits dieses Typs festgelegt werden. Entscheidungsbaum-Klassifikatoren wurden ursprünglich vor allem für kategorische Attribute entwickelt, sie sind aber auch für numerische Attribute anwendbar. Wir behandeln im folgenden Splitstrategien für kategorische und für numerische Attribute.

Bei *kategorischen Attributen* unterscheidet man folgende Typen von Splits, die in Abb. 4-12 illustriert werden:

- Tests der Form $Attribut = a$: es gibt genau einen Split dieses Typs.
- Tests der Form $Attribut \in Menge$: es gibt $O(2^m)$ viele verschiedene Splits dieses zweiten Typs für einen Wertebereich von m Werten.

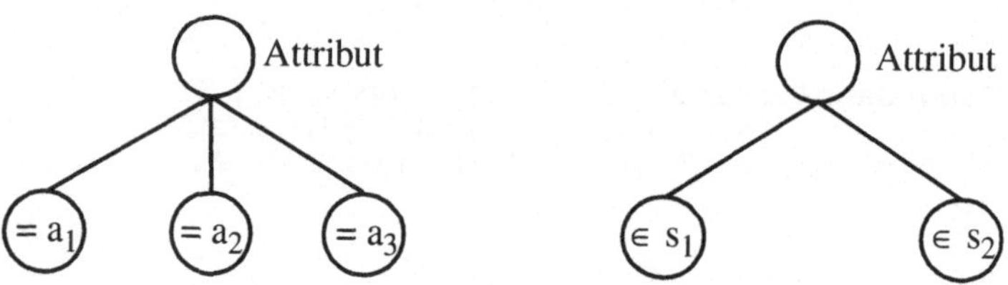

Abb. 4-12 Typen von Splits für kategorische Attribute

Anders als kategorische Attribute besitzen *numerische Attribute* eine totale Ordnung für ihren Wertebereich. Splits numerischer Attribute sind deshalb im allgemeinen von der Form $Attribut < a$ bzw. $Attribut \geq a$. Es gibt $O(m)$ viele verschiedene binäre Splits eines Wertebereichs von m Werten, nämlich je einen zwischen jedem Paar aufeinanderfolgender Attributwerte. Abb. 4-13 veranschaulicht n-äre sowie binäre Splits numerischer Attribute.

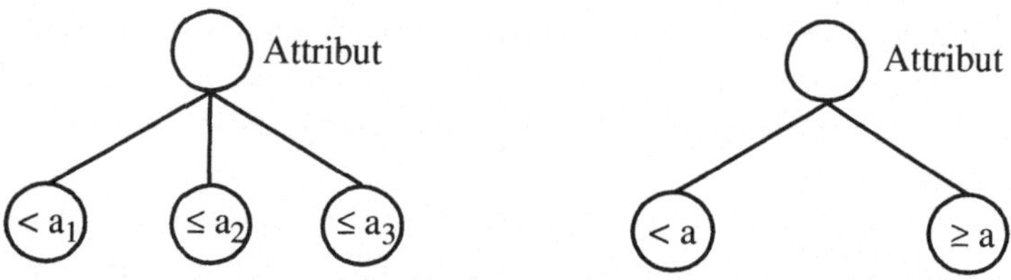

Abb. 4-13 Typen von Splits für numerische Attribute

Nach Wahl des Typ eines Splits wollen wir unter den verschiedenen möglichen Splits dieses Typs den jeweils „besten" auswählen, wir benötigen also ein Qualitätskriterium für Splits. Gesucht sind Splits, die möglichst reine Partitionen (in Bezug auf die Klassenzugehörigkeit) der Trainingsmenge erzeugen. Es wurden verschiedene Maße für die Qualität von Splits bzw. für die Unreinheit der entstehenden Partitionen entwickelt, insbesondere der Informationsgewinn und der Gini-Index, die im folgenden eingeführt werden. Dazu bezeichne T eine Menge von Trainingsobjekten, und $T_1, T_2, \ldots, T_m$ sei eine disjunkte, vollständige Partitionierung von T, die durch einen m-ären Split mit Attribut A erzeugt wird. Bezeichne p_i die relative Häufigkeit der Klasse c_i in T.

Informationsgewinn

Die *Entropie* für eine Menge T von Trainingsobjekten, bezeichnet als *entropie(T)*, ist definiert als

$$entropie(T) = -\sum_{i=1}^{k} p_i \cdot \log_2 p_i, \qquad entropie(T) \in [0, 1].$$

Die Entropie mißt die minimale Anzahl von Bits zum Codieren der Nachricht, mit der man die Klasse eines zufälligen Trainingsobjekts mitteilen möchte. Es gilt z.B.

- *entropie(T)* = 0, falls $p_i = 1$ für ein i: man braucht keine Nachricht zu senden, weil alle Objekte dieselbe Klasse besitzen.
- *entropie(T)* = 1 für $k = 2$ Klassen mit $p_i = 1/2$: man benötigt für jedes Objekt eine Nachricht bestehend aus einem Bit.

Der *Informationsgewinn* eines Attributs A in Bezug auf die Menge T von Trainingsobjekten, bezeichnet als *informationsgewinn(T, A)*, ist definiert als

$$informationsgewinn(T, A) = entropie(T) - \sum_{i=1}^{m} \frac{|T_i|}{|T|} \cdot entropie(T_i).$$

Gini-Index

Der *Gini-Index* für eine Menge T von Trainingsobjekten, bezeichnet als *gini(T)*, ist definiert als

$$gini(T) = 1 - \sum_{i=1}^{k} p_i^2 \qquad gini(T) \in [0, 1].$$

Der *Gini-Index* für die Partitionierung von T in $T_1, T_2, \ldots, T_m$, bezeichnet als *gini($T_1, T_2, \ldots, T_m$)*, ist definiert als:

$$gini(T_1, T_2, \ldots, T_m) = \sum_{i=1}^{m} \frac{|T_i|}{|T|} \cdot gini(T_i).$$

Es gilt z.B.

- *gini(T_1, T_2)* = 0, falls $p_i = 1$ für ein i: es liegt minimale Unreinheit vor.
- *gini(T_1, T_2)* = 0.5 für $k = 2$ Klassen mit $p_i = 1/2$: das ist der Fall der maximalen Unreinheit für $k = 2$.

Der Informationsgewinn und der Gini-Index liefern ähnliche Ergebnisse. Der Gini-Index gewichtet häufige Klassen (mit relativ großem p_i) stärker und ist etwas effizienter zu berechnen. Im folgenden diskutieren wir den Split am Beispiel der in Tab. 4-3 gegebenen Trainingsmenge. Als Klassenattribut wird das Attribut „Tennisspielen" verwendet, d.h. man möchte Tage als gut oder schlecht geeignet zum Tennisspielen klassifizieren. Abb. 4-14 illustriert den Informationsgewinn, den man durch Wahl der Splitattribute „Feuchtigkeit" bzw. „Wind" erzielt.

Tag	Aussicht	Temperatur	Feuchtigkeit	Wind	Tennisspielen
1	sonnig	heiß	hoch	schwach	nein
2	sonnig	heiß	hoch	stark	nein
3	bedeckt	heiß	hoch	schwach	ja
4	regnerisch	mild	hoch	schwach	ja
5	regnerisch	kühl	normal	schwach	ja
6	regnerisch	kühl	normal	stark	nein
7	bedeckt	kühl	normal	stark	ja
8	sonnig	mild	hoch	schwach	nein
9	sonnig	kühl	normal	schwach	ja
10	regnerisch	mild	normal	schwach	ja
11	sonnig	mild	normal	stark	ja
12	bedeckt	mild	hoch	stark	ja
13	bedeckt	heiß	normal	schwach	ja
14	regnerisch	mild	hoch	stark	nein

Tab. 4-3 Trainingsmenge zur Klassifikation in Bezug auf „Tennisspielen"

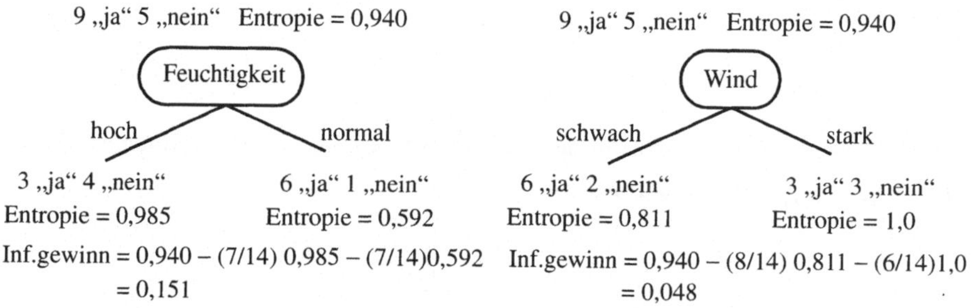

Abb. 4-14 Informationsgewinn für die Splits nach „Feuchtigkeit" bzw. nach „Wind"

Wir erhalten für die vier für die Wurzel des Entscheidungsbaums in Frage kommenden Splitattribute folgende Werte des Informationsgewinns:

$$\text{Informationsgewinn(T, Aussicht)} = 0,246,$$
$$\text{Informationsgewinn(T, Temperatur)} = 0,029,$$
$$\text{Informationsgewinn(T, Feuchtigkeit)} = 0,151,$$
$$\text{Informationsgewinn(T, Wind)} = 0,048.$$

Das Attribut „Aussicht" liefert den höchsten Informationsgewinn und wird deshalb als erstes Splitattribut gewählt. Abb. 4-15 zeigt den entstehenden Entscheidungsbaum.

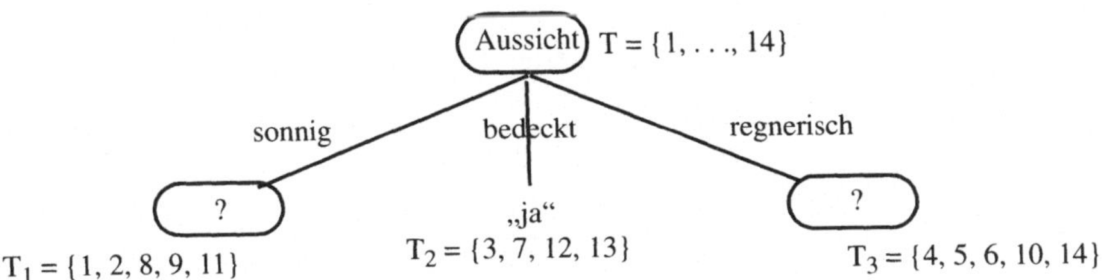

Abb. 4-15 Entscheidungsbaum für die Trainingsdaten aus Tab. 4-3 nach dem ersten Split

Die Partition T_2 ist rein und muß nicht mehr weiter bearbeitet werden. T_1 und T_3 jedoch werden mit dem Qualitätskriterium des Informationsgewinns rekursiv weiter gesplittet, bis wir reine Partitionen erhalten. Abb. 4-16 präsentiert den entstehenden endgültigen Entscheidungsbaum.

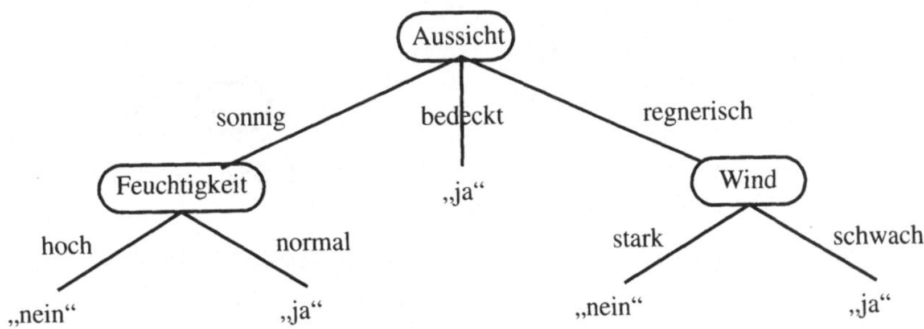

Abb. 4-16 Endgültiger Entscheidungsbaum für die Trainingsdaten aus Tab. 4-3

4.4.3 Overfitting

In dem obigen Beispiel „Tennisspielen" wird der Entscheidungsbaum so weit verfeinert, bis jedes Blatt nur noch Trainingsdaten einer Klasse enthält. Dieses Vorgehen ist aber problematisch, wenn die Trainingsdaten Rauschen bzw. Fehler enthalten oder wenn die Trainingsdaten keine repräsentative Stichprobe der Grundgesamtheit bilden. In diesen Fällen tritt der Effekt des *Overfitting* auf, d.h. es gibt zwei Entscheidungsbäume E und E' mit

- E hat auf der Trainingsmenge eine kleinere Fehlerrate als E',
- E' hat auf der Grundgesamtheit der Daten eine kleinere Fehlerrate als E.

Abb. 4-17 illustriert den Effekt des Overfitting, wenn der Entscheidungsbaum aus Abb. 4-16 an einen weiteren Trainingsdatensatz angepaßt wird, der fehlerhaft klassifiziert wurde.

fehlerhaft klassifizierter Trainingsdatensatz

Tag	Aussicht	Temperatur	Feuchtigkeit	Wind	Tennisspielen
15	sonnig	heiß	normal	stark	nein

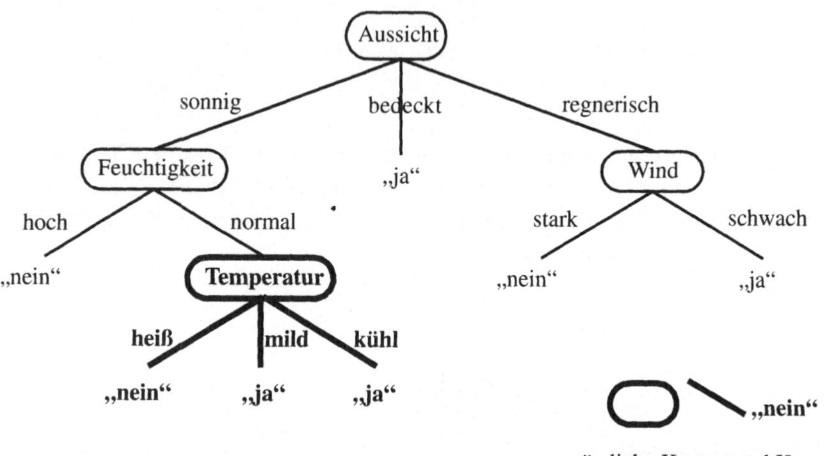

Abb. 4-17 Verfeinerter Entscheidungsbaum unter Einbezug des fehlerhaften Trainingsdatensatzes

Der verfeinerte Entscheidungsbaum erreicht auf den Trainingsdaten eine Klassifikationsgenauigkeit von 100%, besitzt aber auf der Grundgesamtheit eine schlechtere Klassifikationsgenauigkeit. Alle Datensätze der Form (sonnig, heiß, normal, _) werden nämlich mit dem ursprünglichen Baum aus Abb. 4-16 korrekt, mit dem verfeinerten Baum aber falsch klassifiziert.

Abb. 4-18 [Mitchell 1997] quantifiziert den Effekt des Overfitting anhand einer typischen Anwendung der Entscheidungsbaumklassifikation. Die Anzahl der Knoten des Entscheidungsbaumes werde als Baumgröße bezeichnet. Die Klassifikationsgenauigkeit auf den Trainingsdaten wächst mit steigender Baumgröße monoton. Die Klassifikationsgüte auf den Testdaten wächst zwar anfangs ebenfalls, erreicht aber relativ bald den Punkt der Sättigung und sinkt dann wieder stark ab. Es gibt verschiedene Ansätze zum Vermeiden von Overfitting:

- Entfernen von fehlerhaften Trainingsdaten,
- Wahl einer geeigneten Größe der Trainingsmenge,
- Wahl einer *minimum confidence* < 100%.
  Die Partitionen der Testdaten, die den Blättern zugeordnet sind, müssen dann nicht rein sein und können auch fehlerhafte Datensätze oder Rauschen enthalten.
- nachträgliches Pruning des gefundenen Entscheidungsbaums
  Diesen Ansatz werden wir im folgenden genauer diskutieren.

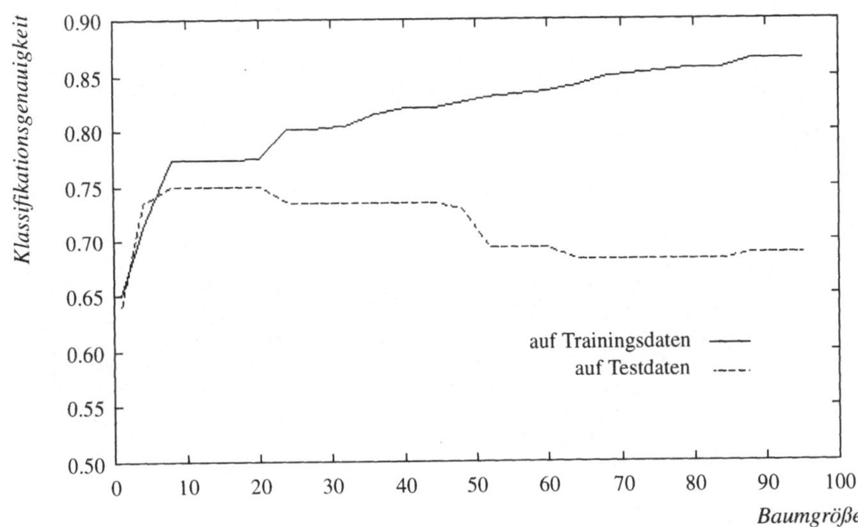

Abb. 4-18 Der Effekt des Overfitting bei einem typischen Entscheidungsbaum-Klassifikator

4.4.4 Pruning von Entscheidungsbäumen

Nach dem Aufbau (*Growth Phase*) wird ein Entscheidungsbaum im allgemeinen noch beschnitten (*Pruning Phase*), um den Effekt des Overfitting zu vermeiden. Wir stellen zwei Techniken des Pruning von Entscheidungsbäumen vor: Fehlerreduktions-Pruning erfordert eine separate Testmenge, Minimales Kostenkomplexitäts-Pruning benötigt dagegen lediglich eine Trainingsmenge.

Fehlerreduktions-Pruning

Beim Fehlerreduktions-Pruning werden die klassifizierten Daten in eine Trainingsmenge und eine Testmenge aufgeteilt, und für die Trainingsmenge wird ein Entscheidungsbaum *E* generiert. Im folgenden wird der Algorithmus des Fehlerreduktions-Pruning in Pseudocode präsentiert. Als Eingabeparameter besitzt er einen Entscheidungsbaum E und eine Testmenge T. Der Algorithmus bestimmt in jedem Schritt denjenigen Teilbaum von E, dessen Abschneiden den Klassifikationsfehler auf T am stärksten reduziert und entfernt diesen Teilbaum. Das Pruning ist beendet, wenn kein Teilbaum mehr existiert, dessen Abschneiden den Klassifikationsfehler verringern würde.

Algorithmus

```
FehlerreduktionsPruning (Entscheidungsbaum E, Testmenge T)
  sei BesterFehler der Klassifikationsfehler von E auf T;
  B := E;
  loop
    for each Knoten K aus B do
        entferne K und seinen zugehörigen Teilbaum aus B und
          erhalte B - K;
        bestimme den Klassifikationsfehler NeuerFehler von
          B - K auf T;
        merke das Minimum der Werte für NeuerFehler in
          BesterNeuerFehler;
        if BesterNeuerFehler < BesterFehler then
          entferne den entsprechenden Knoten K und seinen
            Teilbaum aus B, d.h. B := B - K;
          merke als BesterFehler den Klassifikationsfehler
            des neuen B auf T;
        else return B;
```

Minimales Kostenkomplexitäts-Pruning
[Breiman, Friedman, Olshen & Stone 1984]

Dieses Verfahren benötigt keine separate Testmenge, sondern nur eine Trainingsmenge. Es ist also insbesondere sinnvoll, wenn nur wenige klassifizierte Daten vorhanden sind. Für die Trainingsmenge wird ein Entscheidungsbaum generiert und dann ebenfalls mit Hilfe der Trainingsmenge beschnitten. Als Qualitätskriterium der verschiedenen Entscheidungsbäume kann man jetzt nicht einfach den Klassifikationsfehler verwenden, da der Klassifikationsfehler auf der Trainingsmenge ja mit der Größe der Bäume monoton sinkt (ansonsten wäre der Baum in der Growth Phase gar nicht weiter expandiert worden). Wir setzen deshalb den Klassifikationsfehler in Bezug zu der Größe des Baums und verwenden als Qualitätskriterium eine gewichtete Summe aus dem Klassifikationsfehler und der Größe des Entscheidungsbaums.

Maß für die Kostenkomplexität

Wir definieren die *Größe* des Entscheidungsbaums E, bezeichnet mit $|E|$, als die Anzahl seiner Blätter. Sei $\alpha \in \mathbb{R}$ mit $\alpha \geq 0$. Die *Kostenkomplexität* von E in Bezug auf die Trainingsmenge T und den Komplexitätsparameter α, bezeichnet als $KK_T(E, \alpha)$, ist definiert als

$$KK_T(E, \alpha) = F_T(E) + \alpha \cdot |E|.$$

Der *kleinste minimierende Teilbaum* von E in Bezug auf α, bezeichnet als $E(\alpha)$, ist definiert durch die folgenden beiden Bedingungen ($B \leq E$ bezeichne die Teilbaum-Beziehung zwischen B und E):

$$(1) \qquad \forall B \leq E: \qquad KK_T(E(\alpha), \alpha) \leq KK_T(B, \alpha),$$

$$(2) \qquad \forall B \leq E, B \neq E(\alpha): \qquad (KK_T(E(\alpha), \alpha) = KK_T(B, \alpha)) \to E(\alpha) < B.$$

Für verschiedene Werte des Parameters α erhalten wir folgendes Verhalten der minimalen Kostenkomplexität:

- $\alpha = 0$: E selbst besitzt die minimale Kostenkomplexität.
- $\alpha = \infty$: die Wurzel von E minimiert die Kostenkomplexität.
- $0 < \alpha < \infty$: ein echter Teilbaum von E, der im allgemeinen mehr als die Wurzel umfaßt, hat minimale Kostenkomplexität.

Die Kostenkomplexität besitzt zwei wichtige Eigenschaften:

- Für jeden Wert von α existiert der kleinste minimierende Teilbaum von E in Bezug auf α.
- Wenn $\alpha_i < \alpha_j$ ist, dann gilt $E(\alpha_i) > E(\alpha_j)$.

Wie kann man $E(\alpha)$ für ein gegebenes α konstruieren? Und für welchen Parameter α soll man $E(\alpha)$ als endgültigen (besten) Entscheidungsbaum wählen? Diese beiden Fragen werden im folgenden behandelt.

Wir konstruieren die $E(\alpha)$ für eine Folge von monoton wachsenden α–Werten $0 = \alpha_1 < \alpha_2 < \dots < \alpha_m$, es gilt also:

$$E = E(\alpha_1) > E(\alpha_2) > \dots > E(\alpha_m).$$

$E(\alpha_m)$ entspricht der Wurzel des ursprünglichen Entscheidungsbaums E. Die Konstruktion von α_i und $E(\alpha_i)$ geschieht folgendermaßen: Betrachten wir während des Prunings einen beliebigen Knoten e aus $E(\alpha_i)$. Bezeichne E_e den Teilbaum mit der Wurzel e und bezeichne $\{e\}$ den Baum, der nur aus dem Knoten E besteht (d.h. den Teilbaum, den man erhält, wenn man beim Knoten e prunt). Für kleine Werte von α gilt $KK_T(E_e, \alpha) < KK_T(\{e\}, \alpha)$. Wir suchen den Wert α_{crit}, für den gilt: $KK_T(E_e, \alpha_{crit}) = KK_T(\{e\}, \alpha_{crit})$. Dann besitzen $\{e\}$ und E_e dieselbe Kostenkomplexität, $\{e\}$ ist kleiner und somit ist es vorteilhaft, den Teilbaum unter e abzuschneiden. Der Wert α_{crit} läßt sich folgendermaßen bestimmen:

$$KK_T(E_e, \alpha_{crit}) = KK_T(\{e\}, \alpha_{crit}).$$

Es gilt

$$F_T(E_e) + \alpha_{crit} \cdot |E_e| = F_T(\{e\}) + \alpha_{crit} \cdot |\{e\}|$$

und somit

$$\alpha_{crit} = \frac{(F_T(E_e) - F_T(\{e\}))}{1 - |E_e|}.$$

Als *schwächsten Link* bezeichnen wir den Knoten eines gegebenen Entscheidungsbaums mit dem minimalen Wert für α_{crit}.

Algorithmus

```
MinimalesKostenkomplexitätsPruning (Entscheidungsbaum E,
  Trainingsmenge T)
   i := 1;
   E_i := E;
   while |E_i| > 1 do
      for each Knoten K aus E_i do
         bestimme den Wert von α_crit für K in Bezug auf T;
         merke die Knoten mit dem minimalen α_crit als
            SchwächsteLinks;
      i := i + 1;
      entferne SchwächsteLinks aus E_i-1 und erhalte damit E_i;
   return [E_1, ..., E_m];
```

Der Algorithmus des Minimalen Kostenkomplexitäts-Pruning beginnt mit dem vollständigen Baum E und entfernt iterativ immer den schwächsten Link aus dem aktuellen Baum. Falls mehrere schwächste Links existieren, werden alle miteinander im gleichen Schritt entfernt.

Dieser Algorithmus liefert also eine Folge $E_1 > E_2 > ... > E_m$. Es gilt bei Anwendung des obigen Algorithmus zur Konstruktion der E_i:

$$\forall k, 1 \leq k \leq m - 1: \qquad \alpha_k \leq \alpha \leq \alpha_{k+1} \rightarrow E(\alpha) = E_k.$$

Dieser Algorithmus liefert also tatsächlich die gesuchte Folge $E(\alpha_1) > E(\alpha_2) > ... > E(\alpha_m)$.

Aus diesen $E(\alpha_i)$ ist nun der beste Entscheidungsbaum auszuwählen. Zum Schätzen des Klassifikationsfehlers der $E(\alpha_i)$ auf der Grundgesamtheit steht uns nur die Trainingsmenge zur Verfügung. Der Klassifikationsfehler auf der Grundgesamtheit wird deshalb folgendermaßen durch eine l-fache Überkreuz-Validierung bestimmt:

- Konstruiere aus den klassifizierten Daten l Paare (Trainingsmenge$_i$,Testmenge$_i$), so daß sowohl die Testmengen als auch Trainingsmenge$_i$ und Testmenge$_i$ paarweise disjunkt sind.

- Konstruiere für jede Trainingsmenge$_i$ (zusätzlich zu dem Entscheidungsbaum E, der mit Hilfe aller klassifizierten Daten bestimmt wurde) den vollständigen Entscheidungsbaum und nach obigem Algorithmus eine Sequenz reduzierter Bäume.

- Ordne den aus E abgeleiteten E_i jeweils die reduzierten Bäume aus den l Sequenzen zu, für deren α_{crit} gilt: $\alpha_i \leq \alpha_{crit} \leq \alpha_{i+1}$.

- Schätze den Klassifikationsfehler von E_i als Mittel der Klassifikationsfehler der zugeordneten reduzierten Bäume auf den jeweiligen Testmengen Testmenge$_i$.

Als Ergebnis des Pruning wird schließlich der Entscheidungsbaum $E(\alpha_i)$ mit dem minimalen geschätzten Klassifikationsfehler gewählt.

Beispiel

Das folgende Beispiel [Breiman, Friedman, Olshen & Stone 1984] zeigt eine Anwendung des Minimalen Kostenkomplexitäts-Pruning für einen Entscheidungsbaum zur Erkennung von Zahlen. Zur Klassifikation der Zahlen werden Trainingsdaten mit 17 Attributen und einem signifikanten Anteil von Rauschen verwendet. Für jeden der geprunten Bäume E_i zeigt Tab. 4-4 den (auf der Trainingsmenge) beobachteten, den mit Hilfe des Verfahrens geschätzten und den tatsächlichen (auf einer Testmenge bestimmten) Fehler.

i	$|E_i|$	*beobachteter Fehler von E_i*	*geschätzter Fehler von E_i*	*tatsächlicher Fehler von E_i*
1	71	0,0	0,46 +/− 0,04	0,42
2	63	0,0	0,45 +/− 0,04	0,40
3	58	0,04	0,43 +/− 0,04	0,39
4	40	0,10	0,38 +/− 0,03	0,32
5	34	0,12	0,38 +/− 0,03	0,32
6	19	0,,20	0,32 +/− 0,03	0,31
7	10	0,29	**0,31** +/− 0,03	**0,30**
8	9	0,32	0,39 +/− 0,03	0,34
9	7	0,41	0,47 +/− 0,04	0,47
10	6	0,46	0,53 +/− 0,04	0,54
11	5	0,53	0,64 +/− 0,03	0,61
12	2	0,75	0,78 +/− 0,03	0,82
13	1	0,86	0,86 +/− 0,03	0,91

Tab. 4-4 Beobachtete, geschätzte und tatsächliche Fehler bei der Klassifikation der Zahlen

Bemerkungen

- Beim geschätzten Fehler wurde der Mittelwert +/− Standardabweichung angegeben. In den meisten Fällen liegt der tatsächliche Fehler im geschätzten Intervall.

- Der geschätzte Fehler sinkt erst und steigt dann wieder an.

- Als bester Baum wird der Baum E_7 mit mittlerer Größe gewählt, weil er den geringsten geschätzten Fehler besitzt. Man beachte, daß E_7 auch den niedrigsten tatsächlichen Fehler liefert.

4.5 Skalierung für große Datenbanken

Die Algorithmen zur Konstruktion von Entscheidungsbäumen, die aus dem Gebiet
des Maschinellen Lernens stammen, sind typischerweise Hauptspeicher-Algorithmen. Es wird angenommen, daß die Datenbank so klein ist, daß sie vollständig im
Hauptspeicher gehalten werden kann. Die heutigen Datenbanken in kommerziellen
wie auch in wissenschaftlichen Anwendungen erfüllen diese Voraussetzung jedoch
im allgemeinen nicht. Es sind also Entscheidungsbaum-Klassifikatoren erforderlich, die auf sekundärspeicherresidenten Daten effizient arbeiten und somit für Datenbanken beliebiger Größe skalieren. Dabei ist zu beachten, dass der Zeitaufwand
für den Zugriff auf eine Seite des Sekundärspeichers um Größenordnungen höher ist
als die Zeit für einen Zugriff im Hauptspeicher (vgl. Abschnitt 2.1.5).

Ansätze zur Skalierung von Entscheidungsbaum-Klassifikatoren

- Sampling
  Das Ziehen von Stichproben (*Sampling*) kann hier auf zwei Arten eingesetzt werden: entweder wird nur eine Stichprobe der Datenbank als Trainingsmenge verwendet, oder es wird nur eine Stichprobe aller potentiellen Splits evaluiert. Beide
  Ansätze ermöglichen Effizienz auf großen Datenbanken. Die Qualität der entstehenden Entscheidungsbäume wird jedoch durch das Sampling in einem nicht
  vorhersagbaren Maß vermindert.
- Unterstützung durch spezielle Daten- und Indexstrukturen
  Man nutzt die gesamte Datenbank als Trainingsmenge, die durch ein Datenbanksystem auf dem Sekundärspeicher verwaltet wird. Es werden spezielle Daten-
  und Indexstrukturen eingesetzt, die eine effiziente Unterstützung auch für große
  Datenbanken bieten. Bei diesem Ansatz werden dieselben Entscheidungsbäume
  konstruiert, die der ursprüngliche Algorithmus für hauptspeicherresidente Trainingsdaten erzeugen würde, d.h. man hat keinen Verlust an Qualität.

Wir stellen im folgenden einige Verfahren vor, die den zweiten Ansatz verfolgen.
Diese Verfahren basieren auf einer Analyse, welche Operationen bei der Konstruktion von Entscheidungsbäumen besonders teuer sind:

- Evaluation der potentiellen Splits und Selektion des besten Splits
  Bei numerischen Attributen müssen die Attributwerte zuerst sortiert werden,
  dann wird jeweils die Mitte zwischen zwei aufeinanderfolgenden Attributwerten
  als potentieller Splitpunkt evaluiert. Bei kategorischen Attributen ist die Zahl
  möglicher binärer Splits $O(2^m)$ für m verschiedene Attributwerte.
- Partitionierung der Trainingsdaten entsprechend dem gewählten Split
  Nach der Auswahl des besten Splits für einen gegebenen Knoten des Entscheidungsbaums müssen die zugehörigen Trainingsdaten den Splitbedingungen entsprechend in verschiedene Partitionen aufgeteilt werden. Dazu müssen die Trainingsdaten komplett gelesen und neu geschrieben werden.

Die Growth Phase bei der Konstruktion von Entscheidungsbäumen ist datenintensiv und typischerweise der dominante Anteil am Gesamtaufwand, die Pruning Phase kann in diesem Kontext vernachlässigt werden. Die obigen beiden Operationen müssen also von einem skalierbaren Klassifikator effizient unterstützt werden.

4.5.1 SLIQ [Mehta, Agrawal & Rissanen 1996]

SLIQ ist ein skalierbarer Entscheidungsbaum-Klassifikator, der den zweiten oben aufgeführten Ansatz verfolgt. SLIQ erzeugt immer binäre Splits, zur Evaluierung von Splits wird der Gini-Index verwendet. Es werden spezielle Datenstrukturen eingeführt, die insbesondere verhindern, daß die Trainingsdaten für jeden Knoten des Entscheidungsbaums und für jedes Attribut einmal sortiert werden müssen.

Datenstrukturen

- *Attributlisten*
  Für jedes Attribut wird eine Attributliste erzeugt, die die Werte dieses Attributs in aufsteigender Sortierreihenfolge zusammen mit einer Referenz auf den zugehörigen Eintrag in der Klassenliste enthält. Die Attributlisten werden auf dem Sekundärspeicher gespeichert und sequentiell zugegriffen.

- *Klassenliste*
  Die Klassenliste enthält für jeden Trainingsdatensatz seine Id, die Klasse und einen Verweis auf das Blatt des Entscheidungsbaums, in dessen Partition der Trainingsdatensatz fällt. Die Klassenliste wird wahlfrei zugegriffen. Annahme: Die Klassenliste kann hauptspeicherresident gehalten werden.

- *Histogramme*
  Zur Evaluation der potentiellen Splitpunkte benötigt man für jedes Blatt des Entscheidungsbaums ein Histogramm, das die Häufigkeiten der einzelnen Klassen in der Partition zählt, die dem Blatt zugeordnet ist.

Algorithmus

```
EvaluiereSplits (Entscheidungsbaum B)
  for each Attribut A do
    for each Wert W in der Attributliste von A do
      bestimme den zugehörigen Eintrag E der
        Klassenliste;
      sei K der zugehörige Blattknoten in B von E;
      aktualisiere das Histogramm von K;
      if A ist numerisches Attribut then
        berechne den Gini-Index für die
          Partitionierung von K durch den Test A ≤ W;
      if A ist kategorisches Attribut then
        for each Knoten K von B do
          bestimme die Teilmenge der Attributwerte von
            A mit dem kleinsten Gini-Index;
```

Trainingsmenge

Id	Alter	Gehalt	Klasse
1	30	65	G
2	23	15	B
3	40	75	G
4	55	40	B
5	55	100	G
6	45	60	G

Attributliste Alter

Alter	Id
23	2
30	1
40	3
45	6
55	5
55	4

Attributliste Gehalt

Gehalt	Id
15	2
40	4
60	6
65	1
75	3
100	5

Klassenliste vor dem ersten Split

Id	Klasse	Blattknoten
1	G	N1
2	B	N1
3	G	N1
4	B	N1
5	G	N1
6	G	N1

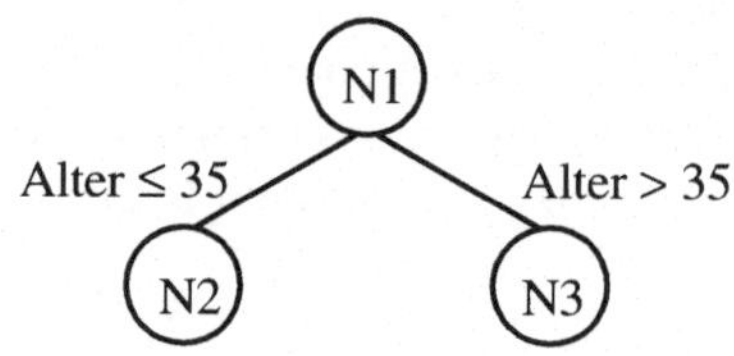

Klassenliste nach dem ersten Split

Klasse	Blattknoten
G	N2
B	N2
G	N3
B	N3
G	N3
G	N3

Abb. 4-19 Attributlisten und Klassenliste für eine beispielhafte Trainingsmenge

Abb. 4-20 präsentiert die entstehenden Histogramme für die Evaluation der jeweils ersten möglichen Splits für die Knoten N2 und N3 des Entscheidungsbaums aus Abb. 4-19.

Histogramm für N2

	B	G
Links	1	0
Rechts	0	1

Histogramm für N3

	B	G
Links	0	0
Rechts	1	3

Evaluation des ersten Splits für N2
(Gehalt $\leq$ 15)

Histogramm für N2

	B	G
Links	1	0
Rechts	0	1

Histogramm für N3

	B	G
Links	1	0
Rechts	0	3

Evaluation des ersten Splits für N3
(Gehalt $\leq$ 40)

Abb. 4-20 Histogramme für die Trainingsmenge aus Abb. 4-19

Bemerkungen

- Frühere Entscheidungsbaumklassifikatoren nutzten eine Depth-First-Strategie.
- Der Algorithmus SLIQ verfolgt eine Breadth-First-Strategie: für alle Blätter des Entscheidungsbaums werden alle potentiellen Splits für alle Attribute evaluiert.
- Laufzeitkomplexität: $O(d \cdot n)$ für d Attribute und n Trainingsdatensätze.

Der Split kategorischer Attribute geschieht folgendermaßen. Falls die Anzahl aller Attributwerte $\leq$ MAXSIZE ist, werden alle möglichen Teilmengen gebildet und für jede Partitionierung wird der Gini-Index berechnet. Andernfalls sei S die Menge aller relevanten Attributwerte und S' zu Beginn die leere Menge. Solange der aktuelle Split sich noch verbessern läßt, wird das Element aus S entfernt und in S' eingefügt, das den Split mit dem niedrigsten Gini-Index liefert.

Leistungsuntersuchung

Es wurde eine Leistungsuntersuchung für SLIQ durchgeführt [Mehta, Agrawal & Rissanen 1996]. Für die Evaluation der Qualität wurden folgende Trainingsdaten aus dem STATLOG-Benchmark [Michie, Spiegelhalter & Taylor 1994] benutzt:

Name	# Attribute	# Klassen	# Datensätze
Australian	14	2	690
Diabetes	8	2	768
DNA	180	3	3186
Satimage	36	6	6435
Segment	19	7	2310
Shuttle	9	7	57000

SLIQ wird mit den Entscheidungsbaum-Klassifikatoren IND-Cart und IND-C4 verglichen. Als Qualitätskriterien werden die Klassifikationsgüte (siehe Tab. 4-5) und die Baumgröße (Anzahl der Blätter, siehe Tab. 4-6) verwendet.

Trainingsdaten	IND-Cart	IND-C4	SLIQ
Australian	85,3	84,4	84,9
Diabetes	74,6	70,1	75,4
DNA	92,2	92,5	92,1
Satimage	85,3	85,2	86,3
Segment	94,9	95,9	94,6
Shuttle	99,9	99,9	99,9

Tab. 4-5 Klassifikationsgüte für die verschiedenen Algorithmen

Trainingsdaten	IND-Cart	IND-C4	SLIQ
Australian	5,2	85	10,6
Diabetes	11,5	179,7	21,2
DNA	35,0	171,0	45,0
Satimage	90,0	563,0	133,0
Segment	52,0	102,0	16,2
Shuttle	27	57	27

Tab. 4-6 Baumgröße für die verschiedenen Algorithmen

Zusammenfassend läßt sich festhalten, daß SLIQ sowohl in der Klassifikationsgüte als auch in der Baumgröße vergleichbar mit den getesteten State-of-the-Art-Algorithmen ist.

In weiteren Experimenten wurde die Skalierung von SLIQ untersucht. Da die Trainingsmengen des STATLOG-Benchmarks (und anderer verfügbarer Benchmarks) relativ klein sind, wurden für diese Experimente synthetische Datenbanken eingesetzt. Die synthetischen Datenbanken besaßen neun Attribute mit zufällig verteilten Werten. Die Klassenzugehörigkeit wurde jeweils durch eine vorgegebene Funktion (z.B. Funktion 5 bzw. Funktion 10) definiert. Abb. 4-21 zeigt die Ergebnisse dieser Experimente. Funktion 10 erfordert einen wesentlich größeren Entscheidungsbaum, was sich in deutlich höheren Laufzeiten niederschlägt. Für beide Fälle steigt die Laufzeit von SLIQ linear sowohl mit der Anzahl der Datensätze als auch mit der Anzahl der Attribute, d.h. SLIQ skaliert gut für große Trainings-Datenbanken.

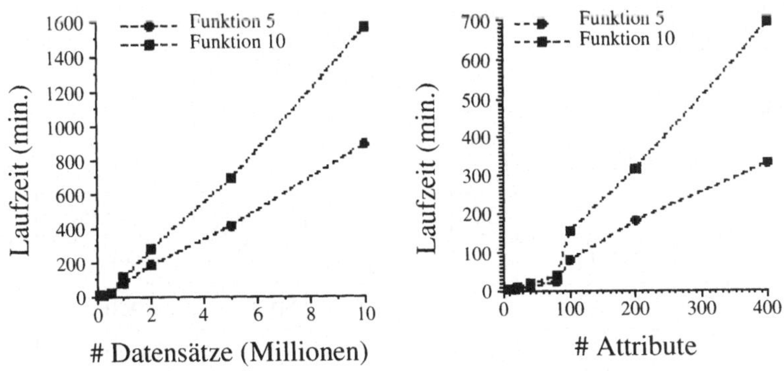

Abb. 4-21 Skalierung von SLIQ

4.5.2 SPRINT

[Shafer, Agrawal & Mehta 1996]

SPRINT ist eine Fortentwicklung von SLIQ. SLIQ nutzt eine hauptspeicherresidente Datenstruktur, die Klassenliste, deren Größe linear mit der Größe der Datenbank wächst. SLIQ skaliert deshalb nur gut, wenn genügend Hauptspeicher für die vollständige Klassenliste verfügbar ist. Ziel von SPRINT ist dagegen die Skalierung für beliebig große Datenbanken. Ein weiteres wichtiges Ziel ist die einfache Parallelisierbarkeit des Verfahrens, um so die Effizienz weiter verbessern zu können.

Datenstrukturen

Die wesentliche Fortentwicklung von SPRINT besteht in der Verbesserung der zugrunde liegenden Datenstrukturen. Zur dabei wichtigen Unterscheidung zwischen wahlfreiem und sequentiellem Zugriff vgl. Abschnitt 2.1.5. Die Datenstrukturen in SPRINT unterscheiden sich von denjenigen in SLIQ wie folgt:

- SPRINT kennt keine Klassenliste mehr, die wahlfrei zugegriffen wird und deshalb im Hauptspeicher liegen muß. Stattdessen wird ein zusätzliches Attribut „Klasse" für die sekundärspeicherresidenten Attributlisten eingeführt, die sequentiell zugegriffen werden. SPRINT hat also keine Hauptspeicher-Datenstrukturen mehr und es ist somit skalierbar für beliebig große DB. Der Preis dafür besteht in zusätzlicher Redundanz bzw. einer Vergrößerung der Attributlisten, da die Klasse eines Datensatzes für jedes Attribut einmal repräsentiert wird.

- SPRINT hat nicht eine Attributliste für die ganze Trainingsmenge, sondern pro Knoten des Entscheidungsbaums (bzw. für die zugehörigen Trainingsdatensätze) eine Attributliste. Die Parallelisierung von SPRINT ist somit relativ einfach möglich, da keine zentralen Datenstrukturen mehr vorhanden sind. Alle Datenstrukturen lassen sich vielmehr dezentral verteilen.

Abb. 4-22 zeigt als Beispiel einige Attributlisten von SPRINT für die Trainingsdaten aus Abb. 4-19.

Beispiel

Attributlisten für Knoten N1

Alter	Klasse	Id
17	Hoch	1
20	Hoch	5
23	Hoch	0
32	Niedrig	4
43	Hoch	2
68	Niedrig	3

Autotyp	Klasse	Id
Familie	Hoch	0
Sport	Hoch	1
Sport	Hoch	2
Familie	Niedrig	3
LKW	Niedrig	4
Familie	Hoch	5

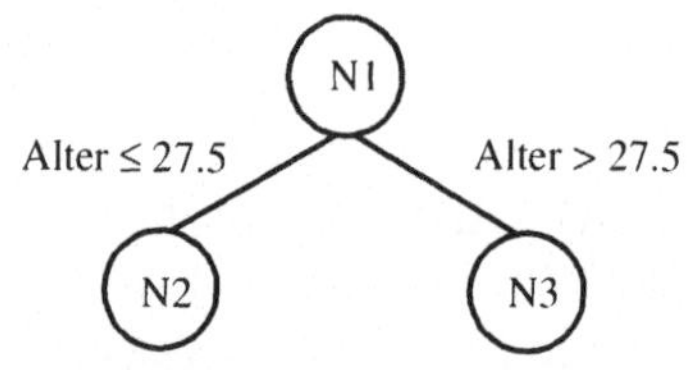

Entscheidunsgbaum nach dem ersten Split

Attributlisten für Knoten N2

Alter	Klasse	Id
17	Hoch	1
20	Hoch	5
23	Hoch	0

Autotyp	Klasse	Id
Familie	Hoch	0
Sport	Hoch	1
Familie	Hoch	5

Attributlisten für Knoten N3

Alter	Klasse	Id
32	Niedrig	4
43	Hoch	2
68	Niedrig	3

Autotyp	Klasse	Id
Sport	Hoch	2
Familie	Niedrig	3
LKW	Niedrig	4

Abb. 4-22 Attributlisten von SPRINT für die Trainingsdaten aus Abb. 4-19

Im folgenden diskutieren wir die wichtige Operation der Evaluierung potentieller Splits genauer. Die Evaluierung von Splits numerischer Attribute nutzt einen Cursor, der sequentiell die Klassenliste durchläuft. Abb. 4-23 stellt diesen Ablauf beispielhaft dar und zeigt dazu das jeweils aktuelle Histogramm für das Attribut „Alter" (mit den beiden Klassen „Hoch" und „Niedrig") für verschiedene Cursorpositionen.

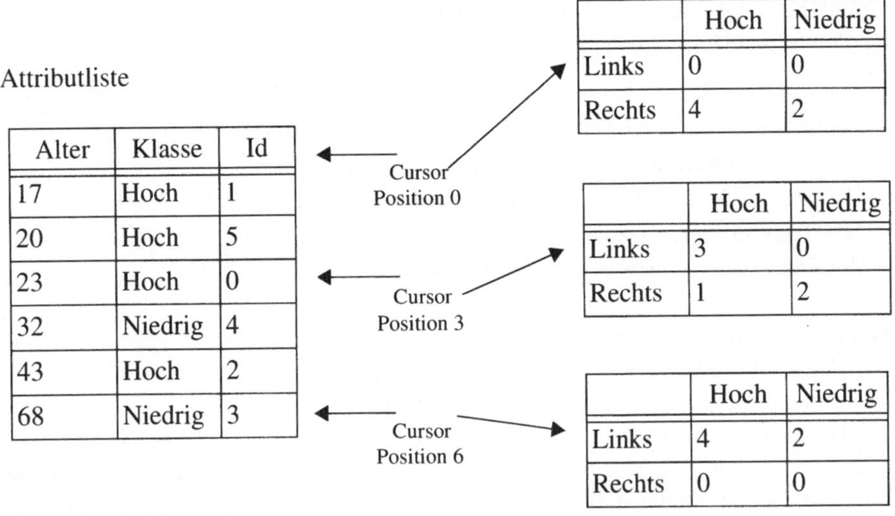

Abb. 4-23 Evaluierung von Splits numerischer Attribute

Beispiel

Abb. 4-24 illustriert die Evaluierung von Splits kategorischer Attribute. Dargestellt ist lediglich der Endzustand des Histogramms für das Attribut „Autotyp".

Attributliste

Autotyp	Klasse	Id
Familie	Hoch	0
Sport	Hoch	1
Sport	Hoch	2
Familie	Niedrig	3
LKW	Niedrig	4
Familie	Hoch	5

Endzustand des Histogramms

	Hoch	Niedrig
Familie	2	1
Sport	2	0
LKW	0	1

Abb. 4-24 Evaluierung von Splits kategorischer Attribute

Parallelisierung von SPRINT

Ein wichtiges Ziel von SPRINT war die einfache Parallelisierbarkeit, die eine weitere Verbesserung der Effizienz ermöglichen soll. Zur Parallelisierung von SPRINT werden folgende *Annahmen* getroffen:

- Es wird eine Shared Nothing Architektur zugrunde gelegt, d.h. jeder Prozessor hat seinen privaten Hauptspeicher und seinen privaten Sekundärspeicher.
- Es stehen p gleichartige Prozessoren zur Verfügung.
- Es wird der Aufbau des Entscheidungsbaums, nicht aber das Pruning betrachtet.
- Die Trainingsdaten werden in p gleich große Teile aufgeteilt, die jeweils einem der Prozessoren zugewiesen werden.

Von zentraler Bedeutung ist die *Verteilung der Daten* auf die p beteiligten Prozessoren. Die Trainingsdaten werden in p (möglichst) gleich große Teile aufgeteilt, die jeweils einem der Prozessoren zugewiesen werden. Jeder Prozessor erzeugt von seinen Daten für jedes Attribut eine Attributliste. Attributlisten numerischer Attribute müssen zwischen den Prozessoren umverteilt werden, so daß jeder Prozessor die Einträge für eine Menge aufeinanderfolgender Attributwerte erhält: Prozessor 1 erhält die Attributwerte a mit $a \leq a_1$, Prozessor 2 die Attributwerte a mit $a_1 \leq a \leq a_2$, ..., Prozessor p die Attributwerte a mit $a_{p-1} \leq a$. Abb. 4-25 zeigt als Beispiel die Verteilung der Trainingsdaten aus Abb. 4-19 auf $p = 2$ Prozessoren.

Beispiel

Prozessor 1

Alter	Klasse	Id
17	Hoch	1
20	Hoch	5
23	Hoch	0

Autotyp	Klasse	Id
Familie	Hoch	0
Sport	Hoch	1
Sport	Hoch	2

Prozessor 2

Alter	Klasse	Id
32	Niedrig	4
43	Hoch	2
68	Niedrig	3

Autotyp	Klasse	Id
Familie	Niedrig	3
LKW	Niedrig	4
Familie	Hoch	5

Abb. 4-25 Verteilung der Trainingsdaten aus Abb. 4-19 auf $p = 2$ Prozessoren

Wir diskutieren nun die Durchführung der zentralen Split-Operation in der gegebenen verteilten Umgebung. Ein Split numerischer Attribute geschieht in den folgenden Schritten:

- Die Initialisierung der Histogramme für den Prozessor i muß folgendermaßen geändert werden: *Links* erhält nicht den Wert 0, sondern die Summe der Häufigkeiten für alle Prozessoren j, $j < i$. *Rechts* erhält analog die Summe der Häufigkeiten für alle Prozessoren j, $j \geq i$.
- Nach dieser Initialisierung der Histogramme können die Prozessoren unabhängig voneinander die möglichen Splitpunkte evaluieren
- Zum Schluß müssen die Prozessoren miteinander kommunizieren, um festzustellen, welcher der lokal besten Splitpunkte der global beste Splitpunkt ist.

Der Split eines kategorischen Attributs erfolgt so:

- Die Prozessoren bestimmen unabhängig voneinander das Histogramm für ihre lokalen Daten.
- Zum Schluß müssen die Prozessoren miteinander kommunizieren, um das globale Histogramm als Summe aller lokalen Histogramme zu bestimmen. Der beste Split des Attributs wird dann mit Hilfe dieses globalen Histogramms gefunden.

Parallelisierung von SLIQ

Zum Vergleich mit dem parallelen SPRINT betrachten wir zwei verschiedene Möglichkeiten, SLIQ zu parallelisieren. Die beiden Varianten der Parallelisierung unterscheiden sich durch die Behandlung der Klassenliste: SLIQ/R (Replicated Class List) gibt jedem Prozessor eine Kopie der gesamten Klassenliste, während SLIQ/D (Distributed Class List) die Klassenliste auf die verschiedenen Prozessoren aufteilt.

SLIQ/R

Jeder der p Prozessoren hat eine Kopie der gesamten Klassenliste im Hauptspeicher. Beim Durchführen eines Splits müssen in der Klassenliste alle Verweise auf die jeweiligen Blattknoten aktualisiert werden. Jedes Update muß auf jedem der p Prozessoren durchgeführt werden, was einen erheblichen Kommunikationsaufwand beim Durchführen eines Splits bedeutet.

SLIQ/D

Die Klassenliste wird auf die p Prozessoren gleichmäßig verteilt. Dann sind für viele Einträge der Attributlisten numerischer Attribute die Klassenzugehörigkeiten nicht lokal bekannt, sondern müssen von einem anderen Prozessor besorgt werden. Das bewirkt einen erheblichen Kommunikationsaufwand beim Evaluieren von Splits numerischer Attribute.

Im folgenden stellen wir die wichtigsten Ergebnisse einer Leistungsuntersuchung [Shafer, Agrawal & Mehta 1996] vor. SPRINT erzeugt denselben Entscheidungsbaum wie SLIQ, d.h. es liefert dieselbe Klassifikationsgenauigkeit und Baumgröße. Im folgenden wird deshalb nur die Effizienz untersucht. Es werden dieselben synthetischen Testdaten benutzt wie bei der Leistungsuntersuchung von SLIQ.

Zuerst wird das serielle SPRINT mit dem seriellen SLIQ verglichen. Abb. 4-26 zeigt die Laufzeit für beide Verfahren in Abhängigkeit von der Anzahl der Datensätze. Solange die Klassenliste in den Hauptspeicher paßt, ist SLIQ effzienter (in diesem Fall bis zu 1.000.000 Datensätzen). Die Ursache dafür liegt insbesondere in den kleineren Attributlisten von SLIQ. Danach aber tritt der Effekt des Thrashing auf, da Teile der Klassenliste immer wieder auf den Sekundärspeicher ausgelagert und dann wieder eingelesen werden müssen. Für mehr als 1.000.000 Datensätze ist SLIQ nicht mehr anwendbar, SLIQ skaliert also nicht für sehr große Datenbanken.

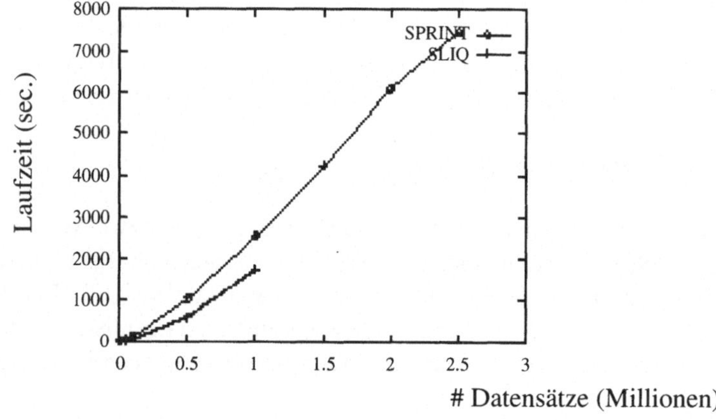

Abb. 4-26 Vergleich serielles SPRINT ↔ serielles SLIQ

In einer weiteren Serie von Experimenten wurde das parallele SPRINT mit den beiden Varianten des parallelen SLIQ verglichen. Abb. 4-27 präsentiert die Laufzeiten für SPRINT, SLIQ/R und SLIQ/D in Abhängigkeit von der Anzahl p der Prozessoren. Jeder Prozessor erhielt bei diesen Experimenten 50.000 Datensätze, d.h. die Größe der gesamten Trainingsdatenbank variierte zwischen 100.000 Datensätzen ($p = 2$) und 800.000 Datensätzen ($p = 16$).

SLIQ/D besitzt den größten Kommunikationsaufwand. Der Kommunikationsaufwand von SLIQ/R ist wesentlich geringer, aber immer noch sehr hoch. SPRINT ist für alle Anzahlen von Prozessoren der eindeutig effizienteste Algorithmus, der Vorteil von SPRINT wächst zudem mit zunehmender Anzahl der Prozessoren. SPRINT skaliert also wesentlich besser als SLIQ mit der Anzahl der Prozessoren.

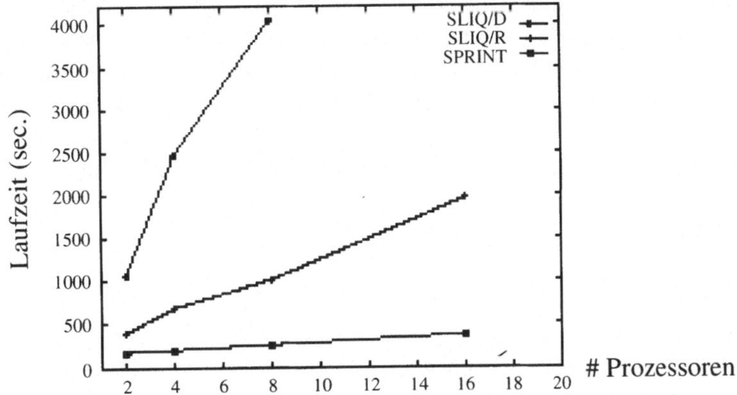

Abb. 4-27 Vergleich paralleles SPRINT ↔ paralleles SLIQ

Im folgenden werden noch der Scaleup und der Speedup von SPRINT untersucht. Der *Scaleup* mißt das Verhalten eines parallelen Algorithmus, wenn man die Anzahl der Datensätze proportional mit der Anzahl der Prozessoren wachsen läßt, und ist folgendermaßen definiert:

$$Scaleup(p) = \frac{\text{Laufzeit für } p \cdot n \text{ Datensätze auf p Prozessoren}}{\text{Laufzeit für } n \text{ Datensätze auf 1 Prozessor}} \; .$$

Ideal ist ein Scaleup von 1.

Der *Speedup* bewertet das Verhalten eines parallelen Algorithmus, wenn man bei fester Anzahl der Datensätze die Anzahl der Prozessoren wachsen läßt, und er ist wird folgendermaßen definiert:

$$Speedup(p) = \frac{\text{Laufzeit für } n \text{ Datensätze auf 1 Prozessor}}{\text{Laufzeit für } n \text{ Datensätze auf p Prozessoren}} \; .$$

Im Idealfall erreicht ein paralleler Algorithmus einen Speedup von p.

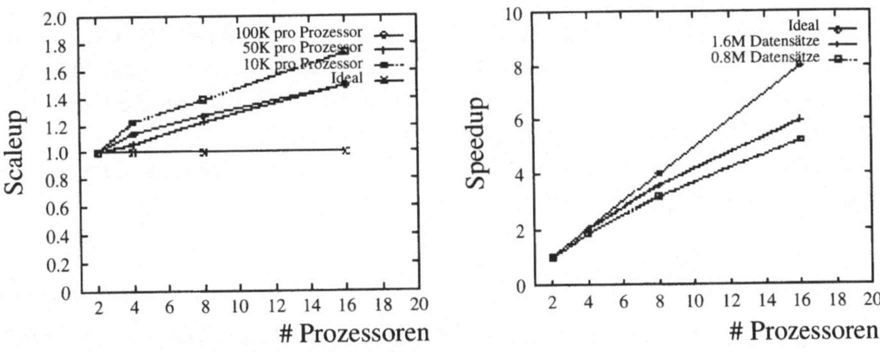

Abb. 4-28 Scaleup und Speedup von parallelem SPRINT

Abb. 4-28 präsentiert den erzielten Scaleup sowie den Speedup für verschiedene Anzahlen von Datensätzen pro Prozessor, d.h. für verschiedene Größen der Trainingsdatenbank. SPRINT erreicht fast den idealen Scaleup von 1 für 100.000 Datensätze pro Prozessor. Der von SPRINT erzielte Speedup von fast p ist ebenfalls sehr gut. Der Speedup wächst mit der Größe der Trainingsdatenmenge, weil dann der Kommunikationsaufwand nicht mehr so stark ins Gewicht fällt.

4.5.3 RainForest

[Gehrke, Ramakrishnan & Ganti 1998]

SPRINT nutzt keine nennenswerten Datenstrukturen im Hauptspeicher. Es ist deshalb skalierbar für beliebig große Datenbanken, verzichtet damit aber auch darauf, den im allgemeinen vorhandenen Hauptspeicherplatz zur Effizienzverbesserung zu nutzen. Wegen der Implementierung auf dem Sekundärspeicher bieten die Datenstrukturen von SPRINT (die Attributlisten) nur bei sequentiellem Zugriff eine effiziente Unterstützung. SPRINT führt deshalb eine Breitensuche im Raum aller Entscheidungsbäume durch, d.h. mit Hilfe der SPRINT-Datenstrukturen können nur ganz bestimmte Entscheidungsbaum-Klassifikatoren skalierbar gemacht werden.

RainForest ist ein generischer Ansatz, um diese Schwächen von SPRINT zu überwinden. Dieser Ansatz trennt die Aspekte der Skalierung sauber von den Aspekten der Qualität eines Entscheidungsbaum-Klassifikators. RainForest beinhaltet insbesondere

- einen generischen Algorithmus zur Entscheidungsbaum-Konstruktion, der durch praktisch alle bekannten Algorithmen instantiierbar ist (weil er keine Annahmen über die Suchstrategie und über die Splitkriterien trifft) und
- eine Datenstruktur, die alle Instanzen des allgemeinen RainForest-Algorithmus für große Datenbanken skalierbar macht. Diese Datenstruktur nutzt den verfügbaren Hauptspeicher effizient aus.

Datenstrukturen

Die wesentliche Datenstruktur von RainForest ist die sogenannte AVC-Gruppe, die aus je einer AVC-Menge pro Attribut besteht. Eine AVC-Menge enthält für jeden Attributwert ein Klassenhistogramm und unterstützt somit effizient die Evaluation der potentiellen Splits und die Selektion des besten Splits.

Die *AVC-Menge* für das Attribut A und den Knoten K eines Entscheidungsbaums besteht aus allen Tupeln der Form

$$(a_i, c_j, zaehler)$$

mit a_i aus dem Wertebreich von A, $c_j \in C$ und *zaehler* entspricht der Anzahl der Objekte o aus der Trainingsmenge von K mit $A(o) = a_i$ und $C(o) = c_j$. Die *AVC-Gruppe* für das Attribut A und den Knoten K ist definiert als Menge der AVC-Mengen von K für alle Attribute.

Die AVC-Menge für *A* und *K* enthält also für jeden Wert von *A* ein Klassenhistogramm für die Teilmenge aller Trainingsdaten, die zur Partition von *K* gehören. Die Zahl der Einträge einer AVC-Menge ist höchstens so groß wie die Zahl der Einträge der entsprechenden Attributliste von SPRINT - und zwar dann, wenn alle Werte von „zaehler" eins betragen. Im allgemeinen sind die AVC-Mengen aber wesentlich kleiner als die Attributlisten, so daß man mindestens eine AVC-Menge, wenn nicht sogar die gesamte AVC-Gruppe eines gegebenen Knotens *K* im Hauptspeicher halten kann. Abb. 4-29 zeigt einige der AVC-Mengen für die Trainingsmenge aus Abb. 4-19, bei der das numerische Attribut „Alter" in ein kategorisches Attribut transformiert wurde, um die Vorteile der AVC-Mengen besser zur Geltung zu bringen.

Beispiel

Trainingsmenge

Id	Alter	Gehalt	Klasse
1	jung	65	G
2	jung	15	B
3	jung	75	G
4	alt	40	B
5	alt	100	G
6	alt	60	G

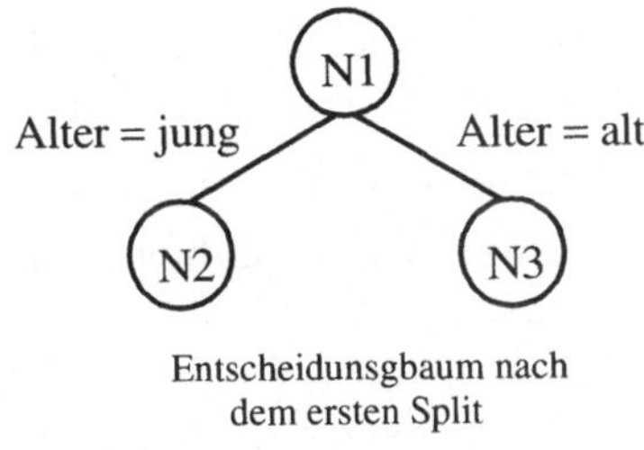

Entscheidunsgbaum nach
dem ersten Split

AVC-Menge Alter für N1

Wert	Klasse	Zähler
jung	B	1
jung	G	2
alt	B	1
alt	G	2

AVC-Menge Gehalt für N1

Wert	Klasse	Zähler
15	B	1
40	B	1
60	G	1
65	G	1
75	G	1
100	G	1

AVC-Menge Alter für N2

Wert	Klasse	Zähler
jung	B	1
jung	G	2

AVC-Menge Gehalt für N2

Wert	Klasse	Zähler
15	B	1
65	G	1
75	G	1

Abb. 4-29 AVC-Mengen für eine beispielhafte Trainingsmenge

Als hauptspeicherresidente Datenstruktur ermöglicht die AVC-Menge einen wesentlichen effizienteren Zugriff als eine sekundärspeicherresidente Attributliste (von SPRINT) und kann, anders als die Attributliste, auch wahlfrei zugegriffen werden (zur Unterscheidung zwischen wahlfreiem und sequentiellem Zugriff vgl. Abschnitt 2.1.5). AVC-Mengen unterstützen effizient die Evaluation der potentiellen Splits für Algorithmen mit beliebiger Suchstrategie. Da die AVC-Mengen keine Referenzen auf die ursprünglichen Datensätze enthalten, wird jedoch die Partitionierung der Trainingsdaten entsprechend des gewählten Splits nicht gut unterstützt. Diese Operation erfordert einen zusätzlichen sequentiellen Scan über die zu partitionierenden Trainingsdaten.

Algorithmen

RainForest basiert auf einem generischen Algorithmus zur Entscheidungsbaum-Konstruktion, der durch praktisch alle bekannten Algorithmen instantiierbar ist. Dieser Algorithmus besitzt drei Parameter:

- einen Knoten K des Entscheidungsbaums
  Anfangs wird der Algorithmus mit K als der Wurzel des Entscheidungsbaumes aufgerufen.
- eine Menge D von Trainingsdatensätzen
  Das ist die Teilmenge der Trainingsdaten, die alle Bedingungen auf dem Pfad von der Wurzel des Entscheidungsbaums bis zum Knoten K erfüllen.
- einen Algorithmus S
  Dieser besitzt Methoden zur Evaluation potentieller Splits und zur Auswahl des besten Splits.

Im folgenden wird der generische RainForest-Entscheidungsbaum-Konstruktor in Pseudocode präsentiert:

```
KonstruiereEntscheidungsbaum (Knoten K, Trainingsdaten D,
                              Algorithmus S)
    for each Attribut A do
        wende S auf die AVC-Menge von A an, um den besten Split
            von A zu bestimmen;
    wähle mit Hilfe von S den insgesamt optimalen Split aus;
    partitioniere D entsprechend dieses Splits in D_1, ..., D_m;
    erzeuge k Söhne K_1, ..., K_m von K;
    for i from 1 to m do
        Konstruiere_Entscheidungsbaum (K_i,D_i,S);
```

Der obige generische Algorithmus setzt die Existenz der AVC-Gruppen bzw. der AVC-Mengen voraus. [Gehrke, Ramakrishnan & Ganti 1998] stellt verschiedene Implementationen dieses generischen Algorithmus vor, die jeweils verschieden starke Annahmen über den Umfang des zur Verfügung stehenden Hauptspeichers treffen:

* die gesamte AVC-Gruppe des Wurzelknotens paßt in den Hauptspeicher
  Unter dieser Annahme können die AVC-Gruppen aller Knoten (jeweils einer zu
  jeder Zeit) hauptspeicherresident gehalten werden, da die AVC-Gruppe der Wurzel größer ist als die AVC-Gruppe jedes anderen Knotens des Entscheidungsbaums.
* die AVC-Gruppe des Wurzelknotens paßt nicht in den Hauptspeicher, jedoch jede
  einzelne AVC-Menge der Wurzel
  Auch hier vererbt sich die angenommene Eigenschaft auf alle Knoten des Entscheidungsbaums.

Wir beschränken uns im folgenden darauf, Algorithmen für die stärkere erste Annahme zu behandeln, d.h. wir gehen davon aus, daß die gesamte AVC-Gruppe des
Wurzelknotens in den Hauptspeicher paßt. Diese Annahme ist jedoch für die meisten Anwendungen realistisch, was auch durch eine experimentelle Untersuchung
bestätigt wird.

Algorithmus RF_Write

Dieser Algorithmus führt einen sequentiellen Scan über die Trainingsmenge D aus,
um die AVC-Gruppe des Knotens K im Hauptspeicher aufzubauen. Mit Hilfe des
Algorithmus S und der AVC-Gruppe von K wird der optimale Split bestimmt. In einem zweiten Scan wird D noch einmal gelesen, und alle Trainingsdatensätze werden
in die entsprechende Partition D_i geschrieben. Für den Algorithmus RF_Write wird
also die Trainingsmenge D zweimal gelesen und einmal geschrieben.

Algorithmus RF_Read

Dieser Algorithmus vermeidet das explizite Schreiben der Partitionen auf den Sekundärspeicher. Stattdessen wird die ursprüngliche Datenbank D gelesen und die
gewünschte Partition selektiert. Bei einem sequentiellen Scan über D werden für so
viele D_i wie möglich (begrenzt durch den zur Verfügung stehenden Hauptspeicher)
die AVC-Gruppen aufgebaut. Für diese D_i werden dann die Splits evaluiert und der
beste ausgewählt. Dieser Algorithmus spart das Schreiben der Partitionen, dafür
wird aber D im allgemeinen für jede Ebene des Entscheidungsbaums mehrfach gelesen.

Algorithmus RF_Hybrid

Der Algorithmus RF_Hybrid kombiniert die Ideen von RF_Write und RF_Read.
Die einfachste Variante von RF_Hybrid arbeitet folgendermaßen: Man verfährt
nach der Strategie RF_Read, solange die AVC-Gruppen aller Knoten der aktuellen
Ebene des Entscheidungsbaums in den Hauptspeicher passen. Seien $K_1, \ldots, K_m$ die
Knoten der ersten Ebene, deren AVC-Gruppen nicht mehr in den Hauptspeicher pas-
sen. D wird nach der Strategie RF_Write in Partitionen $D_1, \ldots, D_m$ aufgeteilt, die auf

den Sekundärspeicher geschrieben werden. Dann werden die einzelnen Partitionen D_i wieder nach der Strategie RF_Read weiter bearbeitet.

RF_Hybrid nutzt den vorhandenen Hauptspeicher besser als RF_Write und vermeidet damit unnötiges Schreiben von D für die oberen Ebenen des Entscheidungsbaums. Andererseits wird die steigende Anzahl von Scans über D vermieden, die RF_Read für die unteren Ebenen erfordert.

Leistungsuntersuchung

RainForest modifiziert die Ergebnisse eines vorgegebenen Entscheidungsbaum-Klassifikators nicht. In [Gehrke, Ramakrishnan & Ganti 1998] wird deshalb nur die Effizienz von RainForest untersucht. Die experimentelle Untersuchung basiert auf denselben Testdaten, die schon zur Evaluation der Effizienz von SLIQ bzw. von SPRINT verwendet wurden: synthetische Datenbanken mit neun Attributen und zufällig verteilten Werten. Die Klassenzugehörigkeit wird jeweils durch eine vorgegebene Funktion definiert.

Die AVC-Gruppe der Wurzel des Entscheidungsbaums besitzt maximal 2.1 Millionen Einträge mit einem Hauptspeicherbedarf von insgesamt 17 MB. Die AVC-Gruppe der Wurzel kann also, wie von den oben vorgestellten Algorithmen angenommen, hauptspeicherresident gehalten werden.

In der ersten Folge von Experimenten wird die Skalierbarkeit von RainForest untersucht. Es werden zwei verschiedene Trainingsdatenbanken benutzt, in denen die Klassenzugehörigkeit durch die Funktionen F1 bzw. F7 definiert ist, und jeweils die Algorithmen RF_Write, RF_Hybrid und RF_Vertical (eine oben nicht beschriebene Variante, die nicht davon ausgeht, daß die ganze AVC-Gruppe der Wurzel in den Hauptspeicher paßt) miteinander verglichen.

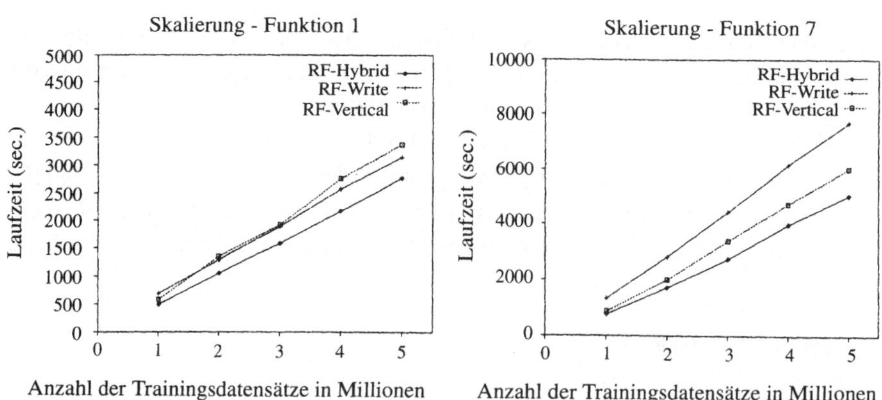

Abb. 4-30 Skalierung von RainForest in Bezug auf die Anzahl der Trainingsdatensätze

Abb. 4-30 zeigt die Skalierung von RainForest in Bezug auf die Anzahl n der Trainingsdatensätze. Für alle drei Algorithmen wächst die Laufzeit linear mit n. RF_Hybrid ist für beide Trainingsdatenbanken am effizientesten und insbesondere

deutlich schneller als RF_Write, da ein bedeutender Teil der Schreiboperationen
eingespart wird. Die Laufzeiten für die zweite Trainingsdatenbank sind wesentlich
höher als für die erste Trainingsdatenbank, weil die Funktion F7 einen wesentlich
größeren Entscheidungsbaum impliziert als die Funktion F1.

Abb. 4-31 präsentiert die Resultate zur Skalierung (nur für eine der Trainingsdatenbanken) in Bezug auf die Anzahl der Attribute. Für diese Experimente wurden zu
den ursprünglichen Trainingsdaten weitere Attribute hinzugefügt, die keine Vorhersagekraft für die Klassen besitzen. Diese Attribute ändern den entstehenden Entscheidungsbaum nicht, verteuern aber die Evaluation der potentiellen Splits. Die
Laufzeit wächst für alle betrachteten Algorithmen linear mit der Anzahl d der Attribute. Algorithmus RF_Hybrid ist in allen Fällen am effizientesten.

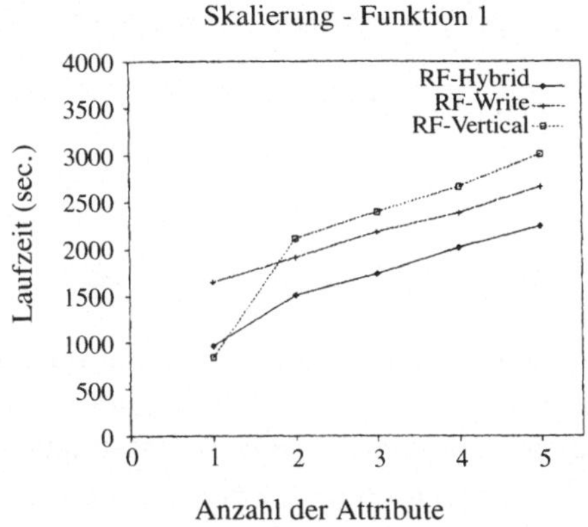

Abb. 4-31 Skalierung von RainForest in Bezug auf die Anzahl der Attribute

In einer zweiten Folge von Experimenten wird die Effizienz von RainForest mit
derjenigen von SPRINT verglichen. Abb. 4-32 zeigt die Laufzeit in Bezug auf die
Anzahl n der Trainingsdatensätze für SPRINT und für die drei Varianten von Rain-
Forest. SPRINT skaliert zwar ebenso wie RainForest linear mit n, besitzt aber wesentlich höhere konstante Faktoren. Die Hauptursache liegt darin, daß die Evaluation und Auswahl der Splits durch die hauptspeicherresidenten AVC-Gruppen
wesentlich effizienter unterstützt wird als durch die sekundärspeicherresidenten Attributlisten. Die untersuchten Varianten von RainForest sind deshalb um den Faktor
5 (für Funktion F1) bzw. um den Faktor 8 (für Funktion F7) schneller als SPRINT.

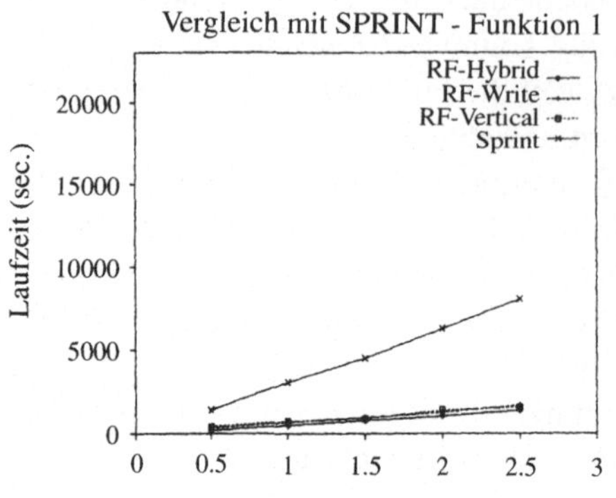

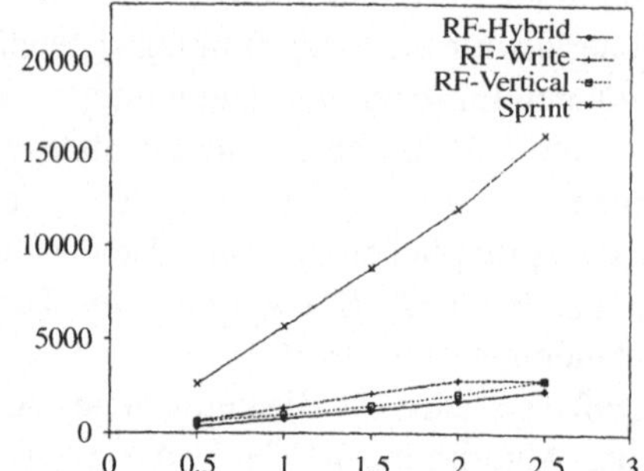

Abb. 4-32 Vergleich RainForest ↔ SPRINT

4.6 Zusammenfassung

Aufgabe der Klassifikation ist es, Objekte aufgrund ihrer Attributwerte einer der vorgegebenen Klassen zuzuordnen. In diesem Kapitel sind drei wichtige Methoden zur Klassifikation dargestellt worden, Bayes-Klassifikatoren, Nächste-Nachbarn-Klassifikatoren und Entscheidungsbaum-Klassifikatoren. Ferner wurden Techniken diskutiert, um solche Verfahren für zunehmend große Datenmengen, die durch ein Datenbanksystem auf dem Sekundärspeicher verwaltet werden, skalierbar zu machen.

Der Bayes-Klassifikator liefert optimale Ergebnisse in dem Sinne, daß kein anderer Klassifikator mit demselben A-priori-Wissen im Durchschnitt eine bessere Klassifikationsgüte erreichen kann. Das Verfahren optimiert für die gegebenen Hypothesen, A-priori-Wahrscheinlichkeiten und Daten die Wahrscheinlichkeit der korrekten Klassifikation. Allerdings erfordert der Bayes-Klassifikator eine zuverlässige Schätzung der A-priori-Wahrscheinlichkeiten für alle Attributwerte und alle Klassen, was nicht in allen Anwendungen möglich ist. Der naive Bayes-Klassifikator ist eine vereinfachte, aber in vielen Anwendungen sehr effektive Variante des optimalen Bayes-Klassifikators. Er ist anwendbar, falls die Objekte Vektoren in einem d-dimensionalen Vektorraum sind und basiert auf der Annahme der Unabhängigkeit der verschiedenen Attribute. Der naive Bayes-Klassifikator ist z.B. ein Standardverfahren zur Klassifikation von Texten.

Bei Anwendungen des Bayes-Klassifikators wie z.B. zur Interpretation von Rasterbildern muß man d-dimensionale Mittelwertvektoren μ_i und $d \times d$-Kovarianzmatrizen Σ_i für jede Klasse c_i schätzen. Aufgrund der geringeren Anzahl der Parameter benötigt man wesentlich weniger Trainingsdaten, um μ_i zu schätzen, als um Σ_i zu schätzen. Man hätte deshalb gerne einen Klassifikator, der lediglich die Mittelwertvektoren für jede Klasse benötigt. Das ist die Idee der Nächste-Nachbarn-Klassifikatoren, die die Klasse eines Objekts anhand der Klassen seiner k nächsten Nachbarn bestimmen. Nächste-Nachbarn-Klassifikatoren liefern in vielen Anwendungen eine hohe Klassifikationsgenauigkeit und lassen sich mit Hilfe multidimensionaler Indexstrukturen zudem effizient auch auf großen Datenbanken unterstützen.

Nächste-Nachbarn-Klassifikatoren liefern jedoch kein explizites Wissen über die Klassen. Entscheidungsbaum-Klassifikatoren dagegen finden solches explizites und leicht verständliches Wissen in der Form von Entscheidungsbäumen. Da solche Klassifikatoren häufig auch eine hohe Genauigkeit besitzen, sind sie in vielen Anwendungen sehr populär. Nach dem Aufbau (Growth Phase) wird ein Entscheidungsbaum im allgemeinen noch beschnitten (Pruning Phase), da kleinere Entscheidungsbäume auf neuen Objekten meist eine bessere Klassifikationsgüte besitzen. Für beide Phasen der Entscheidungsbaum-Konstruktion wurden State-of-the-Art-Algorithmen präsentiert. Ausführlich haben wir das Phänomen des Overfitting diskutiert, wenn der Entscheidungsbaum zu stark an die Trainingsdaten angepaßt wird, so daß er für später zu klassifizierende Datensätze einen relativ großen Fehler liefert. Das Vermeiden von Overfitting ist bei jedem Einsatz eines Entscheidungsbaum-Klassifikators von entscheidender Bedeutung.

Die Algorithmen zur Konstruktion von Entscheidungsbäumen, die aus dem Gebiet des Maschinellen Lernens stammen, sind typischerweise Hauptspeicher-Algorithmen. Die heutigen Datenbanken in kommerziellen wie auch in wissenschaftlichen Anwendungen erfüllen diese Voraussetzung jedoch typischerweise nicht. Wir haben einige Verfahren vorgestellt, Entscheidungsbaum-Klassifikatoren skalierbar zu machen, so daß sie auf sekundärspeicherresidenten Datenbanken beliebiger Größe effizient arbeiten. RainForest ist ein generischer Ansatz, der die Aspekte der Skalierung sauber von den Aspekten der Qualität eines Entscheidungsbaum-Klassifikators trennt. RainForest ist für praktisch alle bekannten Algorithmen der Entscheidungsbaum-Konstruktion einsetzbar. Es basiert auf einer Datenstruktur, die den verfügbaren Hauptspeicher ausnutzt und alle Instanzen des allgemeinen Rain-Forest-Algorithmus für große Datenbanken skalierbar macht. RainForest erzielt von allen in diesem Abschnitt vorgestellten Verfahren für große Datenbanken die beste Effizienz.

4.7 Literatur

Breiman L., Friedman J. H., Olshen R. A., Stone P. J. 1984, „*Classification and Regression Trees*", Wadsworth Publishing.

Chakrabarti S., Dom B., Indyk P. 1998, „Enhanced Hypertext Categorization Using Hyperlinks", *Proceedings of the ACM SIGMOD Int. Conf. on Magagment of Data* (SIGMOD '98), Seattle, WA, pp. 307—318.

Craven M., DiPasquo D., Freitag D., McCallum A., Mitchell T., Nigam K., Slattery S. 1999, „Learning to Construct Knowledge Bases from the World Wide Web", *Artificial Intelligence*, Elsevier, Amsterdam.

ESA 1998, „*The Hipparcos and Tycho Catalogues*",
http://astro.estec.esa.nl/SA-general/Projects/Hipparcos/catalog.html.

Gehrke J., Ramakrishnan R., Ganti V. 1998, „RainForest - A Framework for Fast
Decision Tree Construction of Large Datasets", *Proceedings 24th Int. Conf. on
Very Large Data Bases*, New York, USA, pp. 416—427.

Mehta M., Agrawal R., Rissanen J. 1996, „SLIQ: A Fast Scalable Classifier for Data
Mining", *Proceedings of the Int. Conf. on Extending Database Technology*
(EDBT '96), Avignon, France, pp. 18—32.

Mitchell T. 1997, „*Machine Learning*", McGraw-Hill, New York.

Michie D., Spiegelhalter D. J., Taylor C. C. 1994, „*Machine Learning, Neural and
Statistical Classification*", Ellis Horwood.
Für den STATLOG-Benchmark siehe auch
http://www.ncc.up.pt/liacc/ML/statlog/datasets.html.

Poschenrieder S. 1998, „*Effiziente kNN-Klassifikation auf Astronomiedatenbanken*", Diplomarbeit, Institut für Informatik der LMU München.

Richards 1993, „*Remote Sensing Digital Image Analysis*", Springer-Verlag, Berlin.

Shafer J. C., Agrawal R., Mehta M. 1996, „SPRINT: A Scalable Parallel Classifier
for Data Mining", Proceedings of the 22th *Int. Conf. on Very Large Databases*
(VLDB '96), Mumbai (Bombay), India, pp. 544—555.

Quinlan J. R. 1986, „Induction of Decision Trees", *Machine Learning*, Vol. 1, No.1,
pp.81—106.

Quinlan J. R. 1993, „*C4.5: Programs for Machine Learning*", Morgan Kaufmann,
San Mateo, CA.

Assoziationsregeln

In diesem Kapitel werden drei Verfahren zum Finden von *Assoziationsregeln* vorgestellt, die alle auf einer einfachen Monotoniebedingung für die Häufigkeiten von Mengen und ihren Teilmengen in einer Transaktionsdatenbank beruhen.

Im ersten Abschnitt wird ein grundlegender Algorithmus für „einfache" Assoziationsregeln, der sogenannte *Apriori-Algorithmus*, eingeführt. Im zweiten Abschnitt dieses Kapitels wird dann das Konzept der einfachen Assoziationsregeln erweitert zu hierarchischen Assoziationsregeln, durch Einführung von Taxonomien für die Menge der betrachteten Objekte. Der dritte Abschnitt behandelt schließlich das Finden von quantitativen Assoziationsregeln, das heißt Regeln für Datensätze, die numerische Attribute enthalten.

5.1 Einleitung

Assoziationsregeln sind ein Mittel zur sogenannten *Warenkorbanalyse*. Gegeben ist dabei eine Datenbank von „Warenkörben", die gewisse Kundentransaktionen repräsentieren. Ein einzelner Warenkorb ist im weitesten Sinn eine Menge von zusammen eingekauften oder angeforderten Artikeln, Dienstleistungen oder Informationen eines Anbieters.

Das paradigmatische Beispiel für eine solche Transaktionsdatenbank ist die Sammlung der Daten, die durch die Scannerkassen eines Supermarkts erhoben werden. Eine einzelne Transaktion ist hier ein Warenkorb im wörtlichen Sinn, sie besteht im einfachsten Fall aus den Bar-Codes aller Artikel, die ein einzelner Kunde zu einem bestimmten Zeitpunkt an einer Kasse bezahlt hat.

Assoziationsregeln drücken Zusammenhänge innerhalb der Transaktionen aus, die in der gesamten Datenmenge häufig vorkommen. Im Supermarkt-Beispiel könnten Zusammenhänge zwischen häufig gemeinsam gekauften Artikeln etwa durch Regeln der folgenden Art ausgedrückt werden: „{Mehl, Eier} $\Rightarrow$ {Butter}". Diese Regel „gilt", wenn in allen Warenkörben, die schon Mehl und Eier enthalten, häufig auch noch Butter enthalten ist. Diese Regel wäre natürlich nur dann interessant, wenn genügend viele Warenkörbe sowohl Mehl und Eier als auch Butter enthalten.

Das Wissen um solche Zusammenhänge kann auf vielfältige Weise angewendet werden, beispielsweise für effizienteres Cross Marketing, für gezieltere Attached Mailings/Add-on Sales, für verbessertes Katalog-Design und Laden-Layout, oder etwa auch für eine automatische Kundensegmentierung anhand von gemeinsamem, durch Assoziationsregeln ausgedrücktem Einkaufsverhalten.

5.2 Einfache Assoziationsregeln: Der Apriori-Algorithmus

[Agrawal & Srikant 1994]

5.2.1 Grundbegriffe

- $I = \{i_1, ..., i_m\}$ sei eine Menge von Literalen, genannt *Items*.
  Eine Menge von Items $X \subseteq I$ wird auch *Itemset* genannt.
  Typischerweise sind die Items in I Bezeichnungen oder Identifikatoren von einzelnen Waren (z.B. Bar-Codes).
- D sei eine Menge von Transaktionen T, wobei $T \subseteq I$.
  Wenn für eine Menge von Items X gilt $X \subseteq T$, dann sagen wir auch *T enthält X*.
  Typischerweise repräsentiert eine Transaktion T einen einzelnen Einkauf oder Warenkorb, und D repräsentiert eine Datenbank, die alle Einkäufe eines Geschäfts in einem bestimmten Zeitraum abspeichert.
- Die Items in Transaktionen oder Itemsets sollen lexikographisch sortiert sein. Ein Itemset X, das aus den Items $x_1, x_2, ..., x_k$ besteht, kann dann geschrieben werden als $X = (x_1, x_2, ..., x_k)$, wobei $x_1 \le x_2 \le ... \le x_k$.
- Die Anzahl der Elemente in einem Itemset heißt *Länge des Itemsets*, und ein Itemset der Länge k heißt auch k-Itemset.
- Für eine Menge $X \subseteq I$ von Items ist der *Support der Menge X in D* definiert als der Anteil der Transaktionen in D, die X enthalten.
  Der Support einer Menge X ist also die relative Häufigkeit, mit der die in X vorkommenden Waren zusammen gekauft wurden.
- Eine *Assoziationsregel* ist eine Implikation der Form $X \Rightarrow Y$, wobei X und Y zwei Itemsets sind, die kein gemeinsames Element haben, das heißt es gilt: $X \subseteq I$, $Y \subseteq I$ und $X \cap Y = \emptyset$.
- Der *Support s einer Assoziationsregel $X \Rightarrow Y$ in D* ist der Support der Vereinigung $X \cup Y$ in D, das heißt die relative Häufigkeit des gemeinsamen Auftretens aller Items oder Waren, die in der Assoziationsregel vorkommen.
- Die *Konfidenz c einer Assoziationsregel $X \Rightarrow Y$ in D* ist definiert als der Anteil der Transaktionen, die die Menge Y enthalten, in der Teilmenge aller Transaktionen aus D, welche die Menge X enthalten.
  Man kann auch sagen, eine Assoziationsregel $X \Rightarrow Y$ gilt mit der Konfidenz c in der Menge D von Transaktionen, wenn $c\%$ aller Transaktionen in D, die X enthalten, auch Y enthalten.

Noch anders gesagt ist die Konfidenz einer Regel die bedingte Wahrscheinlichkeit dafür, daß eine Transaktion T alle Items der Menge Y enthält, unter der Bedingung, daß T schon alle Items aus der Menge X enthält.

Abb. 5-1 illustriert den Support und die Konfidenz einer Assoziationsregel in einer kleinen Beipieldatenbank D.

Datenbank D

Transaktion	gekaufte Items
1	Brot, Kaffee, Milch, Kuchen
2	Kaffee, Milch, Kuchen
3	Brot, Butter, Kaffee, Milch
4	Milch, Kuchen
5	Brot, Kuchen
6	Brot

Support von X = {Kaffee, Milch}:
  3 von 6 = 50%
Support von R = {Kaffee, Kuchen, Milch}:
  2 von 6 = 33%

Support von „Milch, Kaffee $\Rightarrow$ Kuchen":
  gleich Support(R) = 33%
Konfidenz „Milch, Kaffee $\Rightarrow$ Kuchen":
  2 von 3 = 67% [=Support(R)/Support(X)]

Abb. 5-1 Beispiel für Assoziationsregeln

5.2.2 Aufgabenstellung

Die Aufgabenstellung bezüglich einer gegebenen Menge von Transaktionen D besteht nun darin, alle Assoziationsregeln zu finden, die einen Support und eine Konfidenz in D haben, welche größer sind als benutzerspezifizierte Werte *minsup* beziehungsweise *minconf*. Diese Aufgabe kann in zwei Teilaufgaben zerlegt werden:

1. Finde alle Mengen von Items (d.h. alle Itemsets), die einen Support über dem benutzerspezifizierten minimalen Support haben. Diese Itemsets werden *häufig auftretende Itemsets* oder auch *Frequent Itemsets* genannt.
   Ein „naiver" Algorithmus müßte dazu die Häufigkeit aller k-elementigen Teilmengen von I (der Menge aller Items) in der Transaktionsdatenbank D zählen.
   Ein solches Vorgehen ist aber im allgemeinen zu aufwendig, da es 2^m solcher Teilmengen gibt und m in praktischen Anwendungen sehr groß sein kann.
   Der Apriori-Algorithmus basiert jedoch auf einer Monotonie-Eigenschaft für häufig auftretende Itemsets, durch die die Anzahl der zu zählenden Teilmengen von I stark eingeschränkt werden kann.

2. Verwende die häufig auftretenden Itemsets, um Assoziationsregeln zu bilden und diejenigen Regeln auszuwählen, die die minimale Konfidenz haben. Wenn ein Itemset X häufig auftritt, dann ergibt jede Teilmenge A von X eine Regel der Form $A \Rightarrow (X - A)$, die minimalen Support hat. Man muß dann noch feststellen, ob eine solche Regel zusätzlich die minimale Konfidenz hat.

5.2.3 Bestimmung der häufig auftretenden Itemsets

Grundidee

Der Apriori-Algorithmus zum Finden der häufig auftretenden Itemsets basiert auf
der folgenden *Monotonie-Eigenschaft* für häufig auftretende Itemsets:

> Jede Teilmenge eines häufig auftretenden Itemsets muß selbst auch häufig sein.

Um diese Eigenschaft auszunutzen, müssen die häufig auftretenden Itemsets der
Größe nach bestimmt werden, das heißt es müssen zuerst die einelementigen Frequent Itemsets bestimmt werden, dann die zweielementigen und so weiter.

Die häufig auftretenden einelementigen Itemsets können durch einfaches Zählen
der Vorkommnisse jedes Items in der Datenbank bestimmt werden. Im nächsten
Schritt brauchen dann nicht mehr alle möglichen zweielementigen Teilmengen von
I durchgezählt werden, sondern nur solche, die durch Kombination von zwei häufig
auftretenden Items gebildet werden können.

Allgemein werden zum Finden von k+1-elementigen Frequent Itemsets nur solche k+1-elementigen Teilmengen gezählt, die durch einen „Join" (vgl. Abschnitt
2.1.3, relationale Datenbanksprachen) von k-elementigen Itemsets gebildet werden
können, von denen man schon weiß, daß sie häufig in der Datenbank vorkommen.

Algorithmus Apriori

```
Apriori(I, D, minsup)
    L₁ := {frequent 1-Itemsets aus I};
    k := 2;
    while L_{k-1} ≠ ∅ do
        C_k := AprioriKandidatenGenerierung(L_{k-1});
        for each Transaktion T ∈ D do
            CT := Subset(C_k, T); // alle Kandidaten aus C_k, die in
                der Transaktion T enthalten sind;
            for each Kandidat c ∈ CT do c.count++;
        L_k := {c ∈ C_k | (c.count / |D|) ≥ minsup};
        k++;
    return ∪ L_k;
          k

AprioriKandidatenGenerierung(L_{k-1})
    insert into C_k // 1. Join
    select p.item₁, p.item₂, ..., p.item_{k-1}, q.item_{k-1}
    from L_{k-1} p, L_{k-1} q
    where (p.item₁ = q.item₁), (p.item_{k-2} = q.item_{k-2}),
            (p.item_{k-1} < q.item_{k-1});
    for each itemset c ∈ C_k do
        for each (k-1)-elementige Teilmenge s von c do
            if s ∉ L_{k-1} then Lösche c aus C_k; // 2. Pruning
```

Der Algorithmus durchläuft mehrmals die Datenmenge, solange bis bei einer bestimmten Länge keine Frequent Itemsets mehr gefunden werden können. L_k bezeichnet dabei die Menge aller häufig vorkommenden Itemsets der Länge k, und C_k bezeichnet die zu zählenden Kandidaten-Itemsets der Länge k.

Im ersten Schritt werden die einelementigen Itemsets bestimmt, die minimalen Support haben. In allen folgenden Durchläufen werden aus den im jeweils vorhergehenden Durchlauf bestimmten häufig auftretenden Itemsets (mit $k-1$ Elementen) neue Kandidaten-Itemsets (mit k Elementen) gebildet.

Der Support dieser Kandidaten wird gezählt, indem für jede Transaktion T in der Datenbank (mit Hilfe der *Subset*-Funktion) geprüft wird, welche der aktuellen Kandidaten in T enthalten sind. Für diese Kandidaten-Itemsets c wird der Zähler $c.count$, der den Support für c zählt, um eins erhöht.

Anschließend werden aus den Kandidaten diejenigen Itemsets für den nächsten Durchlauf ausgewählt, die minimalen Support haben. Dies sind gleichzeitig die Frequent Itemsets der Länge k.

Kandidatengenerierung

Die Kandidatengenerierung ist das Kernstück des Apriori-Algorithmus. Die Menge der in einem Durchlauf gebildeten Kandidaten-Itemsets der Länge k muß erstens eine Obermenge zur Menge aller häufig auftretenden Itemsets mit k Elementen sein, und zweitens sollte sie im allgemeinen wesentlich kleiner als die Menge *aller* k-elementigen Teilmengen von I sein.

Die Kandidaten der Länge $k+1$ werden in zwei Schritten gebildet, wobei vorausgesetzt wird, daß die Items in den Itemsets lexikographisch sortiert sind.

Im ersten Schritt („Join") wird ein Join der k-elementigen Frequent Itemsets mit sich selbst durchgeführt. Anschaulich wird dabei jedes k-elementige Frequent Itemset p jeweils um das letzte Item aller k-elementigen Frequent Itemsets q verlängert, welche mit p in den ersten $k-1$ Items übereinstimmen. Abb. 5-2 illustriert diesen Schritt anhand eines Beispiels.

$$p \in L_{k\text{-}1} = (1 \quad 2 \quad 3)$$

$$\textbf{Join:} \qquad \text{Ergebnis} \in C_k = (1 \quad 2 \quad 3 \quad 4)$$

$$q \in L_{k\text{-}1} = (1 \quad 2 \quad 4)$$

Abb. 5-2 Kandidatengenerierung des Apriori-Algorithmus

Im zweiten Schritt („Pruning") werden aus der Menge der im Join-Schritt generierten Kandidaten alle Itemsets entfernt, welche eine $k-1$-elementige Teilmenge enthalten, die nicht auch in der Menge der $k-1$-elementigen Frequent Itemsets vorkommt.

Sei beispielsweise $L_3 = \{(1\ 2\ 3), (1\ 2\ 4), (1\ 3\ 4), (1\ 3\ 5), (2\ 3\ 4)\}$ die Menge der dreielementigen Frequent Itemsets. Nach dem Join-Schritt erhält man dann die Menge $C_4 = \{(1\ 2\ 3\ 4), (1\ 3\ 4\ 5)\}$ mit vierelementigen Kandidaten-Itemsets. Aus dieser Menge wird im Pruning-Schritt noch das Itemset (1 3 4 5) gelöscht, da die in diesem Itemset enthaltene dreielementige Teilmenge (1 4 5) nicht in L_3 enthalten ist. Damit ist die Menge der in diesem Fall tatsächlich noch zu zählenden vierelementigen Kandidaten-Itemsets C_4 gleich $\{(1\ 2\ 3\ 4)\}$.

Die Kandidatengenerierung ist korrekt in dem Sinn, daß die Menge der k-elementigen Kandidaten C_k ein Obermenge der k-elementigen Frequent Itemsets L_k ist: Der Join-Schritt der Kandidatengenerierung ist äquivalent damit, jedes Itemset aus L_{k-1} jeweils um ein Element mit allen überhaupt möglichen Items zu erweitern und anschließend alle diejenigen resultierenden Itemsets wieder zu löschen, deren $(k-1)$-elementige Teilmenge, die durch Löschen des $(k-1)$-ten Items entsteht, nicht in L_{k-1} enthalten ist. Die Erweiterung aller $(k-1)$-elementigen Frequent Itemsets mit jedem überhaupt möglichen Item ergibt offensichtlich ein Obermenge von L_k. Die daraus wieder entfernten Itemsets können wegen der Monotonie-Eigenschaft nicht in L_k enthalten sein. Auch im Pruning-Schritt werden nur noch solche Itemsets aus C_k gelöscht, die wegen der Monotonie-Eigenschaft nicht in L_k vorkommen können.

Abb. 5-3 zeigt ein Beispiel für den Ablauf des Apriori-Algorithmus.

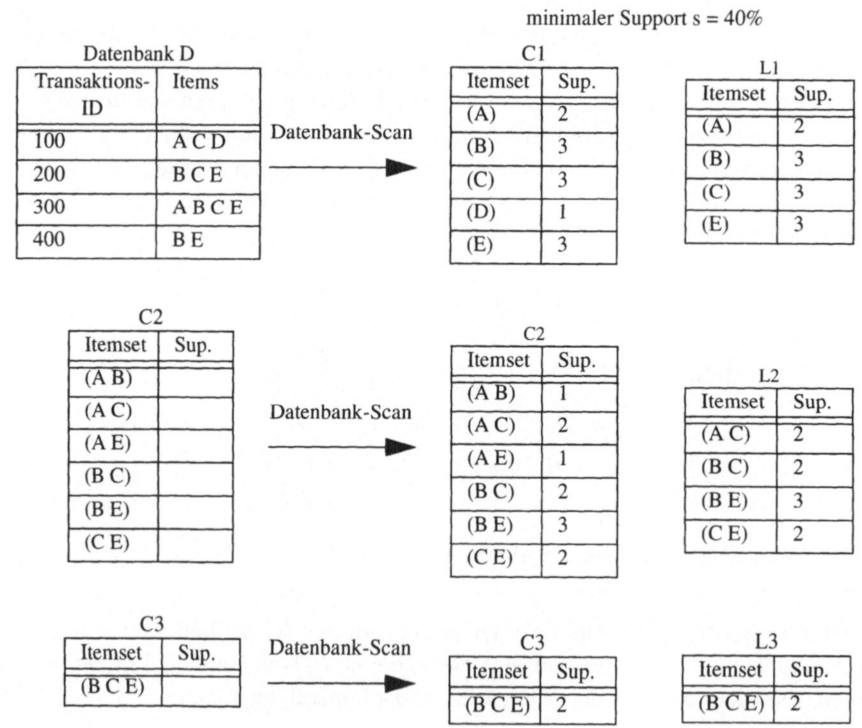

Abb. 5-3 *Kandidaten und Frequent Itemsets*

Unterstützung der Subset-Funktion durch einen speziellen Hash-Baum

Die *Subset*-Funktion im Apriori-Algorithmus muß für jede Transaktion T in der Datenbank und jede Kandidatenmenge C_k alle diejenigen Kandidaten in C_k finden, die in T enthalten sind. Um diese Operation effizient durchzuführen, werden die Kandidaten aus C_k in einem Hash-Baum mit folgender Struktur organisiert.

Voraussetzung ist wieder, daß die Items sowohl in den Kandidaten-Itemsets des Hash-Baums als auch in den Transaktionen der Datenbank lexikographisch sortiert sind.

Struktur des Hash-Baums:
Ein innerer Knoten besteht aus einer Hashtabelle bezüglich einer Hashfunktion h, in der jedes Bucket einen Verweis auf einen Sohnknoten enthält. Ein Blattknoten enthält eine Liste von Itemsets. Die Wurzel des Hash-Baums befindet sich auf Level 1. Ein innerer Knoten auf Level d verweist auf Knoten des Levels $d+1$.

Suchen eines Itemsets $(c_1 \, c_2 \ldots c_k)$:
Bei einem inneren Knoten auf Level d wird die Hashfunktion h auf das d-te Item c_d angewendet, um zu entscheiden, welcher Zweig des Baums weiterverfolgt wird.

Einfügen eines Itemsets $(c_1 \, c_2 \ldots c_k)$:
Ein Itemset wird eingefügt, indem der Hash-Baum von der Wurzel bis zu einem Blatt durchsucht wird. In dieses Blatt wird das Itemset dann eingefügt. Der Baum wird zunächst als ein einziger Blattknoten erzeugt. Wenn die Anzahl der Einträge in einem Blattknoten eine vorgegebene maximale Anzahl überschreitet, dann wird der Blattknoten in einen inneren Knoten umgewandelt, und die Einträge werden gemäß der Hashfunktion auf darunter neu erzeugte Blattknoten verteilt. Abb. 5-4 zeigt ein Beispiel eines Hash-Baums mit Itemsets, bestehend aus numerischen Einträgen

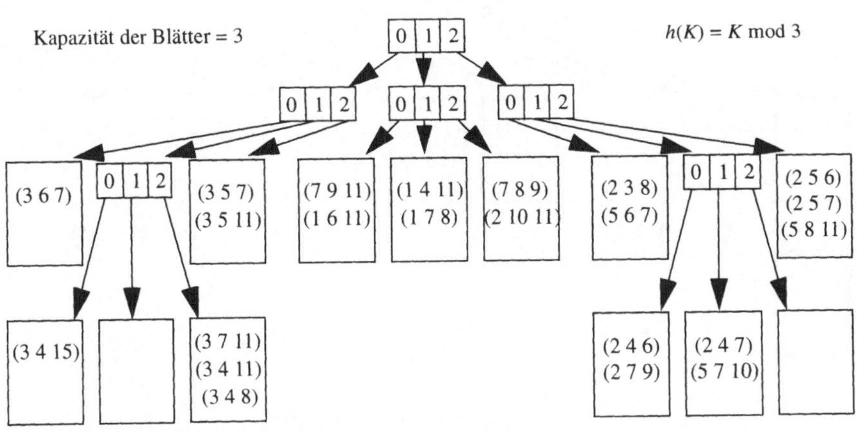

Abb. 5-4 Beispiel eines Hash-Baums für Kandidaten-Itemsets

Suchen aller Kandidaten, die in einer Transaktion $T = (t_1\, t_2 \ldots t_m)$ vorkommen:
An der Wurzel werden die Hashwerte für jedes Item in T bestimmt und in den resultierenden Sohnknoten wird weitergesucht. Die Rechtfertigung dafür ist, daß ein Itemset, das in der Transaktion vorkommt, mit einem der Items in der Transaktion beginnen muß.

In einem inneren Knoten auf Level d, den man durch Hashing nach t_i erreicht hat, werden dann die Hashwerte für jedes Item t_j mit $j > i$ bestimmt. Die Begründung dafür ist, daß alle Itemsets, die das Item t_i an der d-ten Stelle enthalten, in dem Teilbaum, dessen Wurzel der aktuelle Knoten ist, abgespeichert sind. Ein solches Itemset kann aber nur dann in der Transaktion vorkommen, wenn an der $d+1$-ten Stelle des Itemsets ein weiterer Item aus der Transaktion T enthalten ist. Wegen der lexikographischen Ordnung der Itemsets und der Transaktion kann dies nur ein Item t_j aus T sein, der nach t_i in der Transaktion steht (d.h. $j > i$). Nur für solche Items muß in den entsprechenden Sohnknoten weitergesucht werden.

Auf die resultierenden Sohnknoten wird das gleiche Verfahren rekursiv nun solange angewendet, bis man ein Blatt erreicht. Nur für die in solchen Blattknoten enthaltenen Einträge wird schließlich geprüft, ob sie in der Transaktion T vorkommen.

Abb. 5-5 illustriert das Suchen aller Kandidaten in der Transaktion (1 3 7 9 12) mit Hilfe des Hash-Baums aus Abb. 5-4. Bei den Knoten sind jeweils die Items aus der Transaktion angegeben, mit denen der Knoten durch Anwendung der Hashfunktion erreicht wird. Beispielsweise wird der linke Sohnknoten der Wurzel des Baums durch Hashing nach den Items 3, 9 und 12 erreicht, der mittlere Sohnknoten durch Hashing nach den Items 1 und 7. Der rechte Sohnknoten der Wurzel wird überhaupt nicht erreicht, wodurch der gesamte rechte Teilbaum an dieser Stelle schon von der Suche ausgeschlossen werden kann. Insgesamt erkennt man, daß durch Verwendung des Hash-Baums nur für knapp ein Drittel aller Kandidaten tatsächlich geprüft werden muß, ob sie in der Transaktion enthalten sind.

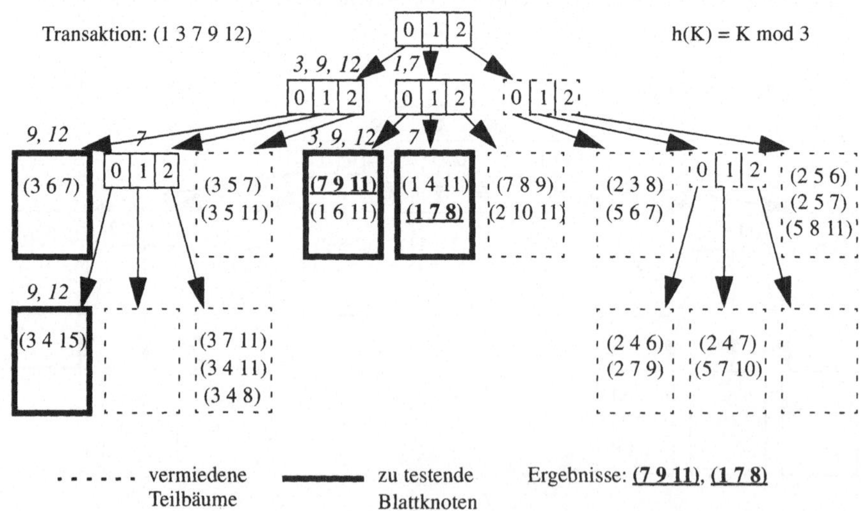

Abb. 5-5 Suchen aller Kandidaten im Hash-Baum, die in der Transaktion (1 3 7 9 12) enthalten

5.2.4 Bestimmung der Assoziationsregeln aus den häufig auftretenden Itemsets

Um alle Assoziationsregeln mit minimalem Support und minimaler Konfidenz zu finden, müssen nur die häufig vorkommenden Itemsets betrachtet werden. Zu jeder Regel $A \Rightarrow B$, die in der Datenbank mit minimalem Support gilt, hat auch das entsprechende Itemset $(A \cup B)$ den minimalen Support und ist daher vom Apriori-Algorithmus gefunden worden. Um aus den gefundenen Itemsets X mit minimalem Support nun *alle* Regeln zu finden, die minimalen Support haben, muß nur für jede Teilmenge A von X die Regel $A \Rightarrow (X - A)$ gebildet werden.

Die gesuchten Assoziationsregeln sollen nun aber nicht nur minimalen Support, sondern auch die geforderte minimale Konfidenz haben. Dazu müssen schließlich noch aus den Regeln der Form $A \Rightarrow (X - A)$ diejenigen gestrichen werden, die nicht die minimale Konfidenz haben.

Zur Prüfung der Konfidenz einer Regel $A \Rightarrow (X - A)$ genügt es, den Support aller Frequent Itemsets zu kennen. Die Konfidenz einer Regel $A \Rightarrow (X - A)$, mit $A \subseteq X$, kann, wie man leicht einsieht, berechnet werden als:

$$konfidenz(A \Rightarrow (X - A)) = \frac{support(X)}{support(A)} .$$

Es sind also zur Bestimmung der Konfidenz einer solchen Regel keine neuen Datenbankscans nötig. Die Frequent Itemsets können schon bei ihrer Generierung, zusammen mit ihrem Support, in einer Hashtabelle abgespeichert werden, welche später den effizienten Zugriff auf jedes einzelne Itemset erlaubt.

Alle möglichen Regeln der Form $A \Rightarrow (X - A)$ auf ihre Konfidenz zu prüfen ist jedoch unnötig ineffizient: Wenn eine Regel $A \Rightarrow (X - A)$ nicht die minimale Konfidenz hat, dann kann auch keine Regel $A' \Rightarrow (X - A')$ mit $A' \subseteq A$ minimale Konfidenz haben. Dies liegt daran, daß der Support einer Teilmenge von A höchstens größer sein kann als der Support von A, wodurch die Konfidenz der Regel $A' \Rightarrow (X - A')$ höchstens kleiner werden kann als die Konfidenz der Regel $A \Rightarrow (X - A)$.

Wenn beispielsweise die Regel $abc \Rightarrow d$ nicht die minimale Konfidenz hat, dann können auch die Regeln $ab \Rightarrow cd$, $ac \Rightarrow bd$, $bc \Rightarrow ad$, $a \Rightarrow bcd$, $b \Rightarrow acd$, $c \Rightarrow abd$ nicht den minimalen Support haben und brauchen folglich gar nicht erst betrachtet zu werden.

Der folgende Algorithmus zur Bestimmung von Assoziationsregeln aus häufig auftretenden Itemsets berücksichtigt diese Tatsache. In dem Verfahren wird rekursiv für ein Itemset $X = (c_1, c_2, ..., c_k)$ zunächst die Teilmenge $(c_1, c_2, ..., c_{k-1})$ betrachtet, dann $(c_1, c_2, ..., c_{k-2})$ und so weiter. Der rekursive Aufruf mit einer weiteren Teilmenge geschieht aber nur, wenn die resultierende Regel bezüglich der Obermenge noch mit minimaler Konfidenz gilt.

```
for each frequent itemset l_k, k ≥ 2 do
   GenerateRules(l_k, l_k);

GenerateRules(l_k, a_m)
   A := { (m-1)-Itemsets a_{m-1} | a_{m-1} ⊂ a_m };
   for each a_{m-1} ∈ A do
      konf := support(l_k) / support(a_{m-1});
      if konf ≥ min_konf then
         return Regel a_{m-1} ⇒ (l_k - a_{m-1}) mit Konfidenz = konf,
            Support = support(l_k);
         if m - 1 > 1 then
            GenerateRules(l_k, a_{m-1});
```

5.2.5 Interessantheit von einfachen Assoziationsregeln

Angenommen, ein Anbieter von Schokoriegeln beobachtet das Verhalten von Schülern am Morgen in einer Schule mit 5000 Schülern. Die Daten ergeben, daß 60% der Schüler (d.h. 3000 Schüler) Fußball spielen, 75% der Schüler (d.h. 3750 Schüler) Schokoriegel essen, und 40% (d.h. 2000 Schüler) beides tun, Fußball spielen und Schokoriegel essen. Wenn man nun den oben dargestellten Algorithmus zum Finden von Assoziationsregeln mit einem minimalen Support von 40% und einer minimalen Konfidenz von 60% anwenden würde, dann würde folgende Regel gefunden: „Spielt Fußball" ⇒ „Ißt Schokoriegel". Der Support dieser Regel entspricht 2000 Schülern und die Konfidenz ist gleich 2000/3000 = 67%.

Diese Regel ist jedoch irreführend, da unter *allen* Schülern der Prozentsatz derjenigen, die Schokoriegel essen, mit 75% größer ist als 67%. Das heißt, Fußball zu spielen und Schokoriegel zu essen sind in diesem Datensatz tatsächlich negativ korreliert: Fußball zu spielen verringert hier die Wahrscheinlichkeit, auch Schokoriegel zu essen.

Um Fehlinterpretationen und in Folge davon auch Fehlentscheidungen zu vermeiden, müssen solche Regeln nach Beendigung des Algorithmus wieder herausgefiltert werden. Zu diesem Zweck kann man beispielsweise fordern, daß für jede Regel $A \Rightarrow B$ mit minimalem Support und minimaler Konfidenz noch gelten muß, daß

$$\frac{P(A \cap B)}{P(A)} - P(B) > d$$

für eine geeignete Konstante $d > 0$. Intuitiv bedeutet das, daß die Konfidenz der Regel (d.h. die bedingte Wahrscheinlichkeit von B unter der Bedingung A) größer sein muß als die *unbedingte* Wahrscheinlichkeit der Konsequenz B der Regel.

Den Ausdruck $\dfrac{P(A \cap B)}{P(A)} - P(B)$ kann als ein Maß für die „Interessantheit" einer

Regel aufgefaßt werden: Je größer der Wert für eine Regel ist, desto interessanter ist der durch die Regel ausgedrückte Zusammenhang zwischen A und B (vgl. Abschnitt 2.2.2, Korrelation zweier Zufallsvariablen).

5.3 Hierarchische Assoziationsregeln bezüglich Item-Taxonomien

[Srikant & Agrawal 1995]

5.3.1 Motivation

In praktischen Anwendungen von einfachen Assoziationsregeln entsprechen die
Items in den Transaktionen meist einzelnen Waren auf Bar-Code-Level. Im Allgemeinen haben jedoch Assoziationsregeln mit mehreren Items auf Bar-Code-Level
nur einen sehr geringen Support, so daß in diesen Anwendungen keine wirklich
nützlichen Ergebnisse gefunden werden können. Das heißt:

- Mit hohem minimalem Support findet der Apriori-Algorithmus nur sehr wenige
  einfache Assoziationsregeln.
- Mit niedrigerem minimalem Support findet der Apriori-Algorithmus eine sehr
  große und daher unüberschaubare Menge von Regeln.

Oftmals stehen in solchen praktischen Anwendungen jedoch zusätzlich Item-Taxonomien (*is-a* Hierarchien) zur Verfügung, welche die Items hierarchisch in Warengruppen zusammenfassen. Diese Taxonomien möchte man nun verwenden, um
auch Assoziationen zwischen abstrakteren Items, d.h. zwischen Warengruppen, zu
finden. Solche Regeln sind meist nicht nur interessanter, sondern umfassen auch
eine größere Anzahl von Items, da Itemsets auf Warengruppen-Ebene im allgemeinen einen höheren Support haben. Abb. 5-6 zeigt beispielhaft eine Item-Taxonomie
für Bekleidungsartikel; die Pfeile auf dem untersten Level verweisen dabei auf konkrete Artikel, die in der Abbildung nicht mehr angegeben sind.

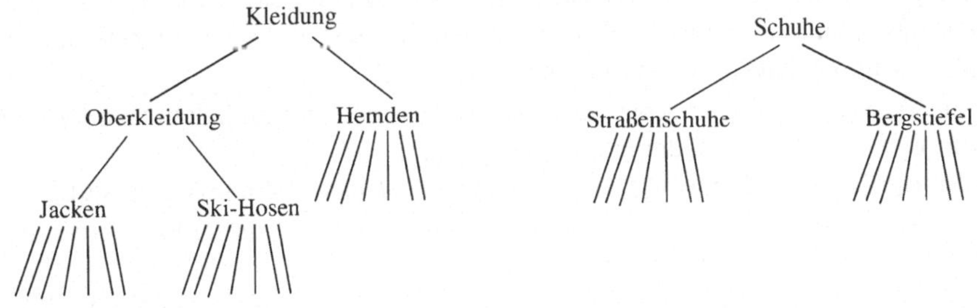

Abb. 5-6 Itemhierarchien für Bekleidungsartikel

Assoziationen können zwischen Items aus verschiedenen Ebenen der Taxonomie
bestehen. Beispielsweise könnte eine Regel wie „Oberkleidung ⇒ Bergstiefel" gefunden werden, wenn insgesamt etwa genügend Jacken zusammen mit Bergstiefeln
und Ski-Hosen zusammen mit Bergstiefeln gekauft wurden. Dann könnte diese Regel minimalen Support haben, ohne daß einer der beiden letzteren Zusammenhänge
für sich allein schon den minimalen Support hat.

Der Support für die Regel „Oberkleidung $\Rightarrow$ Bergstiefel" ist aber nicht unbedingt gleich der Summe der Supports für die Regeln „Jacken $\Rightarrow$ Bergstiefel" und „Ski-Hosen $\Rightarrow$ Bergstiefel", da einige Leute Jacken, Ski-Hosen und Bergstiefel zusammen in einer einzigen Transaktion gekauft haben können.

Auf der anderen Seite gilt: wenn die Regel „Oberkleidung $\Rightarrow$ Bergstiefel" mit minimalem Support und minimaler Konfidenz gefunden wird, dann hat auch die Regel „Kleidung $\Rightarrow$ Bergstiefel" minimalen Support. Allerdings folgt nicht automatisch auch, daß die Regel „Kleidung $\Rightarrow$ Bergstiefel" minimale Konfidenz hat.

5.3.2 Grundbegriffe

- $I = \{i_1, ..., i_m\}$ sei wieder eine Menge von Literalen, genannt „*Items*".
  Außer den Identifikatoren von einzelnen Waren sind nun auch Bezeichner von Warengruppen in der Menge I zugelassen.

- H sei ein gerichteter azyklischer Graph über der Menge von Literalen I.
  H repräsentiert eine Menge von *is-a* Hierarchien über den Items in I.
  Eine Kante in H von i nach j bedeutet, daß i eine Verallgemeinerung von j ist. In diesem Fall heißt i auch *Vater* oder *direkter Vorgänger* von j, und j heißt *Sohn* oder *direkter Nachfolger* von i.
  Ein Knoten $\bar{x}$ heißt *Vorfahre* vom Knoten x (und x *Nachfahre* von $\bar{x}$) bezüglich H, wenn es einen Pfad von $\bar{x}$ nach x in H gibt. Eine Menge von Items $\bar{Z}$ heißt *Vorfahre* einer Menge von Items Z, wenn man $\bar{Z}$ aus Z dadurch bilden kann, daß man mindestens ein Item in Z durch einen seiner Vorfahren ersetzt. Umgekehrt heißt Z dann auch Nachfahre von $\bar{Z}$.

- D sei eine Menge von Transaktionen T, wobei $T \subseteq I$.
  Typischerweise enthalten die Transaktionen T der Datenbank D nur Items aus den Blättern des gerichteten Graphen H (d.h. nur konkrete Artikel). Allerdings muß das nicht ausdrücklich gefordert werden. Das im folgenden vorgestellte Verfahren ist unabhängig von dieser Annahme.

- Eine Transaktion T *unterstützt ein Item* $i \in I$, wenn i in T enthalten ist oder i ein Vorfahre eines Items ist, der in T enthalten ist.
  T *unterstützt eine Menge* $X \subseteq I$ von Items, wenn T jedes Item in X unterstützt.

- Der *Support einer Menge* $X \subseteq I$ von Items *in* D ist definiert als der Prozentsatz der Transaktionen in D, die X unterstützen.

- Eine *hierarchische Assoziationsregel* ist eine Implikation der Form $X \Rightarrow Y$, wobei wieder gilt, daß X und Y zwei Mengen von Items sind, die kein Element gemeinsam haben, d.h. $X \subseteq I$, $Y \subseteq I$, $X \cap Y = \varnothing$. Zusätzlich muß für eine hierarchische Assoziationsregel aber auch noch gelten, daß kein Item in Y ein Vorfahre eines Items in X bezüglich H ist. Der Grund für diese letzte Bedingung ist, daß eine Regel der Form „$x \Rightarrow$ Vorgänger(x)" trivialerweise mit 100% Konfidenz gilt und daher redundant ist.

- Der *Support s einer hierarchischen Assoziationsregel* $X \Rightarrow Y$ *in* D ist wieder definiert als der Support der Menge $X \cup Y$ in D.

- Die *Konfidenz c einer hierarchischen Assoziationsregel* $X \Rightarrow Y$ *in D* ist definiert als der Prozentsatz der Transaktionen, die die Menge Y unterstützen in der Teilmenge aller Transaktionen, welche auch die Menge X unterstützen. Man sagt auch wieder, eine Assoziationsregel $X \Rightarrow Y$ *gilt* mit der Konfidenz c.
  Die Konfidenz einer hierarchischen Assoziationsregel ist analog wie für einfache Assoziationsregeln die bedingte Wahrscheinlichkeit dafür, daß eine Transaktion T alle Items der Menge Y unterstützt, unter der Bedingung, daß T schon alle Items aus der Menge X unterstützt.

Abb. 5-7 illustriert den Support und die Konfidenz von hierarchischen Assoziationsregeln in einer kleinen Beispieldatenbank D unter Verwendung der Item-Taxonomien aus Abb. 5-6.

<table>
<tr><td colspan="2" align="center">Datenbank D</td></tr>
<tr><td>Transaktion</td><td>gekaufte Items</td></tr>
<tr><td>1</td><td>Hemd</td></tr>
<tr><td>2</td><td>Jacke, Bergstiefel</td></tr>
<tr><td>3</td><td>Ski-Hose, Bergstiefel</td></tr>
<tr><td>4</td><td>Straßenschuhe</td></tr>
<tr><td>5</td><td>Straßenschuhe</td></tr>
<tr><td>6</td><td>Jacke</td></tr>
</table>

Support von {Kleidung}: 4 von 6 = 67%
Support von {Kleidung, Bergstiefel}: 2 von 6 = 33%

Support von „Schuhe $\Rightarrow$ Kleidung": 2 von 6 = 33%
Konfidenz von „Schuhe $\Rightarrow$ Kleidung": 2 von 4 = 50%

Support von „Bergstiefel $\Rightarrow$ Kleidung": 2 von 6 = 33%
Konfidenz von „Bergstiefel $\Rightarrow$ Kleidung": 2 von 2 = 100%

Abb. 5-7 Beispiel für hierarchische Assoziationsregeln

5.3.3 Aufgabenstellung

Gegeben sei eine Menge von Transaktionen D und eine Taxonomie H. Hierarchische Assoziationsregeln sollen analog den einfachen Assoziationsregeln in zwei Schritten gefunden werden:

1. Finde alle Itemsets, deren Support mindestens gleich *minsup* ist.
2. Finde mit Hilfe der häufig auftretenden Itemsets alle Regeln, deren Konfidenz mindestens gleich *minconf* ist.

Hierbei werden nun auch Regeln gefunden, die in einem gewissen Sinn „redundant" sind. Betrachten wir dazu das Beispiel in Abb. 5-7. Dort gilt folgende Regel:

„Schuhe $\Rightarrow$ Kleidung" (33% Support, 50% Konfidenz).

„Schuhe" ist im Beispiel der direkte Vorgänger von „Bergstiefel". Ferner gilt auch, daß die Hälfte aller Schuhverkäufe in der Datenbank Bergstiefel enthalten. Aufgrund dieser Informationen kann man nun theoretisch erwarten, daß die Regel „Bergstiefel $\Rightarrow$ Kleidung" einen Support von 16,5% und eine Konfidenz von 50% hat (unter der Annahme, daß die Schuhverkäufe gleichverteilt sind). Wird diese Regel tatsächlich mit einem Support und einer Konfidenz gefunden, die ungefähr den erwarteten Werten entsprechen, so kann diese Regel als redundant betrachtet werden. Sind die Werte größer als erwartet (wie in dem Beispiel), dann kann die Regel als um so interessanter angesehen werden, je größer die beobachteten Werte sind.

Um redundante Regeln in diesem Sinn auszuschließen, wird daher für hierarchische Assoziationsregeln abschließend noch ein dritter Schritt ausgeführt:

3. Entferne aus den in Schritt 2 gefundenen Regeln alle diejenigen Regeln, deren Interessantheit kleiner als ein benutzerspezifizierter Wert *min-interst* ist.

5.3.4 Bestimmung der häufig auftretenden Itemsets mit Item-Hierarchien

Grundidee für einen Basisalgorithmus

Die häufig auftretenden Itemsets für hierarchische Assoziationsregeln werden im Prinzip wie die Frequent Itemsets für einfache Assoziationsregeln gefunden, d.h. mit einem dem Apriori-Algorithmus sehr ähnlichen Verfahren.

Die einfachste Möglichkeit besteht darin, die Transaktionen der Datenbank um alle Vorfahren von enthaltenen Items zu erweitern. Dazu wird jedes Item in einer Transaktion T zusammen mit all seinen Vorfahren bezüglich H in eine neue Transaktion T' eingefügt, ohne Duplikate zuzulassen. Damit gilt dann, daß eine ursprüngliche Transaktion T eine Menge von Items X *unterstützt*, wenn die erweiterte Transaktion T' die Menge X *enthält*. Auf diese Weise hat man die Aufgabe auf das Finden von Frequent Itemsets für einfache Assoziationsregeln reduziert. Entsprechend weicht der folgende Basisalgorithmus nur durch die Erweiterung der Transaktionen vor der Zählung von Kandidaten-Itemsets vom Apriori-Algorithmus ab.

Algorithmus „Basic"

```
AprioriH-Basic(I, D, H, minsup)
    L₁ := {frequent 1-Itemsets aus I};
    k := 2;
    while L_{k-1} ≠ ∅ do
        C_k := AprioriKandidatenGenerierung(L_{k-1});
        for each Transaktion T ∈ D do
            T' := T ∪ {ī | i ∈ T und ī ist Vorfahre von i in H}; //!!
            CT := Subset(C_k, T'); // in der erweiterten Transaktion
                T' enthaltene Kandidaten
            for each Kandidat c ∈ CT do c.count++;
        L_k := {c ∈ C_k | (c.count / |D|) ≥ minsup};
        k++;
    return ⋃_k L_k;
```

Optimierungen des Basisalgorithmus

Der naive Algorithmus *Basic* kann durch die folgenden Techniken noch wesentlich verbessert werden:

1. *Vorberechnung von Vorfahren.*
   Um die Vorfahren von Items zu einer Transaktion hinzuzufügen, muß der Graph H jedesmal durchsucht werden. Um diese Operation zu beschleunigen, wird zu Beginn eine Datenstruktur $\overline{H}$ aufgebaut, die nach den Items indiziert ist und zu jedem Item auch die Liste aller seiner Vorfahren abspeichert (beispielsweise ein „Dictionary"). Diese Struktur ist zwar redundanter als die ursprüngliche Taxonomie H, ermöglicht aber einen effizienteren Zugriff auf alle Vorfahren eines Items.

2. *Filtern der Vorfahren, die zu einer Transaktion hinzugefügt werden.*
   Es müssen bei der Erweiterung einer Transaktion T nicht jedesmal alle Elemente und deren Vorfahren zu der Transaktion T hinzugefügt werden, sondern nur diejenigen, die in mindestens einem Kandidaten aus der Menge C_k des aktuellen Durchlaufs vorkommen.
   Wenn beispielsweise {Kleidung, Schuhe} der einzige Itemset ist, der gezählt werden muß, dann kann in jeder Transaktion das Item „JackeXY" einfach durch „Kleidung" ersetzt werden. Man braucht weder das Item „JackeXY" zu behalten, noch muß man das Item „Jacken" oder „Oberkleidung" hinzufügen.
   Wenn ein Item i bei einer Iteration des Algorithmus in keinem der Kandidaten vorkommt, dann kann i auch in keiner der nachfolgenden Iterationen mehr in einem Kandidaten-Itemset enthalten sein. Daher können solche Items als weitere Optimierung auch vollständig aus der Struktur $\overline{H}$ entfernt werden.

3. *Ausschließen von Itemsets, die ein Item und einen seiner Vorfahren enthalten.*
   Man braucht kein k-Itemset X zu zählen, das sowohl ein Item i als auch einen Vorfahren $\overline{i}$ von i enthält. X ist redundant zum $(k-1)$-Itemset $X - \{\overline{i}\}$, welches den Vorfahren nicht enthält, da der Support von X und $X - \{\overline{i}\}$ derselbe sein muß. Solche Itemsets können bei der Kandidatengenerierung ausgeschlossen werden.

Algorithmus „Cumulate"

Dieser Algorithmus realisiert die obigen Optimierungen. Der Name „Cumulate" kommt daher, daß alle Kandidaten einer bestimmten Länge in einem einzigen Durchlauf gezählt werden. Dies ist zwar genauso wie beim Basisalgorithmus (und dem Apriori-Algorithmus), aber anders als bei den noch folgenden Varianten.

Wie man leicht sieht, folgt auch der Algorithmus *Cumulate*, trotz aller Optimierungen, dem gleichen algorithmischen Schema wie der Apriori-Algorithmus für einfache Assoziationsregeln. Die Änderungen bezüglich des Apriori-Algorithmus (siehe Seite 162) sind im folgenden Pseudo-Code an entsprechender Stelle durch Kommentare hervorgehoben.

```
AprioriH-Cumulate(I, D, H, minsup)
    H̄ := Datenstruktur, in der zu jedem Item aus H alle seine
        Vorfahren bzgl. H mit einem einzigen Zugriff gefunden
        werden können; // Optimierung 1
    L₁ := {frequent 1-Itemsets aus I};
    k := 2;
    while Lₖ₋₁ ≠ ∅ do
        Cₖ := AprioriKandidatenGenerierungH(Lₖ₋₁, H);
        H̄ := Lösche alle Elemente und alle Vorfahren in den
            Elementen aus H̄, die in keinem Kandidaten aus Cₖ
            vorkommen; // Optimierung 2
        for each Transaktion T ∈ D do
            T' := T ∪ {ī | i ∈ T und ī ist Vorfahre von i in H̄};
            CT := Subset(Cₖ, T'); // in der erweiterten Transaktion
                T' enthaltene Kandidaten
            for each Kandidat c ∈ CT do
                c.count++;
        Lₖ := {c ∈ Cₖ | (c.count / |D|) ≥ minsup};
        k++;

    return ⋃ₖ Lₖ;


AprioriKandidatenGenerierungH(Lₖ₋₁, H)
    insert into Cₖ // 1. Join
    select p.item₁, p.item₂, ..., p.itemₖ₋₁, q.itemₖ₋₁
    from Lₖ₋₁ p, Lₖ₋₁ q
    where (p.item₁ = q.item₁), (p.itemₖ₋₂ = q.itemₖ₋₂),
        (p.itemₖ₋₁ < q.itemₖ₋₁), p.itemₖ₋₁ und q.itemₖ₋₁ sind
        weder Vorfahren oder Nachfahren voneinander, noch von
        irgendeinem anderem Item p.item₁, ..., p.itemₖ₋₂
        bzgl. H; // Optimierung 3
    for each itemset c ∈ Cₖ do // 2. Pruning
        for each (k-1)-elementige Teilmenge s von c do
        if s ∉ Lₖ₋₁ then
            Lösche c aus Cₖ;
```

Stratifikation

Zum Finden von hierarchischen Assoziationsregeln kann auch ein anderes algorithmisches Schema als das des Apriori-Algorithmus angewendet werden. Dieses Schema basiert auf einer Stratifikation („Schichtenbildung") der Mengen von Itemsets. Dabei werden nicht mehr alle Itemsets einer bestimmten Länge k (wie beim Algorithmus *Cumulate*) auf einmal gezählt. Stattdessen wird, sozusagen in „Schichten", zuerst für die allgemeineren und nach und nach für die spezielleren Itemsets, sofern das dann noch nötig ist, der Support bestimmt.

Der Stratifikation liegt folgende Beziehung zwischen Itemsets zugrunde:

Wenn ein Itemset $\overline{X}$ keinen minimalen Support hat und $\overline{X}$ Vorfahre von X ist, dann hat auch X keinen minimalen Support.

Betrachten wir dazu ein Beispiel: Angenommen, die Itemsets {Kleidung Schuhe}, {Oberkleidung Schuhe} und {Jacken Schuhe} sind Kandidaten-Itemsets, die auf minimalen Support geprüft werden sollen. Wenn {Kleidung Schuhe} nicht den minimalen Support hat, dann braucht der Support sowohl für {Oberkleidung Schuhe} als auch für {Jacken Schuhe} gar nicht mehr bestimmt zu werden. Es kann daher schneller sein, zuerst den Support für {Kleidung Schuhe} zu bestimmen und nur dann auch den Support für {Oberkleidung Schuhe}, wenn {Kleidung Schuhe} tatsächlich den minimalen Support hat. Entsprechend wird zuletzt der Support für {Jacken Schuhe} nur dann gezählt, wenn vorher {Oberkleidung Schuhe} minimalen Support hatte.

Die Vorfahrenbeziehung zwischen Kandidaten-Itemsets bezüglich der Item-Taxonomie H ist eine partielle Ordnung. Mit Hilfe dieser partiellen Ordnung kann die *Tiefe* eines Itemsets folgendermaßen rekursiv definiert werden:

1. Für Itemsets aus einer Kandidatenmenge C_k ohne direkten Vorfahren in C_k ist die Tiefe von X gleich Null, d.h. $Tiefe(X) = 0$.

2. Für alle anderen Itemsets X in C_k ist die Tiefe um eins größer, als die Tiefe des direkten Vorfahren von X, dessen Tiefe maximal ist unter allen direkten Vorfahren von X in C_k, d.h. $Tiefe(X) = \max\{Tiefe(\overline{X}) \mid \overline{X}$ ist direkter Vorfahre von $X\} + 1$.

Mit dieser Definition kann eine Menge C_k von Kandidaten-Itemsets in Teilmengen (C_k^0), (C_k^1), ..., (C_k^t) bezüglich der Tiefe der Itemsets zerlegt werden. Dabei bezeichnet (C_k^n) die Menge der Itemsets der Tiefe n — von Null bis zur maximal in C_k vorkommenden Tiefe t.

Die Methoden „Stratify", „Estimate" und „EstMerge"

Bei der Methode *Stratify* wird der Support der Kandidaten einer Menge C_k einfach gemäß der Tiefe gezählt: Zuerst werden die Itemsets (C_k^0) der Tiefe 0 gezählt. Anschließend werden dann aus C_k alle Nachfahren von Elementen in (C_k^0), die keinen minimalen Support haben, gelöscht. Danach werden die übriggebliebenen Elemente der Tiefe 1 in (C_k^1) gezählt, und so weiter.

Bei diesem Verfahren ergibt sich ein „Tradeoff" zwischen der Anzahl der Itemsets, für die der Support auf einmal gezählt wird (CPU-Zeit) und der Anzahl von Durchläufen durch die Datenbank (IO-Zeit + CPU-Zeit). Insbesondere, wenn nur noch wenige Kandidaten ab einer Stufe n übrig sind, dann werden die letzten Kandidaten der Tiefen $(n, n+1, ..., t)$ auf einmal gezählt, um den zusätzlichen Aufwand für mehrere Datenbankdurchläufe zu reduzieren. Als Heuristik verwenden Srikant und Agrawal, daß in jedem Datenbankdurchlauf mindestens für 20% der Kandidaten in C_k der Support gezählt wird. Damit wird für jede Kandidatenmenge die Datenbank höchstens fünfmal durchlaufen.

Allerdings kann die Methode *Stratify* dadurch sehr viel ineffizienter werden als der Algorithmus *Cumulate*. Wenn nämlich sehr viele Itemsets mit kleiner Tiefe den minimalen Support haben, dann können bei den Mengen größerer Tiefe nur sehr wenige Itemsets von der weiteren Zählung ausgeschlossen werden.

Eine Möglichkeit, diesen Fällen zu begegnen, besteht darin, zuerst mit einer Stichprobe den Support aller Itemsets in C_k zu schätzen. Die Menge C_k wird dann in zwei Teilmengen C_k' und $C_k'' = C_k - C_k'$ zerlegt. Die Menge C_k' enthält alle Itemsets, von denen man aufgrund der Stichprobe erwartet, daß sie minimalen Support haben oder zumindest alle ihre Vorfahren in C_k einen geschätzten minimalen Support haben.

Der tatsächliche Support der Itemsets in C_k' wird dann in einem Datenbankdurchlauf bestimmt, und alle Nachfahren von Elementen in C_k', die keinen minimalen Support haben, werden aus der Menge C_k'' entfernt. Der Support der übriggebliebenen Itemsets in C_k'' muß nun noch gezählt werden. Diese Menge ist gewöhnlich nur noch sehr klein.

C_k'' kann in einem zweiten Datenbankdurchlauf durchgezählt werden (Methode *Estimate*), oder aber man zählt sie zu diesem Zeitpunkt gar nicht, sondern behandelt die Elemente so, als ob sie häufig vorkommen. Damit werden sie indirekt bei der Zählung der Kandidaten in C'_{k+1} berücksichtigt (Methode *EstMerge*).

Die Optimierungen, die für den Algorithmus *Cumulate* eingeführt wurden, sind unabhängig von der Stratifizierung und können daher zusätzlich angewendet werden. Abb. 5-8 zeigt eine Leistungsuntersuchung der verschiedenen Algorithmen aus [Srikant & Agrawal 1995]. Weil von den drei Algorithmen *Stratify*, *Estimate* und *EstMerge*, die die Stratifikation verwenden, *EstMerge* der effizienteste ist, wird dabei nur dieser mit den Algorithmen *Basic* und *Cumulate* verglichen. Man erkennt deutlich, daß die Optimierungen des Algorithmus *Cumulate*, die auch beim Algorithmus *EstMerge* angewendet werden, gegenüber dem Basisalgorithmus *Basic* zu einer drastischen Laufzeitreduzierung führen (bei den Kaufhausdaten um mehrere Größenordnungen). Dagegen bringt die Stratifikation nur noch einen kleinen zusätzlichen Vorteil bei den Supermaktdaten, wenn der benutzerspezifizierte minimale Support sehr klein gewählt wird.

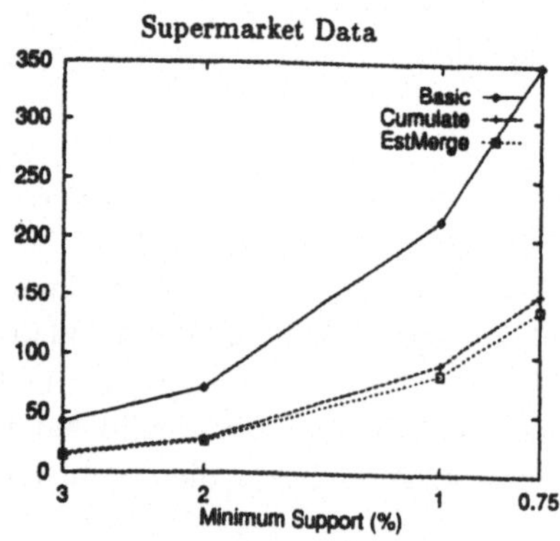

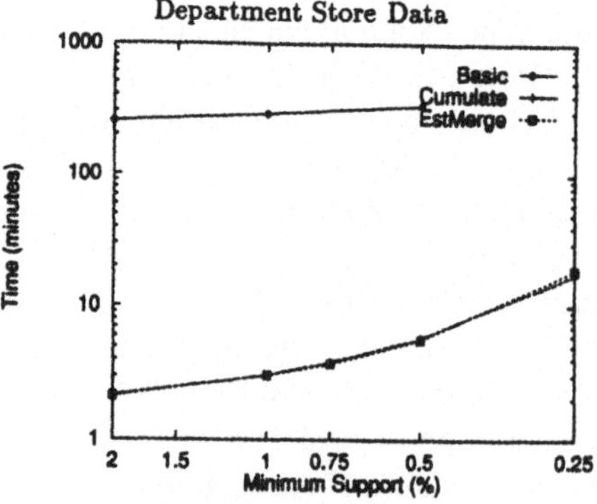

Supermaktdaten:
Anzahl Items: 548000
Taxonomie: 4 Level, 118 Wurzeln
Anzahl Transaktionen: 1,5 Millionen
Ø Anzahl Items pro Transaktion: 9,6

Kaufhausdaten:
Anzahl Items: 228000
Taxonomie: 7 Level, 89 Wurzeln
Anzahl Transaktionen: 570.000
Ø Anzahl Items pro Transaktion: 4,4

Abb. 5-8 Leistungsuntersuchung der Algorithmen zu hierarchischen Assoziationsregeln

5.3.5 Bestimmung von hierarchischen Assoziationsregeln

Zum Finden von hierarchischen Assoziationsregeln aus den häufig auftretenden Itemsets mit Item-Taxonomien wird in einem ersten Schritt der gleiche Algorithmus verwendet wie schon für die einfachen Assoziationsregeln (siehe Seite 168). Lediglich bei den häufig auftretenden Itemsets, die mit dem Algorithmus „Basic" gefunden werden, muß jede Regel „$X \Rightarrow Y$" zusätzlich noch daraufhin geprüft werden, daß kein Item in Y ein Vorfahre eines Items in X bezüglich. H ist.

Im Unterschied zu einfachen Assoziationsregeln werden aber anschließend wieder Regeln gelöscht, die „redundant" oder „uninteressant" in dem Sinn sind, daß ihr Support und ihre Konfidenz aufgrund anderer Regeln theoretisch erwartet werden kann. Dieser Begriff der „Interessantheit" von hierarchischen Assoziationsregeln ist im folgenden Abschnitt genauer dargestellt.

5.3.6 Interessantheit von hierarchischen Assoziationsregeln

Wir sagen, eine Regel $\overline{X} \Rightarrow \overline{Y}$ ist ein *Vorfahre* der Regel $X \Rightarrow Y$, wenn das Itemset X ein Vorfahre des Itemsets $\overline{X}$ ist und/oder das Itemset $\overline{Y}$ ein Vorfahre der Menge Y ist. In einer Menge von Regeln heißt $\overline{X} \Rightarrow \overline{Y}$ ein *direkter Vorfahre* der Regel $X \Rightarrow Y$, wenn $\overline{X} \Rightarrow \overline{Y}$ ein Vorfahre von $X \Rightarrow Y$ ist, aber keine Regel $X' \Rightarrow Y'$ existiert, so daß $X' \Rightarrow Y'$ ein Vorfahre von $X \Rightarrow Y$, und $\overline{X} \Rightarrow \overline{Y}$ ist ein Vorfahre von $X' \Rightarrow Y'$ ist.

Eine hierarchische Assoziationsregel $X \Rightarrow Y$ heißt dann *R-interessant*, wenn sie entweder keine direkten Vorfahren hat, oder aber ihr tatsächlicher Support (oder ihre tatsächliche Konfidenz) größer oder gleich dem R-fachen des erwarteten Supports (oder der erwarteten Konfidenz) bezüglich einem direkten Vorfahren $\overline{X} \Rightarrow \overline{Y}$ ist und die Regel $\overline{X} \Rightarrow \overline{Y}$ selbst auch R-interessant ist.

Seien $X \Rightarrow Y$ eine Regel und $\overline{X} \Rightarrow \overline{Y}$ ein Vorfahre dieser Regel. Ferner seien $Z = X \cup Y = \{z_1, ..., z_n\}$, $\overline{Z} = \overline{X} \cup \overline{Y} = \{\overline{z}_1, ..., \overline{z}_i, z_{i+1}, ..., z_n\}$, $Y = \{y_1, ..., y_l\}$ und $\overline{Y} = \{\overline{y}_1, ..., \overline{y}_j, y_{j+1}, ..., y_l\}$. Dann sind der erwartete Support und die erwartete Konfidenz von $X \Rightarrow Y$ bezüglich $\overline{X} \Rightarrow \overline{Y}$ auf folgende Weise durch die Wahrscheinlichkeiten (relativen Häufigkeiten) der beteiligten Items und Itemsets gegeben.

Der *erwartete Support* von $X \Rightarrow Y$ bezüglich $\overline{X} \Rightarrow \overline{Y}$ ist definiert als:

$$E_{\overline{Z}}[Pr(Z)] = \frac{Pr(z_1)}{Pr(\overline{z}_1)} \cdot \ldots \cdot \frac{Pr(z_i)}{Pr(\overline{z}_i)} \cdot Pr(\overline{Z}) \ .$$

Die *erwartete Konfidenz* von $X \Rightarrow Y$ bezüglich $\overline{X} \Rightarrow \overline{Y}$ ist definiert als:

$$E_{\overline{X} \Rightarrow \overline{Y}}[Pr(Y|X)] = \frac{Pr(y_1)}{Pr(\overline{y}_1)} \cdot \ldots \cdot \frac{Pr(y_j)}{Pr(\overline{y}_j)} \cdot Pr(\overline{Y}|\overline{X}) \ .$$

Abb. 5-9 illustriert den Begriff der R-Interessantheit an einem Beispiel. In Anwendungen gibt der Benutzer einen Wert *min-interest* für R vor, so daß nur die R-interessanten Regeln aus der Menge aller gefundenen Assoziationsregeln mit minimalem Support und minimaler Konfidenz am Ende ausgegeben werden.

Item	Support
Kleidung	20
Oberkleidung	10
Jacken	4

RegelNr.	Regel	Support	R-interessant $\qquad R = 2$
1	„Kleidung $\Rightarrow$ Schuhe"	10	JA, kein Vorfahre vorhanden
2	„Oberkleidung $\Rightarrow$ Schuhe"	9	JA, Wert $\approx$ 2 bzgl. Regel 1
3	„Jacken $\Rightarrow$ Schuhe"	4	NEIN, Wert $\approx$ 1 bzgl. Regel 2

Abb. 5-9 R-interessante hierarchische Assoziationsregeln

5.4 Quantitative Assoziationsregeln

[Srikant & Agrawal 1996a]

5.4.1 Motivation

Das Finden von einfachen und auch von hierarchischen Assoziationsregeln in Transaktionsdatenbanken kann konzeptuell angesehen werden als das Finden von Assoziationen zwischen „1"-Werten in einer relationalen Tabelle, in der alle Attribute nur boolesche Werte annehmen können (siehe Abb. 5-10).

In vielen Bereichen der Wirtschaft und Wissenschaft haben die interessanten Daten, anders als einfache Transaktionen, Attribute mit numerischem (z.B. Alter, Einkommen) oder kategorischem Datentyp (z.B. Name, Wohnort). Boolesche Attribute können für diese Anwendungen als Spezialfälle von kategorischen Attributen angesehen werden.

Man möchte nun das Verfahren zum Finden von Assoziationsregeln in booleschen Datenbanken so anpassen, daß auch in Datenbanken mit reicheren Datentypen sogenannte „quantitative" Assoziationsregeln gefunden werden können. Regeln, die in solchen Datenbanken gelten, sind im allgemeinen inhaltlich sehr viel reicher als Assoziationsregeln in booleschen Datenbanken, wie beispielsweise die folgende Regel: „<Alter: 30..39> und <Familienstand: verheiratet> $\Rightarrow$ <#Autos: 2>.

Datenbank D

Transaktion	gekaufte Items
1	Brot, Kaffee, Milch, Kuchen
2	Kaffee, Milch, Kuchen
3	Brot, Kuchen

boolesche Datenbank D'

Transaktion	Brot	Butter	Kaffee	Kuchen	Milch
1	1	0	1	1	1
2	0	0	1	1	1
3	1	0	0	1	0

Abb. 5-10 Boolesche Repräsentation einer Transaktionsdatenbank

5.4.2 Grundidee

Die Idee des hier vorgestellten Verfahrens beruht darauf, eine Datenbank mit numerischen und kategorischen Attributen so zu transformieren, daß ein ähnliches Verfahren wie für boolesche Datenbanken angewendet werden kann. Dazu werden die numerischen und kategorischen Attribute zunächst in einer neuen Tabelle auf boolesche Attribute abgebildet. Anschließend wird jeder Datensatz d der ursprünglichen Tabelle in einen Datensatz d' der booleschen Tabelle umgewandelt.

Ein kategorisches oder numerisches Attribut mit nur wenigen diskreten Werten kann sehr einfach auf eine Menge boolescher Attribute abgebildet werden: Für jeden Wert $w_1, ..., w_k$ eines solchen Attributs A wird jeweils ein neues, boolesches Attribut $A_1, ..., A_k$ eingeführt. Für einen Datensatz d' wird der Wert von A_i genau dann gleich 1 gesetzt, wenn der Wert des Attributs A im ursprünglichen Datensatz d gleich w_i ist, sonst gleich 0.

Numerische Attribute mit einem großen Wertebereich werden zunächst in Intervalle eingeteilt, und für jedes Intervall wird dann analog wie für kategorische Attribute ein neues boolesches Attribut eingeführt.

Mit einer solchen Abbildung kann man konzeptionell das Finden quantitativer Assoziationsregeln auf das Finden von einfachen Assoziationsregeln zurückführen. Abb. 5-11 zeigt exemplarisch für eine kleine Beispieltabelle mit numerischen und kategorischen Attributen die Abbildung dieser Tabelle auf eine entsprechende boolesche Tabelle.

Datenbank D

RecId	Alter	Fam.stand	#Autos
1	23	ledig	0
2	38	verheiratet	2

boolesche Datenbank D'

RecId	Alter: 20..29	Alter: 30..39	Fam.stand: ledig	Fam.stand: verheiratet	#Autos:0	#Autos:1	#Autos:2
1	1	0	1	0	1	0	0
2	0	1	0	1	0	0	1

Abb. 5-11 Abbildung kategorischer und numerischer Werte auf boolesche Attribute

5.4.3 Grundbegriffe

- $I = \{i_1, ..., i_m\}$ sei nun eine Menge von Literalen, genannt „*Attribute*".

- $I_V = I \times \mathbb{N}^+$ sei eine Menge von *Attribut-Wert-Paaren*, d.h. ein Paar $<x, v>$ steht für ein Attribut x mit dem zugehörigen ganzzahligen Wert v.

- D sei eine *Menge von Datensätzen*.
  Jeder *Datensatz* $R \in D$ wird durch eine Menge von Attribut-Wert-Paaren repräsentiert, d.h. $R \subseteq I_V$, wobei jedes Attribut höchstens einmal in einem Datensatz vorkommen kann. D repräsentiert also eine Tabelle, in der es nur noch Attribute mit ganzzahligen numerischen Werten gibt. Diese Tabelle wird zunächst durch Transformation aus einer gegebenen Tabelle mit kategorischen und numerischen Werten erzeugt.

- $I_R = \{<x, u, o> \in I \times \mathbb{N}^+ \times \mathbb{N}^+ \mid u \leq o\}$.
  Ein Tripel $<x, u, o>$ steht für ein Attribut x mit einem zugehörigen Intervall von Werten $[u..o]$. Falls $u = o$, dann bezeichnet $[u..o]$ den einzigen Wert u.
  Für $X \subseteq I_R$ sei *Attribute(X)* definiert als die Menge $\{x \mid <x, u, o> \in I_R\}$.
  Die Elemente aus I_R werden auch „*(quantitative) Items*" genannt. Eine Menge $X \subseteq I_R$ heißt auch „*(quantitatives) Itemset*".

- Ein Datensatz R *unterstützt* eine Menge $X \subseteq I_R$, wenn es zu jedem $<x, u, o> \in X$ ein Paar $<x, v> \in R$ gibt, so daß $u \leq v \leq o$.

- Für eine Menge $X \subseteq I_R$ von Items ist der *Support der Menge X in D* definiert als der Prozentsatz der Datensätze in D, die X unterstützen.

- Eine *quantitative Assoziationsregel* ist eine Implikation der Form $X \Rightarrow Y$, wobei X und Y quantitative Itemsets sind, die keine Attribute gemeinsam haben, d.h.: $X \subseteq I_R$, $Y \subseteq I_R$ und Attribute(X) $\cap$ Attribute(Y) $= \varnothing$.

- Der *Support s einer quantitativen Assoziationsregel* $X \Rightarrow Y$ *in D* ist dann analog wie für einfache und hierarchische Assoziationsregeln definiert als der Support der Menge $X \cup Y$ in D.

- Die *Konfidenz c einer quantitativen Assoziationsregel* $X \Rightarrow Y$ *in D* ist analog wie für einfache und hierarchische Assoziationsregeln definiert als der Prozentsatz der Datensätze, die die Menge Y unterstützen in der Teilmenge aller Datensätze, welche auch die Menge X unterstützen. Man sagt auch wieder, eine Assoziationsregel $X \Rightarrow Y$ gilt mit der Konfidenz c.

- Ein (quantitatives) Itemset $\overline{X}$ heißt *Verallgemeinerung* eines (quantitativen) Itemsets X (und X heißt *Spezialisierung* von $\overline{X}$), wenn X und $\overline{X}$ die gleichen Attribute enthalten und die Intervalle in den Elementen von X vollständig in den entsprechenden Intervallen von $\overline{X}$ enthalten sind, das heißt, wenn
  1. $\text{Attribute}(X) = \text{Attribute}(\overline{X})$ und
  2. für alle $x \in \text{Attribute}(X)$ gilt: $\langle x, u, o \rangle \in X \wedge \langle x, u', o' \rangle \in \overline{X} \Rightarrow u' \leq u \leq o \leq o'$.

  Die Begriffe „Verallgemeinerung" und „Spezialisierung" entsprechen in gewissem Sinn den Begriffen „Vorfahre" und „Nachfahre" im Fall von Itemtaxonomien, da die Itemsets zusammen mit der Spezialisierungsbeziehung einen gerichteten Graphen bilden.

5.4.4 Aufgabenstellung

Gegeben sei eine Menge D von Datensätzen. Die Aufgabe besteht nun darin, alle interessanten, quantitativen Assoziationsregeln mit minimalem Support und minimaler Konfidenz zu finden. Ausgehend von einer Tabelle T, die noch numerische und kategorische Attribute enthalten kann, zerfällt diese Aufgabe in mehrere Teilaufgaben:

1. Bestimme für jedes numerische Attribut eine Partitionierung des Wertebereichs in geeignete Intervalle und bilde diese Intervalle eines numerischen Attributs so auf eine Menge von aufeinanderfolgenden ganzen Zahlen ab, daß die ursprüngliche Ordnung der Intervalle erhalten bleibt.

2. Bilde die Werte jedes kategorischen Attributs auf aufeinanderfolgende ganze Zahlen ab.

3. Transformiere die Datensätze der ursprünglichen Tabelle gemäß der Abbildung der Attribute. Dadurch ergibt sich die Menge D von Datensätzen.

4. Bestimme zuerst den Support für jedes einzelne Attribut-Wert-Paar in D. Fasse dann benachbarte Werte von ursprünglich numerischen Attributen zu Intervallen zusammen, solange der Support der entstehenden Intervalle kleiner ist als ein bestimmter benutzerspezifizierter Wert *maxsup*. Dies sind dann die häufig vorkommenden 1-Itemsets oder „Frequent Items".
   Finde nun alle häufig auftretenden quantitativen Itemsets mit einer Variante des Apriori-Algorithmus, bei der die Kandidatengenerierung und die Subset-Funktion, wie weiter unten beschrieben, angepaßt sind.

5. Bestimme quantitative Assoziationsregeln aus häufig auftretenden Itemsets wie beim Finden von einfachen Assoziationsregeln.

6. Entferne alle diejenigen Regeln, deren Interessantheit kleiner ist als ein benutzerspezifizierter Wert *min-interst*. Das hierfür verwendete Interessantheitsmaß erweitert das Interessantheitsmaß für hierarchische Assoziationsregeln lediglich um eine weitere Bedingung.

Abb. 5-12 illustriert diese Schritte anhand einer Beispieltabelle, die Informationen über Personen wie den Familienstand und die Anzahl ihrer Autos enthält.

5.4.5 Partitionierung numerischer Attribute

Die Einteilung eines Attribut-Wertebereichs in Intervalle ist nicht unproblematisch, da dabei Information verlorengeht. Man muß folgende Probleme berücksichtigen:

- Minimaler Support: Wenn die Intervalle für ein numerisches Attribut sehr klein sind, das heißt, wenn man zu viele Intervalle bildet, dann ist eventuell der Support für jedes einzelne Intervall nur noch sehr klein.

- Minimale Konfidenz: Wenn die Intervalle für ein numerisches Attribut zu groß sind, das heißt, wenn man zu wenig Intervalle bildet, dann haben viele Regeln eventuell keine genügend große Konfidenz.

Eine Lösung ist, den Wertebereich zwar in viele Intervalle zu zerlegen, aber zusätzlich alle Bereiche zu berücksichtigen, die durch Verschmelzen benachbarter Intervalle entstehen. Die Folgen davon sind jedoch:

- Hohe Laufzeit: Wenn ein numerisches Attribut n diskrete Werte (oder n Intervalle) besitzt, gibt es durchschnittlich $O(n^2)$ viele Bereiche, die einen bestimmten Wert enthalten. Entsprechend hoch wird die Anzahl von Items in einem Datensatz, und folglich auch die Laufzeit des Algorithmus.

- Viele Regeln: Wenn ein Wert oder Intervall eines numerischen Attributs minimalen Support hat, dann hat auch jeder Bereich, der den Wert oder das Intervall enthält mindestens diesen Support. Dadurch werden sehr viele und meist „redundante" Itemsets und Regeln generiert.

Es gibt also einen „Tradeoff" zwischen schnellerer Ausführung des Algorithmus und Informationsverlust. Srikant & Agrawal schlagen eine Methode vor, bei der der Benutzer zunächst einen „Grad des Informationsverlusts" vorgibt. Dazu wird dann die optimale Anzahl der Intervalle berechnet. Details dazu findet man in [Srikant & Agrawal 1996a].

5.4.6 Interessantheit von quantitativen Assoziationsregeln

Die Inklusionsbeziehung zwischen den Intervallen numerischer Attribute induziert wie die Itemhierarchie H im letzten Abschnitt eine partielle Ordnung auf den Item-

(A) „Personen"

RecId	Alter	Fam.stand	#Autos
100	23	ledig	1
200	25	verheiratet	1
300	29	ledig	0
400	34	verheiratet	2
500	38	verheiratet	2

(C1) Abbildung der Werte für „Fam.stand"

Wert	Integer
verheiratet	1
ledig	2

(B) Partitionen für „Alter"

Intervall
20..24
25..29
30..34
35..39

(C2) Abbildung der Werte für „Alter"

Intervall	Integer
20..24	1
25..29	2
30..34	3
35..39	4

(D) Personen nach Abbildung der Attribute

RecId	Alter	Fam.stand	#Autos
100	1	2	1
200	2	1	1
300	2	2	0
400	3	1	2
500	4	1	2

(E) Beispiele für Frequent Itemsets

Itemset	Support
(<Alter: 20..29>)	3
(<Alter: 30..39>)	2
(<Fam.stand: verheiratet>)	3
(<Fam.stand: ledig>)	2
(<#Autos: 0..1>)	3
(<Alter: 30..39> <Fam.stand: verheiratet>)	2

(F) Beispiele für Regeln

Itemset	Support	Konfidenz
<Alter: 30..39> und <Fam.stand: verheiratet> ⇒ <#Autos: 2>	40%	100%
<Alter: 20..29> ⇒ <#Autos: 0..1>	60%	67%

Abb. 5-12 Beispiel für quantitative Assoziationsregeln

sets. Daher kann die Interessantheit einer quantitativen Assoziationsregel wie oben mit Bezug auf den erwarteten Support (oder die erwartete Konfidenz) der Regel bezüglich einer Verallgemeinerung definiert werden. Angenommen, man hat beispielsweise die folgenden zwei Regeln gefunden:

1. $\langle$Alter: 20..30$\rangle \Rightarrow \langle$#Autos: 1..2$\rangle$ (8% Support, 70% Konfidenz)
2. $\langle$Alter: 20..25$\rangle \Rightarrow \langle$#Autos: 1..2$\rangle$ (2% Support, 70% Konfidenz)

Die Regel 2 ist dann nicht interessant, wenn etwa 1/4 aller Personen im Alter zwischen 20 und 30 Jahren zu der Altergruppe 20-25 Jahre gehören, da man dann den Support und die Konfidenz der Regel 2 aufgrund des Supports und der Konfidenz der Regel 1 erwarten kann. Der erwartete Support und die erwartete Konfidenz sind dabei analog wie für hierarchische Assoziationsregeln definiert (siehe *Interessantheit von hierarchischen Assoziationsregeln* auf Seite 177).

Der Begriff der R-Interessantheit für quantitative Assoziationsregeln erweitert den Begriff der R-Interessantheit für hierarchische Assoziationsregeln um eine einzige zusätzliche Bedingung. Zu ihrer Formulierung benötigen wir einen Begriff der R-Interessantheit von Itemsets, der wie folgt definiert ist:

Ein Itemset X ist R-interessant bezüglich $\overline{X}$, wenn der Support von X größer oder gleich dem R-fachen des erwarteten Supports bezüglich $\overline{X}$ ist und für jede Spezialisierung X' mit minimalem Support gilt: $X - X'$ ist auch R-interessant bezüglich $\overline{X}$ (unabhängig davon, ob $X - X'$ auch minimalen Support hat).

Eine quantitative Assoziationsregel $X \Rightarrow Y$ ist dann *R-interessant*, wenn sie entweder keine direkte Verallgemeinerung hat oder aber ihr tatsächlicher Support (oder ihre tatsächliche Konfidenz) R-mal dem erwarteten Support (oder der erwarteten Konfidenz) bezüglich einer direkten Verallgemeinerung $\overline{X} \Rightarrow \overline{Y}$ ist und $\overline{X} \Rightarrow \overline{Y}$ selbst auch R-interessant ist. (Dies entspricht genau der Interessantheit von hierarchischen Assoziationsregeln.) Zusätzlich muß noch gelten: $X \cup Y$ ist R-interessant bezüglich $\overline{X} \cup \overline{Y}$.

Der Grund für die zusätzliche Bedingung ist der, daß der unerwartet hohe Support eines Itemsets X bezüglich $\overline{X}$ (eines Intervalls von Werten) nur durch den unerwartet hohen Support einer bestimmten Spezialisierung (eines bestimmten Teilintervalls) von X zustandekommt und keine andere Spezialisierung mit minimalem Support interessant ist. In diesem Fall möchte man nur die erste Spezialisierung als interessantes Itemset betrachten. Das folgende Beispiel soll diesen Fall illustrieren.

Angenommen, der Support für die verschiedenen Werte eines Attributs x mit dem Wertebereich [1..10] ist gleichverteilt, und es gibt ein anderes kategorisches Attribut y mit einem Wert a. Der Support für die Kombination der Werte von x mit dem Wert a sei nun wie in Abb. 5-13 dargestellt. Offensichtlich ist ($\langle$x: 5..5$\rangle$ $\langle$y: a..a$\rangle$) das einzige „interessante" Itemset in diesem Beispiel. Das Interessantheitsmaß ohne die zusätzliche Bedingung würde aber auch andere Itemsets als „interessant" auszeichnen, beispielsweise ($\langle$x: 3..5$\rangle$ $\langle$y: a..a$\rangle$) oder ($\langle$x: 4..5$\rangle$ $\langle$y: a..a$\rangle$).

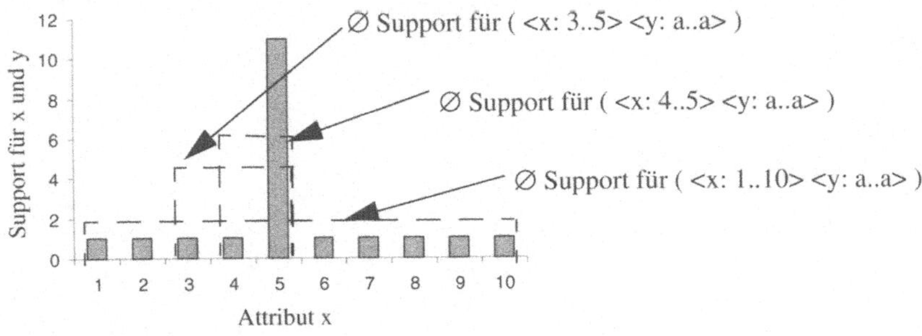

Abb. 5-13 Support für verschiedene quantitative Itemsets

5.4.7 Anpassung des Apriori-Algorithmus für quantitative Assoziationsregeln

Erweiterung der Kandidatengenerierung

Die Kandidatengenerierung für quantitative Itemsets bleibt weitgehend unverändert. Sie besteht aus folgenden drei Schritten:

1. *Join Phase*: analog wie bei der Apriori-Kandidatengenerierung.
2. *Pruning Phase*: analog wie bei der Apriori-Kandidatengenerierung.
3. *Interest Pruning Phase*: Wenn der Benutzer eine minimale Interessantheit R vorgibt, dann werden an dieser Stelle schon Itemsets aus der Kandidatenmenge ausgeschlossen, mit denen keine R-interessanten Regeln gebildet werden können. Dazu wird die R-Interessantheit der Itemsets betrachtet. Dieser Schritt dient dazu den Suchraum, das heißt die Anzahl der zu betrachtenden Kandidaten-Itemsets, so früh wie möglich einzuschränken.

Anpassung der Subset-Funktion

Während eines Durchlaufs durch die Datenbank müssen alle Kandidaten der aktuellen Kandidatenmenge gefunden werden, die durch einen bestimmten Datensatz R unterstützt werden. Um diesen Schritt effizient durchzuführen, werden die Kandidaten zuerst so in Gruppen eingeteilt, daß die Kandidaten in jeder Gruppe über die gleichen Attribute verfügen und die (ursprünglich) kategorischen Attribute die gleichen Werte haben. Aus den einzelnen Gruppen werden dann sogenannte *„Super-Kandidaten"* gebildet, die aus zwei Teilen bestehen:

1. Die gemeinsamen (ursprünglich) kategorischen Attribute mit ihren Werten.
2. Eine Datenstruktur, welche die Menge der Werte für jedes der (ursprünglich) numerischen Attribute abspeichert.

Abb. 5-14 zeigt ein Beispiel eines Superkandidaten für die dargestellten Kandidaten-Itemsets.

Kandidaten:
(<Fam.stand: verheiratet> <Alter: 20..24> <#Autos: 0..1>)
(<Fam.stand: verheiratet> <Alter: 20..29> <#Autos: 1..2>) ⟶
(<Fam.stand: verheiratet> <Alter: 24..29> <#Autos: 2..2>)

Super-Kandidat:

Fam.stand: verheiratet	
Alter	#Autos
20..24	0..1
20..29	1..2
24..29	2..2

Abb. 5-14 Superkandidaten für quantitative Itemsets

Die Suche nach Kandidaten kann nun in zwei Schritte zerlegt werden:

1. Suche der Super-Kandidaten, die bezüglich der kategorischen Attribute vom Datensatz R unterstützt werden. Dazu kann man den schon für einfache Assoziationsregeln eingeführten Hash-Baum wiederverwenden, wobei das Hashing nur nach den „kategorischen" Attributwerten eines Superkandidaten durchgeführt wird (die Werte der „kategorischen" Attribute sind für alle Kandidaten, aus denen ein Superkandidat gebildet wird, gleich).
2. Bestimmung der in den gefundenen Superkandidaten enthaltenen Kandidaten, deren numerische Attribute tatsächlich von R unterstützt werden.

Der zweite Schritt kann durch raumbezogene Indexstrukturen unterstützt werden: Ein Super-Kandidat enthält n verschiedene numerische Attribute mit jeweils m verschiedenen Intervallen als Werten. Jeder Superkandidat kann daher als eine m-elementige Menge von n-dimensionalen Hyperrechtecken aufgefaßt werden. Die entsprechenden Werte in einem Datensatz R entsprechen bei dieser Betrachtung einem n-dimensionalen Punkt. Das Problem reduziert sich damit auf die Suche von n-dimensionalen Rechtecken, die einen gegebenen n-dimensionalen Punkt enthalten. Zur effizienten Unterstützung dieser Operation können Varianten von R-Bäumen oder (bei niedrigen Dimensionen) multidimensionale Arrays eingesetzt werden.

5.5 Zusammenfassung

In diesem Kapitel haben wir verschiedene Typen von Assoziationsregeln kennengelernt: einfache, hierarchische und quantitative Assoziationsregeln. Einfache Assoziationsregeln repräsentieren häufiges gemeinsames Auftreten von Elementen in Transaktionen wie beispielsweise oft gemeinsam gekaufte Waren in einer Menge von Warenkörben. Hierarchische Assoziationsregeln erweitern die einfachen Assoziationsregeln so, daß Beziehungen zwischen Kategorien von Elementen der Transaktionen, etwa zwischen Warengruppen, ausgedrückt werden können. Quantitative Assoziationsregeln übertragen die Idee der Assoziationen auf Datenbanken mit kategorischen und numerischen Attributen. Dort stellt eine Assoziationsregel Zusammenhänge zwischen Werten oder Wertintervallen verschiedener Attribute dar.

Bei den Algorithmen zum Finden von Assoziationsregeln haben wir uns auf die wichtigsten Grundtypen beschränkt. Alle vorgestellten Algorithmen basieren auf dem sogenannten „Apriori-Algorithmus" zum Finden von Mengen häufig gemeinsam auftretender Items, der solche Mengen nach wachsender Größe konstruiert. Der Algorithmus nutzt dazu die Tatsache aus, daß die Elemente einer Menge nur dann häufig gemeinsam auftreten können, wenn auch jede Teilmenge von Elementen dieser Menge mindestens genauso häufig auftritt. Damit läßt sich die Menge der Itemset einer bestimmten Größe l, die als häufig vorkommende Itemsets überhaupt in Frage kommen, stark einschränken, wenn man schon die häufig vorkommenden Itemsets mit kürzerer Länge kennt.

Darüberhinaus gibt es eine Reihe weiterer Verfahren, die einzelne Aspekte von Assoziationsregeln verbessern, wie etwa inkrementelle Verfahren (z.B. [Cheung et al. 1996]) oder Verfahren, die zusätzliche Constraints (Nebenbedingungen) an die Items berücksichtigen (z.B. [Srikant, Vu & Agrawal 1997]).

Die Grundidee des Apriori-Algorithmus läßt sich auf viele Anwendungsbereiche übertragen, in denen Transaktionen im weitesten Sinne vorkommen. Ein Beispiel für die Erweiterung dieser Idee zur Anwendung im Bereich zeitlich geordneter Sequenzen, beispielsweise von Einkäufen oder Zugriffen auf Internetseiten, werden wir in Kapitel 7 noch genauer kennenlernen.

5.6 Literatur

Agrawal R., Srikant R. 1994, „Fast Algorithms for Mining Association Rules", In *Proc. ACM SIGMOD Int. Conf. on Management of Data (SIGMOD'94)*. ACM Press, New York, NY, pp. 94—105.

Cheung D. W., Han J., Ng V., Wong C. Y. 1996, „Maintanance of Discovered Association Rules in Large Databases: An incremental updating technique, in *Proc. 12th Int. Conf. on Data Engineering (ICDE'96)*, IEEE Computer Society Press, Los Alamitos, California, pp. 106—114.

Srikant R., Agrawal R. 1995, „Mining Generalized Association Rules", in *Proc. 21st Int. Conf. on Very Large Data Bases (VLDB'95)*, Morgan Kaufmann Publishers, San Francisco, California, pp. 407—419.

Srikant R., Agrawal R. 1996a, „Mining Quantitative Association Rules in Large Relational Tables", in *Proc. ACM SIGMOD Int. Conf. on Management of Data (SIGMOD'96)*. ACM Press, New York, NY, pp. 1—12.

Srikant R., Vu Q., Agrawal R. 1997, „Mining Association Rules with Item Constraints", in *Proc. 3rd Int. Conf. on Knowledge Discovery and Data Mining (KDD'97)*. AAAI Press, Menlo Park, CA, pp. 67—73.

Generalisierung

Bei Analysen ist man häufig nicht an den ursprünglichen detaillierten Daten, sondern nur an Aussagen über die aggregierten Daten interessiert. In solchen Fällen ist eine kompakte Beschreibung einer gegebenen Datenmenge gesucht, d.h. eine deutlich kleinere Menge von Datensätzen mit Attributwerten auf abstrakterem Niveau. Dies ist die Data-Mining-Aufgabe der *Generalisierung*.

Typische Anwendungen der Generalisierung sind etwa die folgenden. *Online Analytical Processing (OLAP)* ist eine Art „manuelles Data Mining", bei der der Benutzer mit Hilfe einiger Basisoperationen interaktiv und schrittweise die Daten analysiert (vgl. [Shoshani 1997]). Generalisierung erlaubt eine automatische Zusammenfassung von Daten für Manager, z.B. zur Analyse der Leistung verschiedener Filialen einer Supermarktkette. Generalisierung kann auch zur Transformation der Datenbank für andere Data-Mining-Verfahren eingesetzt werden, z.B. vor einer Klassifikation, um eine bessere Effizienz und unter Umständen auch bessere Effektivität der angewendeten Data-Mining-Verfahren zu erzielen.

Zwei Typen von Generalisierung lassen sich unterscheiden:

- manuelle Generalisierung
  In diesem Fall führt der Benutzer Schritt für Schritt die von ihm gewünschten Generalisierungen der Datenbank aus. Diesen Typ der Generalisierung finden wir insbesondere beim OLAP.
- automatische Generalisierung
  Hier wird die Generalisierung durch einen Algorithmus durchgeführt, der vom Benutzer einige Parameter erhält, dann aber automatisch alle erforderlichen Schritte der Generalisierung durchführt.

Abschnitt 6.1 führt die Grundbegriffe ein, die sowohl für die manuelle als auch für die automatische Generalisierung relevant sind. Beim Online Analytical Processing werden auf konzeptioneller Ebene meist multi-dimensionale Datenmodelle verwendet. In Abschnitt 6.2 stellen wir ein sehr populäres solches Modell vor, die sogenannten Data Cubes. Anfragen an Data Cubes betreffen oft sehr große Mengen von Datensätzen und sind deshalb besonders aufwendig zu bearbeiten. In Abschnitt 6.3 präsentieren wir einen Ansatz zur effizienten Anfragebearbeitung in Data Cubes mit

Hilfe von Materialisierung häufiger Anfragen. Attributorientierte Induktion ist die wichtigste Methode der automatischen Generalisierung, die in Abschnitt 6.4 vorgestellt wird. Datenbanken sind im allgemeinen dynamisch, und in Abschnitt 6.5 zeigen wir, wie attributorientierte Induktion bei Einfügungen und Löschungen inkrementell durchgeführt werden kann.

6.1 Einleitung

Seien D_i, $1 \leq i \leq d$, logisch zusammengehörige Mengen von Werten (*Wertebereiche*) mit $ALLE \in D_i$. Sei R eine *Relation* $R \subseteq D_1 \times D_2 \times \ldots \times D_d$ mit den Attributen $A_1, \ldots, A_d$ (vgl. Abschnitt 2.1.2, Relationales Datenmodell).

Konzepthierarchie

Eine *Konzepthierarchie* für D_i (bzw. für A_i) ist ein (typischerweise balancierter) Baum mit den folgenden Eigenschaften:

- Die Knoten des Baumes repräsentieren Werte aus D_i, die Wurzel des Baumes repräsentiert den speziellen Wert *ALLE*.
- Die Kanten des Baumes repräsentieren eine „is-a"-Beziehung zwischen den verbundenen Knoten.

Beispiel

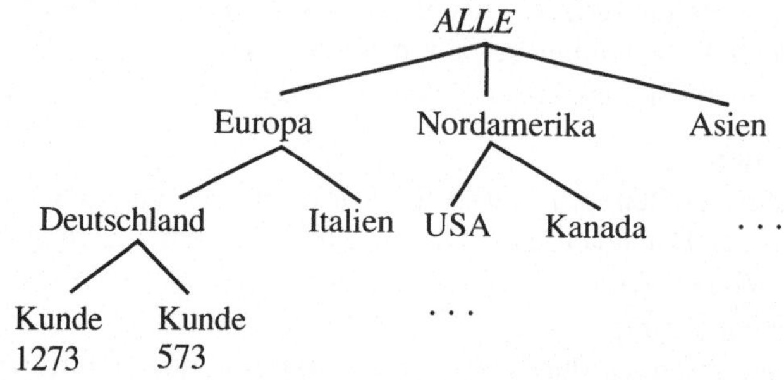

Abb. 6-1 Konzepthierarchie für Kunden

Die *Konzeptebene eines Attributwerts* ist definiert als der Abstand des entsprechenden Knotens von den Blattknoten, d.h. die Blattknoten mit den konkreten Attributwerten (wie z.B. Kunde 1273) liegen auf der Konzeptebene 0.

Generalisierung

Als *Generalisierung* der Relation R in Bezug auf das Attribut A_i bezeichnen wir die Operation, die bei allen Tupeln aus R den jeweiligen Wert von A_i durch seinen direkten Vorgänger in der Konzepthierarchie von D_i ersetzt. Umgekehrt bezeichnen wir als *Spezialisierung* der Relation R die Ersetzung aller A_i-Werte durch einen ihrer direkten Nachfolger in der Konzepthierarchie von D_i.

Bei der Generalisierung können partiell redundante Tupel entstehen, die mit Hilfe einer Aggregierungs-Operation in ein (einziges) Tupel transformiert werden. Die *Aggregierung* einer Menge T von Tupeln, $T \subseteq R$, die auf den Attributen $A_1, ..., A_c$, $1 \leq c \leq d$, übereinstimmen, liefert das Tupel

$$(a_1, ..., a_c, Op(\{a_{c+1}(t) | t \in T\}), ..., Op(\{a_d(t) | t \in T\})) \, .$$

Die Attribute $A_{c+1}, ..., A_d$ besitzen numerische Wertebereiche, und *Op* ist ein arithmetischer Operator wie z.B. „+" oder „MAX".

Beispiel

ursprüngliche Relation

Name	Sex	Age	Birth_Place	Department	Position	Salary	Support
Anderson	female	26	Burnaby	CompSc	secretary	26.000	1
Benson	male	45	Vancouver	ElectEng	full_prof	63.000	1
...	...	...	...	...	...	...	...
Young	male	38	Bonn	CivilEng	assoc_prof	55.400	1

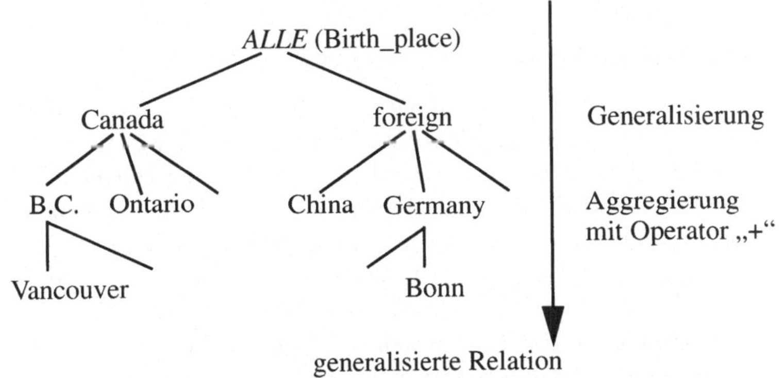

generalisierte Relation

Sex	Age	Birth_Place	Salary	Support
male	old	Canada	high	200
female	young	Canada	low	35
male	mid_age	foreign	medium	137

Abb. 6-2 Generalisierung auf der Datenbank „Kanadische Universitäten"

6.2 Data Cubes

Ein *Data Warehouse* (*DW*) [Chaudhuri & Dayal 1997] ist eine dauerhafte, integrierte Sammlung von Daten aus unterschiedlichen Quellen zum Zweck der Analyse bzw. Entscheidungsunterstützung. Wir führen im folgenden nur die aus Sicht des Data Mining wichtigsten Konzepte ein. Für eine umfassendere Einführung in das Thema Data Warehousing sei auf [Fernandez & Schneider 1996] verwiesen.

Architektur eines Data Warehouse

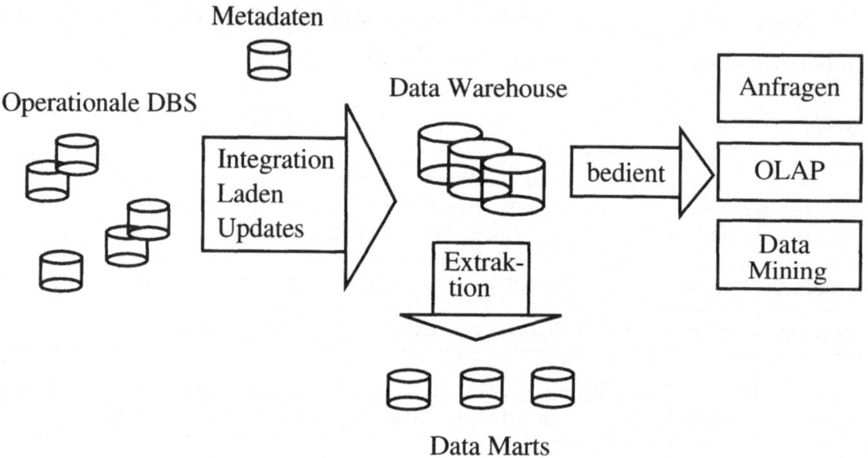

Abb. 6-3 Architektur eines Data Warehouse

Die typische Architektur eines Data Warehouse wird in Abb. 6-3 dargestellt. Das *Data Warehouse* integriert die Daten verschiedener *operationaler Datenbanksysteme*, die z.B. dem Einkauf, der Auftragsabwicklung und dem Marketing dienen. Die Integration dieser operationalen DBS ist ein aufwendiger Prozeß, in dessen Verlauf auch *Metadaten* zur Beschreibung des Data Warehouse erzeugt werden. Aus dem Data Warehouse werden manchmal sogenannte *Data Marts* extrahiert, die bestimmte Teilsichten repräsentieren. Das Data Warehouse dient zur Bearbeitung von Ad-Hoc Anfragen, zum Online Analytical Processing und zum Data Mining.

Im folgenden werden die zentralen Schritte von den operationalen DBS zum Data Warehouse genauer erläutert.

Integration

* einfache Transformationen (z.B. KundenSchl statt KNr)
* Nutzen von Anwendungswissen (z.B. regionale Zuordnung von Postleitzahlen), um ähnliche Daten zu vereinheitlichen
* Überprüfen von Konsistenzbedingungen

Laden

- Aggregierung der Daten (mit Operatoren wie z.B. SUM, AVG, MAX, COUNT)
- Erzeugen von Indexstrukturen (ein- bzw. mehrdimensional)

Updates

- keine On-Line-Updates des DW
- Batch Updates in Zeiten, in denen das DW nicht verfügbar sein muß

  z.B. nachts oder am Wochenende
- inkrementelle Updates der aggregierten und anderer abgeleiteter Daten

Data Cubes

[Gray, Bosworth, Layman & Pirahesh 1996]

Der *Data Cube* ist ein multidimensionales Modell für ein Data Warehouse, das weit verbreitet ist. Seine Grundidee ist die Materialisierung gewisser generalisierter Daten, d.h. der Daten, die man bei Generalisierung der Blätter der Konzepthierarchie direkt auf die Wurzel *ALLE* erhält.

Dimensionen und Maße

Ein Data Cube unterscheidet zwei Typen von Attributen:

- *Dimensionen* (unabhängige Attribute) wie z.B. Produkt oder Kunde.
  Für jede Dimension existiert eine entsprechende Konzepthierarchie, d.h. jede Dimension besitzt insbesondere den Wert *ALLE*.
- *Maße* (abhängige Attribute), d.h. numerische Attribute wie z.B. Preis oder Gewinn.

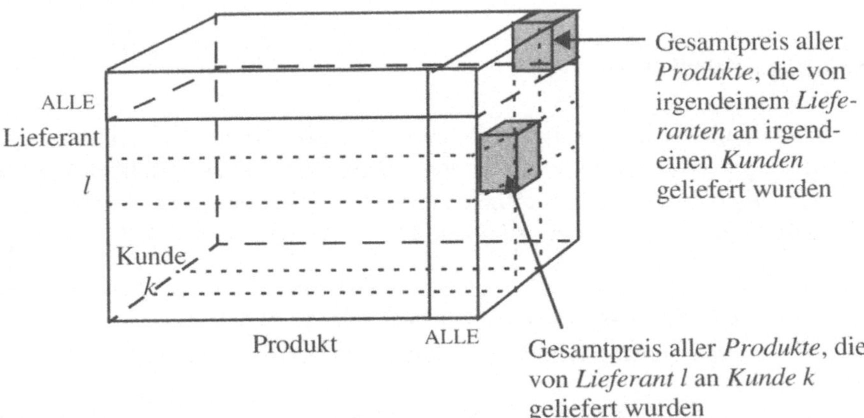

Abb. 6-4 Data Cube mit den Dimensionen Produkt, Lieferant und Kunde

Die Dimensionen spannen einen multidimensionalen Datenraum (Array) auf, dessen Zellen die Maße für den entsprechenden Teilraum enthalten. Zellen für den speziellen Wert *ALLE* aggregieren die Maße über alle Werte der jeweiligen Dimension. Abb. 6-4 zeigt das Beispiel eines Data Cubes mit den drei Dimensionen Produkt, Lieferant und Kunde.

Jede Dimension wird im allgemeinen durch mehrere Attribute beschrieben, z.B. läßt sich die Dimension Kunde durch die Attribute Region, Nation und KundenID darstellen. Wenn für eine Dimension mehr als ein Attribut existiert, dann werden diese Attribute durch ein sogenanntes *Hierarchieschema* organisiert. Eine Konzepthierarchie ist eine Instanz eines solchen Hierarchieschemas, in der jede Ebene der Konzepthierarchie (außer der Wurzel) einer Ebene des Hierarchieschemas entspricht.

Beispiel

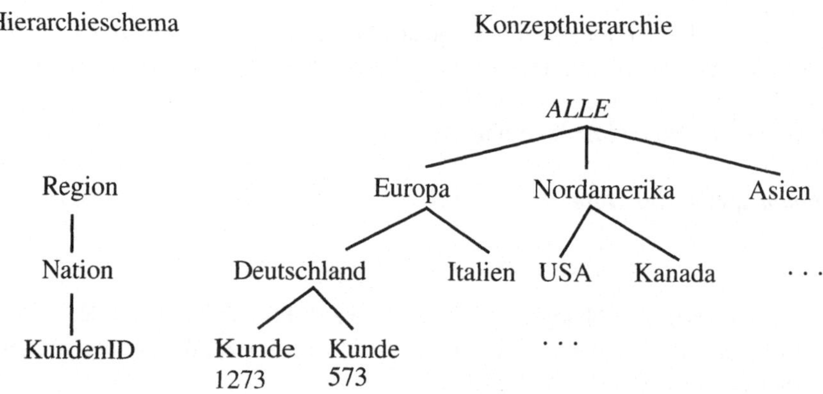

Abb. 6-5 Hierarchieschema und Konzepthierarchie für die Dimension „Kunde"

Roll-Up und Drill-Down

Im Rahmen von Online Analytical Processing (OLAP) werden interaktiv Mengen von Anfragen an einen Data Cube gestellt, wobei die jeweils gestellten Anfragen von den Ergebnissen früherer Anfragen abhängen. Insbesondere werden häufig die folgenden beiden Operationen auf einem Data Cube bzw. seinen Teilcubes ausgeführt:

- *Roll-Up*: Übergang zur nächsthöheren Generalisierungsebene.
- Drill-Down: Übergang zur nächstniedrigeren Generalisierungsebene.

Typische Anfragen an Data Cubes sind *Punktanfragen*, d.h. Anfragen, die für jede Dimension einen Wert spezifizieren, z.B.:

$$(\text{Produkt} = p_1, \text{Lieferant} = l_1, \text{Kunde} = k_1),$$
$$(\text{Produkt} = p_2, \text{Lieferant} = ALLE, \text{Kunde} = k_2),$$
$$(\text{Produkt} = ALLE, \text{Lieferant} = ALLE, \text{Kunde} = ALLE).$$

Zurückgeliefert werden jeweils die Maße des durch die Anfrage spezifizierten Teilcubes.

Sternschema

Ein Data Cube wird häufig als relationale Datenbank (vgl. Abschnitt 2.1.2) implementiert. Typischerweise wird ein sogenanntes *Sternschema* verwendet, das aus einer Relation für die Transaktionen (der sogenannten *Faktenrelation*) und aus je einer Relation für jede Dimension besteht (den sogenannten *Dimensionsrelationen*). Die Dimensionsrelationen besitzen ein Attribut für jedes Attribut der Dimension des Data Cubes. Die Faktenrelation besitzt ein Attribut pro Dimension des Data Cubes, das jeweils per Fremdschlüssel den Wert der entsprechenden Dimension referenziert. Ferner speichert die Faktenrelation die Maße des Data Cubes.

Abb. 6-6 zeigt das Sternschema für einen Data Cube aus dem TPCD-Benchmark [TPCD 1998]. Dieser Data Cube besitzt vier Dimensionen (Produkt, Lieferant, Kunde und Zeit) und ein Maß (Preis).

Beispiel

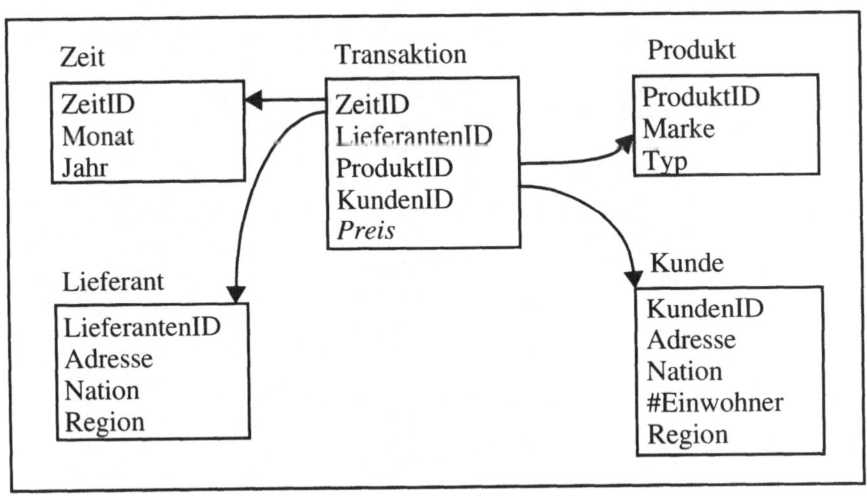

Abb. 6-6 Sternschema aus dem TPCD-Benchmark

Schneeflockenschema

Ein Sternschema unterstützt Konzepthierarchien nicht explizit. Ein *Schneeflocken-schema* dagegen repräsentiert die Konzepthierarchien explizit, indem die Dimensi-onsrelationen des Sternschemas normalisiert werden. Ein Schneeflockenschema un-terstützt Updates der Konzepthierarchien besser, erfordert aber einen erhöhten Aufwand bei der Anfragebearbeitung. Es müssen dann nämlich zusätzliche Joins der verschiedenen Dimensionsrelationen durchgeführt werden (zu Joins vgl. Ab-schnitt 2.1.3, Relationale Datenbanksprachen).

Abb. 6-7 zeigt das Schneeflockenschema für die TPCD-Daten [TPCD 1998], das dem Sternschema aus Abb. 6-6 entspricht.

Beispiel

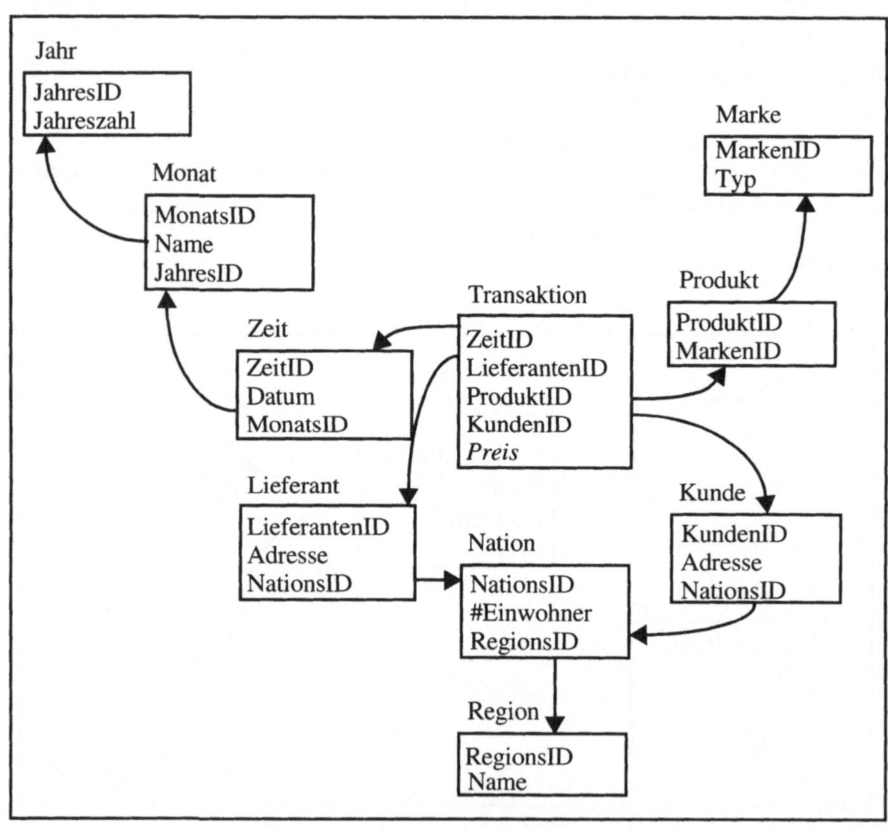

Abb. 6-7 Schneeflockenschema aus dem TPCD-Benchmark

Zusätzlich zu den Faktenrelationen und den Dimensionsrelationen speichert ein Data Warehouse im allgemeinen aggregierte Daten. Bei der Implementierung eines Data Cubes sind insbesondere die Aggregierungen über eine ganze Dimension für den Wert *ALLE* effizient zu unterstützen.

Die Inhalte der Zellen eines Data Cube lassen sich mit SQL-Anfragen (vgl. Abschnitt 2.1.3) aus einer relationalen Implementierung gewinnen. Die Menge aller Zellen der Form (Produkt = p, Lieferant = *ALLE*, Kunde = k) erhält man z.B. durch die Anfrage

```
SELECT ProduktID, KundenID, SUM(Preis)
FROM Transaktion
GROUP BY ProduktID, KundenID,
```

die etwa die Tupel $(p_1, k_1, 425)$, $(p_1, k_3, 710)$, $(p_2, k_2, 185)$ etc. zurückliefert. Diese SQL-Anfragen für Mengen von Zellen (ohne WHERE-Klauseln) unterscheiden sich im wesentlichen in den GROUP BY-Klauseln (und entsprechend in den SELECT-Klauseln). Wir nutzen deshalb die GROUP BY-Attribute, um die Anfragen zu identifizieren, z.B.

```
(p, l, k) = GROUP BY ProduktID, LieferantenID, KundenID,
    liefert alle Basis-Zellen des Data Cube (ohne ALLE-Werte)

() = kein GROUP BY,
  liefert ein Tupel, das über den ganzen Data Cube
  aggregiert.
```

Im folgenden Abschnitt 6.3 sprechen wir nicht mehr von Zellen eines Data Cube, sondern von SQL-Anfragen bzw. Sichten über der zugrundeliegenden Relation.

6.3 Effiziente Anfragebearbeitung in Data Cubes

[Harinarayan, Rajaraman & Ullman 1996]

Anfragen an Data Cubes aggregieren häufig über sehr viele Tupel, die alle zugegriffen und verarbeitet werden müssen. Ein typischer Ansatz zur effizienten Anfragebearbeitung in Data Cubes ist deshalb die Materialisierung der Ergebnisse häufiger Anfragen. Ein alternativer Ansatz besteht darin, spezielle Indexstrukturen für Data Cubes zu entwickeln, siehe z.B. [Labio, Quass & Adelberg 1997].

(p, l, k) 6 Mio.

(p, k) 6 Mio. (p, l) 0,8 Mio. (l, k) 6 Mio.

(p) 0,2 Mio. (l) 0,01 Mio. (k) 0,1 Mio.

$()$ 1

$(a, \ldots)$: Sicht mit GROUP BY a $(\ldots)$ x: Sicht besitzt x Tupel

Abb. 6-8 Menge von Sichten über einer Relation von Transaktionen

Abb. 6-8 stellt verschiedene Sichten über einer Relation von Transaktionen dar, die einen 3-dimensionalen Data Cube mit den Dimensionen Produkt, Lieferant und Kunde implementiert. Die Gesamtrelation enthält 6 Mio. Datensätze, die Sichten mit weniger Attributen sind generalisiert und aggregiert und besitzen entsprechend weniger Tupel. Betrachten wir die folgende Anfrage

```
SELECT ProduktID, SUM(Preis) AS Alle-Transaktionen
FROM Transaktion
GROUP BY ProduktID,
```

die als Antwort die Sicht (p) zurückliefert. Wenn (p) materialisiert wurde, kann die Anfrage damit direkt beantwortet werden. Die Anfrage kann aber z.B. auch mit Hilfe von (p, k) beantwortet werden, dann muß allerdings noch für jedes *Produkt* über alle *Kunden* summiert werden.

Wir nehmen nun vereinfachend an, daß die Kosten der Anfragebearbeitung proportional zur Zahl zu verarbeitender Tupel sind. Die Anfragebearbeitung mit (p) besitzt dann Kosten von 0,2 Mio. Tupeln, die Beantwortung mit (p, k) Kosten von 6 Mio. Tupeln. Durch Materialisierung von (p) erhalten wir also einen sehr beachtlichen Speedup-Faktor von 30.

Die Materialisierung aller 8 Sichten im obigen Beispiel kostet 19,11 Mio. Tupel Speicherplatz. Können wir die Materialisierung einiger Sichten sparen, ohne die Effizienz der Anfragebearbeitung signifikant zu beeinträchtigen? Die Materialisierung von (p, k) bringt z.B. keinen Effizienzvorteil, da (p, k) genauso groß ist wie (p, l, k).

(p, l, k) 6 Mio.

(p, l) 0,8 Mio.

(p) 0,2 Mio. (l) 0,01 Mio. (k) 0,1 Mio.

$()$ 1

$(a, \ldots)$: Sicht mit GROUP BY a $(\ldots)$ x: Sicht besitzt x Tupel

Abb. 6-9 Reduzierte Menge der Sichten über der Relation von Transaktionen

Die reduzierte Menge der Sichten aus Abb. 6-9 benötigt nur 7,11 Mio. Tupel Speicherplatz, d.h. wir sparen etwa 60% des Speicherplatzes für die Materialisierung und je 60% der Laufzeit zum Erzeugen der zu materialisierenden Sichten sowie zum Update der materialisierten Sichten. Trotzdem bringt diese partielle Materialisierung der Sichten (für die betrachtete Anfrage) denselben Effizienzgewinn wie die vollständige Materialisierung aller Sichten aus Abb. 6-8.

Der Verband der Sichten

Bezeichne S eine Menge von Sichten über einer gegebenen Relation. Seien $s_1, s_2 \in S$ einzelne Sichten. s_1 ist *ableitbar* von s_2, notiert als $s_1 \preccurlyeq s_2$, genau dann wenn die Anfrage nach s_1 vollständig mit Hilfe des Inhalts von s_2 beantwortet werden kann.

Beispiele
$(p) \preccurlyeq (p, k)$
$(p) \not\preccurlyeq (k)$ und $(k) \not\preccurlyeq (p)$

Wir betrachten im folgenden nur solche Mengen S, die in Bezug auf $\preccurlyeq$ einen *Verband* bilden. Bezeichne $top(S) \in S$ die dann existierende „größte" Sicht, die folgendermaßen definiert ist:
$\forall s \in S: s \preccurlyeq top(S)$.

Ein Verband S von Sichten läßt sich durch ein *Verbandsdiagramm* veranschaulichen.

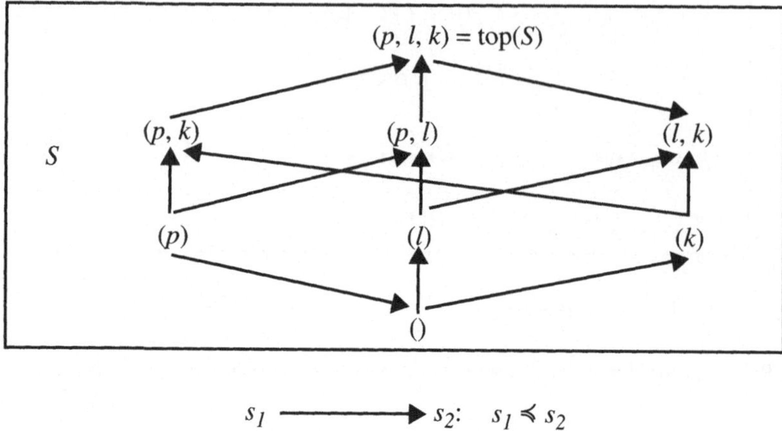

Abb. 6-10 Verbandsdiagramm der Sichten aus Abb. 6-8

Annahmen

Wir treffen folgende vereinfachende *Annahmen*:

- Alle Anfragen sind identisch mit einer der Sichten des gegebenen Verbands S.
- Alle Anfragen besitzen die gleiche Wahrscheinlichkeit.
- Zur Beantwortung einer Anfrage q wird die kleinste (bzgl. $\preccurlyeq$) materialisierte Sicht $s \in S$ genutzt mit $q \preccurlyeq s$.
- Die Kosten der Anfragebearbeitung von q mit Hilfe der Sicht s (bezeichnet als Kosten$_s(q)$) entsprechen der Zahl der Tupel von s. Wir nehmen also an, daß kein Index genutzt werden kann, und daß q deshalb aus s mit Hilfe eines sequentiellen Scans gewonnen wird.

Problemstellung

Aus der Menge S soll nun eine Teilmenge zur Materialisierung ausgewählt werden, die aus Sicht der Anfragebearbeitung optimal ist. Dieses *Problem* wird folgendermaßen formalisiert:

- Gegeben sei ein Verband $(S, \preccurlyeq)$ von Sichten und eine ganze Zahl k.
- Für jede der Sichten sei ferner die Größe, d.h. die Anzahl ihrer Tupel gegeben.
- Gesucht ist diejenige Teilmenge von S mit der Kardinalität k, die die durchschnittlichen Kosten der Anfragebearbeitung minimiert.

Die Größen der Sichten werden mit Hilfe eines Stichprobenverfahrens geschätzt, ohne daß alle Sichten vollständig erzeugt werden müssen. Die Problemstellung läßt sich so verallgemeinern, daß nicht die Anzahl der zu materialisierenden Sichten, sondern die Summe des dafür verfügbaren Speicherplatzes vorgegeben wird. Der folgende heuristische Algorithmus und seine Worst-Case-Analyse werden dadurch allerdings deutlich komplexer [Harinarayan, Rajaraman & Ullman 1996].

Algorithmen zur Auswahl der zu materialisierenden Sichten

Der *optimale Algorithmus* zur Lösung des obigen Problems erzeugt alle Teilmengen der Kardinalität k von S, berechnet für jede dieser Teilmengen die durchschnittlichen Kosten der Anfragebearbeitung und wählt die Teilmenge mit den minimalen Kosten aus. Dieser Algorithmus besitzt jedoch eine Laufzeitkomplexität von

$$O\left(\binom{|S|}{k}\right) = O(2^{|S|}),$$ d.h. er ist nicht effizient implementierbar.

Für eine effiziente Auswahl der zu materialisierenden Sichten wird deshalb im folgenden ein heuristischer Algorithmus entwickelt. Der *heuristische Algorithmus* wählt in jedem Schritt jeweils nur eine weitere Sicht aus: iterativ wird die jeweils beste nächste Sicht (mit dem größten Vorteil für die Anfragebearbeitung) zur Materialisierung ausgewählt. Der *Vorteil* einer Sicht s in Bezug auf die Menge M bereits materialisierter Sichten entspricht der Reduktion der Kosten zur Beantwortung aller Anfragen, die durch die Vereinigung von M mit $\{s\}$ erzielt wird.

Wir betrachten nun eine Anfrage $w \in S$, die bisher mit Hilfe von $u \in M$ beantwortet werde, nach der Materialisierung einer weiteren Sicht $v \in S$ aber mit Hilfe von diesem v beantwortet werde. Welchen Vorteil bietet in dieser Situation die zusätzliche Materialisierung der Sicht v für die Beantwortung der Anfrage w?

Vorteil einer Materialisierung

Sei $(S, \preccurlyeq)$ ein Verband von Sichten, $v, w \in S$ und $M \subseteq S$. Sei $u \in M$ die bezüglich $\preccurlyeq$ kleinste Sicht, für die gilt $w \preccurlyeq u$. Für $w \preccurlyeq v$ definieren wir den *Vorteil* von v in Bezug auf w und M, bezeichnet als $B_w(v, M)$, wie folgt:

$$B_w(v, M) = \begin{cases} Kosten_u(w) - Kosten_v(w) \,, & \text{falls } Kosten_v(w) < Kosten_u(w), \\ 0 & \text{andernfalls} \,. \end{cases}$$

Der Vorteil von v in Bezug auf M, bezeichnet als B(v, M), ist definiert als:

$$B(v, M) = \sum_{w \in S,\, w \leq v} B_w(v, M).$$

Algorithmus

```
BestimmeZuMaterialisierendeSichten (Verband S, Integer k)
   M := {top(S)};
   for i from 1 to k -1 do
      bestimme die Sicht v ∈ S, v ∉ M, mit maximalem B(v,M);
      M := M ∪ {v};
   return M;
```

Beispiel

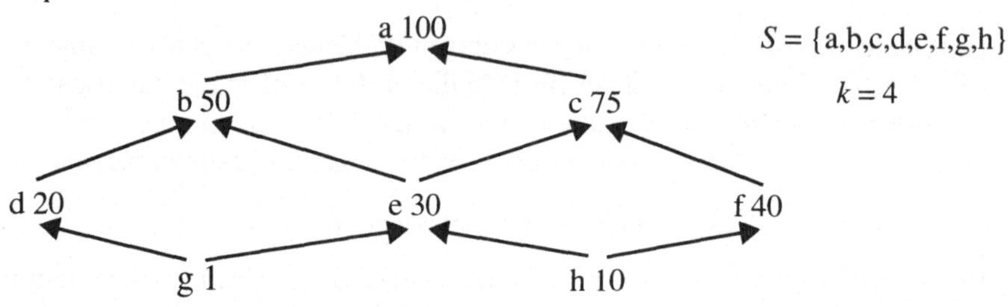

B(v,S)	i = 1	i = 2	i = 3
b	50 x 5 = **250**	-	-
c	25 x 5 = 125	25 x 2 = 50	25 x 1 = 25
d	80 x 2 = 160	30 x 2 = 60	30 x 2 = **60**
e	70 x 3 = 210	20 x 3 = 60	20 x 2 + 10 = 50
f	60 x 2 = 120	60 + 10 = **70**	-
g	99 x 1 = 99	49 x 1 = 49	49 x 1 = 49
h	90 x 1 = 90	40 x 1 = 40	30 x 1 = 30

Abb. 6-11 Beispieldaten und -ergebnisse für den heuristischen Algorithmus

In dem Beispiel aus Abb. 6-11 wählt der heuristische Algorithmus die $k = 4$ Sichten *a*, *b*, *f* und *d* in dieser Reihenfolge zur Materialisierung aus. Die Materialisierung von {a}, die mindestens erforderlich ist, besitzt einen Speicherplatzbedarf von 100 und durchschnittliche Kosten pro Anfrage von ebenfalls 100. Im Vergleich dazu erhöht sich bei Materialisierung von {a, b, f, d} der Speicherplatzbedarf auf 210, die durchschnittlichen Kosten der Anfragebearbeitung reduzieren sich jedoch auf 52,5.

Worst-Case-Analyse des heuristischen Algorithmus

Wie verhält sich der Vorteil, den die Materialisierung nach dem heuristischen Algorithmus liefert, zum Vorteil, den die Materialisierung nach dem optimalen Algorithmus bringt? Diese Analyse wollen wir für den Worst Case des heuristischen Algorithmus durchführen.

Notationen

Seien $v_1, \ldots, v_k$ die Sichten, die der heuristische Algorithmus auswählt. Bezeichne $a_i = B(v_i, \{\text{top}(S), v_1, \ldots, v_{i-1}\})$ den Vorteil von v_i nach Materialisierung von $\text{top}(S)$ und von v_1 bis v_{i-1}. A bezeichne den Gesamtvorteil aller nach dem heuristischen Algorithmus materialisierten Sichten, d.h.

$$A = \sum_{i=1}^{k} a_i .$$

Seien $w_1, \ldots, w_k$ die Sichten, die der *optimale* Algorithmus auswählt. Bezeichne $b_i = B(w_i, \{\text{top}(S), w_1, \ldots, w_{i-1}\})$ den Vorteil von w_i nach Materialisierung von $\text{top}(S)$ und von w_1 bis w_{i-1}. B bezeichne den Gesamtvorteil aller nach dem optimalen Algorithmus materialisierten Sichten, d.h.

$$B = \sum_{i=1}^{k} b_i .$$

Welchen Gesamtvorteil liefert der heuristische Algorithmus im *Worst Case* im Vergleich zum Gesamtvorteil des optimalen Algorithmus? Zur Beantwortung dieser Frage suchen wir ein möglichst großes $f \leq 1$ mit $\dfrac{A}{B} \geq f$, das für alle möglichen Mengen S von Sichten gilt.

Idee der Analyse

Der Gesamtvorteil für die Beantwortung einer Anfrage kann mehreren nacheinander ausgewählten Sichten v_i zugeordnet werden. Für die Sichten aus Abb. 6-11 beträgt z.B. der Gesamtvorteil von $\{a, b, f, d\}$ für die Anfrage g 80, wovon ein Anteil von 50 der Sicht b und ein Anteil von 30 der Sicht d zugeordnet wird. Wir vergleichen im folgenden den Vorteil für eine Anfrage u durch die v_i mit dem Vorteil durch die w_j.

Betrachten wir z.B. die Sichten

v_1	v_3	v_7	heuristischer Algorithmus,

w_1	w_3	w_5	w_6	optimaler Algorithmus.

Die Größe der Rechtecke repräsentiere die jeweiligen Vorteile für die Anfrage u. Wir ordnen die Vorteile durch die w_j folgendermaßen den v_i zu:

$$w_1 \rightarrow \{v_1\}, \; w_3 \rightarrow \{v_1, v_3, v_7\}, \; w_5 \rightarrow \{v_7, \text{-}\}, \; w_6 \rightarrow \{\text{-}\}.$$

Durchführung der Analyse

Sei x_{ij} der Teil des Vorteils durch w_i, der v_j zugeordnet wird. Es gilt:

$$(*) \qquad \forall j,\ 1 \le j \le k:\ \sum_{i=1}^{k} x_{ij} \le a_j,$$

da a_j der gesamte Vorteil ist, den v_j bringt. Es gilt ferner folgende Ungleichung:

$$(1) \qquad \forall i,\ 1 \le i \le k:\ b_i \le a_1,$$

denn andernfalls hätte der heuristische Algorithmus w_i als erste Sicht gewählt und nicht v_1. Aus analogen Gründen erhalten wir die folgenden k-1 Ungleichungen:

$$(2) \qquad \forall i,\ 1 \le i \le k:\ b_i - x_{i1} \le a_2,$$

$$\ldots$$

$$(k) \qquad \forall i,\ 1 \le i \le k:\ b_i - x_{i1} - \ldots - x_{ik} \le a_k.$$

Aus diesen Ungleichungen erhalten wir durch Summation über alle $i,\ 1 \le i \le k$, und durch Einsetzen der Definition von A folgende k Ungleichungen:

$$(1)* \qquad B \le k \cdot a_1,$$

$$(2)* \qquad B \le k \cdot a_2 + a_1,$$

$$\ldots$$

$$(k)* \qquad B \le k \cdot a_k + a_{k-1} + \ldots + a_1.$$

B muß alle diese k Ungleichungen erfüllen. Die kleinste obere Schranke für B erhalten wir, bei festem A, wenn alle rechten Seiten der Ungleichungen den gleichen Wert annehmen. Denn wenn z.B. (j)* eine größere rechte Seite als die anderen Ungleichungen hätte, dann könnten wir etwas von a_j zu a_{j-1} oder zu a_{j+1} verschieben und damit die obere Schranke für B vergrößern.

Es gilt also:

$$k \cdot a_1 = k \cdot a_2 + a_1 = \ldots = k \cdot a_k + a_{k-1} + \ldots + a_1,$$

d.h.
$$a_i = \frac{k}{k-1} \cdot a_{i+1},\ 1 \le i \le k-1,$$

und aufgrund der Definition von A folgt
$$A = \sum_{i=0}^{k-1} \left(\frac{k}{k-1}\right)^i \cdot a_k.$$

Für B ergibt sich wegen (1)* die Abschätzung
$$B \le k \cdot \left(\frac{k}{k-1}\right)^{k-1} \cdot a_k.$$

Jetzt können wir für das Verhältnis von A zu B folgende untere Schranke angeben

$$\frac{A}{B} \geq \frac{1}{k} \cdot \sum_{i=0}^{k-1} \left(\frac{k}{k-1}\right)^{i-k+1} \, ,$$

die sich mit Hilfe der Summenformel für die geometrische Reihe umformen läßt in

$$\frac{A}{B} \geq 1 - \left(\frac{k}{k-1}\right)^{k} .$$

Für $k = 2$ gilt z.B. $\frac{A}{B} \geq \frac{3}{4}$, d.h. dann liefert der heuristische Algorithmus mindestens 75% des Gesamtvorteils, den der optimale Algorithmus liefert.

Der Fall $\frac{A}{B} = 1 - \left(\frac{k-1}{k}\right)^{k}$ kann für jedes k tatsächlich auftreten, was wir nur mit Hilfe des folgenden Beispiels illustrieren.

Beispiel

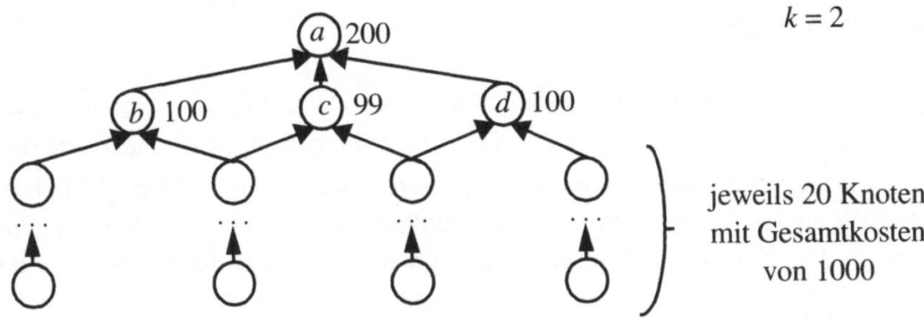

Abb. 6-12 Worst Case für den heuristischen Algorithmus bei k = 2

In dem Beispiel aus Abb. 6-12 wählt der heuristische Algorithmus die Sichten c und b mit Vorteil $A = 6241$, der optimale Algorithmus materialisiert die Sichten b und d mit Vorteil $B = 8200$. Wenn die Kosten von c gegen 100 konvergieren und die Länge der Ketten gegen unendlich geht, dann gilt $\frac{A}{B} \to \frac{3}{4}$.

Ergebnis der Analyse

$1 - \left(\frac{k-1}{k}\right)^{k}$ ist die exakte untere Schranke für $\frac{A}{B}$. Wegen $\lim\limits_{k \to \infty} \left(\frac{k-1}{k}\right)^{k} = \frac{1}{e}$ folgt:

$$\frac{A}{B} \geq 1 - \frac{1}{e} \approx 0{,}63 \quad \text{für alle k,}$$

d.h. der heuristische Algorithmus der Auswahl der zu materialisierenden Sichten liefert in jedem Fall mindestens 63% des Gesamtvorteils, den der optimale Algorithmus liefert.

6.4 Attributorientierte Induktion

[Han, Cai & Cercone 1993]

Attributorientierte Induktion ist die wichtigste Methode der automatischen Generalisierung. Im folgenden werden die grundlegenden Begriffe dieser Technik eingeführt.

Sei R eine *Relation* $R \subseteq D_1 \times D_2 \times \ldots \times D_d$ mit den Attributen $A_1, \ldots, A_d$. Wir nehmen im folgenden an, daß für jedes Attribut A_i eine Konzepthierarchie C_i definiert ist. Bezeichne $|R|$ die *Anzahl der Tupel* der Relation R und m_i die *Anzahl verschiedener Werte* des Attributs A_i, $1 \leq i \leq d$, in R.

Generalisierungsgrad

Der *Generalisierungsgrad von* A_i, bezeichnet als g_i, ist definiert als die gemeinsame Konzeptebene der Werte von A_i. Diese Definition setzt voraus, daß alle Werte desselben Attributs dieselbe Konzeptebene besitzen. Ein Attribut mit den speziellsten Attributwerten aus den Blättern seiner Konzepthierarchie besitzt z.B. den Generalisierungsgrad 0. Der *Generalisierungsgrad von* R, bezeichnet als G_R, ist definiert

$$\text{als } G_R = \sum_{i=1}^{d} g_i.$$

Der *Support* eines Tupels ist definiert als die Anzahl der Tupel aus R, die zu diesem Tupel generalisiert wurden. Alle Tupel aus der Basisrelation besitzen also einen Support von 1.

Basisrelation und vollständig generalisierte Relation

Wir nennen R eine *Basisrelation*, wenn alle Attribute die Konzeptebene 0 besitzen, d.h. wenn keine Generalisierung durchgeführt wurde. R heißt *generalisierte Relation*, wenn der Generalisierungsgrad $G_R > 0$ ist. Jede generalisierte Relation besitzt ein zusätzliches Attribut, das den *Support* des jeweiligen Tupels mißt. Wir nennen R eine *vollständig generalisierte Relation in Bezug auf T*, bezeichnet als R_T, wenn $|R| \leq T$ (*tupelzahl-orientierte Generalisierung*) bzw. wenn $\forall i, 1 \leq i \leq d : m_i \leq T$ (*attributwertzahl-orientierte Generalisierung*) gilt.

Sowohl für die tupelzahl-orientierte als auch für die attributwertzahl-orientierte Generalisierung seien folgende Parameter gegeben:

- dic Relation R,
- optional: für jedes Attribut A_i eine Konzepthierarchie C_i,
- eine ganze Zahl T.

Gesucht ist eine vollständig generalisierte Relation in Bezug auf T entsprechend dem tupelzahl-orientierten bzw. attributwertzahl-orientierten Kriterium.

Algorithmus LCHR

```
TupelzahlOrientierteGeneralisierung (Relation R, Integer T)
   Gen := R;
   bestimme für jedes i den Wert von m_i und initialisiere für
   jedes i die Variable g_i:= 0;
   while |Gen| > T do
      A_i := Auswahl-des-nächsten-Attributs(R);
      if die Werte von A_i können weiter generalisiert werden
      then // C_i vorhanden und Werte von A_i ≠ ALLE
         for each tupel in Gen do
            ersetze den Wert des Attributs A_i in tupel durch
              seinen Vorgänger in C_i;
            berechne m_i neu;
         inkrementiere g_i;
      else entferne das Attribut A_i von Gen;
      sortiere Gen;
      eliminiere redundante Tupel and aktualisiere den Support
        der verbleibenden Tupel von Gen;
   return Gen;
```

Zur Auswahl des nächsten Attributs sind verschiedene Strategien denkbar:

- Ziel: minimaler Generalisierungsgrad der endgültigen Relation
  Wähle das Attribut, das zu einer möglichst starken Reduktion der Anzahl der Tupel führt. Eine gute Heuristik zur Erreichung dieses Ziels ist es, das Attribut A_i mit dem maximalen m_i zu wählen.

- Ziel: ähnlicher Generalisierungsgrad aller Attribute
  Wähle das Attribut A_i, das bisher den minimalen Generalisierungsgrad g_i besitzt.

- benutzerdefiniert
  Der Benutzer kann z.B. aufgrund seines Anwendungswissens Prioritäten für die Auswahl der Attribute festlegen.

Der folgende Algorithmus gibt ein Beispiel einer Strategie zur Auswahl des nächsten Attributs.

```
AuswahlDesNächstenAttributs (Relation R)
    bestimme die Aᵢ mit maximalem mᵢ;
    if Aᵢ ist nicht eindeutig bestimmt then
        wähle von diesen Aᵢ dasjenige mit minimalem gᵢ;
        if Aᵢ ist nicht eindeutig bestimmt then
            wähle von diesen Aᵢ das erste nach der
                lexikographischen Ordnung;
    return Aᵢ;
```

Die obige Strategie wurde in den folgenden Beispielen angewendet.

Beispiel

Name	Sex	Age	Birth place	Department	Position	Salary
Anderson	female	26	Burnaby	computer sc	secretary	26.000
Bach	male	38	Ottawa	electrical eng	lab manager	41.000
Barton	female	30	Toronto	chemistry	junior lecturer	28.000
Benson	male	45	Vancouver	computer sc	full professor	63.000
...	...	...	...	...	...	...
Winton	male	38	Seattle	civil eng	assoc. professor	55.400
Young	male	55	Bonn	german	full professor	68.000

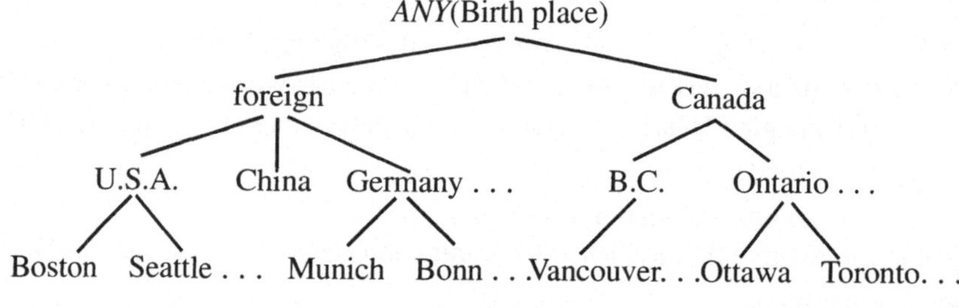

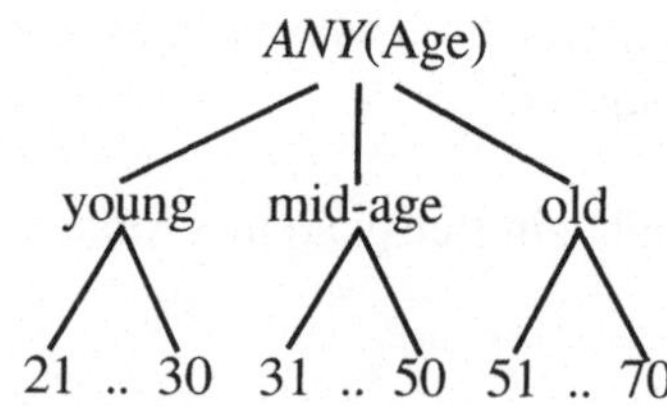

Abb. 6-13 Eingaberelation und zwei der Konzepthierarchien „Kanadische Universitäten"

Aus der Relation von Abb. 6-13 werden z.B. die Professoren selektiert und eine tupelzahl-orientierte Generalisierung mit dem Parameter T = 5 durchgeführt. Die Zwischenergebnisse nach dem ersten und nach dem zweiten Schritt der Generalisierung sowie die resultierende vollständig generalisierte Relation werden in Abb. 6-14 dargestellt.

Professoren nach einer Generalisierung

Sex	Age	Birth place	Department	Position	Salary	Support
male	45	Vancouver	computer sc	full professor	63000	1
...	...	...	...	...	...	...
male	38	Seattle	civil eng	assoc. professor	55400	1
male	55	Bonn	german	full professor	68000	1

Professoren nach zwei Generalisierungen

Sex	Age	Birth place	Department	Position	Salary	Support
male	45	B.C.	computer sc	full professor	63000	1
...	...	...	...	...	...	...
male	38	U.S.A.	civil eng	assoc. professor	55400	1
male	55	Germany	german	full professor	68000	1

Professoren vollständig generalisiert

Sex	Age	Birth place	Salary	Support
male	old	Canada	high	20
male	old	foreign	high	15
male	mid-age	Canada	medium	75
male	mid-age	foreign	medium	130
female	mid-age	Canada	medium	25

Abb. 6-14 Zwischenergebnisse und vollständig generalisierte Relation aus Abb. 6-13

Komplexitätsanalyse

Sei $n = |R|$. Der Laufzeitaufwand für eine Iteration des Algorithmus beträgt:

- Auswahl des nächsten Attributs: $O(1)$,
- for-Schleife (dabei kann auch m_i neu berechnet werden): $O(|Gen|) = O(n)$,
- Sortieren von Gen: $O(|Gen| \cdot \log|Gen|) = O(n \cdot \log n)$.

Die Anzahl der Iterationen hängt von n und von T ab, ist aber nicht analytisch zu bestimmen. Bezeichne i diese Anzahl der Iterationen. Der gesamte Laufzeitaufwand des Algorithmus LCHR ist dann $O(i \cdot n \cdot \log n)$.

Im folgenden behandeln wir einen Algorithmus für die attributwertzahl-orientierte Generalisierung. Dieser Algorithmus führt eine zusätzliche Datenstruktur ein, um die Laufzeitkomplexität zu verbessern. Es handelt sich um ein *d*-dimensionales Array *M*, das für jede Kombination von *möglichen* Attributwerten (aus den Blättern der Konzepthierarchien) den Support repräsentiert. Diese Datenstruktur ist hauptspeicherresident.

Algorithmus FIGR

[Carter & Hamilton 1998]

```
AttributwertzahlOrientierteGeneralisierung (Relation R,
    Integer T)
  initialisiere eine Matrix M [1..|D₁|] [1..|D₂|] ..[1..|D_d|]
    mit 0-Werten;
  for i from 1 to d do
     initialisiere eine Menge W_i := { };
        // zur Zählung der verschiedenen auftretenden Werte
  for each tupel in R do // Transformation R --> M
     inkrementiere den tupel entsprechenden Eintrag
        M[i₁] [i₂] . . [i_d] um 1;
  for each element M[i₁] . . [i_d] do // erster Durchlauf von M
    if element ≠ 0 then
       for j from 1 to d do
          füge i_j in W_j ein;// W_j enthält keine Duplikate
  for i from 1 to d do
    m_i := |W_i|;
    if m_i > T then
       generalisiere A_i zu einer Konz.ebene mit a_i ≤ T Werten;
  initialisiere eine Matrix Gen [1..a₁] [1..a₂] . . [1..a_d]
  mit 0-Werten;
  for each element M[i₁] . . [i_d] do // zweiter Durchlauf von M
    if element ≠ 0 then
       inkrementiere den entsprechenden Eintrag Gen[j₁]. .[j_d]
          um element;
  return Gen;
```

Der Algorithmus FIGR transformiert in einem ersten Schritt die Relation R in die Matrix M, indem für jedes Tupel der Zähler der entsprechenden Zelle in M inkrementiert wird. In einem ersten Durchlauf von M werden für jede Dimension die tatsächlich auftretenden Attributwerte gezählt. Falls diese Anzahl größer als T ist, werden die Attributwerte der jeweiligen Dimension i auf eine Konzeptebene mit $a_i \leq T$ Werten generalisiert. Dann wird eine neue Matrix Gen initialisiert, die in der Dimension i für jeden der a_i generalisierten Werte einen Eintrag besitzt. In einem zweiten Durchlauf wird nun M in die generalisierte Matrix Gen transformiert, indem für jede Zelle von M der Zähler der entsprechenden Zelle in Gen inkrementiert wird.

Komplexitätsanalyse

$$\text{Sei } n = |R| \text{ und sei } \quad m = \prod_{i=1}^{d} |D_i| \,.$$

- Laufzeitaufwand für die Transformation von R nach M: O(n),
  da die Anzahl der Schritte der for-Schleife O(n) ist und jeder Schritt einen Aufwand von O(1) besitzt (direkter Zugriff auf das Array M).
- Laufzeitaufwand für den ersten Durchlauf von M: O(m),
  da die Anzahl der Schritte der for-Schleife O(m) beträgt und der Aufwand eines Schritts O(1) ist (direkter Zugriff auf die Menge W_j).
- Laufzeitaufwand für den zweiten Durchlauf von M: O(m)
  wegen Anzahl der Schritte der for-Schleife = O(m) und Aufwand eines Schritts O(1) (direkter Zugriff auf das Array *Gen*).

Der gesamte Laufzeitaufwand von Algorithmus FIGR ist $O(n + m)$.

Vergleich der Algorithmen LCHR und FIGR

FIGR ist wesentlich effizienter, solange m nicht deutlich größer als n ist. FIGR ist jedoch nur für kleine Werte von d und für kleine $|D_i|$ anwendbar, da sonst m sehr groß wird und die Datenstruktur M nicht in den Hauptspeicher paßt.

LCHR skaliert also besser für Datenbanken mit vielen Attributen bzw. vielen Attributwerten. Ein weiterer Vorteil von LCHR liegt darin, daß es häufig einfacher ist, die Zahl der gewünschten Tupel als die Zahl der gewünschten Attributwerte für die Abbruchbedingung der Generalisierung zu spezifizieren.

Experimentelle Untersuchung

[Carter & Hamilton 1998]

Kriterium aller folgenden Untersuchungen ist die Effizienz. In einer ersten Serie von Experimenten wird auf einer Datenbank mit $d = 2$ Attributen getestet. Der Parameter T wird festgehalten, und die Größe n der Basisrelation wird variiert. Es werden die Algorithmen LCHR und FIGR sowie die (oben nicht eingeführten) Algorithmen GDBR, AOI und AOIAVL miteinander verglichen. Abb. 6-15 zeigt die Laufzeit in Abhängigkeit von n für diese Algorithmen. Sowohl für FIGR als auch für LCHR steigt die Laufzeit etwas stärker als linear mit wachsendem n. LCHR ist allerdings auf dieser Datenbank wesentlich langsamer als FIGR, da die Zahl d der Attribute klein und FIGR somit sehr effizient ist. Die Stärken von LCHR kommen erst bei größeren Dimensionen und vielen Attributwerten pro Dimension zum Tragen.

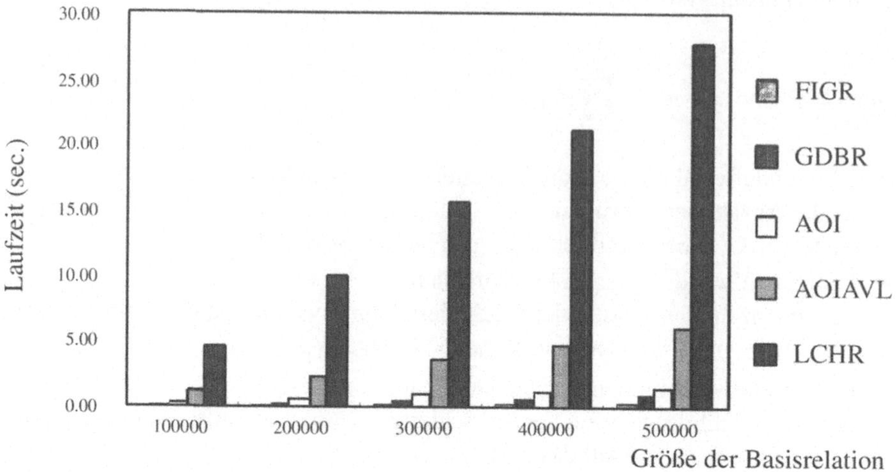

Abb. 6-15 Effizienzvergleich der Generalisierungsalgorithmen in Abhängigkeit von n

Für eine zweite Reihe von Experimenten wird eine Datenbank mit $d = 3$ Attributen verwendet. Diesmal wird der Parameter $n = 250.000$ festgehalten, und der Grenzwert T wird variiert. Es werden wieder die Algorithmen LCHR, FIGR, GDBR, AOI und AOIAVL untersucht. Abb. 6-16 vergleicht die Laufzeit in Abhängigkeit von T bzw. $|R_T|$ für diese Algorithmen. Während für manche der Algorithmen die Laufzeit mit wachsendem $|R_T|$ deutlich steigt, bleibt sie für FIGR und für LCHR fast konstant. Das liegt daran, daß der größte Teil des Aufwands bei diesen beiden Algorithmen auf den ersten Generalisierungsschritt entfällt und die Zahl der weiteren, relativ billigen Generalisierungsschritte keinen großen Einfluß auf die Laufzeit hat.

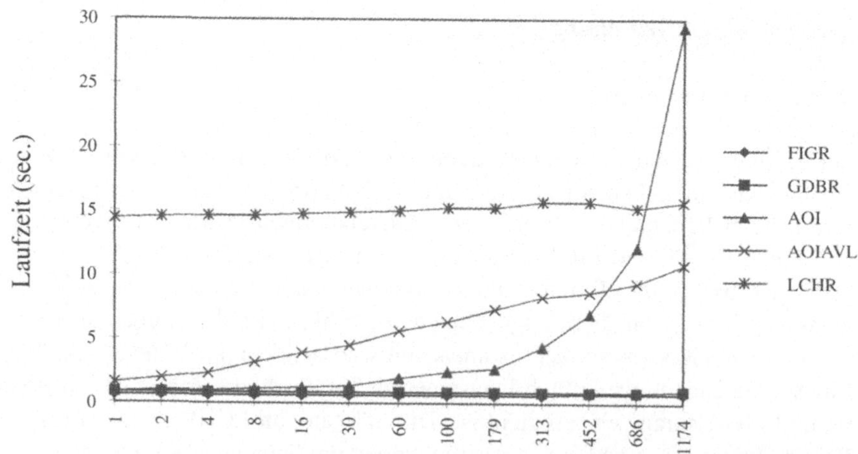

Abb. 6-16 Effizienzvergleich der Generalisierungsalgorithmen in Abhängigkeit von T

Anwendung: Klassifikation

Attributorientierte Generalisierung kann zur Transformation einer Datenbank vor einer Klassifikation z.B. mit Hilfe eines Entscheidungsbaum-Klassifikators genutzt werden. Man kann die attributorientierte Generalisierung aber auch direkt zur Klassifikation einsetzen, wenn man folgenden Ansatz verfolgt.

Gegeben seien zwei Relationen *Target Class* und *Contrasting Class* sowie eine ganze Zahl T. Optional existiere für jedes Attribut A_i eine Konzepthierarchie C_i. Gesucht sind Klassifikationsregeln und ihre Konfidenz. Ein Tupel heißt *überlappend*, wenn es sowohl in der Target Class als auch in der Contrasting Class enthalten ist.

Algorithmus

Der unten angegebene Algorithmus basiert auf dem tupelzahl-orientierten Algorithmus LCHR.

```
TupelzahlOrientierteKlassifikation (Relation TargetClass,
          Relation ContrastingClass, Integer T)
   Tar := TargetClass; Con := ContrastingClass;
   for i from 1 to d do
      bestimme den Wert von m_i;
      initialiere die Variable g_i := 0;
   while |Tar| > T do
      A_i := Auswahl-des-nächsten-Attributs(Tar);
      if die Werte von A_i können weiter generalisiert werden
      then // C_i vorhanden und Werte von A_i ≠ ALLE
         for each tupel in Tar do
            ersetze den Wert des Attributs A_i in tupel durch
              seinen Vorgänger in C_i;
         berechne m_i neu;
         inkrementiere g_i;
         for each tupel in Con do
            ersetze den Wert des Attributs A_i in tupel durch
               seinen Vorgänger in C_i;
      else entferne das Attribut A_i aus Tar und Con;
      sortiere Tar;
      eliminiere redundante Tupel und aktualisiere den Support
        der verbleibenden Tupel von Tar;
      sortiere Con;
      eliminiere redundante Tupel and aktualisiere den Support
        der verbleibenden Tupel von Con;
      markiere dabei alle überlappenden Tupel in Tar und Con;
   generiere aus Tar und Con die Regeln ClassificationRules;
   return ClassificationRules;
```

Die Klassifikation durch Generalisierung geschieht in folgenden Schritten:

- gleichzeitige Generalisierung der Tupel der beiden Klassen, so daß die Target Class höchstens noch T Tupel enthält.
- nach jeder Generalisierung: Markieren der überlappenden Tupel.
- Generieren von Klassifikationsregeln und Bestimmung ihrer Konfidenz.

Beispiel

Professoren vollständig generalisiert (Target Class)

Sex	Age	Birth place	Salary	Support	Mark
male	old	Canada	high	20	
male	old	foreign	high	15	
male	mid-age	Canada	medium	75	*
male	mid-age	foreign	medium	130	*
female	mid-age	Canada	medium	25	

Markierung überlappender Tupel

Instruktoren vollständig generalisiert (Contrasting Class)

Sex	Age	Birth place	Salary	Support	Mark
male	young	Canada	low	30	
male	mid-age	Canada	medium	25	*
female	young	Canada	low	12	
male	mid-age	foreign	medium	10	*

Klassifikationsregeln

Sex = male ∧ Age = old ∧ Birth place = Canada ∧ Salaray = high
→ Professor (100 %)

Sex = male ∧ Age = old ∧ Birth place = foreign ∧ Salaray = high
→ Professor (100 %)

Sex = female ∧ Age = mid-age ∧ Birth place = Canada ∧ Salaray = medium
→ Professor (100 %)

Sex = male ∧ Age = mid-age ∧ Birth place = Canada ∧ Salaray = medium
→ Professor (75 %)

Sex = female ∧ Age = mid-age ∧ Birth place = foreign ∧ Salaray = medium
→ Professor (93 %)

Abb. 6-17 Target Class, Contrasting Class und Klassifikationsregeln für ein Beispiel

 ▪ 6 Generalisierung

6.5 Inkrementelle attributorientierte Induktion

Typischerweise werden auf einer Datenbank im Laufe des Betriebs zahlreiche Updates, insbesondere Einfügungen oder Löschungen von Tupeln, durchgeführt. Updates der Basisrelation erfordern Updates aller davon generalisierten Relationen. Wir nennen diese Updates der generalisierten Relationen *inkrementell*, wenn sie keine Anwendung des Generalisierungs-Algorithmus auf der (großen) aktualisierten Basisrelation erfordern, sondern auf einer (deutlich kleineren) generalisierten Relation durchgeführt werden können. Ein inkrementeller Algorithmus der attributorientierten Generalisierung soll folgende Anforderungen erfüllen:

- *Effizienz*: wir erwarten eine signifikant kürzere Laufzeit im Vergleich zur nicht-inkrementellen Generalisierung.
- *Korrektheit*: die resultierende vollständig generalisierte Relation soll identisch sein mit der Relation, die man bei Anwendung des nicht-inkrementellen Algorithmus auf die aktualisierte Basisrelation erhält.

Inkrementelle Generalisierung mit Algorithmus LCHR

[Ester & Wittmann 1998]

Sei R_{Gen} eine aktuelle generalisierte Relation von R, z.B. $R_{Gen} = R$ oder $R_{Gen} = R_T$. R_{Gen} läßt sich nach Einfügungen bzw. Löschungen wie folgt inkrementell generalisieren:

Inkrementelle Einfügungen

- Das einzufügende Tupel wird analog R_{Gen} generalisiert und in R_{Gen} eingefügt (R_{Gen}').
- Wenn nach diesem Update gilt $|R_{Gen}'| > T$, dann wird Algorithmus Tupelzahl-orientierte-Induktion auf R_{Gen}' angewendet.

Inkrementelle Löschungen

- Das zu löschende Tupel wird analog R_{Gen} generalisiert und aus R_{Gen} gelöscht (R_{Gen}').
- Nach diesem Update gilt immer $|R_{Gen}'| \leq T$.

Übergeneralisierung

Bei einer inkrementellen Löschung kann sogenannte Übergeneralisierung im allgemeinen nicht vermieden werden, wenn man den Generalisierungs-Algorithmus nicht direkt auf die aktualisierte Basisrelation anwendet. Der Begriff der Übergeneralisierung wird im folgenden zuerst durch ein Beispiel motiviert und dann formal eingeführt.

Beispiel

Basisrelation R

Sex	Age	Support
male	45	1
female	48	1
male	62	1

delete (male,45,1) →

AttributorientierteInduktion (Deletion(R))

Sex	Age	Support
female	48	1
male	62	1

$\neq$

Vollständig generalisierte Relation R_T ($T = 2$)

Sex	Age	Support
ANY	medium	2
ANY	old	1

delete (male,45,1) →

Deletion(R_T)

Sex	Age	Support
ANY	medium	1
ANY	old	1

Deletion(R_T) $\neq$ AttributorientierteInduktion (Deletion(R))

Abb. 6-18 Beispiel für Übergeneralisierung

Wir benötigen folgende Notationen. Eine vollständig generalisierte Relation R_T heißt *übergeneralisiert*, wenn ihre Generalisierungsebene $G_R(inc)$ größer als die Generalisierungsebene $G_R(noninc)$ ist, die man bei Anwendung des nicht-inkrementellen Generalisierungsalgorithmus auf die aktualisierte Basisrelation erhält. Die *Zahl unnötiger Generalisierungen*, bezeichnet als NUG_R, ist definiert als:

$$NUG_R = G_R(inc) - G_R(noninc).$$

Der *Übergeneralisierungsfaktor*, bezeichnet als OGF_R, ist definiert als:

$$OGF_R = \frac{NUG_R}{G_R(noninc)} + 1.$$

Inkrementelle attributorientierte Induktion mit Ankerrelation

Es gibt folgenden Trade-Off zwischen den Anforderungen der Effizienz und der Korrektheit: Zur Erzielung der optimalen Effizienz müßten Updates direkt auf der vollständig generalisierten Relation R_T durchgeführt werden, die Vermeidung der Übergeneralisierung erfordert aber das Durchführen der Updates auf der Basisrelation R. Um einen vernünftigen Kompromiß zu finden, führen wir das Konzept der *Ankerrelation* ein einer generalisierten Relation mit einer Generalisierungsebene zwischen R und R_T.

Damit erhalten wir folgenden Ansatz der inkrementellen Generalisierung (siehe Abb. 6-19): Einfügungen und Löschungen werden auf der Ankerrelation ausgeführt, und der Generalisierungs-Algorithmus wird auf die aktualisierte Ankerrelation angewendet.

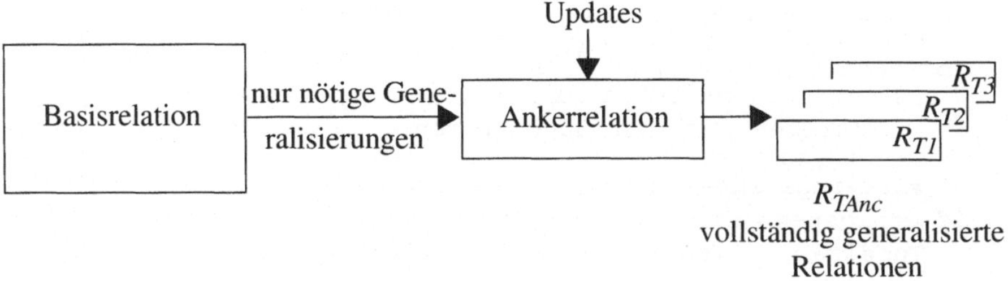

Abb. 6-19 Inkrementelle Generalisierung mit Ankerrelation

Benutzer wählen typischerweise für eine Relation R mehrere Grenzwerte T_i für die Generalisierung. Die Ankerrelation soll nur für alle vollständig generalisierten Relationen nötige Generalisierungen enthalten, d.h. es soll gelten $\forall i : T_{Anc} > T_i$. Aus Effizienzgründen soll die Kardinalität der Ankerrelation signifikant kleiner als die Kardinalität der Basisrelation R sein, zur Vermeidung von Übergeneralisierung soll die Kardinalität der Ankerrelation deutlich größer als die Kardinalität aller von R abgeleiteten vollständig verallgemeinerten Relationen sein. Oft ist der verwendete Grenzwert T und damit auch die Kardinalität von R_T proportional zu $|R|$. Deshalb wird die Kardinalität der Ankerrelation im Verhältnis zur Kardinalität der Basisrelation spezifiziert. Dieses Verhältnis (der *Ankerreduktionsfaktor*, bezeichnet als *ARF*) wird vom Datenbankadministrator aufgrund seiner Kenntnisse der relevanten Grenzwerte T bestimmt. Der ARF steht in folgender Beziehung zum Grenzwert T_{Anc} der Ankerrelation:

$$ARF = \frac{|R|}{T_{Anc}} .$$

Die *Ankerrelation* ist dann gegeben als die vollständig generalisierte Relation R_{TAnc}, d.h. $|R_{TAnc}| \le T_{Anc}$.

Im folgenden ist der Algorithmus für inkrementelle Einfügungen angegeben, inkrementelle Löschungen werden entsprechend der obigen Methode analog behandelt.

Algorithmus

```
InkrementelleEinfügung (Relation R, Integer T,
            Menge-von-Tupeln Updates)
    generalisiere die Updates auf den Generalisierungsgrad von
      R_TAnc;
    sortiere die Updates, eliminiere redundante Tupel und
    inkrementiere deren Support;
    for each tupel in Updates do
        if tupel identisch zu einem t in R_TAnc then
            inkrementiere den Support von t um den Support von
                tupel;
        else füge tupel mit seinem Support ein in R_TAnc;
    if wenigstens ein Tupel wurde eingefügt in R_TAnc then
        Tupelzahl-orientierte-Generalisierung(R_TAnc,T);
    else
        for each tupel in Updates do
            for each Relation R_Ti abgeleitet von R do
                generalisiere tupel auf den Generalisierungsgrad von
                    R_Ti;
                inkrementiere den Support des entsprechenden Tupels
                t in R_Ti um den Support von tupel;
```

Inkrementelle Generalisierung mit Algorithmus FIGR

[Carter & Hamilton 1998]

Mit Hilfe des Arrays M können Updates der Datenbank leicht inkrementell behandelt werden. Die jeweiligen Methoden werden im folgenden skizziert:

- Einfügungen
  Die entsprechende Zelle von M wird um 1 inkrementiert und die Attributwerte des neuen Tupels werden entsprechend *Gen* generalisiert. Falls nun für mindestens eines der d Attribute $m_i > T$ gilt, wird dieses Attribut von *Gen* um eine Stufe generalisiert.

- Löschungen
  Die entsprechende Zelle von M wird um 1 dekrementiert. Falls der Wert dieser Zelle nun gleich 0 ist, wird die vollständig generalisierte Relation *Gen* neu aus M generalisiert. Wenn andernfalls der Wert der Zelle nach der Löschung immer noch > 0 ist, wird das gelöschte Tupel entsprechend *Gen* generalisiert und die entsprechende Zelle in *Gen* wird um 1 dekrementiert.

- Änderungen
  Die Änderung eines Tupels wird durch die Löschung des alten und die darauffolgende Einfügung des neuen Tupels realisiert.

6.6 Zusammenfassung

Ziel der Generalisierung ist es, eine kompakte Beschreibung einer gegebenen Datenmenge zu finden, d.h. eine deutlich kleinere Menge von Datensätzen mit Attributwerten auf abstrakterem Niveau. Die Generalisierung kann entweder manuell vom Benutzer oder automatisch durch einen Algorithmus durchgeführt werden. In diesem Kapitel haben wir sowohl Online Analytical Processing als Vertreter des manuellen Ansatzes behandelt als auch die attributorientierte Induktion als wichtigste Methode der automatischen Generalisierung.

Data Warehouses bieten eine gute Grundlage sowohl für das Online Analytical Processing als auch für das Data Mining. Häufig werden Data Warehouses mit Hilfe eines Sternschemas oder eines Schneeflockenschemas auf einem relationalen Datenbanksystem implementiert. Beim Online Analytical Processing werden auf konzeptioneller Ebene meist multidimensionale Datenmodelle verwendet, z.B. der sogenannte Data Cube. Die Dimensionen eines Data Cube spannen einen multidimensionalen Datenraum (Array) auf, dessen Zellen die Maße für den entsprechenden Teilraum enthalten. Zellen für den speziellen Wert *ALLE* aggregieren die Maße über alle Werte der jeweiligen Dimension. Es werden interaktiv Mengen von Anfragen an einen Data Cube gestellt, wobei die jeweils gestellten Anfragen von den Ergebnissen früherer Anfragen abhängen. Ein Roll-Up ist ein Übergang zur nächsthöheren Generalisierungsebene, ein Drill-Down ein Übergang zur nächstniedrigeren Generalisierungsebene.

Anfragen an Data Cubes aggregieren häufig über sehr viele Tupel, die alle zugegriffen und verarbeitet werden müssen. Ein Ansatz zur effizienten Anfragebearbeitung in Data Cubes ist deshalb die Materialisierung der Ergebnisse häufiger Anfragen. Aus der Menge aller relevanten Anfragen bzw. Sichten soll eine Teilmenge zur Materialisierung ausgewählt werden, die aus Sicht der Anfragebearbeitung optimal ist. Der optimale Algorithmus zur Lösung dieses Problems ist nicht effizient implementierbar. Es wurde deshalb ein heuristischer Algorithmus vorgestellt, der in jedem Schritt jeweils nur eine weitere Sicht auswählt, und zwar die Sicht mit dem größten Vorteil für die Anfragebearbeitung. Dieser heuristische Algorithmus ist einerseits effizient und liefert andererseits in jedem Fall mindestens 63% des Gesamtvorteils, den der optimale Algorithmus liefert.

Attributorientierte Induktion ist die wichtigste Methode der automatischen Generalisierung. Nach einer Einführung der wichtigsten Begriffe haben wir zwei ganz unterschiedliche Algorithmen zur attributorientierten Induktion vorgestellt: LCHR als tupelzahl-orientierter Algorithmus und FIGR als attributwertzahl-orientierter Algorithmus. FIGR ist wesentlich effizienter, solange die Anzahl aller Attributwertkombinationen m nicht deutlich größer als die Anzahl aller Datensätze n ist. FIGR ist jedoch nur für kleine Dimensionen und für kleine Wertebereiche anwendbar. LCHR skaliert besser für Datenbanken mit vielen Attributen bzw. vielen Attributwerten. Ein weiterer Vorteil von LCHR liegt darin, daß es häufig einfacher ist, die Zahl der gewünschten Tupel als die Zahl der gewünschten Attributwerte für die Abbruchbedingung der Generalisierung zu spezifizieren.

Typischerweise werden auf einer Datenbank im Laufe des Betriebs zahlreiche Updates, insbesondere Einfügungen oder Löschungen von Tupeln, durchgeführt. Updates der Basisrelation erfordern Updates aller davon generalisierten Relationen. Wir nennen diese Updates der generalisierten Relationen inkrementell, wenn sie keine Anwendung des Generalisierungs-Algorithmus auf der (großen) aktualisierten Basisrelation erfordern, sondern auf einer (deutlich kleineren) generalisierten Relation durchgeführt werden können. Es wurde gezeigt, wie beide dargestellten Algorithmen der attributorientierten Induktion inkrementell gemacht werden können. Damit wird effizientes Data Mining in einer dynamischen Umgebung ermöglicht.

6.7 Literatur

Carter C., Hamilton H. 1998, „Efficient Attribute-Oriented Generalization for Knowledge Discovery from Large Databases", *IEEE Transactions on Knowledge and Data Engineering*, Vol.10, No.2, pp. 193—208.

Chaudhuri S., Dayal U. 1997, „An Overview of Data Warehousing and OLAP Technology", *ACM SIGMOD Record* Vol. 26, No. 1, March 1997.

Ester M., Wittmann R. 1998, „Incremental Generalization for Mining in a Data Warehousing Environment", *Proceedings Int. Conf. on Extending Database Technology*, Valencia, Spain, pp. 135—149.

Fernandez P. M., Schneider D. 1996, „The Ins and Outs (and everything in between) of Data Warehousing", *Tutorial Notes ACM SIGMOD Int. Conf. on Management of Data (SIGMOD '96)*.

Gray J., Bosworth A., Layman A., Pirahesh H. 1996, „Data Cube: A Relational Aggregation Operator Generalizing Group-By, Cross-Tabs and Subtotals", *Proceedings 12th Int. Conf. on Data Engineering (DE'96)*, pp. 152—159.

Han J., Cai Y., Cercone N. 1993, „Data-driven Discovery of Quantitative Rules in Relational Databases", *IEEE Transactions on Knowledge and Data Engineering*, Vol. 5, No. 1, pp. 29—40.

Harinarayan V., Rajaraman A., Ullman J. D. 1996, „Implementing Data Cubes Efficiently", *Proceedings ACM SIGMOD Int. Conf. on Management of Data (SIGMOD '96)*, pp. 205—216.

Labio W., Quass D., Adelberg B. 1997, „Physical Database Design for Data Warehousing", *Proceedings 13th Int. Conf. on Data Engineering (DE'97)*, pp. 277—288.

Shoshani A. 1997, „OLAP and Statistical Databases: Similarities and Differences“, *Proceedings ACM SIGMOD Int. Conf. on Principles of Database Systems* (PODS '97), pp. 185—196.

TPCD 1998, „*TPC Benchmark D*“, Transaction Processing Council (TPC), http://www.tpc.org.

Besondere Datentypen und Anwendungen

Die bisher vorgestellten Data-Mining-Verfahren basieren auf einfachen Datentypen, die sich in natürlicher Weise mit Hilfe des relationalen Datenmodells repräsentieren lassen. In diesem Kapitel werden die Besonderheiten des Data Mining bei zeit- und raumbezogenen Daten sowie bei (Hyper-)Text-Dokumenten diskutiert. Man spricht bei der Anwendung von Data-Mining-Techniken auf diese Datentypen auch von *Temporal Data Mining*, *Spatial Data Mining* sowie *Text-* und *Web-Mining*. Um den Einblick in diese Gebiete von großer praktischer Bedeutung zu vertiefen, werden einige ausgewählte Verfahren und typische Anwendungen im Detail dargestellt.

7.1 Temporal Data Mining

Wir geben im folgenden einen groben Überblick über die Aufgabenstellungen, Probleme und Techniken des Temporal Data Mining. Eine umfassendere Darstellung mit vielen Referenzen auf die entsprechenden Originalartikel findet man in [Roddick & Spiliopoulou 1999]. Anschließend werden wir eine konkrete Technik zum Finden von häufig auftretenden zeitlichen Sequenzen in einer Menge von zeitbezogenen Transaktionen (sogenannte *Sequential Patterns*) im Detail vorstellen.

7.1.1 Allgemeine Aufgabenstellungen, Probleme und Techniken

Das Temporal Data Mining beschäftigt sich mit der Analyse von zeitbezogenen Daten. Solche Daten haben typischerweise neben inhaltlichen Attributen noch ein weiteres Attribut, dessen Werte auf Punkte oder Abschnitte in einem zeitlichen Bezugssystem (beispielsweise eines Kalenders) verweisen.

Der Bezug auf die Zeit impliziert eine Ordnung auf den Werten des Attributs, das die Zeit modelliert. Dadurch repräsentieren die Datensätze einer zeitbezogenen Datenmenge entweder einen einzigen Ablauf (eine Entwicklung) oder eine Menge unterschiedlicher Abläufe (mehrere Entwicklungen) von Ereignissen.

Die Techniken zum Temporal Data Mining lassen sich in zwei Kategorien einteilen:

1. Bestimmung, Beschreibung und Analyse von zeitlich determinierten Zusammenhängen *innerhalb* einzelner Abläufe oder Entwicklungen.
2. Bestimmung, Beschreibung und Analyse von Zusammenhängen *zwischen* verschiedenen Abläufen oder Entwicklungen unter Berücksichtigung ihres zeitlichen Verlaufs.

Die Einbeziehung der Zeit beim Data Mining führt zu gewissen Besonderheiten, die zusätzlich berücksichtigt werden müssen. Zum einen hat die *Granularität* der modellierten Zeit einen starken Einfluß auf die zeitlichen Zusammenhänge, die gefunden werden können. Die Granularität in der Modellierung betrifft die Festlegung von *Zeitpunkten* (reale Dauer, z.B. Zeitpunkt im Modell = eine Stunde in der Realität) und *Zeitintervallen* (Anzahl und Länge, z.B. Tag, Woche, Monat). Zum anderen ergeben sich durch die Modellierung der Zeit komplexe und vielfältige zeitliche Relationen zwischen Zeitpunkten und Zeitintervallen (z.B. „während", „überschneidend", „direkt aufeinanderfolgend"), die bei entsprechender Berücksichtigung in einem Algorithmus zu neuen und interessanten Regeln führen können, aber auch eine zusätzliche Komplexität der Algorithmen zur Folge haben.

Zeitliche Informationen in den Daten ermöglichen auch Algorithmen zum Finden von *kausalen* Zusammenhängen, die im allgemeinen stärkere Regeln darstellen als beispielsweise nicht-zeitliche Assoziationen oder Korrelationen.

Es lassen sich verschiedene Typen von Algorithmen zum Temporal Data Mining unterscheiden: einerseits Erweiterungen von bekannten nicht-zeitlichen Algorithmen, andererseits spezielle Verfahren, die nur auf Daten mit zeitlichem Bezug sinnvoll sind. Wichtige und interessante Methoden sind etwa die folgenden:

- *Zeitliche Assoziationsregeln und häufig auftretende zeitliche Sequenzen*
  Zeitliche Assoziationsregeln sind analog den nicht-zeitlichen Assoziationsregeln bei zusätzlicher Berücksichtigung einer zeitlichen Ordnung zwischen Transaktionen. Häufige Sequenzen sind jedoch nicht für Anwendungen geeignet, in denen die interessanten Abläufe zwar eine sehr hohe Konfidenz haben, aber insgesamt eher Ausnahmen darstellen (z.B. Fehleranalyse). In solchen Anwendungen müssen zunächst häufige Sequenzen, die uninteressant sind, herausgefiltert werden, damit die eigentlich selteneren Sequenzen relativ zur Gesamtheit der reduzierten Grundmenge dominanter werden.
- *Zeitliche Klassifikation und Generalisierung*
  Klassifikation und Generalisierung von zeitlichen Abläufen lassen sich bei ausschließlicher Berücksichtigung absoluter Zeitpunkte sehr einfach erweitern, da die Zeitpunkte dann wie die Werte anderer Attribute behandelt werden können. Schwieriger ist es, relative Zeiten oder zeitliche Beziehungen zwischen Ereignissen zu berücksichtigen, wenn beispielsweise für die Klassenzugehörigkeit eines Ablaufs wichtig ist, daß ein Ereignis *A vor* einem Ereignis *B* stattgefunden hat, unabhängig vom absoluten Zeitpunkt. Bei der Generalisierung muß man beachten, daß es verschiedene Taxonomien für Zeiten geben kann.

- *Trendanalyse*
  Trendanalyse bezieht sich zum einen auf die Vorhersage des Verhaltens einer einzigen Zeitreihe, zum anderen auf die Identifikation von gemeinsamen Trends in unterschiedlichen Zeitreihen.

- *Regeln höherer Ordnung*
  Regeln höherer Ordnung sind Regeln, die die Veränderung von Regelmengen beschreiben, welche in einem Datenbestand zu unterschiedlichen (etwa aufeinanderfolgenden) Zeitpunkten gelten.

7.1.2 Beispiel: Sequential Patterns

[Srikant & Agrawal 1996]

Motivation

Das Finden von häufig auftretenden Sequenzen (kurz: häufigen Sequenzen) ist verwandt mit dem Finden von Assoziationsregeln, die in Kapitel 5 dargestellt wurden. Hierbei werden jedoch nicht mehr Mengen einzelner Warenkörbe oder Transaktionen untersucht, sondern Mengen von zusammengehörigen und zeitlich geordneten Sequenzen solcher Transaktionen.

Eine häufige Sequenz drückt die Tatsache aus, daß viele Kunden, die zu einem bestimmten Zeitpunkt gewisse Waren oder Dienstleistungen (A, B, C) eingekauft haben, zu einem späteren Zeitpunkt auch die Waren oder Dienstleistungen D, E und F gekauft haben.

Das Wissen um häufige Sequenzen dient typischerweise der Analyse von Kundenverhalten und wird dort etwa dazu verwendet, einem Kunden aufgrund seines bisherigen Kaufverhaltens gezielte Empfehlungen oder Vorschläge für Angebote zu machen.

Ein Anwender könnte beispielsweise ein Buchklub sein, bei dem häufige Sequenzen etwa wie die folgende aussehen:

„5% aller Kunden haben zuerst das Buch *Solaris*, danach das Buch *Transfer* und dann *Der Futurologische Kongreß* gekauft."

Einem Kunden, der bisher schon *Solaris* gekauft hat, könnte dann, wenn er das Buch *Transfer* bestellt, auch noch *Der Futurologische Kongreß* empfohlen werden.

Grundbegriffe

- $I = \{i_1, ..., i_m\}$ sei eine Menge von Literalen, genannt „*Items*".
  Die Items sind typischerweise wie schon bei den Assoziationsregeln in Kapitel 5 Bezeichner oder Identifikatoren von gekauften Waren.

- Eine *Sequenz* $s = <s_1, ..., s_n>$ ist eine geordnete Liste von Itemsets, das heißt eine Liste von Mengen, die ihrerseits Items enthalten. Die Items in jedem Element $s_i = (x_1, ..., x_m)$ einer Sequenz sind lexikographisch geordnet für $i = 1, ..., n$.

- Eine Sequenz $<a_1, ..., a_n>$ ist eine *Untersequenz* einer Sequenz $<b_1, ..., b_m>$, wenn jedes Element aus $<a_1, ..., a_n>$ Teilmenge eines Elementes aus $<b_1, ..., b_m>$ ist, das heißt, wenn es Indizes $i_1, ..., i_n$ gibt, $i_1 < i_2 < ... < i_n$, so daß $a_1 \subseteq b_{i_1}, a_2 \subseteq b_{i_2}, ..., a_n \subseteq b_{i_n}$.

- Eine Sequenz $A = <a_1, ..., a_n>$ heißt *zusammenhängende Untersequenz* einer Sequenz $B = <b_1, ..., b_m>$, wenn A eine Untersequenz von B ist und die Elemente von A in aufeinanderfolgenden Elementen von B enthalten sind, das heißt, wenn gilt: $a_1 \subseteq b_i, a_2 \subseteq b_{i+1}, a_3 \subseteq b_{i+2}, ..., a_n \subseteq b_{i+(n-1)}$ für ein $i \in \{1, ..., m-n\}$. Konstruktiv ist der Begriff der zusammenhängenden Untersequenz A einer Sequenz B rekursiv durch 3 Fälle definiert:

  - A entsteht aus B durch Weglassen eines Items entweder aus b_1 oder aus b_n.

  - A entsteht aus B durch Weglassen eines Items aus einem Element B_i, das mindestens zwei Items enthält.

  - A ist eine zusammenhängende Untersequenz einer Sequenz A' und A' ist eine zusammenhängende Untersequenz von B.

  Sei beispielsweise $B = <(1\ 2), (3\ 4), (5), (6)>$. Dann sind folgende Sequenzen zusammenhängende Untersequenzen von B: $<(2), (3\ 4), (5)>$, $<(1\ 2), (3), (5), (6)>$ und $<(3), (5)>$. Untersequenzen von B, die nicht zusammenhängen, sind beispielsweise die Sequenzen $<(1\ 2), (3\ 4), (6)>$ und $<(1), (5), (6)>$. Keine Untersequenzen von B sind die Sequenzen $<(1), (2), (3\ 4), (5)>$ und $<(1\ 2), (3\ 4), (5\ 6)>$.

- Eine *Datenbank* ist konzeptuell eine Menge von sogenannten *Datensequenzen*, wobei jede Datensequenz D eine zeitlich geordnete Liste von Transaktionen ist. Jede *Transaktion T* besteht aus einer *Menge von Items* sowie einer *Sequenz-Id(T)*, die die Sequenz bezeichnet, zu der T gehört, und der *Transaktions-Zeit(T)*, zu der T stattgefunden hat. Der Einfachheit halber nehmen wir an, daß die Zeitpunkte durch ganze Zahlen modelliert sind.

- Der *Support einer Sequenz S in D* ist definiert als der Anteil der Datensequenzen in D, die S *unterstützen*.

  Im einfachsten Fall unterstützt eine Datensequenz DS eine Sequenz S, wenn S eine Untersequenz von DS ist. Es sollen aber von dem Verfahren auch Item-Taxonomien, ein Zeitfenster und zeitliche Constraints (Nebenbedingungen) bezüglich des erlaubten Abstands zwischen Transaktionen berücksichtigt werden.

Der Support unter Berücksichtigung von Item-Taxonomien

Item-Taxonomien werden wie bei den hierarchischen Assoziationsregeln durch einen gerichteten azyklischen Graphen H über der Menge der Literale I modelliert. Außer den Identifikatoren von einzelnen Waren sind dann auch Bezeichner von Warengruppen in der Menge I zugelassen. Die Begriffe *Vater* (*direkter Vorgänger*), *Sohn* (*direkter Nachfolger*), *Vorfahre* und *Nachfahre* sind für einzelne Items und

Itemsets wie bei den hierarchischen Assoziationsregeln definiert (siehe Abschnitt 5.3.2 auf Seite 170).

Unter Berücksichtigung von Itemtaxonomien unterstützt dann eine Transaktion T ein Item $x \in I$, wenn x direkt in T enthalten ist ($x \in T$) oder x ein Vorfahre eines Items in T ist. T unterstützt ein Itemset $X \subseteq I$, wenn T jedes einzelne Item aus X unterstützt. Zur Bestimmung des Supports einer Sequenz unter Berücksichtigung von Item-Taxonomien gilt damit:

Eine Datensequenz $D = \langle d_1, ..., d_m \rangle$ unterstützt eine Sequenz $S = \langle s_1, ..., s_n \rangle$, wenn es ganze Zahlen $i_1, ..., i_n$ gibt, $i_1 < i_2 < ... < i_n$, so daß s_j durch d_{i_j} unterstützt wird für $j = 1, ..., n$.

Es gilt mit dieser Definition folgender Zusammenhang: eine Sequenz $S = \langle s_1, ..., s_n \rangle$ wird von einer Datensequenz $D = \langle d_1, ..., d_m \rangle$ genau dann unterstützt, wenn S eine Untersequenz der Datensequenz $D' = \langle d_1', ..., d_m' \rangle$ ist, die aus D dadurch entsteht, daß jede Transaktion d_i zu einer Transaktion d_i' erweitert wird, so daß zusätzlich zu den Items aus d_i auch noch alle Vorfahren dieser Items (bezüglich der Item-Taxonomie H) in d_i' enthalten sind.

Der Support unter Berücksichtigung eines Zeitfensters

Ein Zeitfenster schwächt die Bedingung für den Support einer Sequenz dahingehend ab, daß ein Element $s_i = (x_1, ..., x_m)$ einer Sequenz nicht mehr nur von einer einzigen Transaktion der Datensequenz unterstützt werden muß. Die Items x_j können sich auf eine Gruppe aufeinanderfolgender Transaktionen verteilen, solange die zugehörigen Transaktionszeiten innerhalb eines vorgegebenen Zeitfensters liegen. Für die Elemente einer Sequenz — die ja zu einem „Zeitpunkt" gemeinsam gekaufte Waren darstellen — bedeutet das intuitiv, daß mehrere aufeinanderfolgende Transaktionen wie eine einzige zählen, wenn sie zeitlich nahe genug zusammen liegen.

Ein Zeitfensters wird durch eine ganze Zahl *window-size* vorgegeben, welche die „Breite" des Zeitfenster spezifiziert. Zur Bestimmung des Supports einer Sequenz unter zusätzlicher Berücksichtigung eines Zeitfensters gilt dann:

Eine Datensequenz $D = \langle d_1, ..., d_m \rangle$ unterstützt eine Sequenz $S = \langle s_1, ..., s_n \rangle$ bezüglich eines Zeitfensters *window-size*, wenn es ganze Zahlen $u_1, ..., u_n$ und $o_1, ..., o_n$ gibt mit $u_1 \leq o_1 < u_2 \leq o_2 < ... < u_n \leq o_n$, so daß für alle i, $1 \leq i \leq n$, gilt:

1. s_i wird von $\bigcup_{k = u_i}^{o_i} d_k$ unterstützt und

2. *Transaktions-Zeit*(d_{o_i}) − *Transaktions-Zeit*$(d_{u_i}) \leq$ *window-size*.

Die Zahlenpaare $[u_i, o_i]$ repräsentieren Intervalle von Zeitpunkten. Alle Transaktionen einer Datensequenz mit aufeinanderfolgenden Transaktionszeitpunkten innerhalb eines Intervalls $[u_i, o_i]$ unterstützen „gemeinsam" ein Sequenzelement s_i. Die *Transaktions-Zeit*(d_{u_i}) heißt deshalb auch *Startzeit* des Sequenzelements s_i (kurz: *StartZeit*(s_i)) und *Transaktions-Zeit*(d_{o_i}) heißt auch *Stopzeit* des Sequenzelements s_i (kurz: *StopZeit*(s_i)).

Der Support unter Berücksichtigung von zeitlichen Constraints

Zeit-Constraints schränken den zeitlichen Abstand zwischen den Gruppen von Transaktionen, die ein Element einer Sequenz unterstützen, ein. Dadurch werden bei der Bestimmung der häufigen Sequenzen solche Sequenzen unterdrückt, bei denen die Abstände zwischen den unterstützenden Transaktionen zu klein oder zu groß wären. Man möchte beispielsweise für die Zählung der Sequenz <(*Solaris*), (*Transfer*)> solche Datensequenzen nicht berücksichtigen, die einen Kunden repräsentieren, der zwar *Solaris* und *Transfer* nacheinander gekauft hat, aber in einem Abstand von drei Jahren.

Zeitliche Constraints werden durch ganze Zahlen *min-gap* und *max-gap* vorgegeben, welche den minimalen und den maximalen Abstand zwischen unterstützenden Transaktionen spezifizieren. Zur Bestimmung des Supports einer Sequenz unter zusätzlicher Berücksichtigung eines Zeitfensters und zeitlichen Constraints gilt dann:

Eine Datensequenz $D = <d_1, ..., d_m>$ unterstützt eine Sequenz $S = <s_1, ..., s_n>$ bezüglich eines Zeitfensters *window-size* und zeitlichen Constraints *min-gap*, *max-gap*, *min-gap* < *max-gap*, wenn es ganze Zahlen $u_1, ..., u_n$ und $o_1, ..., o_n$ gibt mit $u_1 \leq o_1 < u_2 \leq o_2 < ... < u_n \leq o_n$, so daß gilt:

1. s_i wird von $\bigcup_{k=u_i}^{o_i} d_k$ unterstützt, für $i = 1, ..., n$,

2. *Transaktions-Zeit*(d_{o_i}) − *Transaktions-Zeit*$(d_{u_i}) \leq$ *window-size*, für $i = 1, ..., n$,

3. *Transaktions-Zeit*(d_{u_i}) − *Transaktions-Zeit*$(d_{o_{i-1}})$ > *min-gap*, für $i = 2, ..., n$,

4. *Transaktions-Zeit*(d_{o_i}) − *Transaktions-Zeit*$(d_{u_{i-1}})$ < *max-gap*, für $i = 2, ..., n$.

Abb. 7-1 illustriert diese Begriffe anhand einer Datensequenz D und einer Sequenz S. Die relevanten zeitlichen Abstände zwischen den Transaktionen d_i sind durch die Längen von Strecken — parallel zu einer die Zeit modellierenden Zahlengeraden — repräsentiert.

Aufgabenstellung und Algorithmus GSP

Gegeben seien eine Datenbank *DB* mit Datensequenzen, eine Taxonomie H und benutzerspezifizierte Werte für *min-gap*, *max-gap* und *window-size*. Die Aufgabe be-

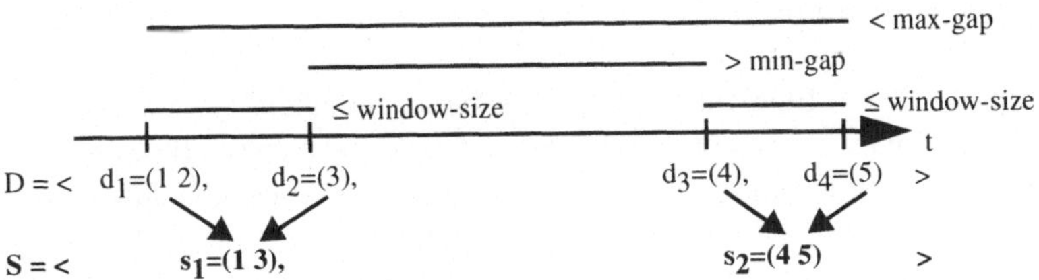

Abb. 7-1 Illustration der zeitlichen Constraints und des Zeitfensters

steht dann darin, alle Sequenzen zu finden, deren Support in der Datenbank größer ist als ein vorgegebener Wert *min-sup*.

```
GSP(I, DB, H, minsup)
   L₁ := {häufige 1-Sequenzen aus I};
   k := 2;
   while L_{k-1} ≠ ∅ do
       C_k := GSPKandidatenGenerierung(L_{k-1});
       for each Datensequenz D ∈ DB do
           D' := erweitere alle Transaktionen T in D um alle
               Vorfahren (bzgl. H) der Items, die in T vorkommen;
           CD := GSPSubset(C_k, D'); // Kandidatensequenzen aus C_k,
               die von der Datensequenz D' unterstützt werden
           for each Kandidatsequenz S ∈ CD do S.count++;
       L_k := {S ∈ C_k | (S.count / |DB|) ≥ minsup};
       k++;
   return ⋃_k L_k;
```

Der Algorithmus GSP („Generalized Sequential Patterns") hat die gleiche Struktur wie der Apriori-Algorithmus zum Finden von Frequent Itemsets für Assoziationsregeln. Die Datenmenge wird dabei in ähnlicher Weise mehrmals durchlaufen:

Im ersten Durchlauf wird der Support für jedes einzelne Item aus *I* bestimmt. Aus denen, die minimalen Support haben, werden dann die häufigen 1-Sequenzen gebildet, die nur aus einem Element bestehen, welches seinerseits nur ein einziges Item enthält.

In allen folgenden Durchläufen werden aus den im vorhergehenden Durchlauf bestimmten häufigen Sequenzen (mit *k* Items) neue Kandidatensequenzen (mit *k*+1 Items) gebildet. Der Support der Kandidaten wird gezählt, und es werden diejenigen Sequenzen für den nächsten Durchlauf bestimmt, die minimalen Support haben. Dies wird solange durchgeführt, bis bei einer bestimmten Anzahl von Items keine häufigen Sequenzen mehr gefunden werden können.

Zum Abschluß werden aus der Menge der gefundenen häufigen Sequenzen diejenigen wieder gelöscht, deren Support, unter Berücksichtigung anderer häufiger Sequenzen zusammen mit der Item-Taxonomie, „uninteressant" ist.

Die einzelnen Aspekte *Kandidatengenerierung*, *Zählen des Supports von Kandidaten* und *Berücksichtigung von Item-Taxonomien* werden im folgenden genauer diskutiert.

Kandidatengenerierung

Eine Sequenz, deren Elemente insgesamt k Items enthalten, heißt k-Sequenz. Ein Item, das mehrmals in verschiedenen Elementen der Sequenz vorkommt, zählt dabei mehrmals. L_k bezeichne die Menge aller häufigen k-Sequenzen, und C_k bezeichne die Menge aller Kandidaten für häufige k-Sequenzen. Analog zur Kandidatengenerierung für Frequent Itemsets (siehe Abschnitt 5.2, Seite 163) besteht die Kandidatengenerierung für häufige Sequenzen aus einer Join- und einer Pruning-Phase:

- *Join-Phase*: Die Kandidaten für häufige k-Sequenzen werden durch einen Join von L_{k-1} mit L_{k-1} generiert. Eine Sequenz s_1 wird mit einer Sequenz s_2 verknüpft, wenn s_1 ohne das erste Item gleich s_2 ohne das letzte Item ist. Die neue Kandidatensequenz ist dann gleich s_1 erweitert um das letzte Item in s_2. Das hinzugefügte Item wird in ein neues Element der Sequenz eingefügt, wenn es in s_2 in einem separaten Element enthalten war; sonst wird es in das letzte Element von s_1 eingefügt. Abb. 7-2 illustriert diese beiden Fälle.
  Eine Ausnahme stellt die Verknüpfung von L_1 mit L_1 dar, weil hier die beiden Fälle identisch sind. Folglich muß man bei der Verknüpfung von L_1 mit sich selbst aus jedem Paar $s_1=\langle(x)\rangle$, $s_2=\langle(y)\rangle$ *zwei* neue Kandidaten $\langle(x), (y)\rangle$ und $\langle(x\ y)\rangle$ bilden.
  Es gilt, daß die durch den Join verknüpften Sequenzen s_1 und s_2 zusammenhängende Untersequenzen der neuen Kandidatensequenz sind.
- *Pruning-Phase*: In der Pruning-Phase werden alle Kandidaten gelöscht, die eine zusammenhängende Untersequenz enthalten, welche keinen minimalen Support hat. Dem liegt eine ähnliche Monotonie-Eigenschaft zugrunde wie für die häufig vorkommenden Itemsets: Alle zusammenhängenden Untersequenzen einer häufigen Sequenz sind selbst auch häufig. Im Beispiel von Abb. 7-2 wird etwa die Sequenz $\langle(1\ 2), (3), (5)\rangle$ in der Pruning Phase entfernt, weil die zusammenhängende Untersequenz $\langle(1), (3), (5)\rangle$ nicht in L_3 ist.

Zählen des Supports von Kandidaten

Während eines Durchlaufs durch die Datenbank müssen zu jeder Datensequenz alle aktuellen Kandidaten gefunden werden, die durch die Datensequenz tatsächlich unterstützt werden. Dazu werden zwei Techniken eingesetzt:

1. Eine Technik zur Reduktion der Anzahl von zu prüfenden Kandidaten, die auf dem für einfache Assoziationsregeln eingeführten Hash-Baum basiert.
2. Eine Technik für den Kandidatentest, das heißt für die Überprüfung, ob eine Datensequenz eine bestimmte Sequenz enthält.

Reduktion der Kandidatenanzahl

L_3: häufige 3-Sequenzen	C_4: Kandidaten 4-Sequenzen	
	nach dem Join	nach dem Pruning
<(1 2), (3)>	<(1 2), (3 4)>	<(1 2), (3 4)>
<(1 2), (4)>	<(1 2), (3), (5)>	
<(1), (3 4)>		
<(1 3), (5)>		
<(2), (3 4)>		
<(2), (3), (5)>		

Abb. 7-2 Kandidatengenerierung des GSP-Algorithmus

Die *Struktur* des verwendeten Hash-Baums ist gleich der Struktur des Hash-Baums zum Zählen des Supports von Frequent Itemsets. Siehe *Unterstützung der Subset-Funktion durch einen speziellen Hash-Baum* auf Seite 165.

Das Einfügen einer Sequenz in den Hash-Baum funktioniert im Prinzip genauso wie das Einfügen eines Itemsets. Der Blattknoten im Baum, in den eine Sequenz $<(x_1 \ldots x_n), (x_{n+1} \ldots x_{n+m_1}), \ldots, (x_{n+m_{k-1}} \ldots x_{n+m_k})>$ eingefügt werden muß, wird gefunden, indem die Hashfunktion h bei einem inneren Knoten des Levels d auf das d-te Item x_d der Sequenz angewendet wird.

Die Suche aller Kandidatensequenzen im Hash-Baum, die in einer Datensequenz D vorkommen, ist eine modifizierte Version des ursprünglichen Algorithmus zum Suchen aller Kandidaten-Itemsets, welche in einer Transaktion vorkommen. An der Wurzel werden die Hashwerte für jedes Item in D bestimmt und in den resultierenden Sohnknoten wird weitergesucht. In einem inneren Knoten, den man durch Hashing nach einem Item x mit Transaktionszeit t erreicht hat, werden dann die Hashwerte aller Items in D bestimmt, deren Transaktionszeit innerhalb des Intervalls $[t - window\text{-}size, t + \max(window\text{-}size, max\text{-}gap)]$ liegt. Dieses Verfahren wird rekursiv auf die resultierenden Sohnknoten angewendet, bis man die Blattknoten erreicht. Nur in den erreichten Blattknoten wird schließlich für jeden Eintrag geprüft, ob er in der Datensequenz D vorkommt.

Die Bedingung bezüglich der Transaktionszeiten stellt die einzige Änderung gegenüber dem ursprünglichen Suchalgorithmus dar. Wegen des Zeitfensters und den zeitlichen Constraints wird eine Kandidatensequenz S mit zwei direkt aufeinanderfolgenden Items x und y nur in zwei Fällen von einer Datensequenz D unterstützt, die schon x mit der Transaktionszeit t enthält: Wenn x und y im gleichen Element von S vorkommen, dann müssen x und y in Transaktionen der Datensequenz enthalten sein, die innerhalb des vorgegebenen Zeitfensters liegen, also innerhalb des Zeitintervalls $[t - window\text{-}size, t + window\text{-}size]$. Wenn x und y in zwei direkt aufeinanderfolgenden Elementen von S vorkommen, dann muß y in einer Transaktion enthalten sein, deren Transaktionszeit höchstens um den Betrag *max-gap* später liegt als die Transaktionszeit derjenigen Transaktion, welche x enthält. Genau genommen muß diese Transaktionszeit auch mindestens um den Betrag *min-gap* später liegen, das heißt insgesamt im Intervall $[t + min\text{-}gap, t + max\text{-}gap]$. Das bedeutet, man muß nach dem Item x nur noch solche Items y der Datensequenz D bei der Suche betrachten, deren Transaktionszeiten innerhalb des umfassenden Intervalls $[t - window\text{-}size, t + \max(window\text{-}size, max\text{-}gap)]$ liegen. Damit werden alle Kandidatensequenzen gefunden, die potentiell von D unterstützt werden.

Kandidatentest:

Für die in den Blättern des Hash-Baums gefundenen Kandidatensequenzen muß schließlich noch geprüft werden, ob sie tatsächlich von einer aktuellen Datensequenz D unterstützt werden. Sei dazu $S = <s_1, ..., s_k>$ eine Kandidatensequenz der Länge k.

Der Kandidatentest kann durch den folgenden Suchalgorithmus realisiert werden, der sich auf eine Funktion stützt, die das erste Vorkommen eines Elements s_i in D findet, welches nach einem gegebenen Transaktionszeitpunkt t liegt.

- *Vorwärts-Phase*: Der Algorithmus für den Kandidatentest startet in dieser Phase und sucht aufeinanderfolgende Elemente von S in D, solange die Differenz zwischen der *StopZeit* des gerade gefundenen Elements und der *StartZeit* des zuletzt gefundenen Elements kleiner ist als *max-gap*. Wird das nächste Element von S in D nicht gefunden, dann kann die Datensequenz D auch die gesamte Sequenz S nicht unterstützen. Wird das nächste Element zwar gefunden, aber ist die genannte Differenz zum vorhergehenden Element größer als *max-gap*, dann wechselt der Algorithmus in die Rückwärts-Phase.

- *Rückwärts-Phase*: In dieser Phase führt der Algorithmus ein Backtracking durch. Sei s_i mit $StopZeit(s_i) = t$ das letzte Element, das in der Vorwärts-Phase betrachtet wurde und das den *max-gap*-Constraint nicht erfüllt hat. Der Algorithmus sucht nun die ersten Transaktionen in d, die s_{i-1} enthalten, aber deren Transaktionszeiten nach t - *max-gap* liegen (ein früheres Vorkommen von s_{i-1} würde den *max-gap*-Constraint mit s_i auch nicht erfüllen). Wird s_{i-1} auf diese Weise nochmals in D gefunden, dann kann es notwendig sein, ein weiteres Backtracking zum Element s_{i-2} durchzuführen, wenn der *max-gap*-Constraint zwischen s_{i-1} und s_{i-2} nun verletzt ist. Das Backtracking geht solange weiter, bis entweder der *max-gap*-Constraint erfüllt ist oder kein weiteres Vorkommen des aktuell betrachteten Elements in der Datensequenz gefunden werden kann. Im ersten Fall wechselt der Algorithmus beim aktuellen Element wieder in die Vorwärts-Phase. Im letzten Fall stoppt der Algorithmus, da die Datensequenz D in diesem Fall die Sequenz S nicht unterstützen kann.

Abb. 7-3 demonstriert den Algorithmus für den Kandidatentest anhand eines Beispiels für eine Kandidatensequenz S mit einer gegebenen Datensequenz D.

Kandidatensequenz:
S=<(1 2), (3), (4)>

max-gap = 30
min-gap = 5
window-size = 0

Datensequenz D

Trans-aktions-zeit	Items
10	1, 2
25	4, 6
45	3
50	1, 2
65	3
90	2, 4
95	6

Vorwärts-Phase:
    Finden von (1 2) bei t = 10;
    Finden von (3) bei t = 45; [45 - 10 ≥ max-gap]
Rückwärts-Phase:
    Backtracking zu (1 2);
    Finden von (1 2) bei t = 50 [nach StopZeit(3) - max-gap];
    [Da (1 2) das erste Element in S ist: kein max-gap Test]
Vorwärts-Phase:
    Finden von (3) bei t = 65; [65 - 50 < max-gap]
    Finden von (4) bei t = 90; [90 - 65 < max-gap]

Abb. 7-3 Beispiel für den Kandidatentest

Berücksichtigung der Item-Taxonomie

Item-Taxonomien werden im Prinzip genauso wie bei den hierarchischen Assoziationsregeln behandelt (siehe Abschnitt 5.3). Jede Datensequenz D wird vor dem Prüfen des Supports durch eine *erweiterte* Datensequenz D' ersetzt. Dabei werden zu jedem Element d_i der ursprünglichen Datensequenz D alle Vorfahren der Items in d_i hinzugefügt. Beispielsweise würde das Element („Solaris" „Transfer") einer Datensequenz in der erweiterten Sequenz etwa ersetzt werden durch („Solaris" „Transfer" „Stanislav Lem" „Science Fiction").

Die bei hierarchischen Assoziationsregeln eingeführten Laufzeit-Optimierungen können analog auch für Sequenzen mit Item-Taxonomien angewendet werden (siehe Abschnitt 5.3.4): 1. Vorberechnung von Vorfahren, 2. Filtern der Vorfahren, die zu einer Transaktion hinzugefügt werden, 3. Ausschließen von Sequenzen, die ein Element mit einem Item x und einem Vorfahren von x enthalten.

Auch das Interessantheitsmaß für hierarchische Assoziationsregeln kann analog für Sequenzen mit Item-Taxonomien übernommen werden (siehe Abschnitt 5.3.6). Auch hier werden nur die Sequenzen am Ende behalten, deren tatsächlicher Support mindestens *min-interest* mal so hoch ist wie der unter Berücksichtigung anderer häufiger Sequenzen und der Item-Taxonomie erwartete Support. Wenn beispielsweise der Support für „Lem" bei 20% liegt, der Support für „Solaris" 10% und der Support für die Sequenz <(„Lem") („Per Anhalter durch die Galaxis")> 15% beträgt, dann würde man erwarten, daß der Support für <(„Solaris") („Per Anhalter durch die Galaxis")> etwa bei 7,5% liegt, weil die Hälfte aller „Lem"'s „Solaris" sind. Nur wenn der tatsächliche Support wesentlich höher als 7,5% ist, wird man die Sequenz als nicht redundant und damit als „interessant" ansehen.

7.2 Spatial Data Mining

Überblick in [Koperski, Adhikary & Han 1996]

In Abschnitt 7.2.1 geben wir eine kurze Einführung in Datenbanken mit räumlichem Bezug (Spatial Databases) und stellen dann die besonderen Aufgaben und Probleme des Spatial Data Mining vor (Abschnitt 7.2.2). In Abschnitt 7.2.3 werden typische Methoden des Spatial Data Mining diskutiert, von denen in Abschnitt 7.2.4 als Beispiel die räumliche Charakterisierung und Trenderkennung vertieft dargestellt wird.

7.2.1 Spatial Databases

In vielen Anwendungen wie z.B. Geo-Informationssystemen oder Protein-Datenbanken besitzen die relevanten Objekte einen räumlichen Bezug. Datenbanksysteme, die solche Objekte verwalten können, werden als geometrische Datenbanksysteme bzw. *Spatial Database Systems* bezeichnet [Gueting 1994].

Spatial Data

Räumliche Daten bzw. *Spatial Data* sind Daten mit Lage und Ausdehnung in einem 2- oder 3-dimensionalen Raum, z.B.

- Punkte (repräsentieren etwa eine Tankstelle oder einen Turm)
- Linien (modellieren z.B. Straßen)
- Polygone (repräsentieren etwa Städte)
- Polyeder (repräsentieren z.B. ein Molekül).

Abb. 7-4 zeigt beispielhaft Spatial Data aus einem typischen Geo-Informationssystem.

Räumliche Nachbarschaftsbeziehungen

[Ester, Frommelt, Kriegel & Sander 2000]

Die explizite Lage und Ausdehnung der einzelnen räumlichen Objekte induziert implizite räumliche Beziehungen zwischen Paaren solcher Objekte. Folgende Typen räumlicher Nachbarschaftsbeziehungen werden meist unterschieden:

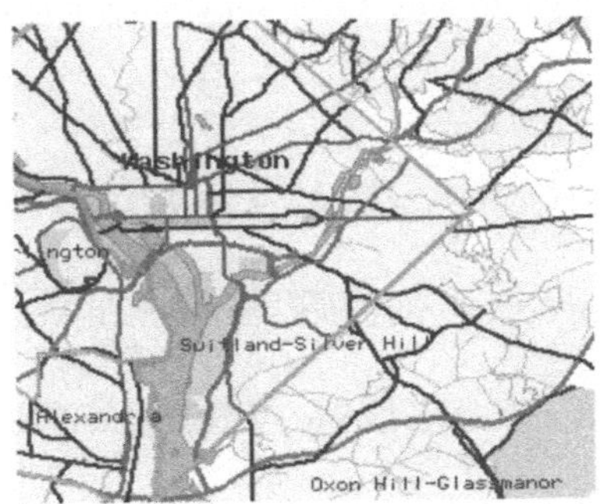

Abb. 7-4 Ausschnitt aus einer Verkehrskarte von Washington

- *Topologische Beziehungen*
  sind invariant unter Translationen, Rotationen und Streckungen, z.B. „*A overlap B*".

- *Distanzbeziehungen*
  vergleichen mit Hilfe eines arithmetischen Operators die Distanz zweier Objekte und eine spezifizierte Konstante, z.B. „Distanz zwischen *A* und *B* ist kleinergleich 5 km".

- *Richtungsbeziehungen*
  Zur Definition von Richtungsbeziehungen wie etwa „*B south A*" für zwei Objekte *A* und *B* wählen wir einen repräsentativen Punkt von *A* als Ursprung eines virtuellen Koordinatensystems. Die Quadranten und Halbebenen dieses Koordinatensystems definieren die Richtungsbeziehungen, z.B. „*B northeast A* ", wenn alle Punkte des Objekts *B* im rechten oberen Quadranten liegen.

Kombinationen aus diesen grundlegenden Beziehungen sind ebenfalls räumliche Nachbarschaftsbeziehungen, z.B. „*B* liegt nördlich und weniger als 5 km von *A* entfernt". Abb. 7-5 illustriert die verschiedenen Typen räumlicher Nachbarschaftsbeziehungen mit Hilfe einiger Beispiele von Polygonen.

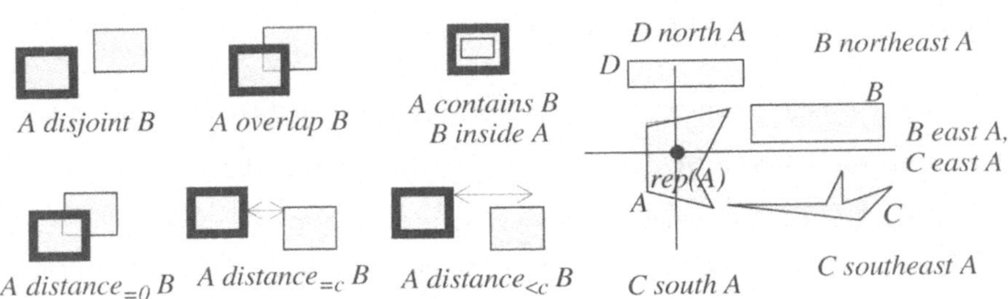

Abb. 7-5 Einige topologische, Distanz- und Richtungsbeziehungen für Polygone

7.2.2 Aufgaben, Besonderheiten und Basisoperationen des Spatial Data Mining

Aufgaben

- Bestimmung und Analyse von *einzelnen* räumlichen Verteilungen bestimmter Merkmale/Attribute
- Analyse von Abhängigkeiten *zwischen* räumlichen Verteilungen von Merkmalen/Attributen
- Anwendungen wie z.B. Geo-Marketing, Verkehrssteuerung oder Umweltschutz

Besonderheiten

- Den klassischen Data-Mining-Verfahren liegt die implizite Annahme der Unabhängigkeit und der Gleichverteilung der verschiedenen Attribute zugrunde. Diese Annahme ist beim Spatial Data Mining jedoch im allgemeinen nicht erfüllt. Bei einer Regressionsanalyse auf räumlichen Daten sind die Fehler z.B. nicht zufällig verteilt, sondern sie zeigen eine systematische Variation.
- Attribute von Nachbarn beeinflussen ein gegebenes Objekt. Hierbei sind komplexe und vielfältige räumliche Nachbarschaftsbeziehungen zu betrachten, die jeweils andere Abghängigkeiten implizieren können.

Diese Punkte lassen sich folgendermaßen zusammenfassen. Die Besonderheit des Spatial Data Mining gegenüber dem relationalen Data Mining ist, daß die Nachbarn eines Objekts o Einfluß auf das Objekt o haben können, d.h. es bestehen typischerweise Abhängigkeiten zwischen den Attributswerten von benachbarten Objekten. Dieser Einfluß wird bestimmt vom Typ der räumlichen Nachbarschaftsbeziehung. Die Verschmutzung der Umgebung, die von einer Industrieanlage ausgeht, hängt z.B. von der Distanz und von der Richtung ab. Aufbauend auf dem Konzept der räumlichen Nachbarschaftsbeziehungen führen wir im folgenden Nachbarschaftsgraphen mit einigen grundlegenden Operationen ein, die als Basisoperationen zum Spatial Data Mining dienen.

Basisoperationen zum Spatial Data Mining

[Ester, Frommelt, Kriegel & Sander 2000]

Sei *neighbor* eine räumliche Nachbarschaftsbeziehung und *DB* eine Spatial Database. Ein *Nachbarschaftsgraph* $G_{neighbor}^{DB} = (N, E)$ ist ein Graph mit einer Knotenmenge $N \cong DB$ und einer Menge von Kanten $E \subseteq N \times N$, wobei eine Kante $e = (n_1, n_2)$ genau dann existiert, wenn n_1 *neighbor* n_2 gilt. Ein *Nachbarschaftspfad* der Länge k ist definiert als Folge von Knoten $[n_1, n_2, \ldots, n_k]$, wobei n_i *neighbor* n_{i+1} gilt für alle $n_i \in N, 1 \le i < k$.

Wir nehmen an, daß die Standardoperationen der relationalen Algebra (siehe Abschnitt 2.1.3) wie etwa Selektion und Durchschnitt für Mengen von Objekten und für Mengen von Nachbarschaftspfaden definiert sind. Zusätzlich werden einige spezielle Operationen für Nachbarschaftsgraphen und -pfade definiert. Im folgenden werden nur die wichtigsten beiden Operationen vorgestellt:

- neighbors: Graphs × Objects × Predicates → Sets_of_objects
  Die Operation *neighbors(graph, object, predicate)* liefert die Menge aller Objekte zurück, die in *graph* mit *object* durch eine Kante direkt verbunden sind und außerdem die Bedingungen von *predicate* erfüllen.

- extensions: Graphs × Sets_of_paths × Integer × Predicates → Sets_of_paths
  Die Operation *extensions(graph, paths, length, predicate)* liefert die Menge aller Nachbarschaftspfade der Länge *length* in *graph*, die eines der Elemente der vorgegebenen Menge *paths* erweitern. Die erweiterten Pfade müssen zusätzlich das Prädikat *predicate* erfüllen. Da die Zahl der Nachbarschaftspfade sehr groß werden kann, dient das Argument *predicate* als ein Filter um die Menge der Nachbarschaftspfade auf eine sinnvolle Teilmenge einzuschränken, die effizient erzeugt und verarbeitet werden kann. Die Definition von *predicate* ist anwendungsspezifisch und kann sich sowohl auf räumliche als auch auf nicht-räumliche Attribute der Objekte beziehen.

7.2.3 Verschiedene Methoden des Spatial Data Mining

In diesem Abschnitt stellen wir einige typische Methoden des Spatial Data Mining kurz vor. Eine Methode zur räumlichen Charakterisierung und Trenderkennung wird in Abschnitt 7.2.4 ausführlicher behandelt.

Clustering und Erklärung der Cluster

- 1. Schritt: Clustering der Objekte
  In diesem Schritt kann, je nach Anwendung, irgendein Clustering-Algorithmus (siehe Kapitel 3) verwendet werden. Rauschen wird eliminiert, und es werden nur die Cluster weiter betrachtet.
- 2. Schritt: „Erklärung" der Cluster durch die Nachbarschaft
  Es soll versucht werden, die Existenz und die Lage der gefundenen Cluster zu erklären. Das ist ein Klassifikationsproblem, zu dem (nach geeigneter Anpassung) viele der in Kapitel 4 vorgestellten Verfahren eingesetzt werden können.

Diese Methode wird durch das Beispiel in Abb. 7-6 illustriert. [Knorr & Ng 1996] konkretisiert diese Methode und behandelt insbesondere den zweiten Schritt. Ziel des dort vorgestellten Verfahrens ist es, *charakteristische Eigenschaften von Clustern* in Bezug auf die Typen der benachbarten Objekte zu finden.

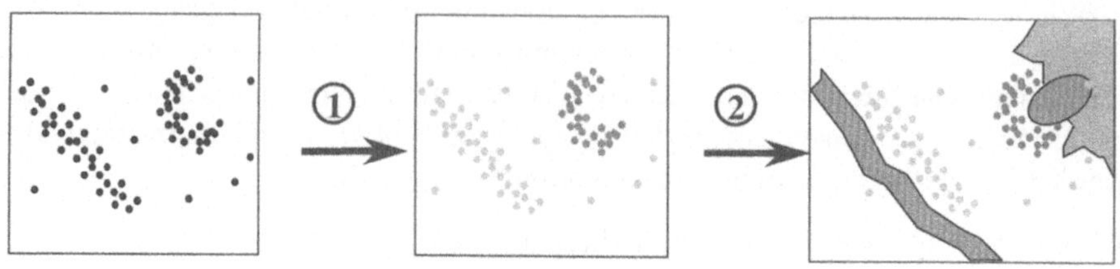

Abb. 7-6 Beispiel für Clustering und Erklärung der Cluster

Das Verfahren erfordert folgenden Input:

- mehrere Cluster von Punkten,
- die Anzahl *k* der zu untersuchenden Nachbarn,
- eine Spatial Database,
- eine Konzepthierarchie der relevanten Objekttypen.

Ein erster Algorithmus findet effizient die *k nächsten Nachbarn* eines einzelnen Clusters. Anders als in Abschnitt 2.1.7 wird hier keine multidimensionale Index-struktur zugrunde gelegt, sondern es werden Methoden der Computergeometrie eingesetzt. In mehreren Stufen wird die Zahl der übrigbleibenden Kandidaten reduziert, indem schrittweise exaktere Approximationen der räumlichen Objekte betrachtet werden, d.h. zuerst Kreise, dann Rechtecke und schließlich die konvexen Hüllen.

Ein zweiter Algorithmus betrachtet die *k* nächsten Nachbarn aller Cluster und findet die charakteristischen Eigenschaften aller bzw. der meisten Cluster. Es ist z.B. unwahrscheinlich, daß *eine konkrete* Schule allen Clustern teurer Häuser benachbart ist, jedoch liegt möglicherweise nahe bei jedem betrachteten Cluster *irgendeine* Schule. Deshalb wird ein Generalisierungs-Algorithmus (siehe Abschnitt 6.4) vorgeschlagen, um Charakteristika auf einer abstrakteren Ebene zu finden. Es werden z.B. Erklärungen der Form „die meisten Cluster teurer Häuser sind benachbart zu Privatschulen und zu Parks" geliefert.

Räumliche Assoziationsregeln

[Koperski & Han 1995]

Räumliche Assoziationsregeln basieren auf dem Konzept der Assoziationsregeln (siehe Abschnitt 5.2). Eine *räumliche Assoziationsregel* ist eine Assoziationsregel, die mindestens eine räumliche Nachbarschaftsbeziehung enthält. Ein Benutzer möchte z.B. die Assoziationen der Städte in British Columbia (Kanada) mit Straßen, Gewässern und Grenzen entdecken. Es könnte dann etwa folgende räumliche Assoziationsregel gefunden werden:

$$\forall\, X \in DB\, \exists\, Y \in DB: \text{is-a}(X,\text{town}) \rightarrow \text{close-to}(X,Y) \wedge \text{is-a}(Y,\text{water})\ (80\%)$$

Diese Regel besagt, daß 80% der relevanten Städte einem Gewässer benachbart sind, d.h. daß Städte in British Columbia im allgemeinen nahe bei einem See, einem Fluß oder am Meer liegen.

Das Verfahren erfordert folgenden Input:

- eine Spatial Database,
- eine bestimmte räumliche Nachbarschaftsbeziehung,
- eine Konzepthierarchie für jedes Attribut,
- ein Prädikat, das aus der Datenbank die relevanten Objekte selektiert,
- je einen Wert für minsup und minconf.

Abb. 7-7 spezifiziert die Suche nach räumlichen Assoziationen des Typs „close-to" der Städte in British Columbia mit Straßen, Gewässern, Bergwerken und Grenzen, die einen Support von mindestens 5 % und eine Konfidenz von mindestens 80 % haben.

```
discover spatial association rules
inside British_Columbia
from road R, water W, mine M, boundary B
in relevance to town T
where close-to(T.geo, X.geo) and X in {R, W, M, B}
having minsup = 5 % and minconf = 80 %
```

Abb. 7-7 Beispiel einer Spezifikation für räumliche Assoziationsregeln

Der vorgeschlagene Algorithmus berechnet den Spatial Join (d.h. einen Join basierend auf der spezifizierten räumlichen Nachbarschaftsbeziehung, im obigen Beispiel „close-to") des relevanten Objekttyps (z.B. „town") mit jedem anderen im from-Teil angegebenen Objekttyp (z.B. „water", „road", „boundary" oder „mine"). Für jedes resultierende Paar von Objekten wird die exakte räumliche Nachbarschaftsbeziehung bestimmt, z.B. „overlap". Aus diesen Schritten der räumlichen Vorverarbeitung erhält man sozusagen *Spatial Itemsets*, und mit Hilfe eines der klassischen Algorithmen können daraus die Frequent Itemsets und die resultierenden räumlichen Assoziationsregeln bestimmt werden.

7.2.4 Räumliche Charakterisierung und Trenderkennung

[Ester, Frommelt, Kriegel & Sander 1998]

Räumliche Charakterisierung

Wir definieren eine *räumliche Charakterisierung* einer ausgewählten Menge von Target-Objekten in Bezug auf eine bestimmte Datenbank als eine Beschreibung der räumlichen und nicht-räumlichen Eigenschaften, die typisch für die Target-Objekte, nicht aber für die gesamte Datenbank sind. Als interessante Eigenschaften verwenden wir die relativen Häufigkeiten der nicht-räumlichen Attribute (wie z.B. des Arbeitslosenanteils in einer Gemeinde) sowie die relativen Häufigkeiten der verschiedenen Objekttypen (z.B. von Flüssen oder Bergen).

Um eine *räumliche* Charakterisierung zu erhalten, betrachten wir nicht nur die Eigenschaften der Target-Objekte selbst, sondern auch die Eigenschaften ihrer Nachbarn, die sich über eine gegebene Maximalzahl von Kanten eines Nachbarschaftsgraphen erreichen lassen. Die räumliche Charakterisierung nutzt also die oben eingeführten Basisoperationen des Spatial Data Mining und besitzt einen Parameter, der die für die Anwendung relevante räumliche Nachbarschaftsbeziehung spezifiziert. Im folgenden wird die Problemstellung der räumlichen Charakterisierung formaler eingeführt.

Sei $G_{neighbor}^{DB}$ ein Nachbarschaftsgraph und *targets* eine Teilmenge der Spatial Database *DB*. Bezeichne *freq^s(prop)* die absolute Häufigkeit der Eigenschaft *prop* in der Menge *s* und bezeichne *card(s)* die Kardinalität von *s*. Der *Häufigkeitsfaktor* von *prop* in bezug auf *targets* und *DB*, notiert als $f_{targets}^{DB}(prop)$, ist folgendermaßen definiert:

$$f_{targets}^{DB}(prop) = \frac{freq^{targets}(prop)}{card(targets)} \Big/ \frac{freq^{DB}(prop)}{card(DB)}.$$

Seien *significance* und *proportion* reelle Zahlen und *max-neighbors* eine natürliche Zahl. Bezeichne $neighbors_G^i(s)$ die Menge aller Objekte, die von einem der Elemente aus *s* über höchstens *i* Kanten des Nachbarschaftsgraphen *G* erreichbar sind.

Die Aufgabe der *räumlichen Charakterisierung* ist es, alle Eigenschaften *prop* und alle natürlichen Zahlen $n \leq$ *max-neighbors* zu bestimmen, so daß

1. die Menge *objects* = $neighbors_G^n(targets)$ und

2. die Mengen *objects* = $neighbors_G^n(\{t\})$ für mindestens *proportion* viele $t \in$ *targets* die folgende Bedingung erfüllen:

$$f_{objects}^{DB}(prop) \geq significance \qquad \text{oder} \qquad f_{objects}^{DB} \leq \frac{1}{significance}.$$

Im ersten Teil der Definition wird die Vereinigung der Nachbarschaften aller Target-Objekte miteinander betrachtet, während im zweiten Teil die Nachbarschaft jedes Target-Objekts einzeln analysiert wird. Eine auffällige (besonders häufige oder besonders seltene) Eigenschaft, die den ersten Teil der Definition erfüllt, aber nur in der Nachbarschaft weniger Target-Objekte auftritt, würde irreführende Ergebnisse produzieren. Deshalb fordern wir zusätzlich, daß eine solche Eigenschaft für einen genügend großen Anteil (*proportion*) aller Target Objekte in der Nachbarschaft des separat betrachteten Target-Objekts auffällig ist. Den Parameter *proportion* kann man als minimale Konfidenz der gesuchten Charakterisierungsregeln auffassen, und die Häufigkeitsfaktoren liefern ein Maß für die Interessantheit der Eigenschaften in Bezug auf die spezifizierten Target-Objekte.

Eine *Charakterisierungsregel* besitzt das folgende Format:

$$\texttt{target} \Rightarrow p_1 \; \textit{(i}_1\textit{, freq-fac}_1\textit{)} \; \wedge \ldots \wedge \; p_k \; \textit{(i}_k\textit{, freq-fac}_k\textit{)} .$$

Diese Regel besagt, daß die Eigenschaft p_j in der Menge der Target Objekte mit allen Nachbarn, die durch bis zu i_j Kanten des Nachbarschaftsgraphen erreichbar sind, *freq-fac$_j$* mal so häufig (bzw. so selten) ist wie in der gesamten Datenbank.

Der Algorithmus zum Entdecken räumlicher Charakterisierungen wird im folgenden präsentiert. Der Parameter *proportion* ist nur für den letzten Schritt des Algorithmus relevant, d.h. für die Generierung der Regeln. Der Parameter *max-neighbors* (der die maximale Anzahl von Kanten des Nachbarschaftsgraphen festlegt, die ausgehend von einem Target Objekt verfolgt werden dürfen) ist wichtig für die resultierenden Charakterisierungen. Eine Eigenschaft kann z.B. signifikant sein, wenn man alle Nachbarn berücksichtigt, die mit bis zu zwei Kanten des Nachbarschaftsgraphen erreichbar sind. Dieselbe Eigenschaft ist jedoch möglicherweise nach Erweiterung der Nachbarschaften nicht mehr signifikant, wenn nämlich unter den neu hinzukommenden Nachbarn diese Eigenschaft nicht signifikant ist.

Algorithmus

```
RäumlicheCharakterisierung(Graph G_r^DB; Menge-von-Objekten
targets; Real significance, proportion; Integer max-neighbors)
    initialisiere eine leere Menge charakterisierungen;
    initialisiere eine Menge regionen durch targets;
    i := 0;
    for each prop = (attribut, wert) do
        berechne freq^DB(prop) für DB;
    while i ≤ max-neighbors do
        for each attribut und das spezielle Attribut objekttyp do
            for each wert von attribut do
                prop := (attribut, wert);
                berechne freq^regionen(prop);
                if f_regions^DB(prop) ≥ significance or
                    f_regions^DB(prop) ≤ 1 / significance then
                        füge (prop, i, f_regions^DB(prop)) in charakterisierungen
                        ein;
        if i < max-neighbors then
            for each objekt in regionen do
                erweitere regionen um neighbors(G_r^DB, objekt, true);
        i:= i + 1;
    bestimme alle Tupel (prop, i, faktor) aus charakterisierungen,
        die in mindestens proportion vielen der regionen mit i
        Erweiterungen signifikant sind;
    erzeuge aus diesen Tupeln eine charakterisierungsregel;
    return charakterisierungsregel;
```

Typischerweise wird eine kleine Menge von Target Objekten gewählt, etwa durch eine Selektion auf einem nichträumlichen Attribut wie z.B. „Rentneranteil = hoch". Abb. 7-8 (a) illustriert dieses Beispiel für ein Geo-Informationssystem *Bavaria*. Dieses Geo-Informationssystem repräsentiert die bayerischen Gemeinden mit den statistischen Daten (d.h. nichträumlichen Attributen) von der Volkszählung aus dem Jahre 1987, natürliche Objekte wie Berge und Flüsse sowie Infrastruktur wie z.B. Autobahnen oder Eisenbahnlinien.

Der Algorithmus `RäumlicheCharakterisierung` berechnet anfangs für alle Eigenschaften der Form (`attribut, wert`) die absoluten Häufigkeiten auf der Datenbank `DB`. Dann erweitert der Algorithmus die Target Objekte zu Regionen, indem bei jedem Schritt die Nachbarn im Nachbarschaftsgraphen G_r^{DB} hinzugenommen werden, die mit Hilfe einer weiteren Kante erreichbar sind. Nach jedem Erweiterungsschritt werden die Eigenschaften bestimmt, die in den aktuellen Regionen signifikant häufiger oder seltener sind als in der gesamten Datenbank. Abb. 7-8 (b) zeigt die endgültigen Target Regionen, die aus den Target Objekten und allen Nachbarn bestehen, die mit bis zu `max-neighbors` Kanten von G_r^{DB} erreichbar sind.

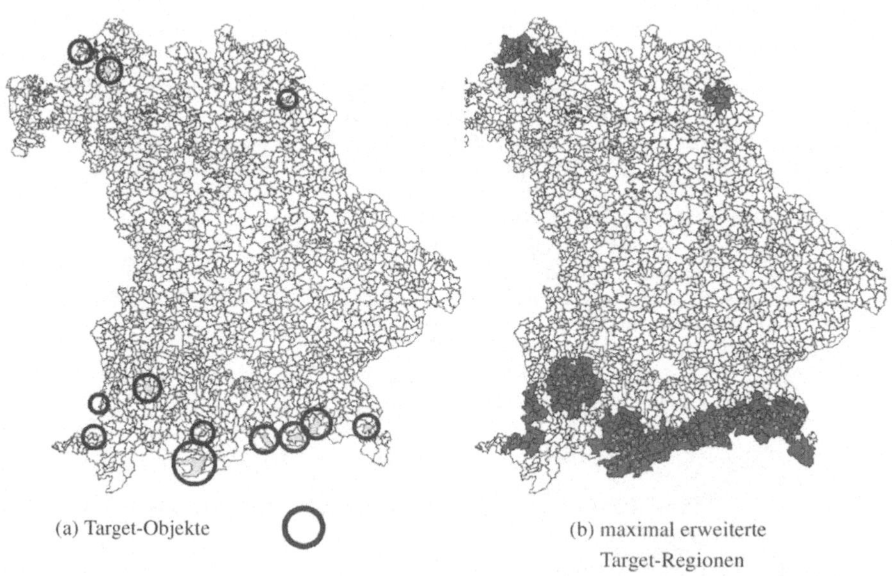

(a) Target-Objekte   (b) maximal erweiterte
Target-Regionen

Abb. 7-8 Ablauf der Charakterisierung der Gemeinden mit hohem Rentneranteil

Im letzten Schritt des Algorithmus wird eine Charakterisierungsregel erzeugt, für das obige Beispiel ist das Ergebnis in Abb. 7-9 aufgeführt. Die Charakterisierung besteht aus mehreren Eigenschaften der Target Objekte selbst (`i = 0` Erweiterungen) und aus einer Eigenschaft ihrer Nachbarn (`i = 3` Erweiterungen). Diese letzte Charakterisierung durch die Nähe zu Bergen läßt sich mit Hilfe eines klassischen (nichträumlichen) Algorithmus nicht finden. Die gefundene Charakterisierungsregel besagt, daß Rentner (in Bayern) eher ländliche Gemeinden bevorzugen, die relativ nahe zu einem Gebirge liegen.

```
Gemeinde mit „Rentneranteil = hoch" ⇒
    Wohnungen pro Gebäude = sehr niedrig (i = 0, f(prop) = 9.1)
    Ausländeranteil = sehr niedrig (i = 0, f(prop) = 8.9)∧
    Akademikeranteil = mittel (i = 0, f(prop) = 6.3) ∧
    . . . ∧
    Objekttyp = Berg (i = 3, f(prop) = 4.1)
```

Abb. 7-9 Charakterisierungsregel für die Gemeinden mit hohem Rentneranteil

Räumliche Trenderkennung

Wir definieren einen *räumlichen Trend* als eine regelmäßige Änderung eines nichträumlichen Attributs in der Umgebung eines bestimmten Objekts o_1. Die Regelmäßigkeit einer Änderung wird mit Hilfe einer Regressionsanalyse untersucht: die unabhängige Variable (X) repräsentiert die Distanz eines beliebigen Objekts o_2 zum Objekt o_1, die abhängige Variable (Y) mißt die Differenz der Werte im spezifizierten nichträumlichen Attribut für o_1 und o_2. Die Mengen X und Y enthalten je eine Beobachtung für jedes Objekt o_2 aus einer Teilmenge S von DB. Wenn der absolute Betrag des Korrelationskoeffizienten groß genug ist, identifiziert S einen Teil der Datenbank DB mit einem signifikanten räumlichen Trend im spezifizierten nichträumlichen Attribut ausgehend vom Startobjekt o_1.

In einem naiven Ansatz könnte man für jedes Objekt $o_2 \in DB$ eine Beobachtung durchführen und auf der Gesamtmenge aller dieser Beobachtungen eine Regressionsanalyse durchführen. Dieser Ansatz kann jedoch in folgenden Situationen räumliche Trends nicht entdecken:

- Ein Trend existiert nur lokal in der Umgebung von o_1, aber nicht global in der gesamten Datenbank.

- Ein Trend ist nicht in allen, sondern nur in einigen Richtungen vorhanden.

Solche Situationen treten aber in Spatial Databases häufig auf. Es wird deshalb das Konzept der Nachbarschaftspfade und ihrer Basisoperationen eingesetzt. Es werden nur solche Objekte o_2 betrachtet, die auf einem Nachbarschaftspfad mit Startobjekt o_1 liegen. Die Erweiterung der Nachbarschaftspfade (mit Hilfe der Basisoperation *extensions*) wird beendet, sobald auf den Pfaden kein signifikanter Trend mehr gefunden werden kann. Auf diese Weise kann die zu untersuchende Umgebung effizient eingeschränkt werden.

Algorithmen

Die obige Definition räumlicher Trends erlaubt verschiedene Spezialisierungen:

* Die *Menge aller* betrachteten Nachbarschaftspfade besitzt einen Trend.
* *Ein einzelner* Nachbarschaftspfad zeigt einen räumlichen Trend.

Im folgenden skizzieren wir für beide Spezialisierungen einen Algorithmus zum Finden solcher räumlicher Trends.

Der erste Algorithmus entdeckt *globale Trends*, d.h. Trends für die gesamte Menge aller Nachbarschaftspfade mit Startobjekt o_1, deren Länge in einem spezifizierten Intervall liegt. Dieser Algorithmus führt eine Breitensuche in der Menge aller Nachbarschaftspfade durch. Ausgehend von Objekt o_1 werden alle Nachbarschaftspfade derselben Länge gemeinsam erzeugt und analysiert, wobei die aktuelle Länge aller Pfade schrittweise von *min-length* bis *max-length* wächst. Eine Regressionsanalyse wird je einmal für die Menge aller Pfade einer gegebenen Länge durchgeführt. Wenn für die Nachbarschaftspfade der Länge l kein Trend mit genügender Korrelation existiert, dann werden die Pfade der Längen $l+1, l+2, \ldots$, *max-length* aus Effizienzgründen nicht erzeugt. Der Parameter *min-length* muß groß genug gewählt werden, weil ein räumlicher Trend unter Umständen erst ab einer gewissen Entfernung signifikant wird.

Dieser Algorithmus liefert die Menge aller Nachbarschaftspfade maximaler Länge, die einen Trend mit einem Korrelationskoeffizienten von mindestens *min-conf* besitzen. Außerdem erhält man die Steigung der Regressionsgeraden und den Korrelationskoeffizienten. Die Steigung beschreibt den Grad der Änderung des nichträumlichen Attributs, wenn man sich vom Startobjekt entfernt. Der Korrelationskoeffizient mißt die Konfidenz des entdeckten Trends. Abb. 7-10 (a) zeigt als Beispiel die globalen Trends der Stadt Regensburg für das Attribut „Durchschnittsmiete".

Der zweite Algorithmus sucht *lokale Trends*, d.h. Trends auf einem einzelnen Nachbarschaftspfad mit Startobjekt o_1, dessen Länge ebenfalls in einem bestimmten Intervall liegen muß. Dieser Algorithmus folgt dem Paradigma der Tiefensuche. Für jeden einzelnen Nachbarschaftspfad von o_1 mit einer Länge length, *max-length* $\geq$ length $\geq$ *min-length*, wird eine Regressionsanalyse durchgeführt. Der Pfad wird nur dann erweitert, wenn er einen signifikanten Trend zeigt.

Dieser zweite Algorithmus liefert als Resultat zwei Mengen von Nachbarschaftspfaden mit signifikanten räumlichen Trends: eine Menge positiver Trends und eine Menge negativer Trends. Dies ist sinnvoll, da Nachbarschaftspfade je nach Richtung unterschiedliches Verhalten zeigen können. Abb. 7-10 (b) demonstriert diesen Fall an Hand von lokalen Trends der Stadt Regensburg für das Attribut „Durchschnittsmiete".

Die Objekte innerhalb einer Trend-Region können weiter analysiert werden. Im Fall von Abb. 7-10 enthält z.B. der globale fallende Trend entgegengesetzte steigende Trends. Diese „inversen" Trends sind möglicherweise besonders interessant. In einem folgenden Schritt des Data Mining wird man dann versuchen, diese inversen

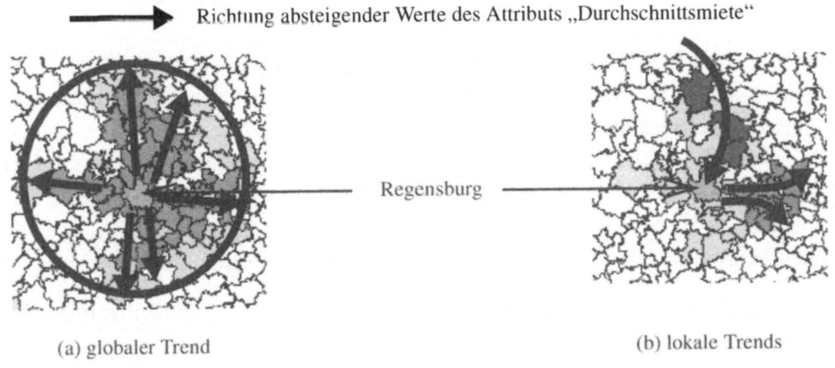

Abb. 7-10 Räumliche Trends der Durchschnittsmiete für Regensburg

Trends zu erklären, z.B. durch ein Naherholungsgebiet, das in Richtung des lokal steigenden Trends liegt.

Die räumliche Trenderkennung kann auch mit der Charakterisierung kombiniert werden. Im ersten Schritt werden etwa „Zentren" in Bezug auf ein bestimmtes Attribut entdeckt, d.h. Gemeinden mit einem signifikant fallenden globalen Trend für dieses Attribut. In einem zweiten Schritt werden die gefundenen Zentren räumlich charakterisiert, um ihre Existenz und Lage durch die auffälligen Gemeinsamkeiten zu erklären.

7.3 Text- und Web-Mining

In diesem Abschnitt geben wir zunächst einen groben Überblick über die Aufgabenstellungen und Probleme im Bereich Text- und Web-Mining. Zum einen handelt es sich dabei um Anwendungen, die bei geeigneter Repräsentation von Dokumenten mit Hilfe von bewährten Data-Mining-Techniken unterstützt werden können. Zum anderen erlaubt insbesondere das World Wide Web die Anwendung speziellerer Techniken, welche die Besonderheiten des Internet berücksichtigen. Einen Überblick über verschiedene reine Text-Mining-Techniken findet man zum Beispiel in [Feldman & Dagan 1995], [Hearst 1999] und [Tkach 1998]. Verschiedene Web-Mining-Verfahren, welche die Besonderheiten von Dokumenten im Internet berücksichtigen (insbesondere die HTML- und die Link-Struktur von Webseiten), sind beispielsweise in [Brin et al. 1998], [Chakrabarti et al. 1998] und [Chakrabarti et al. 1999] dargestellt.

Im Anschluß an unseren Überblick über Aufgabenstellungen und Probleme des Text- und Web-Mining werden drei besondere Web-Anwendungen genauer dargestellt: eine Suchmaschine, die ein spezielles Clusteringverfahren für Web-Dokumente verwendet, eine Suchmaschine, die die Linkstruktur von Internetseiten berücksichtigt und einen intelligenten Crawler, der das Internet automatisch nach Seiten durchsucht, die für einen bestimmten Benutzer interessant sein könnten.

7.3.1 Allgemeine Aufgabenstellungen, Probleme und Techniken

Beim Text- und Web-Mining handelt es sich um die Anwendung von Data-Mining-Techniken auf große Mengen von Online-Dokumenten oder auf zugehörige Informationen wie etwa über die Benutzung der Dokumente.

Beispiele für Online-Dokumente sind etwa elektronische Mails einer Firma, Newsgroup-Artikel, Webseiten aus dem Internet oder dem Intranet einer Firma, Technische Berichte und Pressemeldungen.

Die Techniken lassen sich grob in drei Kategorien einteilen:

- Verfahren, die ausschließlich den Inhalt und die Struktur der einzelnen Dokumente verwenden,
- Verfahren, die (zusätzlich) die Link-Struktur innerhalb einer Menge von Hypertext-Dokumenten berücksichtigen,
- Verfahren zur Analyse der Benutzung einer Menge von Hypertext-Dokumenten.

Textdokumente haben gegenüber Standard-Datentypen allerdings eine Reihe von Besonderheiten, welche die Anwendung von KDD-Techniken erschweren und das Ergebnis eines Verfahrens stark beeinflussen können. Die offensichtlichste Charakteristik von Texten ist, daß Texte im Gegensatz zur „Tabellenform" in Datenbanken sehr viel unstrukturierter sind. Darüberhinaus sind Texte (mindestens aus der Sicht eines automatischen Verfahrens) oft vage — etwa durch das Vorkommen von Homonymen oder metaphorischen Ausdrucksweisen. Weiterhin kann eine Menge von Texten (und manchmal auch schon ein einzelner Text) inkonsistent sein. Bei Dokumenten, die aus dem Internet stammen, tritt zudem noch das Problem auf, daß sie in verschiedenen Sprachen verfaßt sein können.

Die Data-Mining-Techniken für Textdokumente basieren im allgemeinen auf speziellen Metadaten, die aus den Dokumenten in einem vorangehenden Transformationsschritt extrahiert werden. Wegen der genannten Probleme sind die so gewonnenen Repräsentationen der Texte allerdings, gemessen an dem für einen Menschen verständlichen Inhalt, vergleichsweise einfach. Man kann zwei grundsätzliche (einander nicht ausschließende) Vorgehensweisen zur Erstellung solcher Repräsentationen von Dokumenten unterscheiden:

- Extraktion von Merkmalen für jedes Dokument, die den Inhalt grob charakterisieren, anhand eines manuell oder automatisch erstellten „Wörterbuchs". Beispiele sind etwa vorkommende Namen, Organisationen, Orte, Zeitpunkte und andere vorgegebene Kategorien.
- Transformation jedes Dokuments D in einen hochdimensionalen Vektor $r(D) = (h_1, ..., h_d)$, wobei jedes $h_i \geq 0$ eine Zahl ist, die die Häufigkeit eines bestimmten Terms im Dokument angibt (siehe auch das vierte Beispiel für eine Distanzfunktion in Abschnitt 3.1.3). Die Länge des Vektors d entspricht der Anzahl der relevanten Terme, die in der gesamten zu untersuchenden Menge von Dokumenten vorkommen (in manchen Anwendungen 100.000 oder mehr!). Dabei sind Einwort-Terme, aber auch Mehrwort-Terme möglich.

Die relevanten Terme können durch ein vorgegebenes Wörterbuch bestimmt sein oder automatisch aus der Textmenge erstellt werden. Bei automatischer Erstellung werden im Prinzip alle Terme verwendet, die in irgendeinem Dokument der gesamten Textmenge vorkommen. Dabei werden im allgemeinen noch folgende Techniken eingesetzt, um die Anzahl der verschiedenen Terme zu reduzieren:

- Stop-Listen (Wörter, die ignoriert werden, z.B. „und", „der", „HTML" etc.),
- Stemming (Reduzierung der Wörter auf eine Grundform),
- Entfernen von besonders häufigen und besonders seltenen Termen.

Bei HTML- und XML-Dokumenten aus dem Internet hat man oft zusätzliche Strukturinformationen, die bei der Gewinnung von Meta-Daten über die Dokumente genutzt werden können.

HTML-Tags beschreiben die *Präsentation* eines Textelements (siehe Abb. 7-11).

```
<h1> Bibliography </h1>
<p> <i>Knowledge Discovery in Databases</i>, Ester, Sander
<br> Springer-Verlag, 2000. </p>
<p> <i>The Design and Analysis of Spatial Data Structures</i>, Samet
<br> Addison-Wesley, 1998. </p>
```

Abb. 7-11 HTML: Beschreibung der Präsentation

XML-Tags beschreiben den *Inhalt* von Textelementen genauer (siehe Abb. 7-12).

```
<bibliography> <book> <title> Knowledge Discovery in Databases </title>
                <author> Ester </author>
                <author> Sander </author>
                <publisher> Springer-Verlag </pubisher>
                <year> 2000 </year>
        </book>
        . . .
</bibliography>
```

Abb. 7-12 XML: Beschreibung des Inhalts

Eine weitere Möglichkeit zur Charakterisierung eines gegebenen Hypertext-Dokuments D besteht darin, zusätzlich noch sowohl die Seiten zu berücksichtigen, auf die das Dokument *D* verweist, als auch diejenigen Seiten, die umgekehrt auf das Dokument *D* verweisen. Die durch Hypertext-Links induzierte Struktur auf einer Menge von Hypertext-Dokumenten ermöglicht spezielle Verfahren, durch die interessante Informationen sowohl für einzelne Dokumente als auch für Teilmengen von Dokumenten entdeckt werden können. Abb. 7-13 illustriert das Format von Hypertext-Links auf Webseiten und gibt ein Beispiel einer Link-Struktur, in der verschiedene prototypische Teilstrukturen dargestellt sind.

Format: <A HREF=URL > Anchor-Text </A>

```
<li><a href="http://www.dbs.informatik.uni-muenchen.de/Forschung/KDD/">
    Unsere lehrstuhleignenen Projekte im Bereich KDD</a></li>
<li><a href="http://www.kdnuggets.com/index_kdm.html">
    KDNuggets - Popul&auml;rer E-Newsletter zum Data Mining</a></li>
<li><a href="http://www.acm.org/sigkdd/">
    ACM SIGKDD</a></li>
```

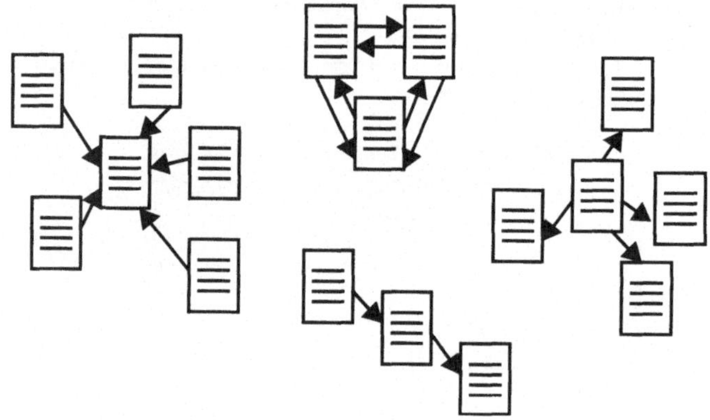

Abb. 7-13 Hypertext-Links und die dadurch induzierte Link-Struktur

Das Ziel von Text- und Web-Mining-Methoden besteht im weitesten Sinne darin, das Finden von interessanten Informationen in großen Mengen von Online-Dokumenten zu unterstützen. Bei diesen Methoden werden neben allgemeinen Techniken wie Clustering und Klassifikation auch speziellere Verfahren, die nur bei Text- oder Webdokumenten sinnvoll sind, eingesetzt.

Beispiele für Anwendungen von Clusteringverfahren

- Clustering von Dokumenten im allgemeinen, um einen groben Überblick über eine Menge von Dokumenten zu bekommen, oder um ähnliche und damit in Beziehung stehende Informationen in der Menge von Dokumenten zu bestimmen.
- Clustering von Antwortmengen einer Suchmaschine zur intelligenten und zusammenfassenden Präsentation von im allgemeinen sehr großen Mengen von

Suchergebnissen, etwa durch geeignete Beschreibung der vorhandenen Cluster von Dokumenten.

- Clustering von Webdokumenten unter Berücksichtigung der Link-Struktur, um etwa sogenannte Communities zu finden.
- Clustering von Web-Sessions zur Bestimmung von Benutzergruppen einer Web-Site (siehe auch Abschnitt 3.1.4).

Beispiele für Anwendungen von Klassifikationsverfahren

- Automatische Zuordnung von Dokumenten in eine vorgegebene Taxonomie, z.B. thematische Gruppierung und Speicherung in vorgegebenen Verzeichnissen.
- Automatische Zuordnung eingehender Mails zu bestimmten Abteilungen/Mitarbeitern einer Firma.
- Klassifikation von Antworten einer Suchmaschine aufgrund von User Feedback auf vorhergehende Anfragen bzw. auf schon gelieferte Antworten zur aktuellen Anfrage.
- Klassifikation von Web-Sites beispielsweise als potentielle Kunden oder Konkurrenten.
- Klassifikation von Links auf einer Internetseite z.B. als interessant oder relevant für eine Anfrage.

Beispiele für Anwendungen von Assoziationsregeln und Sequential Patterns

- Finden von Zusammenhängen und Abhängigkeiten zwischen Mengen von Begriffen, die in einer Sammlung von Dokumenten vorkommen.
- Finden von häufigen Zugriffsmustern, das heißt Reihenfolgen, in denen auf die Internetseiten einer Web-Site zugegriffen wird.

Beispiele für speziellere Techniken

- Entdecken von Veränderungen der Begriffs- oder Konzeptverteilungen in Zeitungsmeldungen zu einem bestimmten Thema. Dies kann dazu dienen, unerwartete oder interessante Trends und Abweichungen von den „normalen" Beziehungen zwischen politischen Akteuren zu erkennen.
- Analyse wechselseitiger Zitierung in wissenschaftlichen Veröffentlichungen.
- Analyse von Veröffentlichungen über Forschungsergebnisse aus verschiedenen Bereichen, die zwar einen ähnlichen Sachverhalt betreffen, die sich jedoch gegenseitig nicht zitieren. Dies kann zu neuen und richtigen Hypothesen über diese Sachverhalte führen, die bisher noch keinem der Fachwissenschaftler aufgefallen sind, weil diese im allgemeinen gar nicht die Zeit haben, auch noch die Literatur zu lesen, die in einem anderen als ihrem eigenen Fachbereich erschienen ist. Ein prominentes Beispiel für einen solchen Erfolg ist die Entdeckung des Zusammenhangs zwischen Magnesiummangel und Migräne (siehe z.B. [Swanson & Smalheiser 1994] für Details).

7.3.2 Grouper: Clustering der Antwortmengen von Web-Suchmaschinen

[Zamir & Etzioni 1998]

Motivation

Standard-Suchmaschinen im Internet liefern die Ergebnisse einer Schlüsselwortsuche im allgemeinen in Form einer Liste, welche den Titel, ein kurzes Anfangsstück (ein sogenanntes „Snippet") und die URL der gefundenen Webseiten enthält. Typischerweise sind diese Listen außerordentlich lang und erstrecken sich daher über sehr viele Seiten. Die Position einer gefundenen Seite innerhalb solcher Ergebnislisten hängt dabei im wesentlichen nur von der Häufigkeit der Suchstrings im HTML-Dokument ab.

Diese Listendarstellung von Web-Suchergebnissen ist jedoch, wie alle, die häufig Suchmaschinen benutzen, wissen, oft sehr unübersichtlich. Der Grund ist, daß die Häufigkeit eines Suchstrings in einem HTML-Dokument wenig Aufschluß darüber gibt, wie interessant die Seite für einen Benutzer ist. Typischerweise interessiert man sich nur für eine bestimmte Gruppe von inhaltlich verwandten Dokumenten zu einem Thema. Die meisten Begriffe kommen allerdings in sehr verschiedenen Zusammenhängen vor. Ein extremes Beispiel ist etwa der Begriff „cluster", der im Kontext von Datenanalyse verwendet wird, aber auch im Kontext von Rechnernetzen, in der Astronomie und in anderen Zusammenhängen. In der Listendarstellung wird nicht nach solchen Kontexten unterschieden, so daß die für einen Benutzer thematisch interessanten Seiten im allgemeinen innerhalb einer Ergebnisliste sehr weit auseinanderliegen können, getrennt von vielen Einträgen, die nicht relevant sind.

Um eine effektivere Suche bei einem bestimmten Kontext zu ermöglichen, wäre eine Präsentation der Suchergebnisse in Form von thematischen Gruppen wünschenswert. Wenn Dokumente mit gleichem Thema zusammen angezeigt werden, hat dies den Vorteil, daß man zum einen leicht einen Gesamtüberblick über alle gefundenen Dokumente bekommt und zum anderen auch die nicht-relevanten Dokumente müheloser übersprungen werden können. Die im folgenden dargestellte Methode versucht dieses Ziel durch einen automatischen Clusteringalgorithmus für Textdokumente zu erreichen.

Suffix-Tree-Clustering

Suffix-Tree-Clustering (*STC*) ist ein spezielles Verfahren zum Clustering von Dokumenten, welches bei der Bestimmung der Ähnlichkeit von Texten das gemeinsame Vorkommen ganzer Satzteile berücksichtigt (im Gegensatz etwa zu einem Ähnlichkeitsmaß, das auf den allgemeinen Worthäufigkeiten basiert wie in Abschnitt 3.1.3 auf Seite 47 dargestellt). Das Verfahren erfüllt bestimmte Anforderungen, die beim Clustering von Web-Suchergebnissen besonders wünschenswert sind.

Zum einen ergeben die gefundenen gemeinsamen Satzteile innerhalb der Dokumente eines Clusters eine einfache und leicht verständliche Clusterbeschreibung. Zum anderen ist die Laufzeit des STC nur linear abhängig von der Anzahl der Suchergebnisse. Eine hohe Geschwindigkeit beim Clustering dieser Suchergebnissen ist besonders wichtig, da die Zeit, die bis zur Präsentation des Ergebnis einer Schlüsselwortanfrage verstreicht, stark die Akzeptanz der Suchmaschine bei den Benutzern beeinflußt.

Eine kurze Laufzeit des Verfahrens wird auch dadurch begünstigt, daß der Algorithmus nicht auf ganze Dokumente angewendet werden muß. Man erzielt auch ein gutes Ergebnis, wenn man das Verfahren nur auf die Snippets der Suchergebnisse anwendet. Dies erspart das tatsächliche Laden der gefundenen Seiten. Ferner kann der Algorithmus inkrementell arbeiten in dem Sinn, daß er schon beim ersten Snippet starten kann.

Eine weitere Eigenschaft des Algorithmus ist die mögliche Überlappung der gefundenen Cluster. Dokumente können zu mehreren Clustern gehören, wie sie auch mehrere Themen behandeln können und somit für verschiedene Kontexte relevant sein können.

Der Algorithmus *STC* arbeitet in drei Schritten: 1. Datenvorbereitung, 2. Identifikation von Basisclustern, 3. Kombination von Basisclustern.

Datenvorbereitung

In diesem Schritt werden zunächst die Dokumente (oder Snippets von Dokumenten) durch Anwendung eines sogenannten Stemming-Algorithmus transformiert. Dabei werden Plural-Formen in Singular umgewandelt sowie Präfixe und Suffixe von Wörtern entfernt. Außerdem werden alle Elemente aus dem Dokument entfernt, die nicht zu Wörtern gehören wie HTML-Tags, Zahlen und Satzzeichen. Satzanfänge und -enden werden jedoch markiert und es werden zusätzlich von jedem Wort im transformierten String Zeiger auf die entsprechende Position im Originaldokument abgespeichert, um den Originaltext zu einem transformierten Satzteil besser darstellen zu können.

Identifikation von Basisclustern

In diesem Schritt werden zunächst sogenannte *Basiscluster* gebildet. Ein Basiscluster ist für das *STC*-Verfahren eine Menge von Dokumenten, die eine Phrase gemeinsam haben, wobei eine Phrase einfach eine geordnete Sequenz aus Wörtern ist. Die Identifikation der Basiscluster in einer Menge von Dokumenten geschieht durch Aufbau eines Suffix-Baums für die Sätze, die in der gesamten Menge der Dokumente vorkommen. Ein Suffix-Baum für eine Menge von Strings S ist ein Baum mit folgenden Eigenschaften:

- Jeder innere Knoten hat mindestens 2 Söhne.
- Jede Kante ist mit einem nicht-leerem Teilstring eines Strings aus S beschriftet. Die Beschriftung eines Knotens besteht in der Konkatenation aller Kanten auf dem Pfad von der Wurzel zu diesem Knoten.

- Die Beschriftungen aller von einem Knoten ausgehenden Kanten beginnen mit verschiedenen Wörtern.
- Für jedes Suffix s eines jeden Strings aus S existiert auch ein Knoten im Baum mit der Beschriftung s.
- Bei jedem Knoten K ist zusätzlich noch die Information abgespeichert, von welchen Strings aus S die Beschriftung von K stammt. Auch die entsprechenden Nummern der Suffixe werden gespeichert (beispielsweise ist „mouse ate cheese too" das erste Suffix von sich selbst, „ate cheese too" ist das zweite Suffix von „mouse ate cheese too", und so weiter).

Abb. 7-14 zeigt ein Beispiel eines Suffix-Baums für die Strings „cat ate cheese", „mouse ate cheese too" und „cat ate mouse too", wobei auch die Konstruktion des Baums durch aufeinanderfolgendes Einfügen der drei Strings veranschaulicht wird. In dieser Abbildung sind auch einige Knoten mit a bis f markiert, um sich später auf sie beziehen zu können.

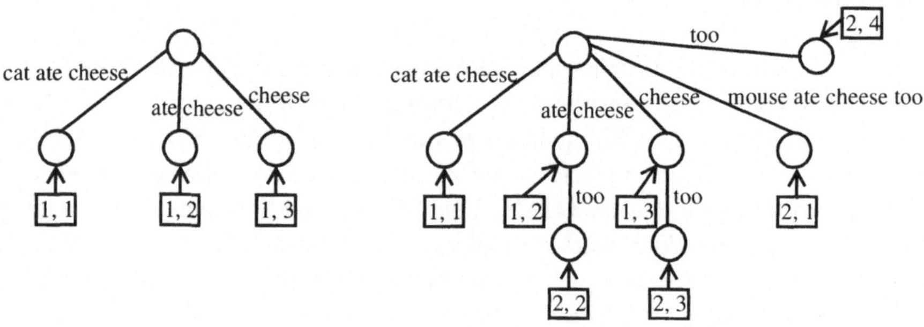

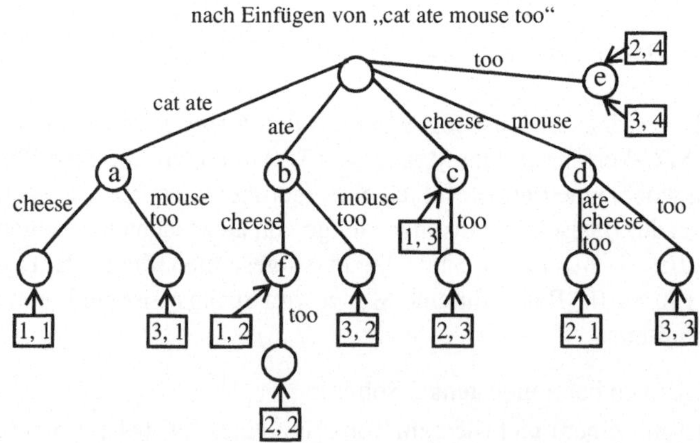

Abb. 7-14 Beispiel eines Suffix-Baums

Jeder Knoten in einem Suffix-Baum repräsentiert offensichtlich eine Menge von Dokumenten und eine Phrase, die diesen Dokumenten gemeinsam ist. Daher repräsentiert jeder Knoten einen Basiscluster. Die folgende Tabelle zeigt die Basiscluster, die den mit a bis f markierten Knoten in Abb. 7-14 entsprechen:

Knoten	Phrase	Dokumente (Strings)
a	„cat ate"	1, 3
b	„ate"	1, 2, 3
c	„cheese"	1, 2
d	„mouse"	2, 3
e	„too"	2, 3
f	„ate cheese"	1, 2

Die Wichtigkeit eines einzelnen Basisclusters wird grob gesagt bestimmt durch das Produkt aus der Anzahl der Dokumente im Cluster mit der Anzahl der Wörter in der beschreibenden Phrase.

Kombination von Basisclustern

Dokumente können natürlich mehr als eine Phrase gemeinsam haben, so daß auch die Basiscluster von verschiedenen Knoten im Suffix-Baum miteinander überlappen oder sogar identisch sein können. Daher werden im dritten Schritt des STC-Verfahrens noch Basiscluster miteinander verschmolzen, die eine hohe Überlappung in ihren Elementen aufweisen.

Zu diesem Zweck wird ein binäres Ähnlichkeitsmaß zwischen zwei Basisclustern A und B definiert, das genau dann gleich 1 ist, wenn sowohl $|A \cap B| / |A| > 0{,}5$ als auch $|A \cap B| / |B| > 0{,}5$, und sonst gleich 0. Das heißt anschaulich, daß das Ähnlichkeitsmaß 1 ist, wenn mehr als 50% der Dokumente in den Basisclustern A und B diesen beiden Basisclustern gemeinsam sind.

Durch das so definierte binäre Ähnlichkeitsmaß für je zwei Basiscluster wird ein Graph auf den Basisclustern induziert bei dem zwei Knoten genau dann durch eine Kante verbunden sind, wenn sie eine Ähnlichkeit von 1 zueinander haben. Ein (zusammengesetzter) Cluster ist damit definiert als eine Zusammenhangskomponente im Basiscluster-Graphen. Ein solcher Cluster enthält dann die Vereinigung all seiner Basiscluster. Abb. 7-15 zeigt den Basiscluster-Graphen für die sechs Basiscluster a bis f aus Abb. 7-14 (in dem es nur eine einzige Zusammenhangskomponente gibt).

Die Wichtigkeit der zusammengesetzten Cluster wird mit Hilfe der Wichtigkeit der enthaltenen Basiscluster und dem Grad ihrer Überlappung berechnet. Für die Präsentation werden die Cluster dann nach diesen Werten angeordnet, beispielsweise werden die ersten zehn angezeigt. Als Clusterbeschreibung werden die Phrasen der enthaltenen Basiscluster verwendet.

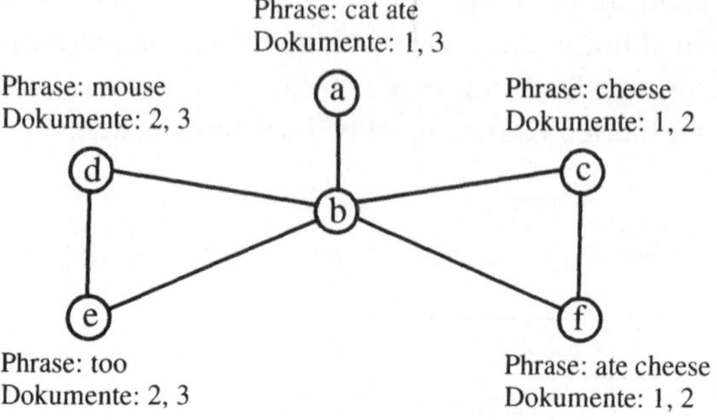

Abb. 7-15 Beispiel für einen Basiscluster-Graphen

Die Autoren Zamir und Etzioni haben das beschriebene Clusteringverfahren unter dem Namen *Grouper* auch in die Meta-Suchmaschine Husky-Search, welche wiederum auf dem MetaCrawler beruht, integriert. Im Internet ist diese Suchmaschine beispielsweise unter http://longinus.cs.washington.edu/grouper2.html verfügbar (siehe Abb. 7-16). Dies gilt zum Zeitpunkt der Drucklegung dieses Buches, zu dem es sich bedauerlicherweise aber noch um einen etwas unzuverlässigen Prototypen handelt.

siehe: http://longinus.cs.washington.edu/grouper2.html

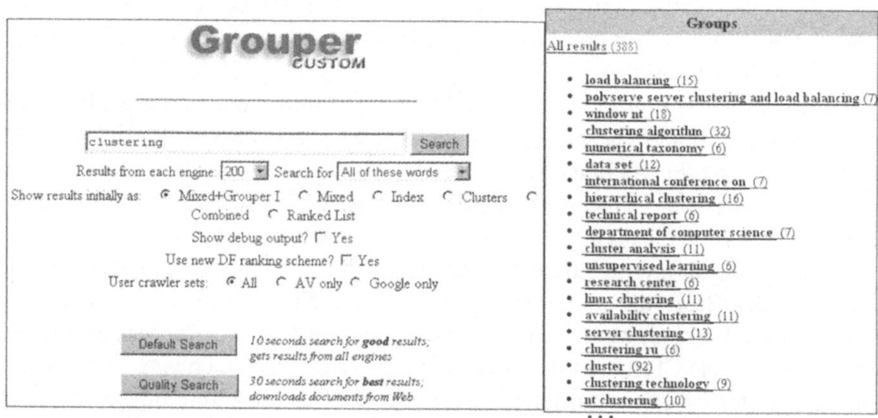

Abb. 7-16 Grouper-Interface und Beispiel für von Grouper gefundene Cluster

7.3.3 Google: Web-Suchmaschine mit Berücksichtigung der Linkstruktur

[Brin et al. 1998]

Motivation

Wie schon bei der Motivation für Grouper beschrieben, ist die Reihenfolge der Suchergebnisse einer Standard-Suchmaschine im wesentlichen von der Häufigkeit der Suchstrings in den HTML-Dokumenten abhängig, und diese Häufigkeit spiegelt nicht unbedingt die Relevanz der Seiten bezüglich der Anfrage wieder.

Das Ziel der Suchmaschine Google ist es, die Reihenfolge, in der die Ergebnisse einer Schlüsselwortsuche präsentiert werden, so zu verändern, daß die wirklich relevanten Seiten möglichst auf der ersten Seite der Ergebnisliste stehen. Zur Bestimmung der Relevanz einer Seite S verwendet Google im wesentlichen drei Techniken: 1. das Konzept des Page Ranks, 2. die Verwendung von Anchor Texts, 3. die Nähe der relevanten Begriffe innerhalb einer Seite zueinander bei einer Schlüsselwortsuche mit mehreren Begriffen.

Der „Page Rank"

Die Idee des Page Ranks basiert auf folgender rekursiven Definition von „Wichtigkeit" einer Seite:

> Die Bedeutung einer Seite ist um so größer, je mehr bedeutende Seiten auf sie verweisen.

Zur Formalisierung dieses Begriffs von Wichtigkeit bezeichne *FLinks*(A) die Menge aller ausgehenden Links einer Seite *A, BLinks*(A) bezeichne die Menge aller eingehenden Links einer Seite *A* (zur Veranschaulichung siehe Abb. 7-17).

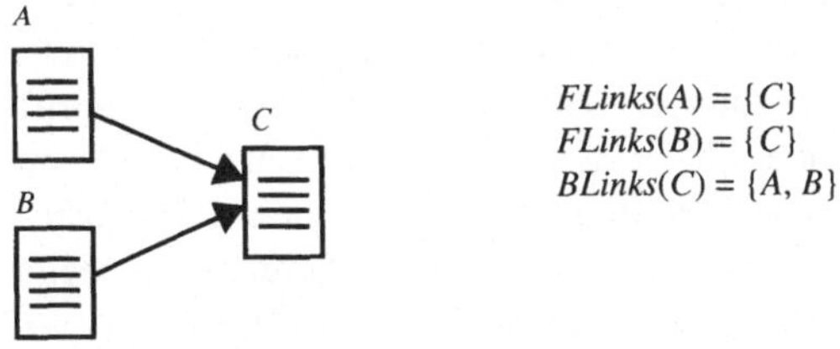

Abb. 7-17 Forward- und Back-Links von Webseiten

Eine Seite *A* hat dann einen hohen Page Rank, wenn die Summe der Page Ranks ihrer eingehenden Links hoch ist, das heißt, wenn die Wichtigkeit der Seiten *B*, die einen Link auf *A* enthalten, hoch ist. Dabei wird jedoch der Page Rank der Seiten *B* nicht einfach aufsummiert. Eine Seite *B* verteilt vielmehr ihre gesamte Wichtigkeit in gleichen Teilen auf alle Seiten, auf die sie verweist.

Formal ist der Page Rank einer Seite definiert durch:

$$PageRank(A) = \frac{1}{c} \sum_{B \in BLinks(A)} \frac{PageRank(B)}{|FLinks(B)|} \, .$$

Dabei ist c ein Faktor zur Normalisierung.

Die Werte für den Page Rank können bestimmt werden, indem man eine beliebige Zuweisung von Werten für jede Webseite vornimmt (typischerweise 1) und dann die Berechnung der obigen Formel solange iteriert, bis die Werte stabil bleiben (sie konvergieren gegen die Eigenvektoren der Adjazenzenmatrix M für die betrachtete Menge von Webseiten mit ihren Links).

Verwendung von Anchor-Text und räumlicher Nähe der Suchbegriffe

Zur Bestimmung der Wichtigkeit einer Seite A verwendet Google neben dem Page Rank von A auch den sogenannten *Anchor Text* auf den Seiten, die auf A verweisen, sowie die räumliche Nähe der Suchbegriffe im Dokument A.

Der Anchor Text eines Links (einer URL) ist der String, der auf einer HTML-Seite mit der Markierung als Link tatsächlich angezeigt wird (siehe Abb. 7-13 oben für Beispiele). Anchor-Texte sind oft eine bessere Beschreibung einer Web-Seite als die Seite selbst, da sie meist eine kompakte Zusammenfassung des Inhalts einer Seite geben. Eine Seite A bekommt daher bei Google eine höhere Wichtigkeit, wenn auch die Anchor-Texte von Links, die auf A verweisen, Suchbegriffe enthalten. Diese Methode ist auch weniger anfällig gegenüber bestimmten „Tricks", die angewendet werden, um Seiten im Ranking von Standard-Suchmaschinen weiter nach vorne zu bringen, etwa lange Listen von Begriffen (die nicht unbedingt etwas mit dem wahren Inhalt der Seite zu tun haben müssen) innerhalb von META-Tags einer HTML-Seite. Der Inhalt von META-Tags wird zwar in einem Browser nicht angezeigt, aber von Standard-Suchmaschinen berücksichtigt.

Die räumliche Nähe von Suchbegriffen bei einer Suche nach mehreren Schlüsselwörtern ist durch den Abstand in Zeichen gegeben, den die Begriffe innerhalb der Seite A voneinander haben. Eine Seite A bekommt bei Google auch eine höhere Wichtigkeit, wenn die gesuchten Begriffe im Dokument selbst nahe beieinander liegen. Die Intuition dahinter ist, daß die Seite mit höherer Wahrscheinlichkeit für eine Kombination von Suchbegriffen relevant ist, wenn die Suchbegriffe auch in gemeinsamen Kontexten auf der Seite verwendet werden. Die Chance dafür ist größer, wenn sie auf der Seite näher beieinander stehen.

Abb. 7-18 zeigt einen Ausschnitt der Suchergebnisse von Google für den Suchbegriff „data mining". Auf Position eins befindet sich tatsächlich die wohl wichtigste Seite im gesamten Internet zu diesem Thema (www.kdnuggets.com). Der Besuch dieser Seite wird jedem Leser wärmstens empfohlen. Dort findet man eine schier unerschöpfliche Quelle von weiterführender Literatur, von Software und vielen anderen Ressourcen zu allen Aspekten des Data Mining.

siehe: http://google.com/

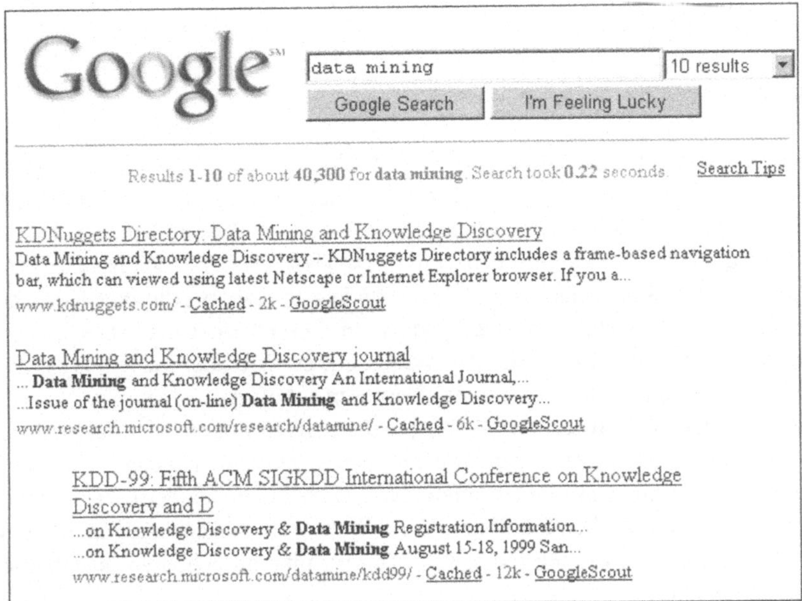

Abb. 7-18 Google-Interface

Zum Zeitpunkt der Drucklegung dieses Buches findet man einen Link auf diese Suchmaschine auch als weitere Option auf der Ergebnisseite für eine Stichwortsuche mit dem Internet-Browser Netscape (siehe Abb. 7-19).

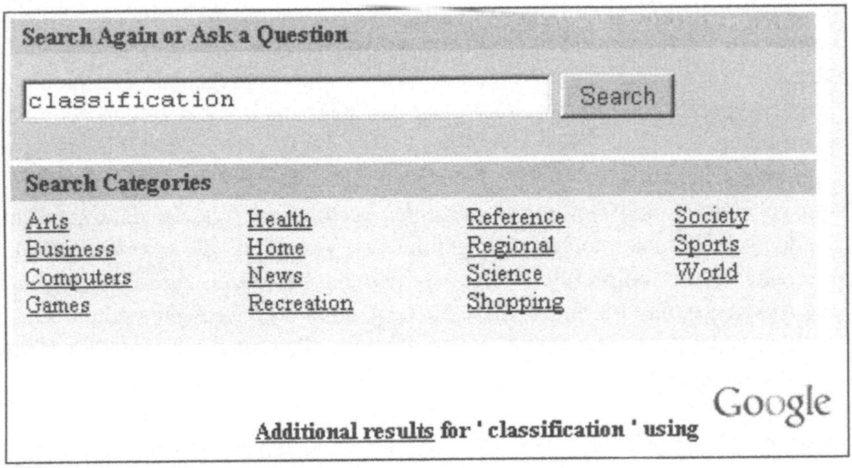

Abb. 7-19 Link auf die Google-Suchmaschine im Netscape-Browser

7.3.4 Intelligenter Web-Crawler

[Chakrabarti, Berg & Dom 1999]

Motivation

Wegen des rasanten Wachstums des World Wide Web indizieren selbst die größten Suchmaschinen wie z.B. AltaVista höchstens 30% aller verfügbaren Webseiten. Aus demselben Grund sind die gelieferten Antworten oft veraltet, und andererseits werden neue aktuelle Webseiten (noch) nicht gefunden. Dieses Problem betrifft noch stärker die sogenannten Directory Services wie z.B. Yahoo!, die ihre Dokumente nicht automatisch, sondern manuell indizieren. Die Qualität der Antworten wird durch diesen Ansatz zwar wesentlich verbessert, es wird aber nur ein sehr kleiner Ausschnitt aller tatsächlich relevanten Webseiten geliefert.

Der intelligente Crawler verfolgt einen alternativen Ansatz, der darauf basiert, daß miteinander verlinkte Webdokumente häufig ähnliche Themen besitzen. Der Crawler arbeitet nicht mit einem relativ statischen Index, sondern durchsucht auf Anforderung den aktuellen Inhalt des World Wide Web. Ausgehend von interessanten Webdokumenten werden die jeweils durch Links erreichbaren Nachbardokumente untersucht.

Ablauf

- Manuelle Spezifikation der interessanten Themen
  Der Benutzer spezifiziert die ihn interessierenden Themen durch Angabe einer Menge von zugehörigen Webseiten, den Trainingsseiten.
- Interaktives Lernen von Klassifikationsregeln
  Ein Klassifikator lernt aus den Trainingsseiten unter Nutzung einer Taxonomie aller relevanten Themen Regeln, mit deren Hilfe weitere Webseiten als „interessant" oder „uninteressant" klassifiziert werden können. Bei diesem Schritt des Lernens werden für jeden Knoten der Taxonomie vorgegebene Beispieldokumente genutzt, und der Benutzer kann den Klassifikator bei Bedarf interaktiv korrigieren.
- Automatischer Crawl
  Ausgehend von den Trainingsdokumenten verfolgt der Crawler dann die Links zu den Nachbardokumenten. Alle gefundenen Webseiten, die vom Klassifikator als „interessant" eingestuft werden, werden als Antworten zurückgeliefert und als Ausgangspunkt für eine weitere Suche genutzt. Bei „uninteressanten" Dokumenten endet die Suche. Der Crawler arbeitet vollautomatisch ohne Interaktion mit dem Benutzer.

Der eigentliche Crawler besteht aus zwei wichtigen Komponenten, die im folgenden genauer beschrieben werden: dem Klassifikator und dem sogenannten Distiller.

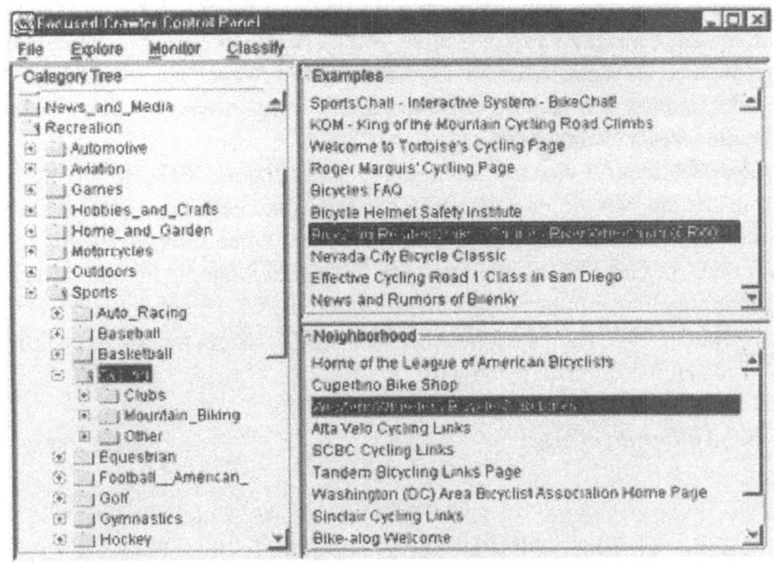

Abb. 7-20 Benutzerschnittstelle des Klassifikators

Der *Klassifikator* bestimmt die Klassen aus der vorgegebenen Taxonomie, in die die Trainingsseiten am besten passen. Der Benutzer kann eine Teilmenge dieser Klassen als „interessant" markieren, kann aber auch weitere Klassen hinzufügen. Das System schlägt dann weitere Webseiten aus der Nachbarschaft der Trainingsseiten vor, die vom Klassifikator ebenfalls einer der „interessanten" Klassen zugeordnet werden. Nachdem der Benutzer entschieden hat, welche dieser Dokumente in das Modell einbezogen werden sollen, wird der endgültige Klassifikator gelernt. Dieser Klassifikator wird im folgenden auf die vom Crawler betrachteten Webseiten angewendet, um zu entscheiden, ob sie für den Benutzer relevant sind. Abb. 7-20 zeigt die Benutzerschnittstelle des Klassifikators mit je einem Fenster für die Taxonomie, die Trainingsseiten und deren Nachbarschaft.

Der Klassifikator repräsentiert Webdokumente als Vektoren ihrer Termhäufigkeiten und nutzt die Technik der Bayes-Klassifikation (siehe Abschnitt 4.2.3). Während die Klassen meist unabhängig voneinander sind, muß der Bayes-Klassifikator hier an die Hierarchie der Klassen (die Taxonomie) angepaßt werden. Die Klassifikation erfolgt nicht mehr in einem Schritt, sondern beginnend mit der Wurzel der Taxonomie muß bei jedem Knoten entschieden werden, welcher Sohn am wahrscheinlichsten die richtige Klasse repräsentiert. Sei c eine Klasse (Knoten), d ein Webdokument und bezeichne $parent(c)$ den Vorgänger von c in der Taxonomie, dann gilt:

$$P(c|d) = P(parent(c)|d) \cdot P(c|d, parent(c)).$$

Für jede Klasse c aus der Taxonomie liefert der Klassifikator eine Wahrscheinlichkeit der Zugehörigkeit von d. Um die Wahrscheinlichkeit zu bestimmen, mit der eine gefundene Webseite relevant ist, kann man entweder nur die höchste Wahrscheinlichkeit unter den vom Benutzer als „interessant" markierten Klassen oder die Summe aller dieser Wahrscheinlichkeiten wählen.

Der *Distiller* legt für eine als „interessant" klassifizierte Webseite die Reihenfolge fest, in der die von dieser Seite ausgehenden Links verfolgt werden sollen. Eine Seite mit viel Text kann z.B. sehr relevant sein, aber keine Links besitzen, und stellt dann für den Crawler eine „Sackgasse" dar. Eine gute Strategie für einen Crawler ist es, sogenannte Hubs möglichst schnell zu finden. Das Konzept der Hubs verfeinert das Konzept der Page Ranks (siehe Abschnitt 7.3.3), indem zwischen „Authorative Pages" und „Hubs" unterschieden wird.

Hubs und Authorative Pages

Eine gute *Authorative Page* ist eine Seite, die von vielen guten Hubs referenziert wird, und ein guter *Hub* ist eine Seite, die auf viele gute Authorative Pages verweist. Diese verschränkt rekursive Definition wird durch die Begriffe des *HubRank* und des *AuthorityRank* einer Webseite A genauer formalisiert:

$$HubRank(A) = \sum_{B \in FLinks(A)} AuthorityRank(B),$$

$$AuthorityRank(A) = \sum_{B \in BLinks(A)} HubRank(B).$$

Dabei sind *FLinks*(A) und *BLinks*(A) wie für den Page Rank auf Seite 255 definiert.

Die Werte für den HubRank und für den AuthorityRank lassen sich berechnen, indem man eine beliebige initiale Zuweisung von Werten für jede Webseite vornimmt und dann die Berechnung der obigen Formeln solange iteriert, bis die Werte stabil bleiben. Die Werte konvergieren gegen die Eigenvektoren der Matix $M^T M$ für den AuthorityRank beziehungsweise MM^T für den HubRank. Dabei bezeichnet M die Adjazenzmatrix für die betrachtete Menge von Webseiten mit ihren Links und M^T bezeichnet die transponierte Matrix.

Abb. 7-21 illustriert einen Teil der Benutzerschnittstelle des Distillers. Das dargestellte Fenster zeigt eine Graphik, die für jede besuchte Webseite (x-Achse) die Wahrscheinlichkeit (y-Achse) dafür angibt, daß diese Seite relevant ist. Ferner wird der Durchschnitt dieser Wahrscheinlichkeiten in einem bestimmten Zeitintervall dargestellt. Diese durchschnittliche Wahrscheinlichkeit, die sogenannte *Page Acquisition Rate*, ist ein wichtiges Maß für die Leistung des Crawlers. Abb. 7-21 zeigt, daß die Page Acquisition Rate auch nach Verfolgen vieler Links von den ursprünglichen Trainingsseiten noch erstaunlich hoch sein kann.

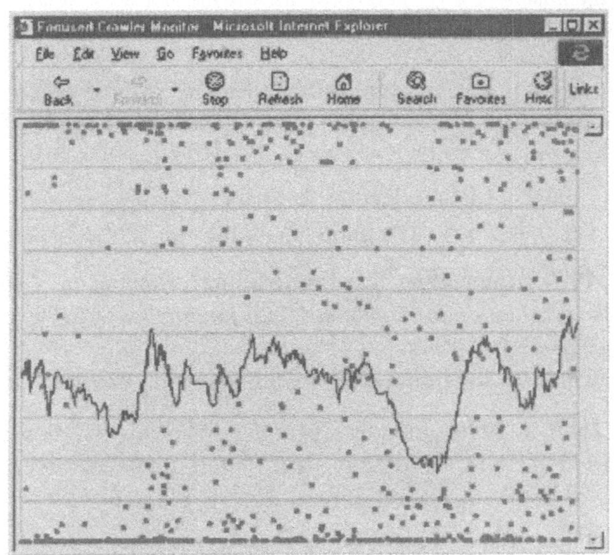

Abb. 7-21 Benutzerschnittstelle des Distillers

7.4 Literatur

Brin S., Motwani R., Page L., Winograd T. 1998, „What can you do with a Web in your Pocket?", *Bulletin of the Technical Committee on Data Engeneering*, IEEE Computer Society Press, Vol. 21, No. 2, pp. 37—47.

Chakrabarti S., van den Berg M., Dom B. 1999, „Focused Crawling: a new Approach to Topic-Specific Web Resource Discovery", *Proc. International Conference on the World Wide Web (WWW '99)*,
siehe auch http://www.almaden.ibm.com/almaden/feat/www8/.

Chakrabarti S., Dom B., Indyk P. 1998, „Enhanced Hypertext Classification Using Hyperlinks", *Proc. ACM SIGMOD Int. Conf. on Managament of Data*, ACM Press, New York, pp. 307—318.

Chakrabarti S., Dom B., Gibson D., Kleinberg J., Kumar S. R., Raghavan P., Rajagopalan S., Tomkins A. 1999, „Mining the link structure of the World Wide Web", *IEEE Computer*, IEEE Computer Society Press, 08/1999, pp. 60—67.

Ester M., Frommelt A., Kriegel H-P., Sander J. 1998, „Algorithms for Characterization and Trend Detection in Spatial Databases", *Proc. 4th Int. Conf. on Knowledge Discovery & Data Mining (KDD'98)*, AAAI Press, Menlo Park, CA, pp. 44—50.

Ester M., Frommelt A., Kriegel H.-P., Sander J. 2000, „Spatial Data Mining: Database Primitives, Algorithms and Efficient DBMS Support", *Data Mining and*

Knowledge Discovery, an International Journal, Kluwer Academic Publishers, Vol. 4, Nos.2/3, pp. 193—216.

Feldman R., Dagan I. 1995, „KDT - knowledge discovery in texts", *Proc. 1st Int. Conf. on Knowledge Discovery and Data Mining (KDD'95)*, AAAI Press, Menlo Park, CA, pp. 112—117.

Gueting R.H. 1994, „An Introduction to Spatial Database Systems", *The VLDB Journal,* Vol. 3, No. 4, VLDB Endowment Inc., pp. 357—399.

Hearst M. A. 1999, „Untangling Text Data Mining", *Proc. of the 37th Annual Meeting of the Association for Computational Linguistics (ACL'99)*, University of Maryland, 20-26 Juni 1999.
siehe auch http://www.sims.berkeley.edu/~hearst/papers/acl99/acl99-tdm.html.

Knorr E. M., Ng R. T. 1996, „Finding Aggregate Proximity Relationships and Commonalities in Spatial Data Mining", *IEEE Trans. on Knowledge and Data Engineering*, Vol. 8, No. 6, IEEE Computer Society Press, pp 884—897.

Koperski K., Han J. 1995, „Discovery of Spatial Association Rules in Geographic Information Databases", Proc. 4th Int. Symp. on Large Spatial Databases (SSD '95), *Lecture Notes in Computer Science*, Vol. 951 Springer Verlag, Berlin, pp. 47—66.

Koperski K., Adhikary J., Han J. 1996, „Knowledge Discovery in Spatial Databases: Progress and Challenges", *Proc. SIGMOD Workshop on Research Issues in Data Mining and Knowledge Discovery*, Technical Report 96-08, University of British Columbia, Vancouver, Canada, pp. 55—70.

Roddick J. F., Spiliopoulou M. 1999, „Temporal Data Mining: Survey and Issues", *Research Report ACRC-99-007*, School of Computer and Information Science, University of South Australia.

Srikant R., Agrawal R. 1996, „Mining Sequential Patterns: Generalizations and Performance Improvements", Proc. Int. Conf. on Extending Database Technology (EDBT'96). In *Lecture Note in Computer Science, Vol. 1057*. Springer Verlag, Berlin, pp. 3—17.

Swanson D. R., Smalheiser N. R. 1994, „Assessing a gap in the biomedical literature: Magnesium deficiency and neurologic desease", *Neuroscience Research Communications*, Vol. 15, pp. 1—9.

Tkach D. 1998. „Text Mining Technology. Turning Information Into Knowledge", *IBM White Paper* zur Text Mining Technologie im IBM Intelligent Miner.
http://www-4.ibm.com/software/data/iminer/fortext/download/whiteweb.html

Zamir O., Etzioni O. 1998, „Web Document Clustering: A Feasability Demonstration", *Proc. 21st International ACM SIGIR'98 Conference on Research and Development in Information Retrieval*, ACM Press, New York, pp. 46-54.

Andere Paradigmen

In diesem Abschnitt werden noch kurz Vorgehensweisen im Bereich KDD vorgestellt, die auf anderen algorithmischen oder technischen Paradigmen basieren als die bisher dargestellten Verfahren: induktive Logik-Programmierung, genetische Algorithmen, Neuronale Netze und selbstorganisierende Karten.

Bei der induktiven Logik-Programmierung und den genetischen Algorithmen handelt es sich um sehr allgemeine Suchverfahren, die auch zum Data Mining eingesetzt werden können. Neuronale Netze und selbstorganisierende Karten basieren dagegen auf einem speziellen Maschinenmodell zur besonderen Verarbeitung von Informationen.

8.1 Induktive Logik-Programmierung

Unter induktiver Logik-Programmierung versteht man Suchalgorithmen, mit denen Hypothesen oder Regeln in einer prädikatenlogischen Sprache 1. Stufe gefunden werden sollen, die in einer Menge von Fakten (in dieser Sprache) gelten (siehe z.B. [Muggleton & De Raedt 1994]).

Prädikatenlogische Regeln sind verwandt mit den Assoziationsregeln aus Kapitel 5. Mit den dort dargestellten Regeln können jedoch nur boolesche Strukturen beschrieben werden. Wie wir in Abschnitt 5.4 gesehen haben, müssen zum Finden von Assoziationsregeln in einer relationalen Tabelle mehrwertige Attribute zunächst so transformiert werden, daß jedem Wert eines Attributs ein boolesches Attribut zugeordnet wird, welches anzeigt, ob der Wert in einem Datensatz der Tabelle vorkommt oder nicht. Damit sind die gefundenen Assoziationsregeln dann Regeln der Form: „Wenn eine bestimmte Menge von Attributen wahr ist, dann ist auch eine andere Menge von Attributen wahr".

Mit Hilfe von prädikatenlogischen Regeln lassen sich weitaus komplexere Zusammenhänge in den Daten ausdrücken, die nicht durch boolesche Assoziationsregeln repräsentierbar sind. Dazu gehören insbesondere Zusammenhänge zwischen verschiedenen mehrwertigen Prädikaten. Dies können beispielsweise Regeln der Form $P(x, y) \wedge P(x, z) \Rightarrow Q(y, z)$ sein oder sogar gesetzmäßige Aussagen mit gemischten Quantoren wie etwa $\forall X \exists Y \exists Z \, P(x,y) \wedge P(x, z) \Rightarrow Q(y, z)$.

In relationaler Sichtweise entspricht ein n-stelliges Prädikat P einer einzelnen Relation oder Tabelle $\overline{P}$ mit Attributen A_1 bis A_n, für die gilt: Ein Tupel $(\overline{x}_1, ..., \overline{x}_n)$ mit Werten $\overline{x}_i \in A_i$ ist genau dann in der Tabelle $\overline{P}$ enthalten, wenn der atomare Satz $P(x_1, ..., x_n)$ gilt (dabei ist x_i ein Term der Sprache, der den Wert $\overline{x}_i$ bezeichnet). Dieser Zusammenhang ermöglicht eine leichte Anbindung von Algorithmen der induktiven Logik-Programmierung an relationale Datenbanken (siehe beispielsweise auch [Brockhausen & Morik 1996]). Insgesamt bedeutet das auch, daß mit induktiver Logik-Programmierung, im Gegensatz zu einfachen Assoziationsregeln, Zusammenhänge zwischen verschiedenen Tabellen einer Datenbank gefunden werden können.

Die induktive Logik-Programmierung erlaubt aber nicht nur das Finden von mächtigeren Regeln als die meisten anderen Data-Mining-Verfahren, sondern ermöglicht auch eine vergleichsweise einfache Integration von schon vorhandenem Hintergrundwissen in den Data-Mining-Algorithmus. Dies liegt daran, daß das Hintergrundwissen im gleichen Vokabular formuliert werden kann wie die Regeln, die gefunden werden sollen.

Die Algorithmen der induktiven Logik-Programmierung sind im wesentlichen „generate-and-test"-Verfahren, die grob nach dem folgenden Schema ablaufen.

Algorithmisches Schema

```
Initialisiere eine Menge von Hypothesen QH;
repeat
    Wähle eine Hypothese H ∈ QH und lösche sie aus QH;
    Wähle Inferenzregeln r_1, ..., r_k aus der Menge der gegebenen
      Inferenzregeln;
    Wende die Inferenzregeln r_1, ..., r_k auf H an, um neue
      Hypothesen H_1, ..., H_k „abzuleiten";
    Füge H_1, ..., H_k zu QH hinzu;
    Filtere aus der Menge QH ungültige oder uninteressante
      Hypothesen wieder heraus;
until Stopkriterium(QH) erfüllt
```

Zunächst wird eine Menge von Hypothesen „irgendwie" initialisiert. Anschließend werden iterativ immer neue Hypothesen durch Anwendung von sogenannten induktiven Inferenzregeln gebildet und über der Datenmenge getestet. Induktive Inferenzregeln sind Regeln, mit denen aus spezielleren Hypothesen allgemeinere Hypothesen abgeleitet werden können.

Das größte Problem der induktiven Logik-Programmierung ist ihre Effizienz, da die Algorithmen den Raum der möglichen Hypothesen mehr oder weniger systematisch und vollständig durchsuchen. Dieser Suchraum ist aber extrem groß. Um die Performanz etwas zu verbessern, wird daher im allgemeinen die Menge der möglichen Hypothesen durch Vorgabe von *Regelschemata* etwas eingeschränkt. Regelschemata lassen nur Hypothesen einer bestimmten Form zu (z.B. nur wenige Prädikate, nur bestimmte Quantorenfolgen und ähnliche Einschränkungen). Auch läßt sich eine ähnliche Monotonie-Bedingung wie für Frequent Itemsets mit gewissem Erfolg zum Finden prädikatenlogischer Sätze anwenden (siehe [Tsur et al. 1998]).

8.2 Genetische Algorithmen

Bei genetischen Algorithmen handelt es sich um Algorithmen, die ein allgemeines
Suchverfahren implementieren, welches auf dem Prinzip der biologischen Evoluti-
on basiert (siehe z.B. [Bäck 1996]). Diese Suchverfahren sind im Prinzip auf jedes
Problem anwendbar, das sich geeignet modellieren läßt, etwa auch auf Data-Min-
ing-Probleme (siehe z.B. [Flockard & Radcliffe 1996]).

Die „biologische" Modellierung des Problems ist der wichtigste Aspekt bei der
Anwendung genetischer Algorithmen:

- Potentielle Lösungen eines Problems sind aus der Sicht des Algorithmus Individuen, die durch (typischerweise binäre) Strings kodiert werden. Diese Strings
  entsprechen den Chromosomen eines biologischen Individuums.

- Innerhalb der Chromosomen repräsentieren zusammenhängende Teilstrings verschiedene Merkmale des Individuums. Damit entsprechen diese Teilstrings den
  Genen eines biologischen Individuums.

- Der Suchmechanismus zur Lösung eines Problems ist die Reproduktion von Individuen auf zwei verschiedene Weisen:
    - durch Kombination von ausgewählten Individuen und
    - durch zufällige Veränderung (Mutation) eines existierenden Individuums.

- Eine Zielfunktion ordnet jedem Chromosom (Genotyp) einen entsprechenden
  Fitness-Wert (Phänotyp) zu. Die Fitness der Individuen muß das Maß wieder-
  spiegeln, in dem sich ein Individuum als Lösung für das gegebene Problem eignet. Der Grad der Fitness bestimmt, wie stark Individuen sich reproduzieren dürfen: Je höher der Fitness-Wert, desto höher die Wahrscheinlichkeit, daß ein
  Individuum seine Gene an nachfolgende Generationen weitergibt.

Zum Data Mining könnte ein Individuum (ein Chromosom) beispielsweise eine
Konjunktion von Attribut-Wert-Paaren sein, wobei ein einzelnes Attribut-Wert-Paar
einem Gen entspricht. Die Kombination von Individuen wäre dann durch Mischen
der Attribut-Wert-Paare beider Individuen möglich, und eine Mutation könnte die
Veränderung eines einzelnen Wertes sein. Ein dazu geeigneter Fitness-Wert wäre
dann beispielsweise die Häufigkeit, mit der die Konjunktion der Attribut-Werte-
Paare eines Individuums in einer Datenmenge gilt. Die Suche nach besonders häufigen Attribut-Wert-Paaren könnte dann dem allgemeinen algorithmischen Schema
für genetische Algorithmen folgen.

Algorithmisches Schema

```
Initialisiere eine Population von Individuen;
while (Stopkriterium ist nicht erfüllt) do
    Wähle Individuen gemäß ihrer Fitness als Eltern aus;
    Kombiniere Eltern, um neue Individuen zu erzeugen;
    Mutiere die neuen Individuen;
    Füge die neuen Individuen zur Population hinzu;
return beste Individuen; // beste Lösung(en)
```

Man kann zeigen, daß dieses Verfahren besser ist als eine zufällige Suche, das heißt, die besten Individuen der Population werden im Laufe der Generationen besser. Allerdings hängt die Geschwindigkeit der Konvergenz gegen brauchbare Lösungen stark von der Modellierung ab.

Im allgemeinen sind genetische Algorithmen nicht sehr effizient, weil die Suche trotz der theoretischen Konvergenz nicht sehr zielgerichtet ist. Das liegt daran, daß der Suchraum, der sich durch die möglichen Kombinationen und Mutationen von Individuen ergibt, außerordentlich groß sein kann.

Die Effizienz eines genetischen Algorithmus ist um so größer, je wahrscheinlicher es ist, daß die Kombination und Mutation von guten Individuen wieder ein mindestens so gutes Individuum ergibt. Dies ist um so mehr der Fall, je mehr sich die Qualität einer Gesamtlösung (eines Chromosoms) grob gesagt als „Summe" der Qualitäten der Teillösungen (der einzelnen Gene) ergibt.

8.3 Neuronale Netze

Siehe beispielsweise [Bigus, J. P. 1996] oder [Bishop 1995].

Neuronale Netze stellen ein Paradigma für ein Maschinen- und Berechnungsmodell dar, das der Funktionsweise von biologischen Gehirnen ähnlich ist.

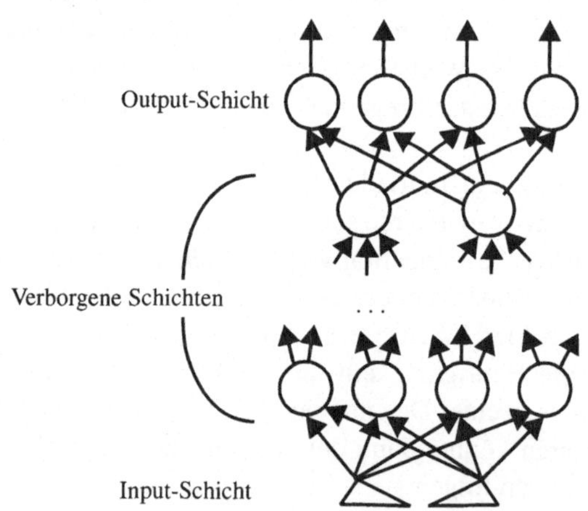

Abb. 8-1 Schema eines Neuronalen Netzes

Ein Neuronales Netz besteht aus einer Menge von Einheiten oder Knoten, die über Leitungen oder Kanten miteinander verbunden sind (siehe Abb. 8-1). Die Einheiten sind in Schichten organisiert. Das Netz besteht aus einer Input-Schicht, inneren oder verborgenen Schichten und einer Output-Schicht, wobei die Knoten einer Schicht durch Kanten mit den Knoten der darüberliegenden Schicht verbunden sind. Diese Kanten sind mit „Gewichten" assoziiert, und jede Einheit berechnet aus den Signalen und den Gewichten auf den eingehenden Kanten ein Outputsignal, das über die ausgehenden Kanten zur nächsten Schicht weitergegeben wird. Insgesamt wird damit durch ein Neuronales Netz für eine Menge von Input-Signalen, die an der Input-Schicht anliegen, ein Output berechnet, der an der Output-Schicht „abgelesen" werden kann.

Die Einheiten eines Neuronalen Netzes entsprechen biologischen Neuronen, die bei Aktivierung durch Signale an den Synapsen ein Signal erzeugen, das zu anderen Neuronen weitergeleitet wird. Es gibt verschiedene Typen von Einheiten, von denen der einfachste ein sogenannter TLU (Threshold Logic Unit) ist. Ein TLU hat nur boolesche Werte als Input (das heißt nur die Signale 0 oder 1 sind möglich) und erzeugt einen booleschen Wert als Output. Er berechnet aus n booleschen Eingangssignalen (x_1, ..., x_n) und den n Gewichten (w_1, ..., w_n), die den Eingangsleitungen zugeordnet sind, zunächst einen Wert $a = \sum_{i=1}^{n} w_i x_i$ für die Aktivierung des TLU.

Dieser Aktivierungswert wird dann mit Hilfe eines Schwellwerts θ in ein boolesches Outputsignal y umgewandelt: $y = 1$, wenn $a \geq \theta$ und $y = 0$, wenn $a < \theta$ (siehe auch Abb. 8-2).

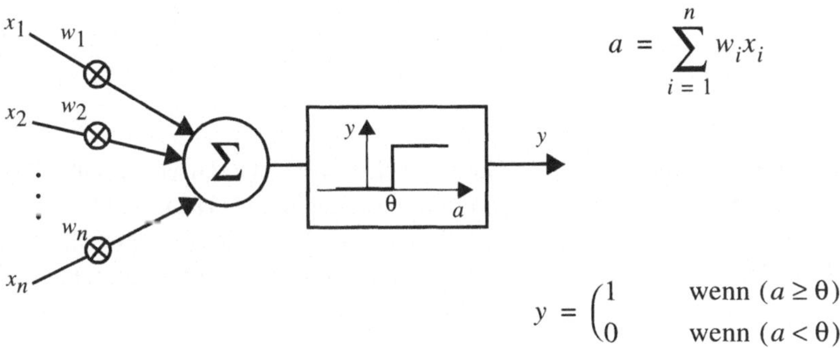

$$a = \sum_{i=1}^{n} w_i x_i$$

$$y = \begin{cases} 1 & \text{wenn } (a \geq \theta) \\ 0 & \text{wenn } (a < \theta) \end{cases}$$

Abb. 8-2 Funktionsweise eines Threshold Logic Unit (TLU)

Ein TLU kann durch seine Gewichte genau eine (Hyper-)Ebene repräsentieren, durch die die Input-Vektoren in genau zwei Klassen eingeteilt werden: Vektoren, die links von der Ebene liegen, führen zum Output 0, Vektoren, die rechts von der Ebene liegen, führen zum Output 1. Dabei ist die Ebene definiert durch:

$$\sum_{i=1}^{n} w_i x_i = \theta.$$

Damit sind TLU's zur Klassifikation von Inputvektoren geeignet. Schon ein einzelner TLU kann zum Erkennen eines bestimmten Musters (z.B. eines bestimmten Buchstaben) eingesetzt werden. Eine Erweiterung eines TLU, die das leistet, ist ein sogenanntes Perzeptron, das von [Rosenblatt 1962] eingeführt wurde. Bei einem Perzeptron sind die Eingangsleitungen eines TLU mit sogenannten „Association Units" verbunden, die eine unveränderliche boolesche Funktion auf Teilen des Input-Musters realisieren (siehe Abb. 8-3).

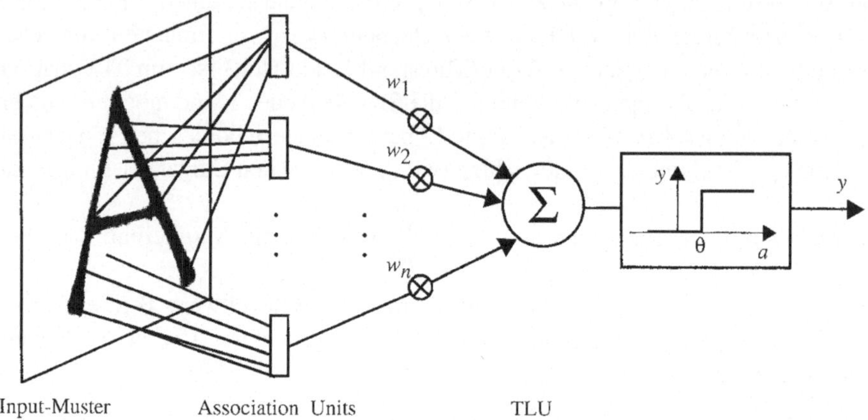

Abb. 8-3 Beispiel für ein Perzeptron

Die richtigen Gewichte zur Unterscheidung der zwei Klassen von Inputvektoren werden in einem Trainingsprozeß von dem TLU „gelernt". Dazu werden die Gewichte eines TLU iterativ für gegebene Inputvektoren v solange angepaßt, bis der gewünschte Output t (d.h. die Klasse 0 oder 1) für diese Trainingsvektoren erzeugt wird.

Algorithmisches Schema zum Training eines TLU

```
Initialisiere die Gewichte mit beliebigen Werten;
repeat
    for each Paar (v, t) // v = Input, t = gewünschter Output
        Bestimme den Output y des TLU mit dem aktuellen
          Gewichtsvektor w;
        if y ≠ t then
            Berechne neue Gewichte w' := w + α(t−y)v; // 0 < α < 1
until (y = t für alle Inputvektoren)
```

Geometrisch bedeutet die Anpassung des Gewichtsvektors w durch die Neuberechnung $w' := w + \alpha(t-y)v$, daß die durch w und θ gegebene Hyperebene um einen kleinen Betrag in Richtung v rotiert wird, wenn v noch nicht auf der richtigen Seite der Ebene liegt. Die passenden Gewichte zur Unterscheidung von zwei Klassen können

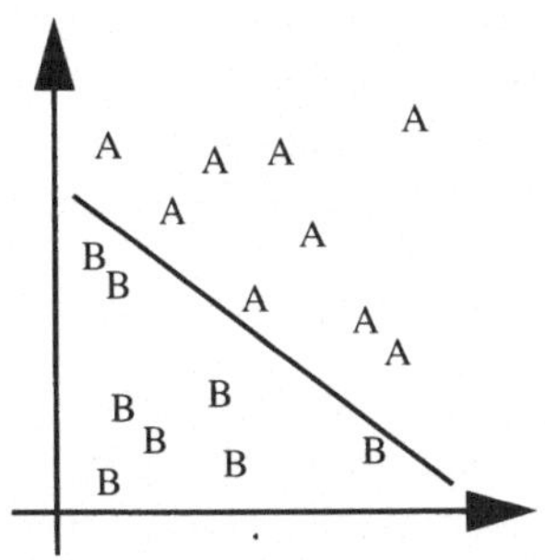

Abb. 8-4 Zwei linear separierbare Klassen

von einem TLU natürlich nur dann gelernt werden, wenn die beiden Klassen tatsächlich auch linear separierbar sind (siehe Abb. 8-4).

Für komplexere Unterscheidungen benötigt man mehr Einheiten, die miteinander zu einem komplexeren Neuronalen Netz verknüpft sind. Abb. 8-5 zeigt ein Beispiel für zwei Klassen, die nicht linear separierbar sind. Die Unterscheidung läßt sich jedoch mit einem Netzwerk lernen, das zwei innere Knoten und eine Output-Einheit besitzt. Jede der inneren Einheiten muß dazu eine der abgebildeten Geraden lernen. Die Output-Einheit muß das logische Oder lernen, das heißt sie soll genau dann einen Output von 1 erzeugen, wenn mindestens eines der Ausgangssignale der inneren Einheiten gleich 1 ist, sonst den Output 0.

Der Lernalgorithmus für komplexe Neuronale Netze ist allerdings nicht so einfach wie der Lernalgorithmus für ein TLU. Bei einem Fehler, das heißt, wenn das Neuronale Netz für einen Trainingsvektor noch nicht den richtigen Output generiert, müssen unter Umständen die Gewichte mehrerer Knoten angepaßt werden. Dazu muß allerdings festgestellt werden, in welchem Maße ein Knoten überhaupt an einem Fehler beteiligt ist und gegebenenfalls eine Anpassung der Gewichte in die richtige Richtung vorgenommen werden.

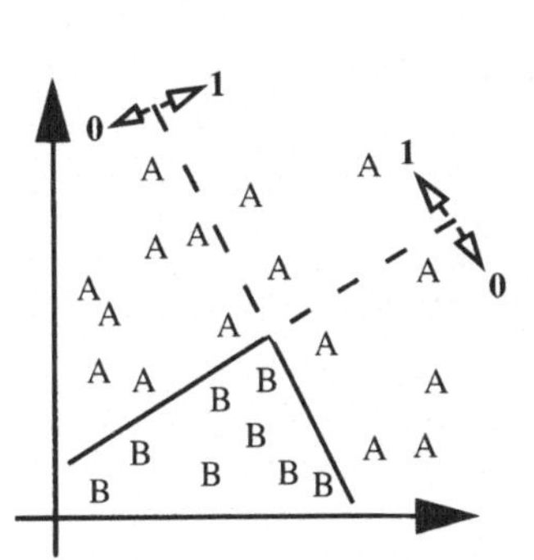

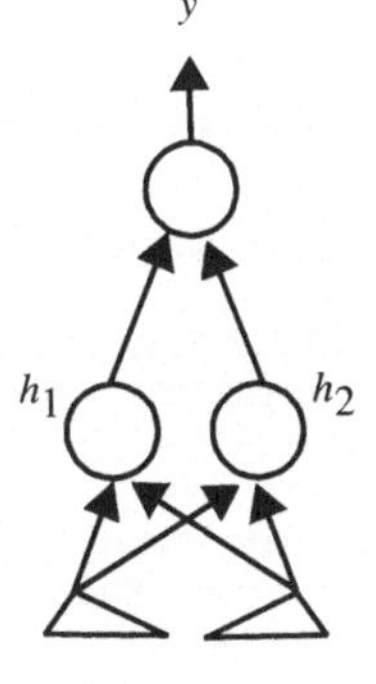

2 (Hyper-)Ebenen erforderlich,
d.h. zwei innere Knoten.

h_1	h_2	y	
0	0	0	B = 0
0	1	1	
1	0	1	A = 1
1	1	1	

Abb. 8-5 Zwei nicht linear separierbare Klassen

Die Anpassung der Gewichte erfolgt durch ein Gradientenverfahren, das den Gesamtfehler minimiert. Der Gesamtfehler eines Neuronalen Netzes ist grob gesagt die Summe der Abweichungen des tatsächlichen Outputs y vom gewünschten Output t für die Menge der Inputvektoren (meist wird die Summe der quadratischen Abweichungen $\frac{1}{2}(t-y)^2$ betrachtet). Damit ein Gradientenverfahren aber anwendbar ist, muß der Output y eine stetige Funktion der Aktivierung a sein. Dies ist bei der Treppenfunktion der TLUs nicht der Fall (vergleiche Abb. 8-2). Bei komplexen Neuronalen Netzen verwendet man daher im allgemeinen etwas andere Einheiten, bei denen der Output nicht binär ist, sondern stetig vom Aktivierungswert abhängt. Abb. 8-6 zeigt ein Beispiel für eine solche Einheit (im Prinzip wäre es auch möglich, nur mit TLUs zu arbeiten, wenn man statt des Outputs y direkt den Aktivierungsgrad a betrachtet).

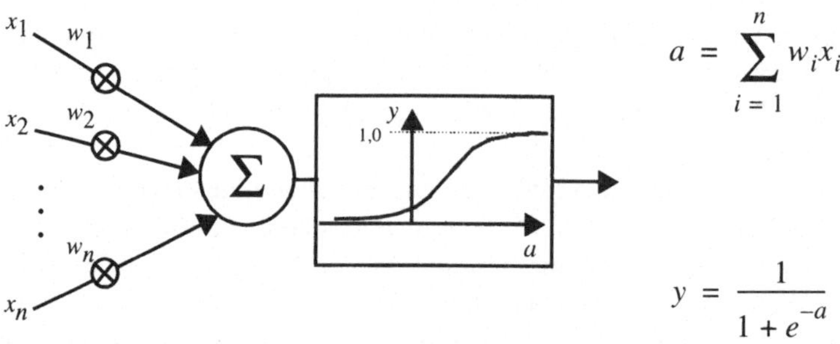

$$a = \sum_{i=1}^{n} w_i x_i$$

$$y = \frac{1}{1 + e^{-a}}$$

Abb. 8-6 Beispiel für eine allgemeine „neuronale Einheit"

Die Gewichte der Knoten eines Neuronalen Netzes werden dann durch einen sogenannten Backpropagation-Algorithmus gelernt, der ein Gradientenverfahren zur Fehlerminimierung anwendet und die Gewichte eines Knotens entsprechend seinem Anteil am gesamten Fehler verändert.

Algorithmisches Schema zum Training eines Neuronalen Netzes

```
für jedes Paar (v, t) // v = Input, t = gewünschter Output
    „forward pass":
        Bestimme den tatsächlichen Output y bei Eingabe von v;
        //(vom Input Layer über die verborgenen Einheiten bis zu
            den Output-Einheiten)
    „backpropagation":
        Bestimme den Fehler der Output-Einheiten (t - y) und passe
            die Gewichte der Output-Einheiten in die Richtung an,
            die den Fehler minimiert;
        Solange der Input-Layer nicht erreicht ist:
            Propagiere den Fehler auf die nächste, tieferliegende
                Schicht und passe auch dort die Gewichte der Einheiten
                in fehlerminimierender Weise an;
```

Der wichtigste Vorteil Neuronaler Netze gegenüber anderen Klassifikationsverfahren ist, daß sie im Prinzip beliebig komplexe Klassenunterscheidungen lernen können. Die Klassengrenzen müssen nicht wie etwa bei Entscheidungsbaumklassifikatoren orthogonal und achsenparallel verlaufen. Damit ist die Klassifikationsgüte oftmals höher als etwa bei Entscheidungsbäumen.

Die Genauigkeit, mit der einzelne Klassen durch ein Neuronales Netz unterschieden werden können, hängt allerdings stark von der gewählten Anzahl der inneren Knoten ab. Hat man zu wenig Knoten, dann ist die Klassifikationsgüte schlecht. Wenn man zu viele Knoten wählt, dann kann es zu einem dem Overfitting bei Entscheidungsbäumen ähnlichen Effekt kommen (vergleiche Abschnitt 4.4.3). Die Bestimmung der optimalen Anzahl von Knoten eines Neuronalen Netzes für ein gegebenes Problem ist noch immer ein aktuelles Forschungsthema.

Der wichtigste Nachteil von Neuronalen Netzen für das Data Mining ist, daß es keine Klassenbeschreibung in Form von Regeln wie bei Entscheidungsbäumen gibt. Solche Regeln erlauben einem Menschen doch oft, die Klassen und das, was sie unterscheidet, besser zu verstehen. Dies ist mit Neuronalen Netzen ausgeschlossen. Sie dienen nur der reinen Klassifikation.

8.4 Selbstorganisierende Karten (Kohonen Maps)

Siehe beispielsweise [Kohonen 1984].

Selbstorganisierende Karten („Kohonen maps", „self-organizing maps") sind spezielle, sogenannte „kompetitive" Neuronale Netze, bei denen jede Einheit des Netzes sich darauf spezialisiert, eine bestimmte Menge von Input-Vektoren durch ihre Gewichte zu repräsentieren.

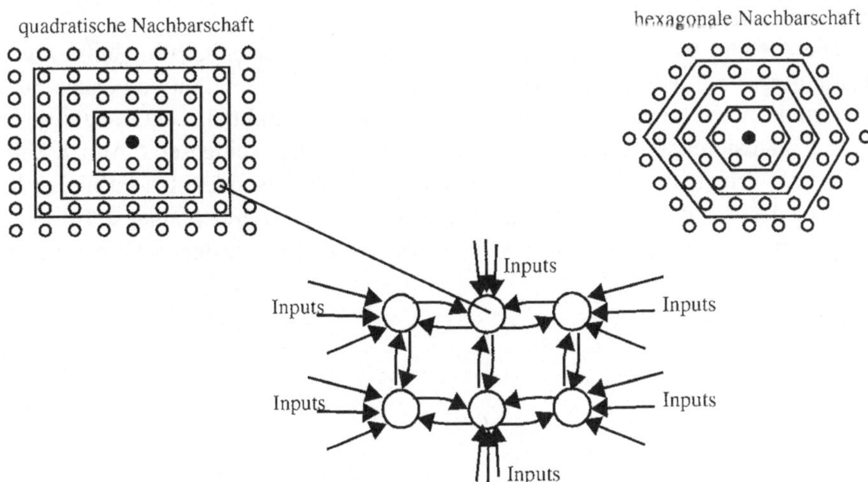

Abb. 8-7 Aufbauprinzip einer selbstorganisierenden Karte

Die selbstorganisierende Karte besteht aus n Einheiten, die in einem zweidimensionalen Gitter angeordnet sind. Jeder Knoten ist sowohl mit allen Inputs als auch mit den Knoten in einer bestimmten Nachbarschaft verknüpft. Es können dabei verschiedene Nachbarschaften verwendet werden. Abb. 8-7 zeigt das Aufbauprinzip einer selbstorganisierenden Karte und zwei verschiedene Nachbarschaften.

Im Lernalgorithmus für selbstorganisierende Karten werden die einzelnen Knoten der Karte schrittweise auf die Repräsentation einer Menge von ähnlichen Inputvektoren trainiert. Benachbarte Knoten spezialisieren sich ihrerseits auf einander ähnliche Mengen von Inputvektoren.

Algorithmisches Schema

```
Beginne mit einer großen Nachbarschaft für jeden Knoten;
   Für jeden Inputvektor v:
      Finde den Knoten k_j, dessen Gewichtsvektor w^j dem
         Inputvektor „am ähnlichsten" ist,
      das heißt denjenigen Knoten, für den ||v - w^j||^2 minimal
         ist (meist bzgl. euklidischer Metrik);
      Trainiere den Knoten k und alle Knoten in der aktuellen
         Nachbarschaft von k, das heißt, passe
      die Gewichtsvektoren w um einen bestimmten Betrag in
         Richtung von v an: w' = w + α(v - w).
      Nach M Zyklen: verkleinere die Größe der Nachbarschaft
```

Nach dem Lernprozeß werden das Gitter und die Einheiten einer selbstorganisierenden Karte geeignet visualisiert. Eine Möglichkeit ist, Repräsentationen der einzelnen Einheiten entsprechend ihrer Position im Gitter der Karte in einer Zeichenfläche zu verteilen und anschließend zu beschriften. Als Beschriftung einer Einheit kommen etwa zusammenfassende oder ausgewählte Informationen über die Input-Vektoren in Frage, auf die sich die Einheit spezialisiert hat. Oft wird auch eine Information noch farblich kodiert, beispielsweise die Anzahl der Input-Vektoren, die von der Einheit repräsentiert werden.

Die Art und Weise, wie Daten durch die Einheiten einer selbstorganisierenden Karte dargestellt werden, hat Ähnlichkeit mit der Repräsentation von Daten durch Centroide beim k-means-Clustering (vergleiche Abschnitt 3.2.1). Daher werden selbstorganisierende Karten oft zum Clustering von Daten eingesetzt. Abb. 8-8 illustriert das Prinzip beispielhaft für Textdokumente. Insbesondere bei farblicher Kodierung der Anzahl von Daten, die in einen bestimmten Bereich einer selbstorganisierenden Karte fallen, läßt sich anhand der Karte eine Clusterstruktur der Daten erkennen.

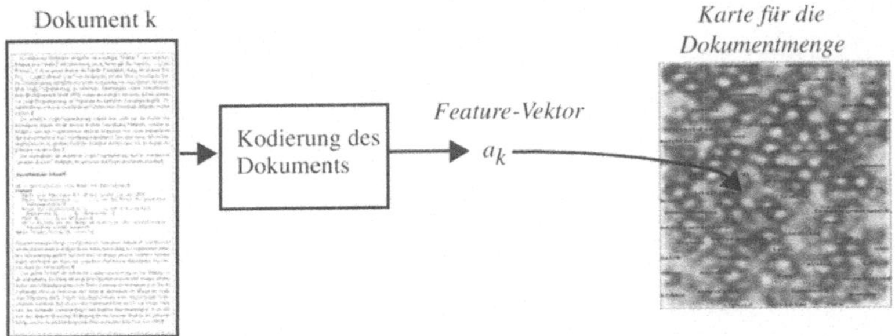

Abb. 8-8 Repräsentation von Dokumenten in einer selbstorganisierenden Karte

8.5 Literatur

Bäck T. 1996, *„Evolutionary Algorithms in Theory and Practice"*, Oxford University Press, Oxford.

Bigus, J. P. 1996, *„Data Mining with Neural Networks: Solving Business Problems from Application Development to Decision Support"*, NY, McGraw-Hill.

Bishop, C. M. 1995, *„Neural Networks for Pattern Recognition"*, Oxford University Press, Oxford.

Brockhausen P., Morik K. 1996, „Direct Access of an ILP Algorithm to a Database Management System", Workshop Data Mining with Inductive Logic Programming, in conjunction with the 13th International Conference on Machine Learning, Bari, Italien. Der Artikel ist zum Download verfügbar unter der URL http://www.ai.univie.ac.at/ilp_kdd/brockhausen.ps.gz.

Flockhart I. W., Radcliffe N. J. 1996, „A genetic algorithm-based approach to data mining", *Proc. 2nd Int. Conf. on Knowledge Discovery and Data Mining (KDD'96)*, AAAI Press, Menlo Park, CA, pp. 299—302.

Kohonen T. 1984, *„Self-organization and associative memory"*, Springer Verlag, Berlin.

Muggleton S., De Raedt L. 1994, „Inductive Logic Programming: Theory and Methods", *The Journal of Logic Programming*, Vol. 19, Elsevier Science Inc., Amsterdam, pp. 629—679.

Rosenblatt F. 1962, *„Principles of neurodynamics"*, Spartan Books, New York, 1962.

Tsur D., Ullman J. D., Abiteboul S., Clifton C., Motwani R., Nestorov R., Rosenthal A. 1998, „Query Flocks: A Generalization of Association-Rule Mining", *Proc. ACM SIGMOD Int. Conf. on Management of Data (SIGMOD'98)*. ACM Press, New York, NY, pp. 1—12.

Index

A

Aggregierung 191
Ähnlichkeit 46
AltaVista FreeAccess 8
Alternativhypothese 41
Amazon.com 9
Anchor-Text 256
Anfragebearbeitung 20
    Bereichsanfrage 26
    k-nächste-Nachbarn-Anfragen
        27
    Kostenmaß 22
    Punktanfrage 25
Anfrageplan 20
Ankerreduktionsfaktor 217
Ankerrelation 217
Anwendungen
    Astronomie 6
    Betrugserkennung 8
    Electronic Commerce 9
    Erdwissenschaften 7
    Individualisierte
        Werbeanzeigen 8
    Interpretation von Rasterbildern
        117
    Investment 7
    Klassifikation von Sternen 123
    Klassifikation von Texten 114
    Marketing 7
A-posteriori-Wahrscheinlichkeit 34
Apriori Algorithmus 162
A-priori-Wahrscheinlichkeit 34
Arithmetisches Mittel 30
Assoziationsregeln
    Apriori 162
    boolesche Datenbanken 178
    einfache 160
    Hash-Baum 165
    hierarchische 169, 170
    Interessantheit 168
    Kandidatengenerierung 163
    Konfidenz 160, 171, 181
    Monotonie-Eigenschaft für
        Itemsets 162
    räumliche 238
    Regelgenerierung 167
    Support 170, 181
Astronomie 6
Attribut 17
    Kategorisch 108
    Numerisch 108
Attributorientierte Induktion 206
    Algorithmus FIGR 210
    Algorithmus LCHR 207
    Anwendung zur Klassifikation
        213
    Attributwertzahl-orientiert 206
    Tupelzahl-orientiert 206
Attributwertzahl-orientierte
    Generalisierung 206
Authorative Pages 260
AuthorityRank 260
AVC-Gruppe 150
AVC-Menge 150
Average-Link 77

B

B+-Baum 24
Basisoperationen 236
Basisrelation 206
Bayes-Klassifikator 111
    Anwendungen 114
    Naiv 113
    Optimal 112

B-Baum 23
Bedingte Wahrscheinlichkeit 34
Beobachteter Klassifikationsfehler
    110
Betrugserkennung 8
Bewertung von Klassifikatoren 108
    Cross-Validation 109
    Train and Test 109
BIRCH 93, 96

C

χ^2-Koeffizient 31
Centroid 51
CF-Baum 95
CLARANS 57
CLIQUE 102
Clustering
    Anzahl der Cluster 64
    ausgedehnter Objekte 98
    BIRCH 93, 96
    CLARANS 57
    CLIQUE 102
    Datenbanktechniken 85
    Datenkompression 93
    DBSCAN 72
    dichte-basiert 68, 71
    dichte-basiert hierarchisch 79
    EM-Algorithmus 59
    Erklärung der Cluster 237
    Erwartungsmaximierung 59
    GRID-Clustering 91
    Initialisierung 63
    inkrementell dichte-basiert 100
    kategorische Attribute 97
    k-means 54
    k-modes 97
    Konstruktion zentraler Punkte
        51
    OPTICS 81
    PAM 56
    partitionierende Verfahren 51
    raumbezogene Anfragen 88
    Single-Link 77
    Suffix-Tree 250
    Unterräume 101
    Verarbeitung einer
        Indexstruktur 91
    Web-Sessions 50
    Web-Suchergebnisse 250
    -Ziel 45
Clustering-Feature-Vektor 93
Complete-Link 77
CONQUEST 7
Cross-Validation 109

D

Data Cube 193
    Anfragebearbeitung 197
    Dimension 193
    Maß 193
    Materialisierung 198
Data Mining 4
Data Warehouse 192
    Architektur 192
    Implementierung 195
    Modellierung 193
Datenbank 15
    Anfragebearbeitung 20
    Anfragen 18
    Physische Speicherung der
        Daten 21
Datenbank-Managementsystem 16
Datenbanksystem 15
    Externe Ebene 16
    Interne Ebene 16
    Konzeptionelle Ebene 16
Datenmodell 16
    Relational 17
Datenschutz 10
DB 15
DBMS 16
DBS 15
DBSCAN 72
    verallgemeinertes 98
Dendrogramm 77
Deskriptive Statistik 30
Dichte-Erreichbarkeit 70
Dichte-Verbundenheit 70

Dimension 193
Direkte Dichte-Erreichbarkeit 69
Distanzbeziehungen 235
Distanzfunktion
    für kategorische Attribute 47
    für Mengen 47, 77
    für numerische Attribute 47
    für Textdokumente 47
Drill-Down 194
DW 192

E

Electronic Commerce 9
Elektronische Vergabe von
    Kreditkarten 9
EM-Algorithmus 59
Entscheidungsbaum 126
    Pruning 133
Entscheidungsbaum-Klassifikator
    126
    Algorithmus 127
    Gini-Index 129
    Growth Phase 127
    Informationsgewinn 129
    Overfitting 131
    Pruning Phase 127
    Skalierung für große
        Datenbanken 138
    Splitstrategien 127
Erdwissenschaften 7
Ereignis 34
    Unabhängigkeit 34
Erreichbarkeits-Diagramm 83
Erreichbarkeitsdistanz 80
Erwartungswert 35
Evaluation 5
Explorative Statistik 30

F

Fehler 1. Art 41
Fehler 2. Art 41
Fehlerreduktions-Pruning 133

FIGR 210
Fokussieren 2

G

Gauß-Test 42
Gaußverteilung 36, 60
Generalisierung 189
    Attributorientierte Induktion
        206
    Automatisch 189
    Inkrementell 215
    Manuell 189
Generalisierungsgrad 206
Genetische Algorithmen 265
Gesetz der großen Zahlen 38
Gini-Index 129
Google 255
GRID-Clustering 91
Grouper 250
GSP-Algorithmus 228

H

Hierarchische Assoziationsregel 170
Hierarchische Assoziationsregeln
    Algorithmus Cumulate 173
    Basisalgorithmus 172
    Interessantheit 177
    Konfidenz 171
    Stratifikation 174
    Support 170
HubRank 260
Hubs 260

I

Indexbasiertes Sampling 86
Indexstruktur 22
    B+-Baum 24
    B-Baum 23
    M-Baum 28
    Räumlich 25
    R-Baum 25
    Standard 22

Individualisierte Werbeanzeigen 8
Induktive Logik-Programmierung
    263
Induktive Statistik 30
Informationsgewinn 129
Inkrementelle Generalisierung 215
    Algorithmus FIGR 218
    Algorithmus LCHR 215
    Einfügungen 218
    Übergeneralisierung 215
Integration mit Datenbanksystemen 3
Interpretation von Rasterbildern 117
Investment 7
Irrtumswahrscheinlichkeit 40
Items 170
Itemset 160
Item-Taxonomien 169

J

Join 18

K

Kategorisches Attribut 108
Kausalität 33
KDD 1
KDD-Anwendungen 6
KDD-Projekte 3
KDD-Prozeß 2
Kerndistanz 80
Kernobjekt 69
Klassifikation 107
Klassifikation von Sternen 123
Klassifikation von Texten 114
Klassifikationsfehler 110
    Beobachtet 110
    Schätzung 110
    Tatsächlicher 110
Klassifikationsgenauigkeit 109
Klassifikator 108
    Bewertung 108
K-means 54
K-modes 97

K-nächste-Nachbarn-Anfragen 27
Kohonen Maps 271
Kompaktheit eines Clustering 51, 55
Kompaktheit eines Clusters 51, 55
Konfidenzintervall 40
Kontingenzkoeffizient 32
Kontingenztabelle 31
Kontingenztafel 38
Konzeptebene 190
Konzepthierarchie 190
Korrelation 33
Korrelationskoeffizient 32, 39
Kostenkomplexität 134
Kovarianz 39

L

LCHR 207

M

Magnetplatte 21
    Seite 21
    Sequentieller Zugriff 22
    Wahlfreier Zugriff 21
Marketing 7
Maschinelles Lernen 2
Maß 193
Materialisierung 198
    Algorithmus 202
    Analyse des heuristischen
        Algorithmus 202
    Auswahl der Sichten 200
    Leistung des heuristischen
        Algorithmus 205
    Problemstellung 200
    Vorteil 201
Maximum-Likelihood-Klassifikator
    113
Maximum-Likelihood-Schätzer 40
M-Baum 28
Median 30
Medoid 55
Metrik 46

Minimales Kostenkomplexitäts-
    Pruning 134
        Algorithmus 136
        Kostenkomplexität 134
        Schwächster Link 135
Mode einer Menge 97
Monotonie-Eigenschaft 162

N

Nächste-Nachbarn-Klassifikator 119,
    120
        Algorithmus 122
        Entscheidungsflächen 121
        Entscheidungsmenge 120
        Wahl des Parameters k 122
Naiver Bayes-Klassifikator 113
Neuronale Netze 266
New York Times Online 9
Normalverteilung 36
    Standardisiert 36
Nullhypothese 41
Numerisches Attribut 108

O

OLAP 189
Online Analytical Processing 189
OPTICS 81
Optimaler Bayes-Klassifikator 111
optimaler Bayes-Klassifikator 112
Overfitting 131
    Ansätze zum Vermeiden 132

P

Page Rank 255
PAM 56
Parameterbestimmung
    dichtebasiertes Clustering 73
    k-means, k-medoid, EM 64
Parameterschätzung 39
Physische Speicherung der Daten 21
Portfolio-Management-System 8

Privacy 10
Projektion 18
Pruning von Entscheidungsbäumen
    133
        Fehlerreduktions-Pruning 133
        Minimales Kostenkomplexitäts-
        Pruning 134

Q

Quantil 35
Quantitative Assoziationsregeln 178
    Anpassung des Apriori-
        Algorithmus 185
    Interessantheit 182
    Konfidenz 181
    numerische Attribute 182
    Support 181
Quantitatives Itemset 181

R

RainForest 150
    Algorithmen 152
    Datenstrukturen 150
    RF_Hybrid 153
    RF_Read 153
    RF_Write 153
Räumliche Assoziationsregeln 238
Räumliche Charakterisierung 239
    Algorithmus 241
    Definitionen 240
Räumliche Indexstruktur 25
Räumliche
    Nachbarschaftsbeziehungen 234
Räumliche Trenderkennung 243
Rauschen 71
R-Baum 25
Regelschemata 264
Relation 17
Relationale Basisoperationen 18
Relationales Datenmodell 17
RF_Hybrid 153
RF_Read 153

RF_Write 153
Richtungsbeziehungen 235
Roll-Up 194

S

Satz von Bayes 34
Scaleup 149
Schätzen des Klassifikationsfehlers
110
Schätzfunktion 39
    erwartungstreu 39
    Maximum-Likelihood 40
    wirksamer 39
Scheinkorrelation 33
Schlüssel 17
Schneeflockenschema 196
Schwächster Link 135
Schwankungsintervall 37
Sekundärspeicher 21
Selbstorganisierende Karten 271
Selektion 18
Sequential Patterns 225
    GSP-Algorithmus 228
    Item-Taxonomien 233
    Kandidatengenerierung 230
    Kandidatentest 232
    Support einer Sequenz 226
    Supports von Kandidaten 230
    Text- und Web-Mining 249
    Zeitfenster 227
    zeitliche Constraints 228
Sequentieller Zugriff 22
Sequenz 226
Silhouetten-Koeffizient 65
Single-Link Verfahren 77
Skalierung für große Datenbanken
138
    RainForest 150
    SLIQ 139
    SPRINT 143
SKICAT 7

SLIQ 139
    Algorithmus 139
    Datenstrukturen 139
    Parallelisierung 147
SLIQ/D 147
SLIQ/R 147
Spatial Data 234
Spatial Data Mining 234, 237
    Aufgaben 236
    Basisoperationen 236
    Besonderheiten 236
    Charakterisierung 239
    Methoden 237
    Trenderkennung 243
Spatial Databases 234
Speedup 149
Spotlight 7
SPRINT 143
    Datenstrukturen 143
    Parallelisierung 146
SQL 17
Standardabweichung 30
Statistik 1, 29
    Deskriptiv 30
    Explorativ 30
    Induktiv 30
Statistisches Testproblem 41
statistisches Testproblem
    Alternative 41
    Fehler 1. Art 41
    Fehler 2. Art 41
    Nullhypothese 41
STATLOG-Benchmark 141
Stemming 247
Sternschema 195
Stop-Listen 247
Subspace Clustering 101
Suchmaschine 257
Suffix-Tree-Clustering 250
Systeme
    AltaVista FreeAccess 8
    Amazon.com 9

CONQUEST 7
Elektronische Vergabe von
    Kreditkarten 9
New York Times Online 9
Portfolio-Management 8
SKICAT 7
Spotlight 7

T

Tatsächlicher Klassifikationsfehler
    110
Temporal Data Mining 223
    Aufgabenstellungen 223
    Besonderheiten 223
    Sequential Patterns 225
Testmenge 109
Text- und Web-Mining 245
    Aufgabenstellungen 246
    Clusteringverfahren 248
    Klassifikationsverfahren 249
    Sequential Patterns 249
    speziellere Techniken 249
    Techniken 246
Thematische Karte 48, 118
TLU 267
Topologische Beziehungen 235
Train and Test 109
Trainingsdaten 107
Trainingsmenge 109
Transaktionen 160
Transformation 3
Tupel 17
Tupelzahl-orientierte Generalisierung
    206

U

Übergeneralisierung 215
Überkreuz-Validierung 109

V

Varianz 30
Verteilungsfunktion 35
    Approximation durch
        Normalverteilung 37
Vollständig generalisierte Relation
    206
Vorteil einer Materialisierung 201
Vorverarbeitung 3

W

Wahlfreier Zugriff 21
wahlfreier Zugriff 21
Wahrscheinlichkeit
    A-posteriori 34
    A-priori 34
    Bedingt 34
Wahrscheinlichkeitsdichte 35
Wahrscheinlichkeitsfunktion 34, 38
Wahrscheinlichkeitsmaß 34
Wahrscheinlichkeitsverteilung 34
Warenkorbanalyse 159
Web-Crawler 258
Web-Log-Datei 50
Web-Mining
    Anchor-Text 256
    AuthorityRank 260
    HubRank 260
    Page Rank 255

Z

Zentraler Grenzwertsatz 38
Zufallsvariable 34
    Diskret 34
    Mehrdimensional 38
    Stetig 35